教育部人文社会科学研究青年基金项目资助

行政执法过程研究

肖金明　冯威　主编

山东大学出版社

图书在版编目(CIP)数据

行政执法过程研究/肖金明,冯威主编．—济南:山东大学出版社,2008.11

ISBN 978-7-5607-3612-9

Ⅰ．行...

Ⅱ．①肖...②冯...

Ⅲ．行政执法—研究—中国

Ⅳ．D922.114

中国版本图书馆 CIP 数据核字(2008)第 175024 号

山东大学出版社出版发行

(山东省济南市山大南路 27 号　邮政编码:250100)

山 东 省 新 华 书 店 经 销

山东新华印刷厂印刷

787×980 毫米　1/16　25 印张　347 千字

2008 年 11 月第 1 版　2008 年 11 月第 1 次印刷

定价:48.00 元

目 录

导 论

行政执法在公共行政领域的普遍展开，表明了政府管理的法律途径已经成为现实，以及由“管理”到“执法”的伟大转变。行政执法是在20世纪八九十年代开始的中国法治化进程中兴起的，并在政府法治实践中越来越成为基本的概念。城市良好的交通秩序依赖于“严格执法、热情服务”，政府文化部门为整顿文化市场秩序而加大执法力度，食品卫生机构为保证人们的生活质量严格实施法律，环保机关为维护社会持续发展而强化生态保护和环保执法……现代行政管理以法律为基础，促使政府行政执法越来越普遍化。近十几年来，“管理就是服务、管理就是执法”的说法非常流行。“管理就是服务”说明了政府及其部门提供的公共管理的本质，而“管理就是执法”似乎表达了公共管理普遍的实现形式。换言之，现代政府管理普遍以法律为基础，以法治为原则，行政执法因而成为政府管理最具生命力的表现形式之一。据粗略估计，80%以上的法律、几乎全部行政法规、90%的地方性法规、全部行政规章，还有面面俱到的行政规范性文件，需要政府及其部门贯彻执行，行政执法广泛而深刻地影响着经济、社会、文化和公民生活。当然，尽管行政执法几乎成了行政管理的代名词，来自政府及其部门的管理大都被冠以执法的名义或表现为执法的形式，几乎所有的行政管理均依法展开、循法而行，但行政管理与行政执法两个概念不能完全等同，通过执法实现管理的表述可能会更准确一些。①

通过执法实现管理，容易使公共管理与规范性、有效性、参与性等概念建立密切联系，行政执法申明了法律在公共管理中的支配地位，在增强公共管理的规范化程度的同时还强化了管理的力度和有效性，与“命令——服从”的传统管理模式相比较，行政执法更有利于在法律框架内建立管理者与被管理者相互制约和互相合作的建设性关系，推动政府管理的民主化。另外，行政执法不是一个单纯与政府管理相互依存的概念和一个孤立的权力现象，它与法治、良法、法律责任、司法审查，甚至自由、平等和人权等同存共处，形成了与以往传统行政大相迥异的新公共行政现象。伴随着行政执法的生长和发展，人们不再被动地承受行政结果，而是在法治的保障下亲历行政过程，感受权利的效应，体验法治、程序、参与、监督等在政府管理过程中的地位和作用。

一、关于行政执法过程

行政执法是依法行政的基本环节，在整个法治行政建设中有着极其重要的地位。② 行政执法对于推进依法行政进程、推动法治政府建设具有重要的价值和作用。近十几年来，我国行政法制建设有了长足的进步。行政立法进展很快，并且日益成熟，特别是20世纪90年代以后，行政诉讼法、国家赔偿法、行政处罚法、行政复议法、立法法、行政许可法等颁布实施，在我国民主与法制建设进程中具有里

① 有学者将行政管理与行政执法视为两种不同的行政模式，行政管理以长官意志为依归，是指人治状态下的行政，行政执法以体现人民意志和利益的法律为依归，是指法治状态下的行政（参见姜明安主编《行政执法研究》，北京大学出版社2004年版，第3页）。行政管理与行政执法是两个不同的概念，但这并不意味着管理与执法的截然二分。现代行政管理以执法为表现，或者说以行政执法推动或展现政府管理，容易建立起公共管理与法律的紧密关系，促使管理者不断实践着法治行政或者说依法行政的原则，促使行政管理在更高的程度上接近规范化和高效化。随着依法治国战略的逐步实施、市场经济体制的日渐成熟和中国加入世界贸易组织，政府行政执法在公共管理和依法治国中的地位日益显著。

② 亚里士多德在其《政治学》一书中指出：“邦国虽有良法，要是人们不能遵守，仍然不能实现法治。”英国早期空想社会主义者温斯莱坦则认为：“严格执法是政府的真正生命。”

程碑意义。由于强调政府职能转变、行政管理体制改革，全面贯彻依法行政原则，我国行政管理和行政执法工作也日益走向规范化。但与依法行政和法治政府建设的要求相比较，行政执法中存在的问题还很多。① 举其要者，首先，行政执法冲突是最为突出的问题，因为执法冲突现象非常普遍。② 执法冲突现象一方面应当归咎于立法不完善和不统一，立法混乱制造了执法冲突；另一方面应当透过执法冲突现象关注政府部门的观念和利益倾向，执法冲突实质上就是部门间的利益冲突。“执法冲突——立法冲突——利益冲突”构成了一个现实的逻辑链，执法部门利益冲突不仅作用于执法过程，而且提前介入规范制定甚至高位阶立法过程。政府部门不顾及甚至不支持政府的全局立场和法治姿态，在立法中讨价还价制约了立法水平，特别是在规章层面上自行制造了相当程度的立法冲突和权限交叉，导致了比较普遍的交叉管理、重复执法和管理与执法的冲突现象。其次，行政执法趋利倾向严重。公共管理需要公共财政支持，但由于公共财政制度的明显缺陷，中央财力不足和地方财政紧张，不少政府执法部门依靠自收自支方式维持自身运转和执法活动，使行政执法的公共性受到明显的负面影响。长此以往，部门利益在执法过程中滋生和蔓延，执法“收入”不仅解决执法经费问题，还在相当程度上支持着部门福利，由此导致严重的执法趋利现象。再次，行政执法程序化水平不高，执法的公开性和公正性弱化。行政执法应当遵循公开和公正原则，但由于缺乏具体的、系统的程序规范，公开原则贯彻不彻底导致了有些行政执法中的“暗箱操作”，执法随意性增强而参与性和民

---

① 比较宏观地讲，行政执法存在的问题表现在观念、原则、制度诸方面。在观念问题上，法大还是权大的问题仍然困扰着行政执法人员，实践中以权压法的现象时有发生，权力与权利平衡观念至今没有确立，以权力压制、侵犯权利的现象仍然存在；在程序问题上，长期以来存在着重实体轻程序的倾向，程序违法没有引起行政执法机关及其执法人员足够的重视；在责任问题上，行政执法责任制度不完善，权责统一的原则贯彻不彻底，执法责任难以落实；等等。

② 长期以来，水利部门与矿管部门在河沙管理上较劲，工商管理部门与技术监督部门在假冒与伪劣的区别上较真，农业部门与林业部门在干果与鲜果差别上争吵，农业部门与公安部门就农用车管理拌嘴……一个执法部门在某一领域执法，另一执法部门介入其中并对相对人宣布前一部门执法无效，类似的执法冲突现象时有发生。

主化被削弱。由于由程序产生的来自相对人的制衡力量缺位，执法权力特别是其中的自由裁量权滥用不是个别现象，行政执法的公正性遭遇滥用职权的挑战。最后，行政执法产生的管理强力，对公民权益构成实际威胁。通过行政执法实现公共管理的优势之一是增强了管理的力度和有效性，但执法产生的管理强力也具有相当的副作用，比如计划生育管理中的制裁、城市管理中的强制拆迁、税收征收中的强制划拨等，对公民的人身自由、财产权利都存在着严重的、现实的威胁。

世界银行对中国的专门报告《2002 年的中国》，将中国法律体系运作情况很差的原因归结为"不是缺少法律，而是执法不力"，在一些关键领域，"纸上的法规远不同于具体实施的法规"，"执法问题是中国法律体系在下个世纪面临的最大挑战"。进入 21 世纪，中国法治进程不断加快，建设法治政府成为行政法治的基本目标，全面关注行政执法，不断改善行政执法过程及各要素和环境，对于全面推进依法行政和法治政府建设无疑具有重要意义。

一般而言，行政执法是行政机关实施法律的活动。① 除行政执法外，法院适用法律的活动也属于执法的范畴。也就是说，执法包括行政机关实施法律的活动和法院适用法律的活动，是除立法活动以外的国家活动。按照这样的逻辑，国家职能两分，国家的活动主要表

---

① 许崇德、皮纯协主编的《新中国行政法学研究综述》归纳了行政执法广义论的观点："行政执法是就国家行政机关执行宪法和法律的总体而言的。因此，它包括了全部的执行宪法和法律的行为，既包括中央政府的所有活动，也包括地方政府的所有活动，其中有行政决策行为、行政立法行为以及执行法律和实施国家行政管理的行政执行行为。"罗豪才、应松年主编的行政法教科书《行政法学》提出了行政执法较广义的观点："行政执法是行政机关执行法律的行为，是主管行政机关依法采取的具体的直接影响相对一方权利义务的行为；或者对个人、组织的权利义务的行使和履行情况进行监督检查的行为。"杨惠基所著的《行政执法概论》对"行政执法"的界定则是较狭义的："行政执法是指行政机关及其行政执法人员为了实现国家行政管理目的，依照法定职权和法定程序，执行法律法规和规章，直接对特定的行政相对人和特定的行政事务采取措施并影响其权利义务的行为。"行政执法不包括"行政机关制定行政法规和规章等行政立法行为"以及"解决和处理争议和与行政管理密切相关的民事争议的行政司法行为"，"行政执法是与行政立法、行政司法相对而言的"（参见许崇德、皮纯协主编《新中国行政法学研究综述》，法律出版社 1991 年版，第 293 页；罗豪才、应松年主编《行政法学》，中国政法大学出版社 1989 年版，第 133 页；杨惠基主编《行政执法概论》，上海大学出版社 1998 年版，第 1～3 页）。

现为两个方面：一是立法，二是执法。立法职能表达国家意志，执法职能执行国家意志。古德诺在更为宽泛的意义上两分国家职能，将国家职能分为政治与行政，政治是国家意志的表达，行政是国家意志的执行。立法机关承担国家立法职能，国家执法职能由行政机关和法院承担。由此可见，国家执法活动包括行政机关实施法律的活动和法院适用法律的活动，即行政执法和司法执法。基于这样的认识，执法与司法就无法进行实质意义的差别比较。学界有将执法和司法加以区别的观点，比如有学者认为，执法和司法存在若干区别，司法活动以法律纠纷存在为前提，司法是适用法律解决纠纷的基本机制，司法活动的本质是公平处理纠纷；而执法活动以存在违法行为为前提，执法是执行法律制裁违法行为的基本机制，执法活动的本质是制止和处罚违法。这实际上不是在区别执法与司法，而是在比较行政机关实施法律活动与法院适用法律活动的差别，即行政执法与司法执法的区别。即使是这样的比较，也是不够准确的。①

行政执法与司法执法作为两类不同的执法形式，通常存在一些明显的区别。比如，行政执法具有主动性特征，司法执法则具有被动性特征；司法活动更注重程序，行政活动相对灵活；多数行政执法活动以双边法律关系为主线，司法审判则以三边关系为特征。但行政执法与司法执法的这些区别已经显得越来越不重要。换言之，行政执法与司法执法的相近性越来越明显，行政执法在于维护公法秩序，司法执法实际上也承担着维护公共秩序的职能，比如通过裁判纠纷保证契约的实施，是司法活动的重要职能，这显然不仅仅是维护契约当事人的利益，更在于维护契约的严肃性和由契约建立和发展的经

① 即使执法与司法可以进行比较，也不能说司法活动是以纠纷存在为前提，而执法活动以违法行为存在为前提。因为司法活动也可以说以存在违法行为为前提的，比如针对刑事案件的诉讼活动，即使民事纠纷也不排除以违法侵权为前提；而针对行政执法而言，行政执法活动也不都是以违法行为存在为前提，行政执法不等于行政处罚或行政制裁，行政处罚或行政制裁以存在违法行为为前提，但大量的其他形式的行政执法，比如行政许可、行政征收等，则与是否存在违法行为无直接关联。而且，相当多的行政执法同样面对着纠纷，行政执法的一项重要功能就在于调处与行政管理相关的纠纷。如果说行政执法活动有一个前提的话，那应当是以促进公民和社会守法或者说维护公共秩序为前提的。

济社会秩序；行政执法的准司法化倾向在法治主义的引导下越来越明显，比如在行政执法活动中逐步普遍地使用听证程序，在行政体制内建立裁判性机构专司裁判事务，等等，相当一部分行政执法活动越来越像司法活动一样，更加注重正当程序要求，更加尊重法律的地位和作用；行政执法活动中有大量的创设规范的活动，行政机关有权制定行政规范性文件，甚至制定行政法规和规章的活动既可以看作立法活动，也可以视为行政执法活动的特殊形式，司法活动针对个案作出裁判，除维护个案公正外，很多情形下法院也在创设规则，即使没有判例法的传统，也不见得一定要建立判例法制度，但法院通过判决创设规则的事实却无法否认也无法改变；行政执法中在有效执行法律，通过维护法律的尊严维护公共秩序和公共利益，行政视效率为生命。但毫无疑问，行政执法活动越来越涉及利益平衡，行政执法体制中需要越来越多的中立角色，公平和公正已经成行政执法活动必须遵循的准则，公正司法是司法活动的命脉，维护个案公正和社会正义是司法的神圣使命，但"迟来的正义不是正义"，司法应当公正优先、兼顾效率，实现有效率的公正。

如前所述，行政执法是实施法律的活动。这样的表述也许过于简单了。实际上，任何一项实施法律的活动都需要一个过程。按照传统的理解，行政执法就是以权力为点延伸开了的一条线，以权力为点延伸开来的每一条线都被视为公共秩序。专断的执法没有了过程性，实际上就凝结为权力点。如果说由权力点延伸为线也需要一个过程的话，这个过程就是行政权力行使的过程，是贯彻和实现权力意志的过程，甚至是行政者单方意思表示的过程。随着行政法的发展，随着执法理念、原则和制度的变革，实施法律的活动的过程性特征得到明显的强调和强化，行政执法过程不再是行政权力的单方意思表示，法律的实施成为一种权力与权利交互作用的现象，权利者的主体性越来越明显，权利面对权力的力量明显加强。甚至可以这样认为，行政行为的概念需要改造，行政行为单方意志性的特征需要破除。行政行为的结果常常是权力者与权利者相互博弈后的意思表示，它体现的绝不是权力者纯粹的意志，而多少包含着权利者的意志。也就是说，包括行政执法在内的行政行为实际上已经成为一个权力者和权利者意志对抗和交融的过程。

行政执法研究应当贯彻过程论思想，应当持有一种系统的态度和方法分析行政执法现象。以过程论的思想和方法研究行政执法，行政执法实际上就是诸多要素相互作用的过程。行政执法过程存在诸多变量，这些变量主要包括权力、权利、规范、程序、责任、环境以及行政执法的方式。

其一，权力要素，即行政机关、法律授权组织等行政执法主体依法享有的行政权力，是行政执法最基本的构成要素。毫无疑问，即使强调法治和权力与权利的互动，行政执法依然表现为由权力点延伸为线或继续展开为面。只是权力不再是"孤立"的，在这些线和面上，权力不能唯自己意志行事，它有了权利、责任、规范等对应面，并且必须承受来自这些对应面的不同程度的作用。权力并不是绝对的与法治相反的力量，但它很容易成为反法治的力量。执法权的合理配置，执法权行使的标准和界限，对执法权的监督和制约，等等，着眼点就是防止权力对法治的背离。如果权力背离法治而成为法治的相反力量，不仅会侵害公民权利和个体利益，它最直接损害的一定是公共利益。用法治控制权力，可以表现为以权力制约权力，以权利制约权力，以法律制约权力，以程序制约权力，以责任制约权力，等等。各种形式对权力的制约，其目的在于促使权力成为公共生活中的法治力量，保持权力的公共性能，维护和实现公共利益，当然也包括尊重和保障公民权益。执法权力面对公共利益与个人利益的冲突必须恪守正义价值和对公共利益与个人利益的权衡。不能禁止政府为公共利益而适当履行职责时运用权力，但是正如丹宁勋爵所解释的：如果不是正当行使其权力而是滥用的话，就应该受到制止；如果对个人造成了不公，且没有任何公共利益相抗衡，无疑就是一种权力的滥用。

其二，权利要素，即私人主体在行政执法过程中所享有的权利，其享有和行使构成了与权力的互相作用机制，同时也彰显了私人在行政过程的主体地位。凡有权力的地方就有权利的存在，权利与权力同在，应当成为权力的基本原理，权力制度化必须贯彻权利与权力平衡的基本原则，程序性权利对应政府行政权，这是权力过程是否完善的重要标志，权利成为推动权力正向作用的制度要素。权利要素关涉着对行政执法主体的理解，意味着权利者与权力者同为行政执法的主体，或者说同是法律实施的主体。也就是说，参与公共权力行使过程的公法权利主体，即行政相对人和行政相关人，不能在执法中被客体化或者简单地对象化，他们在行政执法过程中均具有能动地位而非从属地位。行政执法过程中的权利要素既包括人身、财产、就业、受教育等实体性权利，又包括知情权、陈述权、申辩权、质证权、听证权等程序性权利。程序性权利与行政命令、许可、处罚、强制甚至合同等具体执法权力形成对应，促进了公民对执法的参与，体现了公民主体性和平衡政府权力的作用。如同控制执法权力首要的是维护公共利益，同时保障个人利益不受侵害一样，程序性权利首要的是维护个人利益，同时也促进了公共利益的实现。

其三，规范要素，即行政执法的标准和依据，对行政执法过程起导航、指引、规约作用，构成整个行政执法过程的法律基础。行政执法是实施法律的活动，这显然是一个被简化了的解释。行政执法更为全面的含义应当是在规范的基础上实现权利与权力的交互作用，换言之，就是使权力与权利的互动建立在规范的基础上。这里的规范拥有相当宽泛的内涵，是一个包含了习惯、惯例、政策、原则甚至司法判例等在内的范畴。法律是行政执法过程的首要规范要素，它与惯例、政策、判例等构成庞杂的规范体系，这个规范体系必须建立统一秩序和等级结构。

其四，程序要素，即行政执法过程中主体行为所遵循的正当步骤、方式、方法、时限等，是构筑执法过程的基本要件。行政执法过程是时空要素的交集，时限、方式、步骤等程序要素产生创设结构、营造场面的功能，为权利与权力的互动创造条件。在行政执法过程中，程序要素具有明显的控制强者和扶持弱者的倾向，正是程序因素催生了与人身、财产等实体性权利不同的新生权利，比如知情权、申辩权、控告权、拒绝权等，从而形成了对应命令、许可、处罚、强制等执法权力的动态力量。实体性权利与程序性权利针对执法权力产生不同的效应，实体性权利为执法权提供静态标准和界限，而程序性权利则使行政相对人和相关人具有独立的人格，从而产生作用于执法权的动态力量。程序不仅维护着实体正义，还创设着另外一种正义，如果说实体正义重在结果正义的话，程序因素酝酿和生成的正义就是过程正义。程序性权利促使执法权关注过程正义，承认和尊重一个人的自主性和尊严。因为公共利益的需要，实体性权利可以被克减和限制，这并不违背法治和实体正义，但除非在非常法治状态下，程序性权利不能被削弱和剥夺。

其五，责任要素，行政法主体不履行义务就要承担法律责任。私人在行政过程中不履行法定义务由行政主体依法追究责任，行政主体法定义务的违反亦应依法追究其责任，责任追究机制的存在是权力和权利得以实现的根本保障。在以往的法律实施活动中，权利者主要是义务者，行政执法的着眼点是要求执法对象履行法律义务，以此来维护公共秩序和实现公共利益。但随着行政法观念的变革，以行政执法体现的法律实施活动更注重对权力者的监督和制约，法律责任的内涵在行政法领域发生了深刻的革命，法治原则赋予了它更重要的意义，使其更多地成为权力的对应物。尤其需要强调的是，凡有权力的地方就有责任的存在，有权即有责，应当成为权力的基本原理。权力的制度化应当贯彻权责一致原则，权力违法必受责任追究，这是制度完善的基本要求，责任成为推动权力正向作用的制度要素。

其六，环境要素，即影响行政执法过程的外部因素，如时代背景、政治因素、社会力量等。具体言之，政府权力本位观念、地方主义、部门本位、法律体系的状况、政治监督、司法审查、社会公众舆论，等等，都属于行政执法的环境要素，构成行政执法的基本环境。行政执法环境改善是行政执法水平提高的重要保证。改善行政执法环境，包括文化改造，制度改革以及政治社会法律关系的改良，等等，在诸多变量相互作用下的行政执法过程中，行政权力与公民权利的相互作用构成了基本轴线，其他变量则共同作用于这一基本轴线。对行政执法过程诸变量的分析研究，目的就在于建立各变量对权力权利互动关系的积极作用机制，从而保障在各个因素综合作用之下的行政执法过程实现法律的良善目的。至此，可以将行政执法解释为在一定的政治、经济、社会、文化和制度环境中，以规范为基础、以责任为保障、以程序和方式为载体的权力与权利对话、沟通、对抗、合作的动态过程。

二、关于行政执法权力

对于人类社会而言，权力已经构成其“最一般、最普遍的社会生活特征”[①]。尤其在政治与法律领域，权力的行使是实现各种社会价值——正义、秩序、自由、平等——的关键。权力一直都是法学和政治学的核心范畴之一，以权力为逻辑起点，构建了形形色色的体大言精的理论体系。在行政法学领域，无论是控权论、管理论抑或平衡论，任何一种行政法理论莫不将权力看作最核心的研究对象之一。要解决行政法的任何理论或实践问题，始终都无法脱离权力而进行，从某种意义上说，权力应是行政法以及行政法学得以建立和展开的基点与轴线。权力是一个极为复杂的社会现象与社会事物，不论对其有多么精练的定义，也不论其实际运作多么简单粗暴，在其背后始终能看到权威、地方性、文化等影子——如果我们愿意继续拓展视野，还会发现更多。任何一项权力的背后，远不止是掌权者的意志，因此，当权力运行良好之时，其收获的不仅仅是其所维护的公共利益，或意图要实现的目标，它还有助于权威的建立、社会公信力的确立，有助于消解文化的对立。当其运转紊乱时，失掉的也不仅仅是预设目标，权威的丧失、地方的沦陷、文化的消亡等都可能是随之而来的后果，这也就是本书的一个基本论调，对于理解行政执法权具有重要意义。因此，我们必须将行政执法权置于一个复杂的背景下，置于其运行的整个过程中考察，才有可能更为客观、准确地认识它的本质、运作规律，以及它与法治的关系。

在权力分立的框架下，行政权与执法权几乎具有同样的含义。

---

① [美]丹尼斯·朗：《权力论》，陆震纶、郑明哲译，中国社会科学出版社 2001 年版，第 7 页。

行政权作为一种国家权力，与立法权、司法权相对应，是指由国家宪法、法律赋予行政主体执行法律规范的权力，区别于制定法律规范及对法律纠纷裁判的权力。与西方有限政府的理念与实践一脉相承，按照这一理路构建起来的行政权格外强调与其他两种权力的分立，特别是对行政权的警惕与限制。行政权被严格限制在执行法律所必需的范围之内，“最小的政府是最好的政府”成为检验政府良善的基本准则。与这一理论路径不甚一致的是，认为行政权是管理权、是国家行政机关依法组织管理内政外交事务的权力。这两种认识的分歧关键在于行政管理是否属于执法。如果承认权力分立的基本价值，那么行政权的法律从属性应该是捍卫这一价值的自然选择，否则，先哲们极为警惕的严重后果将不可避免地出现。从理论上说，尽管行政管理的依据有多种，包括法律、命令、政策等，但是法律应是其主要依据，行政管理只不过是对法律规范的具体实施。而且，从现代行政的发展趋势看，行政目的并不是管理，而是服务和协调公共利益，这就决定了其运作方式的多样化。归根到底，行政权的特性还在于其执行性或者说法律从属性。在这个意义上，行政权也即行政执法权。显然，这是从最为广义的角度理解行政执法权的。而狭义的行政执法权则是行政权的具体应用与配置，集中体现着行政权的性质与特点，可以说行政执法权是行政权中最重要的一项权力。行政执法权在公共权力体系中处于最为活跃的位置，它最能体现行政权的性质，是实现法治的经常性力量。

行政执法权必须由适格的主体来享有并且由相应的组织或个人来行使才具有实际意义。国家权力在简单勾勒为三种权力之后，还需进行进一步的配置，以使每一种权力都有相应的法定主体行使。一方面行政执法权配置是否恰当，执法权同其他权力之间如何形成有效的制约机制，将是有效制约行政执法权滥用的重要途径；另一方面，行政执法权配置是否科学，关系行政执法效率高低。从理论上讲，行政执法权的配置属于立法范畴，各项具体权力的划分由立法机关按照不同的规则进行分配。但是，行政执法权的配置不仅仅是立法问题，它还关涉政策、命令和因地因时的临机处断等问题。在行政执法权的配置背后，实际上是政府与社会、中央与地方、政府部门之间的博弈与制衡，也是行政民主与否的重要标志之一。

在民主化的进程中，最为瞩目的成就也许就是政府对公共权力的垄断地位逐渐被打破，开始与社会分享公共权力及其背后的公共资源。随着社会、经济及文化的发展，公共行政的职能与活动领域日趋扩张。但随政府职能膨胀所产生的机构臃肿、人浮于事、财政赤字累累、行政机器运转不灵等弊病使得国家行政管理系统再次陷入困境。政府与社会的适当分权正是解决这一矛盾的最佳途径，其实质在于改变传统的政府行政模式，根据公共服务的内容与性质选择相应的供给组织与方式，实现服务功能在政府、社会和市场间的合理配置，将竞争机制引入政府服务领域，打破政府垄断，实现行政分散化，从而提高公共服务的效率与质量，减轻政府行政负荷。这一方法使得政府、社会、市场各自以其特有的组织以及活动方式分担公共服务的供给，打破了“大政府”模式下政府垄断公共服务的局面，为现代行政注入了新的活力与生机。顺应这一形势，涌现出众多的社会中介组织，诸如商会、同业公会等。这些非营利性组织以其各自的方式实现市民社会的自主管理，参与社会公共产品的供给，从而形成介于市场与国家之间的调节机制，分担着社会的公共管理职能，并促使政府由全能政府向有限政府转变。在行政执法领域，行政执法权从政府垄断到与社会在一定领域和一定程度上共同承担，标志着分权与自治原则逐步确立。一些社会组织不断发育、发展，日益承担政府与社会中介的功能，从而使行政执法权逐渐由政府向此类组织转移。如社区组织、社会团体、公用事业组织以及一些特定的企业组织都逐渐承担了部分执法职能，在弥补政府执法的漏洞、改善政府执法方式方面发挥了重要作用。

行政执法权配置的第二个层次是中央与地方的配置。地方经济的快速发展凸显出地方政府的主体性问题，传统中央主导式的中央与地方关系受到了日益膨胀的地方实体的严峻挑战。地方的崛起导入了中国社会与制度转型中的一个轴心问题，即中央与地方的权力划分。中央与地方执法权科学划分，实际上是中央与地方事权划分的问题，这涉及一系列的系统性问题，远非简单的权力分工或者分配问题。首先涉及的是国家政制结构问题，即国家权力纵向的配置体制，是单一制还是联邦制，是集权制还是分权制，是单一中心的政治秩序还是多中心的政治秩序。其次，中央与地方政府执法权的配置还依赖于政府职能范围的科学界定。中央与地方关系的建构，必须以一种系统论的观点来考虑，一个基本的前提是实现政府职能转变。政府职能主要是提供公共物品，而不应该参与市场，中央政府与地方政府权力不清在某种程度上是因为政府与市场纠葛不清、追逐甚至争夺市场利益而导致的。再次，中央政府与地方政府执法权的配置只有在法制的框架内进行，才有可能将这种配置予以稳定。长期以来，我国规范中央行政执法权与地方行政执法权配置的主要手段是政策、文件，或者领导人之间的协商谈判，因此，随意性强，极不稳定，也容易产生争执而无法解决。从法律上规定中央与地方政府事务管理范围和相应拥有的权力，必须依赖法治的手段进行，这是处理中央与地方关系的前提与基础。

行政执法权配置的第三个层次是部门之间的配置。国家权力的配置从横向角度看，就是在国家机关内部的分权。首先是立法、行政、司法之间的权力划分，根据权力的不同性质将三种权力分配于三个不同的国家机关，解决权力归属问题。其次，在各个机关系统内再进行分配，解决权力的具体行使问题。在行政系统内部，就是要把一级政府集中控制的各种执法权与管理权交给所属各职能部门，不同的事项也尽量要交给不同的政府机构去管理，避免集权与无效。从20世纪90年代中期开始，行政执法权在部门之间的调配成为行政法治建设的焦点之一。针对行政执法主体过多、执法权力过于分散、多头执法、多层执法、重复执法、权责脱节、执法违法等问题，全国各地先后开展了联合整顿、联合执法等工作，并在借鉴新加坡、香港等国家和地区行政执法经验的基础上，在法律授权和中央政府批准下，首先在城市管理领域将原来由多个行政机构分别实施的行政处罚权相对集中于一个机构手中，由此，以相对集中行政处罚权为核心内容的综合执法体制改革在各地先后展开，这是政府部门之间执法权力配置的有益探索，也是行政执法体制模式的有益尝试。

从过程论的角度研究行政执法，意味着我们将更为关注运行过程之中的行政执法行为与行政执法权，即动态的行政执法。在行政执法权的运作过程中，其运行方式至关重要。行政执法权的运行方式是行政执法权的表达形态，完善的表达形态有助于改善行政执法权的面貌，增强其权威；反之，则可能破坏行政执法机关的威信，阻碍执法权所设定目标的实现。行政执法权的运作需要遵循三个基本标准：第一，民主标准，行政执法权应该是交涉互动的权力；第二，法治标准，行政执法权应该是循规蹈矩的权力；第三，人权标准，行政执法权应该是适可而止的权力。

民主是现代社会权力测评的基本标准之一，一项权力是否构成民主的权力，不仅表现在权力的来源是来自人民还是来自君主或者来自神灵，也表现为权力的获取方式是通过竞争式的选举还是血统世袭或者暴力掠取，而且表现在权力的运作方式是公开运行还是秘密进行或者恣意妄为。对于行政执法权而言，其民主化的趋势表现为多个层面，如行政执法权的合法性、执法权主体的多元化等，而且表现为行政执法权运作方式上的民主化。公开、双方交涉、非强制性等是其主要标志。总而言之，一项民主的行政执法权应当是公开透明、交涉互动、论辩说理的权力。

法治既是现代行政的基本原则，又是行政权力运行的基本模式，依法行政已经成为现代行政权力运行最基本的方式。长期以来，行政即管理是行政领域的一个基本认识，人们更多地讲行政管理，更多地强调行政对国家政策的执行与社会秩序的维护，而在行政权力的运行上，更多地表现为随意性极强、法律性较弱的特征。行政执法概念的提出，本身即是对这一观念的突破，它使得行政的基本职能回归到执行法律规范上来，因此更为强调行政执法而非行政管理，更多地强调行政对法律的执行与公民权利的保障，在运作模式上则更多地表现为规则性与有序性。一项符合法治要求的执法权，应该是循规蹈矩、严守法律的权力。

尊重人性、保障人权是任何一项权力的底线和归宿。在人权面前权力应该保持必要的限度和克制。我们所耳熟能详的"权利是权力的界线"的教条，不仅意味着权力的有限性，更意味着在权利面前，权力应该是谦逊与温和的。依据人权标准运行的行政执法权应该是一项尊重人权、充满人性、适可而止的权力。

总之，作为一项公共权力，行政执法权的行使、走向始终都是围绕政府与公民这一对基本关系展开的。随着政府与公民关系模型的不断调整与发展，行政执法权的运行方式也将随之调整和变化。无论设定多少运行标准，行政执法权的运行都不会脱离这一基本框架，不论其是专断的权力还是协商的权力。

三、关于行政执法权利

行政权力与个人权利的相互作用构成了行政执法过程的基本轴线，虽然行政权力构成了这对关系的主导因素，但个人和组织在行政执法过程中享有的权利彰显和保障了个人和组织的主体地位，尤其是程序性权利更使得个人和组织具有了法律规定的与行政主体在行政执法过程的平等地位。行政法通过确认和保障行政相对人、行政相关人和行政人权利的实现机制及对行政权产生正向作用的机制，以保障各方主体平等参与行政执法过程。当然，行政法同时也要规定参与行政法律关系的各方主体的义务，对此传统行政法学已经充分强调，本书不再赘述。

行政执法过程权利，又称行政法权利，是个人和组织在行政执法过程享有的权利，是行政法确认或规定的个人或组织针对行政权力所享有的权利，是个人或组织在行政执法过程享有的权利，是针对行政权力而享有的权利。行政法权利比较个人或组织在民商法律关系中所享有的权利，具有明显的公法色彩。作为一种公法权利，行政执法权利与行政权力具有一定的同质性，是作为国家成员的"公民"依然保有的分享、参与、防御公共权力的权利。明确行政执法过程权利的公权利性质，对于当代中国的法治建设具有重要意义。首先，可促进行政执法过程的价值取向从保证效率转向保障权利。其次，可促进行政执法过程中主体之间平等地位的确立和实现。再次，可促进行政执法过程人文精神的确立，即建立人文尺度促使行政执法关注现实的人的需要、促进人的价值的实现。最后，可促进行政民主的有效实现。

要分析行政执法过程权利的内涵，还必须区别其与行政执法过程权力的不同，考察权利、权力因素在行政执法过程的不同表现和不同作用；还必须把行政法权利置于整个权利体系中考察，明确其与其他部门法权利的不同，尤其是与私法权利、宪法权利的区别。因此，论述行政法权利的特征，主要是论证行政法权利异于行政权力、异于其他部门法权利的特征：其一，行政法权利的享有来源于行政法的确认或规定。其二，行政法权利可以放弃，但不可自由让渡。其三，行政法权利的实现具有不确定性和不能自力实现性。[①] 其四，行政法权利的保护具有特殊性。要准确理解行政法权利，还要对行政法权利进行分类，目的在于认识主体在行政执法过程的不同地位，在于区分个人或组织在行政法上享有的权利与在私法上、宪法上享有权利的不同，明确行政执法过程个人或组织同行政主体享有和行使的行政权力的关系。在参考和借鉴其他分类方法的基础上，我们以行政法权利的内容和个人或组织在行政执法过程的地位为标准，将行政法权利分为四类：参与权、受益权、防御权和自由权。行政法上的参与权是指个人或组织依法参与国家管理的权利，这是最具代表意义的公法权利。参与权实质上就是个人或组织在行政管理上分享的对公共权力的控制力，这种控制力不仅有利于行政目标的实现，有利于对行政主体行政权力的控制，也有利于行政执法过程个人或组织权益的保障和实现，所以属于主体在行政法上的权利范畴。行政法上的参与权主要表现为公职权、知情权、批评建议权、控告检举权、程序参与权等。受益权，是指个人或组织请求行政主体作出一定的行为，以保护、保障、发展自己利益的权利。由行政行为而受益，在当代国家生活中日益彰显出其重要性，因为现代行政的重点已经从消极行

---

① 参见关保英《行政法的私权文化与潜能》，山东人民出版社 2003 年版，第 123、125 页。

政、秩序行政转向积极行政、给付行政、福利行政。依据受益权的享有或行使目的，可以分为保护性受益权、保障性受益权、发展性受益权三大类。防御权表明在行政执法过程中，个人或组织作为权利主体与作为公权力主体的行政主体抗衡的法律地位。个人或组织被要求只要有法律根据，就应该忍受侵害其自由和财产的行政活动。但对于行政主体的违法行为，个人或组织有防御的权利。享有防御权的主体，当然不限于行政行为的相对人，还包括相关人。防御权主要包括：抵抗权[①]、排除违法行政的请求权、行政介入请求权、赔偿请求权、补偿请求权。自由权的核心是个人或组织的一切合法自由排除行政主体的妨碍，不受行政主体的非法侵害。自由权与受益权的区别在于，自由权是个人或组织自身能够实现的权利，要求行政主体履行不作为的义务，即不得作出非法或侵害的行政行为；而受益权是需要行政主体的给付行为才能得以实现的权利，它要求行政主体履行作为的义务。自由权是行政相对人的各种合法权益中具有共性的权能，是意志自治与行为自由，因而有学者称之为“行为权”；而受益权是行政相对人期待得到、并由行政主体给予帮助的利益，因而受益权又可被称之为“接受权”。[②] 自由权可以表现为人身自由权、财产自由权、言论自由权、政治自由权等。

在行政执法过程中，对应于行政主体、享有行政法权利的主体主要有行政相对人、行政相关人和行政人等。行政相对人，是指参与行政法律关系，与行政主体的职权职责具有对应权利义务的个人或组织。行政相对人一般是行政行为明指的人，或者行政主体主观意思表示指向的人，或者是主动对行政主体行使权利或履行义务启动行政法律关系的人。行政相关人，是指参与到已经发生的行政法律关

---

① 相对人对于明显违背法律强制性规定的行政行为有直接抵抗的权利，其作用在于使明显违法的行政行为不能生效。如我国《行政处罚法》第 49 条规定：“行政机关极其执法人员当场收缴罚款的，必须向当事人出具省、自治区、直辖市财政部门统一制发的罚款收据；不出具财政部门统一制发的罚款收据的，当事人有权拒绝缴纳罚款。”当然首先要明确，这种抵抗权利并不是针对行政权力的，而是针对异化了的行政权力，而且需要法律的明确规定。

② 参见方世荣《论行政相对人》，中国政法大学出版社 2000 年版，第 94 页。

系中，与行政行为有法律上利害关系的个人或组织。行政相关人不是行政行为明指或行政主体主观意思表示指向的人，而是行政行为客观上影响其正当权益的人，就是因为权益的被影响才促使其参与行政法律关系并成为一方行政法主体。确立和完善行政相关人理论，对于行政执法过程各方参与主体地位的明确、对于行政执法的价值定位、对于行政执法权力的监督和制约都具有广泛、深远、发散性的重要意义。作为一项崭新的法学概念，其明确了行政权力作用过程中个人或组织的不同法律地位，并且表明了与救济领域概念的区别；作为一项理论，其还原了行政关系的复杂性，将行政权的定位由管理权逐步转向公共服务权，更加明确了行政权力的个人或组织权益的保障功能；作为一项制度，通过完善行政程序制度，保障行政相对人与相关人对行政权力作用过程的多重作用，促使行政主体依法行政，并且减少了司法权与行政权的冲突，保障了国家权力的协调性。行政人是指依法代表国家并以行政主体的名义实施行政行为，其行为效果归属于行政主体的个人。[①] 行政人与公务员的关系是同行政主体与行政机关的关系相一致的，在我国行政人主要由公务员构成，公务员是行政人的主要载体，但两者之间不能画等号。从概念上看，行政人是一个法学概念，公务员则是个法律概念；行政人是个动态概念，它依行为而定，而公务员是个静态概念，它依编制而定。从范围上讲，行政人并不只限于公务员，公务员以外的人员依法行使行政职权时也成为行政人；公务员也非无条件地成为行政人，只有其依法代表国家并以行政主体的名义实施行政行为时，才是行政人，其参与行政法律关系却不行使行政职权时就是行政相对人，其以自然人身份参与民事活动或代表行政机关参与民事活动时，虽是公务员却显然不是行政人。对行政人与公务员区分的重要意义在于从行政法律关系的角度认识行政行为及参与行政行为的不同主体的不同法律地位，同时明确个人之代表行政主体行使行政权力时的行政人和

① 对行政人含义及其与公务员的区分，参见胡建淼《行政法学》，法律出版社 1998 年版，第 176 页。

公民双重身份的法律规范之确立的法理。个人代表行政主体履行行政职权时具有双重人格:基于行政行为,相对于行政主体而具有行政人地位;基于个人权利的享有和追求,相对于国家而具有公民地位,这也就决定了公务员法律制度的双重价值追求和平衡作用。

在行政执法过程中,个人或组织的程序性权利更能充分表现和保障其主体地位的实现。行政执法程序性权利就是行政程序法所确认或规定的、在行政执法过程中行政相对人和行政相关人所享有的与行政主体的程序性权力、义务相对应的各种权利;是行政相对人和相关人为维护其自身的合法权益而参与到行政执法过程,就涉及到的事实和法律问题阐述自己的主张,从而维护自己的主体地位乃至影响行政主体在作出行政决定时考虑其主张和诉求的一种权利。在行政法上引入程序性权利观念和制度,对于实现法治行政、民主行政、平衡行政、人权保障等行政法的基本理念具有重大价值,更对于实现行政程序法所追求的程序正义具有决定性的作用。行政执法程序性权利是实体性权利实现的有效保障,同时更具有保障程序自身的过程性正义价值实现的功能,当然这种工具价值和内在价值是其他部门法程序性权利所共享的;而作为行政法权利,程序性权利还有平衡行政优先权、制约行政权以正当行使的独特价值。基于程序性权利的一般价值与特有价值的区分,我们从以下四个方面认识行政执法程序性权利的重要价值:其一,保障实体性权利实现的工具价值;其二,保障平等主体地位的内在价值;其三,平衡行政优先权的制度价值;其四,促使权力运作合理化的实践价值。以行政执法过程为主线,以对行政执法过程的不同推动作用为标准,将行政相对人和相关人享有的程序性权利划分为发起权、知情权、参与权和防御权四类。发起权,是指相对人通过自己的行为促使行政法律关系产生的权利。主要表现形式是:申请权、建议权、请求权等。知情权,又称知悉权、获悉权、了解权、得知权等,指个人和组织依法享有的知悉并获取与自身利益相关的各种信息的自由与权利。主要表现为:行政信息获悉权、获得通知权、查阅卷宗权等。参与权,是指行政相对人和相关人为了维护其自身的合法权益而参与到行政程序过程中,就涉及的事实和法律问题公开阐明自己的主张，从而参与并影响行政主体作出有利于自己权益的行政决定的程序性权利。主要表现为：陈述权、申辩权、听证权、申请回避权、要求平等对待权等内容。防御权，是指在行政执法过程中相对人或相关人对于行政主体的违法或无效行为所享有的正当防卫权，是针对不法侵害进行私力救济和请求公力救济的权利。主要内容包括抵抗权和申请救济权等。对于行政过程之程序性权利的保障，有赖于权利宣示制度、规范转化制度、救济补救制度的健全和完善。

研究行政执法过程权利，除了分析其含义、性质、内容外，更要分析其作用于行政权力的主要机制，以利于行政法建立重在对过程予以规范、保障权利权力相互作用的良性运行机制。我们以为，行政执法权利对行政权力的作用机制至少表现在三个方面：参与与配合、监督与制约、抗辩与申诉。个人或组织的参与与配合是行政权有效实现的条件，公民权利可以渗透到行政权力运行过程中，形成行政权力如果没有满足公民权利就构成非法状态而难以运行、如果满足了公民权利就会得到公民的配合而有效运行的机制。我们以为行政相对人与相关人应对行政活动深度参与，与行政主体共同来完成行政权力的运行，这对于有效实现依法行政是具有本源性意义的。权利制约是督促依法行政的最有效力量，在行政行为过程中，个人或组织通过自己行政法权利的行使，能够预防、制约、抵抗违法行政行为的进一步发展，或者把自己的意愿渗透、表达在行政决定之中，促使行政行为沿着合法、适当的轨道运行，因而，权利制约减少了行政违法的可能性，克服了权力制约的事前性、事后性及外部性的弊端。同时，由于权利制约是在行政行为的具体过程中发生的，克服了立法权制约的抽象性，又由于权利制约总是离不开特定的权利主体，克服了司法权制约的被动性和个别性。[①] 权利制约不仅能够消极地制约行政权力不侵犯个人或组织权益，还能够通过种种途径促使行政主体积

① 参见羊琴《行政相对方权利制约行政权的若干思考》，载《法商研究》2000 年第 2 期。

极地履行职责为其谋取福利、发展权利。当行政权力的行使明显违背了法律的禁止性规定，或者行政权力的运用已改变了设定的本意而成为谋取私利的手段时，个人或组织享有抵抗权，即有权拒绝执行行政行为决定。对于违法、不当的行政行为，个人或组织还可以通过行使法律权利，促使有关国家机关启动权力制衡程序，对其予以纠正，从而达到监督行政权的目的。

四、关于行政执法规范

行政执法的规范是行政执法过程的基本要素。一般而言，行政执法是指实施法律、法规和规章的活动，行政执法的规范主要是指法律、法规和规章。但实际的行政执法活动所依据的规范显然要广泛得多，行政规范、行政法原则及规则、政府政策甚至司法判例都会不同程度地成为行政执法的规范，对行政执法产生依据意义和指导作用。我们认为，我国的行政执法过程规范形式除了包括宪法、法律、行政法规、地方性法规、行政规章、民族自治条例和单行条例、国际条约和行政协定等行政法律规范作为行政执法过程的一般规范形态以外，还应当包括行政判例、政策、法律原则、行政解释等特殊规范形态。行政执法规范形式作为一个整体是规范的一般形态和特殊形态的有机结合，二者共同构成了行政执法过程规范体系。

行政执法规范体系必须注重秩序建设，行政执法体系秩序性主要表现为体系自身的相对统一性，这是法制统一原则的基本要求，也是执法统一的制度保障；行政执法规范必须保持精神的一致性，这是规范体系完整统一性的根本保障。各类规范形式应当反映和体现持续一致的立法和政策观念，包括民本思想、人本精神、人权理念、控权倾向；行政执法规范体系必须坚持开放性，由此产生了规范形式的多样性；行政执法规范必须建立和遵循等级性，不同形式的规范具有适用顺序上的先后性，不同位阶的规范具有不同的规范效力，这是行政执法规范体系秩序性的基本保障。

行政执法的规范实际上就是行政法的渊源问题，或者说行政法的形式问题。关于行政法的渊源，有两种现象需要特别提及：第一，从形式上看，行政法是一个非常复杂的规范体系，它通常没有一部统一的法典，世界上只有荷兰存在一部统一的行政法通则，另外的一些国家或者联邦体制下的邦或州曾制定过行政法典，但都没有代表性。行政法难以像刑法、民法那样比较完整地法典化，但存在行政法局部法典化的现象，主要表现为不少国家都存在一部统一的行政程序法典。从20世纪初开始，西班牙、美国以至东亚的不少国家和地区纷纷制定行政程序法典。我国在20世纪80年代中期曾试图制定一部行政基本法，但进展缓慢并最终半途改辙。[①] 于是先有了行政诉讼法，并推动了整个行政立法，在不断积累立法经验和制度资源的基础上，制定统一行政程序法的进程在不断加快。关于行政法的形式特点，有一种说法是实体法与程序法交叉同体。实际上伴随着行政程序法典化的进程，这种特点正在逐渐消失。第二，就行政法的渊源讲，美国和法国都存在反规律现象。美国属于判例法国家，但行政法有很多成文法的表现，从宪法上的正当程序条款，到联邦政府行政程序法，再到信息公开法、阳光下的政府法等；法国因其《拿破仑法典》而对世界法律发展作出了伟大贡献，但作为一个具有法典化传统的国家，其行政法则主要是由行政法院的判决构成。法国行政法学者弗德尔曾说："如果我们设想立法者大笔一挥，取消全部民法条文，法国将无民法存在；如果他们取消全部刑法条文，法国将无刑法存在；但是如果他们取消全部行政法条文，法国的行政法仍然存在，因为行政法的重要原则不存在成文法中，而存在于判例之中。"[②]行政执法的规范呈现为一个庞杂的体系，这个体系中的法典化现象正在改变过去那种实体规范与程序规范混居的情形，改变那种传统的实体法与程序法混为一体的认识，并且这个庞杂体系已经和正在接纳新的成员。如前所述，行政法原则及规则、政府政策、行政规范不同程度

① 我国在20世纪80年代中期曾试图制定一部行政基本法，以江平、罗豪才、应松年等学者领导的行政法立法研究组参与了立法准备和论证工作。1987年，江平在行政立法研究组会议上提出：从法律发展的经验看，往往先有程序法，后有实体法；我国是先有民诉法，后有民法通则。可以先制定行政程序法，后制定行政法。参见何海波编著《法治的脚步声——中国行政法大事记（1978～2004）》，中国政法大学出版社2005年版，第61页。

② 转引自王名扬《法国行政法》，中国政法大学出版社2003年版，第21～22页。

地成为行政执法的依据，即使在不承认判例制度的情形下，典型的法院判决实际上也会在行政执法中产生一定的依据作用。

法的基本原则属于法的重要渊源。德沃金属于自然法学派的代表人物，他反对法律实证主义关于法律除了规则还是规则，是主要规则和次要规则的结合的观点，认为实证主义法学关于法律单一标准的思想迫使人们忽视了那些非规则的标准的重要作用，指出："当法律工作者就法律权利和义务（特别是疑难案件中最棘手的权利和义务）问题进行推理或辩论时，他们使用的标准不是规则，而是原则、政策或其他。"[①]社会学法学代表人物庞德提出"律令—技术—理想"模式，在关于对法的认识的庞德模式中，律令本身就是一种复杂的系统，"它是有规则、原则、确定概念的律令和建立标准的律令构成的"[②]。"我希望每个有思想的法律家都能够意识到法律不仅包含着规则，而对原则和先例的研究也是其重要组成部分——这就意味着法律家（他或她）在表述法律时，必须充分考虑这三个方面的因素。有时将原则、先例和规则按照一定的顺序明确地排列起来也是可能的——按照明确的规则作出颇具影响的先例，而这些规则又需要最基本的原则加以阐明。"[③]

法国行政法的形式渊源包括宪法、法律、条约、行政法规和行政规章，以及法的一般原则、判例和习惯法。德国行政法学者毛雷尔将行政法分为一般行政法和特殊行政法，认为一般行政法是指原则上适用于所有行政法领域的规则、原则、概念和法律制度。日本承认原则为行政法的渊源，如信赖保护、比例原则等。职权法定原则、平等对待原则、正当程序原则、信赖保护原则、比例原则等行政法原则，构

① 张文显：《二十世纪西方法哲学思潮研究》，法律出版社 1996 年版，第 381 页。

② 转引自沈宗灵《现代西方法理学》，北京大学出版社 1992 年版，第 300 页。

③ [美]布鲁斯·阿克曼：《我们人民：宪法变革的原动力》，孙文恺译，法律出版社 2003 年版，第 28 页。

成法律规则、法律规范的基础，构成行政法制度的基本要素。[①] 作为行政法渊源的法律基本原则，可能产生于法律的基本原理，也可能产生于法院判例概括、立法精神等。行政法原则的作用是全面的，包括规范法律创制行为，通过弥补成文法的漏洞、解决成文法的冲突，保障法律的完整性和统一性，从而克服法律自身的局限性；规范法律适用行为，消除法律规范的不明确性、不确定性，弥补法律规范的缺席，以及限制自由裁量；为监督行政和法律救济提供判断和评判标准，并对公众理解和评价法律具有指导作用。对行政执法来讲，行政法原则发挥着克服由法律、法规和规章等建立的行政法制度局限性（不确定法律概念、成文法漏洞、制度规范冲突等）的功能，实际上发挥着行政执法的规范和依据效应。

行政执法规则是一个长期被忽视了的问题，因为行政执法原则更引人注目。行政执法应当贯彻公开、合法、合理和效率原则，从实践的角度来看，行政执法贯彻上述原则需要和依赖于若干执法规则。规则属原则的下位概念，可以视为规范的一种，是一种普遍性的规范，与具体性法律规范明显不同。比如，“有下列情形之一的，可以处以警告、200 元以下罚款或者拘留”，这是一个典型的具体法律规范，适用该具体规范必须坚持“同类情形同样处理”。“同类情形同样处理”体现和支持了行政执法的合法原则和合理原则，这是行政执法规则的主要作用。执法规则的特征则是其普遍适用性，“同类情形同样处理”不仅适用于行政处罚领域，对于行政许可、行政征收、行政强制等其他执法方式同样适用。行政执法规则是贯彻执法原则的制度性规范，但它不是安排权利义务的具体性法律规范，而是在原则之下指导执行具体法律规范的基本规则。自然正义原则之下的“自己不能做自己的法官”，正当法律程序原则之下的“非经法定程序不得产生侵害”，都属于执法规则的范畴。

---

① 行政法原则是贯穿于行政法的始终、对行政法的制定和适用过程具有支配作用、规范行政权力的运作，以及提供行政权力的监督者判断标准的基本原理。行政法原则是行政法的精髓，是一定理念演绎的产物，如法治理念衍生出依法行政的原则，人权理念演绎出保障权利原则，宪政理念演变出有限政府原则，等等。

行政执法应当遵循如下规则:(1)禁止差别对待规则。该规则主要用于规制行政自由裁量权的行使,其内涵为同等情况同等对待,不同情况差别对待,是平等原则的具体体现,其意义在于从横向上保障着行政执法的公平性。所谓同等情况同等对待,系指行政执法主体在执法时,类似案件的处理结果应当相似,不能因其他非法律因素影响执法结果。(2)执法前后一致规则。该规则的意义在于从纵向上实现行政执法的公平性。除非执法机关能够给出事实和理由表明不遵守先例是公平的和理性的,否则执法应当遵守先例,以保证法不择人,避免执法歧视,是制约行政自由裁量权的一项重要规则。(3)行政回避规则。这是程序行政的要求,亦是贯彻行政正当程序原则的重要规则。行政机关工作人员在行使职权过程中,因其与所处理的事务有利害关系,为保证实体处理结果和程序进展的公正性,根据当事人的申请或行政机关工作人员的请求,有权机关依法终止其职务的行使并由他人代替的一种法律制度。(4)法不溯及既往规则。该规则意味着法律不适用于从前的行为和事件。一般地,法不具有溯及既往的效力是一个基本的法治命题。立法机关不得制定具有溯及既往的法律,刑事法治以不溯及既往为原则而以溯及既往为例外,行政执法也应当坚持法不溯及既往的执法规则。违反法不溯及既往的执法规则,容易导致以法律名义实施专横行政。(5)及时行政规则。指在行政执法过程中,各种执法行为的方式、步骤、时限、顺序等设置都必须有助于确保基本的行政效率,并在不损害行政相对人合法权益的前提下适当提高行政效率。及时行政规则是行政效益原则衍生出来的一项规则,现代行政执法过程中事务繁杂,各种问题层出不穷,法律要求行政主体及时迅速地完成执法任务;同时也要求相对人积极配合,消除行政执法拖而不决的现象。(6)比例规则。该规则强调执法措施对执法后果的关照性,对于给相对人权益带来不利影响的行政执法尤其具有重要意义。对于一般违法当事人动辄给予严厉处罚可能会违反比例规则,而税收执法中的强制措施以不影响相对人必要生活所需为限，则体现了行政执法的比例规则。[①] (7)有利于弱者解释规则。刑法中不确定概念的解释应当有利于犯罪嫌疑人和刑事被告人，这是刑法宽容人道和刑事制度文明的重要标志。当行政执法中遇有不确定法律概念时，法律概念的解释应当有利于行政相对人，特别是当行政执法可能对行政相对人的权益产生不利影响时，该执法规则具有更为重要的意义。(8)越权无效规则。越权无效规则指行政主体在行政执法过程中超越了其法定的权限范围，行使了其他权力主体的行政职权，导致该执法行为不产生效力的规则。该规则是司法干预行政时适用的一项明确的、有效的标准，主要体现为对日益扩大的行政权的控制，促使行政主体执法时自我约束，谨慎行政。

行政执法规范以法律、法规和规章为核心构成一个开放的体系。在这个开放性体系中，分布最广的是行政规范性文件，另一种表述是行政规范。尽管法院根据最高法院的法律解释可以在行政裁判文书中引用合法有效的行政规范，但由于对法院并不具有法律上的拘束力，学界一般认为行政规范不能构成行政法的渊源。实际上早在20世纪80年代后期，行政法学界就有学者将行政规范性文件，包括各级各类行政机关制定的具有普遍约束力的决定、命令和行政措施等，归为行政法的渊源。这里涉及一个非常重要但一直被忽视的问题，即研究行政法的渊源并不是单纯列举行政法的表现形式，形成一个静态的行政法律体系，更重要的是行政法各种形式的规范对行政的影响力，能否产生对行政执法的依据效力。美国学者格伦顿曾言：法律渊源涉及到的并非普通公民的行为受什么样的规则管辖，而是法

---

① 2002年10月15日施行的税收征收管理法实施细则颇具人本精神的第53条引起人们的广泛关注：司法、执法部门在采取保全或强制执行措施时，不得查封、扣押纳税人及其所抚养家属维持生活的住房和用品。国家税务总局认为明确“税收征管中长期未能解决的公民生存权认定标准问题”是新的实施细则的最大突破。新的实施细则更加注重征纳双方权利、义务的对称，也表明了税收立法理念的进步。长期以来国内流行着这样一种观点：对偷税漏税、假冒伪劣、贪污受贿等违法犯罪行为应当重典治理，对行为人应当罚得“倾家荡产”。新的实施细则所体现的观念和制度的进步，是对这一观点内含的非人本主义的否定。除此之外，从行政执法规则的角度讲，《税收征收管理实施细则》第53条的规定鲜明地体现了比例规则。

院在具体纠纷时应该适用哪些法律的问题。[1] 法律渊源的意义在于指明法的存在形式，其机能在于如何产生拘束力，这种拘束力包括法的表现形式作为行为规范对法律关系当事人的拘束力和作为裁判规范对于法院的拘束力。应当指出的是，尽管行政规范性文件对法院没有拘束力或者说只有低微的拘束力，但由于行政规范在行政管理过程中的依据地位以及对行政法律关系的效力，应当将行政规范纳入行政法渊源的范畴。

政策有多种表现形态，有政党政策、国家政策、政府政策等，都属于公共政策的范畴。政党政策尤其是执政党的政策与国家法律具有高度关联性，不是所有的政党政策或者说执政党的所有政策都会转化为国家法律，也不是所有的法律都有政策根源，但国家重要法律都与政党政策密切相关。执政党政策是人民意志通向法律的主渠道。政党的主要功能之一是架起民众与政府的桥梁。在中国，执政党政策是人民意志转化为法律的基础环节，政党就是通过政策影响立法使人民意志成为政府存在和行动的依据，从而发挥沟通人民与政府关系的功能。在以往，执政党的政策是政府管理的直接依据，亦即政府管理领域中依政策办事。1949 年，中共中央明确指出：在人民的法律还不完备的情况下，司法机关的办事原则应该是：有纲领、法律、命令、条例、决议规定者，从纲领、法律、命令、条例、决议之规定；无纲领、法律、命令、条例、决议规定者，从新民主主义政策。这种情形一直到强调民主法制建设、依法办事、依法行政后才有所改观。20 世纪 90 年代以后，随着我国立法的进步和发展，法治逐步成为国家和社会的主要治理方式，有一种流行的观点：由依政策办事逐步过渡到依法办事，由政策一元化逐步过渡到法律一元化。这种观点反映了实现法治的强烈愿望，但多少带有一些法律万能的倾向。从依政策办事走向依法办事，但依法办事并不排除实际上也无法避免执政党政策对行政执法和政府管理的指导甚至规范作用。正如拉斯维尔指

---

① 参见[美]格伦顿等《比较法律传统》，米健译，中国政法大学出版社 1993 年版，第 154 页。

出的:“党政策被定义为影响价值分配的重要决定时,没有一个处理法律问题的人能够脱离政策。”[①]

政府政策可能是政党政策或国家政策的具体化和延伸,也可能是基于政府职能需要独立制定的行政政策,它在政府管理过程中发挥着即使法律也无法替代的作用。我们通常所讲政府运用经济的、行政的、法律的手段管理公共事务,其中的行政手段大多表现为政府政策的作用。我们一般意义上所讲的实现从依靠政策办事到依靠法律办事的转变,此处的政策一般是指执政党政策。一个国家公共事务的管理,从经济到社会,从宏观到具体,仅仅依靠法律是不够的,依政策办事与依法律办事并存是不可避免的现象,而我们讲的依政策办事是指依政府政策办事,政府政策的领域很广,比如宏观经济政策、医疗卫生政策、人口政策、住房政策等。应当特别注意的是,政府管理往往是政策与法律同时发挥作用的过程,依政策与依法律在政府管理的某一过程中同时存在,在导向与规范的意义上相互补充。这实际上就是经常说的政府运用行政的、法律的、经济的手段管理经济与社会事务。换言之,法律不是唯一的和万能的,法律和政策是推动行政的主要力量。依法办事与依政策办事并不矛盾,依政策办事有两种情形,即人治意义上的依政策办事与法治意义上的依政策办事。法治意义上的依政策办事的基本纲要:法律优先,决策程序法治化,政策的正当性。[②] 也就是说,政府政策不是与法律相去甚远甚至相反的现象,政府政策与法律只是表现形态、运作方式和效力表现不同,它们的方向和精神是共同的,通过政府决策法治化运动,尤其是政府决策的主体法定、程序法定,政府政策与法律将走得更近,政府政策最终将成为准法律,依政策行事表现的行政手段最终将成为准

---

① 转引自彭汉英《当代西方的法律政策学》,载《外国法译丛》1997 年第 2 期。

② 政策的正当性主要体现为两个方面:一是政策的价值基准点,是基于公平的价值基准点还是其他的价值基准点;二是政策制定过程的法治化要求,比如公开透明,公民参与,防止公共政策为利益集团、垄断企业“俘获”。经济学上产业组织理论中有一个经典命题,即公共政策被垄断企业的策略俘获。在通信、电力、民航、石化、钢铁和银行等行业和领域,存在着很多公共政策主动或被动被“俘获”的案例。政策被俘获现象往往与政策过程公开透明程度、公众参与等法治要素不足有关。

法律手段。由此可见，政策作为一类渊源对行政执法具有重要的意义。

尽管国内法律制度中没有判例法概念，但有不少学者主张培育中国的判例制度。张晋藩教授认为，中国“法生于例”，法律是在判例的基础上形成的。[①] 荀子所言“类举”、汉代的“决事比”就是无法律依判例断案的意思。尽管判例一般不得与制定法相违背，而且历史上也没有确认遵循先例的原则，但重视判例应当看作是中华法学的一个重要传统。建立判例制度就必须将判例视为法的渊源。当然，学界呼吁建立判例制度，主要着眼于判例在司法领域的作用，比如最高法院的判例和上级法院的判例对下级法院具有一定的拘束力或者参考和指导作用；判例制度有利于限制法官的自由裁量权、保障司法判决的大体一致性；等等。不仅在司法领域，即使在行政领域，司法判例的作用也不能忽视。即使不能将司法判例作为行政法的一类渊源，至少也应该注意司法判例在促进政府管理的法治化和法律的统一实施方面的重要影响，以及促使行政守法方面的重要作用。

美国存在解释性规章，施瓦茨认为，解释性规章不具有法律效力，它们只代表行政机关对法律的认识，它们自己并不影响任何人的法律权利和义务。法院审理案件不受解释性规章的约束，法院完全可以用自己的解释取代行政机关的解释，但法院对行政机关的解释要予以充分的尊重。美国首席大法官伯格也认为，行政机关的解释性规章提供了一个实际的指南，表明了代表公众利益执法的机关应用法律的方法。虽然就它的权威性而言对法院没有约束力，但这种解释是经验和实际判断的产物，法院没有重要原因绝不会找行政解释规章的麻烦。[②] 与此同理，在不存在判例法的国家，法院的判决只对个案发生法律效力，对行政不产生普遍约束力，但法院判决表明了对法律的司法理解，是经验和理性判断的产物，同样提供了一个实际的指南，按照法制统一的原理，行政机关应当尊重这种特殊的司法指

① 参见张晋藩《中国法律的传统与近代转型》，法律出版社 1997 年版，第 237 页。

② 参见[美]伯纳德·施瓦茨《行政法》，徐炳译，群众出版社 1986 年版，第 143～144 页。

南，没有重要原因不要对司法判例视而不见，从而引起不必要的麻烦。

关于司法判例对行政执法的作用，还表现在对促进行政守法的影响上，法国前总统德斯坦曾中肯地指出："法国参事院的主要贡献在于：在没有任何立法介入的情况下，成功地通过一套在行政审判实践中缓慢发展起来的判例法而为法国行政系统赋予了一种依法行政的精神，也就是一种尊重法律、严格按照规则办事的精神。除此以外，它还通过自身的司法实践不断训练和教育行政人员坚守这种精神。"

五、关于行政执法程序

正当程序是现代法治的基本内容，是法治政府的基本制度保障。行政权兼有决策、执行之职能，行政机关兼具一定意义上的立法者、主要执法者和准司法者的身份，对行政权与行政机关的控约有赖于立法机关立法的明确规范和司法机关的监督，而行政程序的规范则从调集各种制约因素和力量控约行政权运作过程的视角发力，具有不可替代的价值。

行政执法程序上升至行政法学视阈的中心，有其基本的理论演进理路。具体说来，将行政执法程序推向行政法学前台主要有赖如下理论的支撑：法治国家理论、民主政治理论、程序正义理论、政府法制理论。第一，法治国家理论。法治国家的核心在于规范、规则，制定良好的规则得到有效实施是法治国家的基本标志。[①] 法治国家中，国家权力与公民权利的关系、国家权力之间的关系以及公民权利之间的关系是必须处理的重要课题。公民权利之间可能存在的冲突有赖国家制度和私力救济，国家权力之间可能存在的冲突需要制度演进和不断妥协达致，国家权力与公民权利之间可能存在的冲突则主要依靠制度推进和两者意志的博弈。法治国家就应当确立起合理

---

① 亚里士多德的法治二元论早已深入人心，制定良好的法律得到有效实施是为法治，这一论断是对于法治国家的素描，也揭示了法治国家的核心要素。参见［古希腊］亚里士多德《政治学》，吴寿彭译，商务印书馆 1997 年版，第 199 页。

配置上述三组关系的规则，使得三组关系和谐有序、合理演进，通过制度、利益的冲突、妥协达到不断和谐。第二，民主政治理论。民主政治的基本表象是权力运作由多数人意志决定。但是，多数人意志并不一定代表着公平、正义以及社会走向，而且多数人意志决定一切还容易导致民主的暴政。因此，民主政治应当兼顾多数人意志和少数人权利，注重构建各种利益诉求博弈的平台，使得对话、交涉成为社会各阶层、各利益群体化解矛盾、分割利益的主流形式。在多数人意志形成的过程中，程序的意义在于保障多数人意志更加趋于理性[①]，这种理性是民主政治良善发展所必需的。第三，程序正义理论。程序是保障实体权利的重要规范，程序具有技术性特征，在程序中实体权利被明确规范。程序正义在各国有着不同的名称，或为法律的正当程序，或为自然正义，但是程序的价值是无可磨灭的。程序正义的实质在于参与和对话，不同利益诉求得到同等对待。程序正义是一种形式理性，注重过程的规范、程式化。程序正义要真正得到实现必须满足如下几大要件：其一，程序法定。程序法定排除恣意，程序虽然必须由程序操控者执行，但是程序本身必须于执行前确定，不得由执行者变更，而且程序操控者一旦违背法定程序就要承担相应法律后果。其二，程序内核兼顾公平、效率两大价值诉求，兼具合法性、合理性与可行性。程序要通向正义，程序本身必须具有通向正义的内核。程序是一种技术理性，操作性是首要要素，因此，法定的程序必须适应现实需要。一方面对于权力及权力执行者进行充分控制，厘清权力的界限；另一方面要为权力及权力执行者留下应有的裁量空间，避免使其无法有效地进行权力运作。其三，具有合理内核的正当程序应当使得程序主体具有对等性。程序的威力要得到有效发挥，必须赋予程序主体同等参与机会，只有程序主体具有对等的程序性权利，主体间的对话、交流才能建立在公平的平台上。其四，具有合理内核的正当程序应当拥有通畅的救济途径。程序两造虽然有对

---

① 有学者认为，民主是一种通过多数表决的选择方式来作出政治决策的制度安排，民主的真正价值取决于多数的理性，程序可以实现和保障理性。参见季卫东《法治秩序的建构》，中国政法大学出版社 1999 年版，第 50～51 页。

等的程序性权力，但是实体性权力却不同，处于强势的一方掌握主动权，因此，必须给予弱势一方充分的救济保障，使其对强势一方违反程序所得到的惩戒拥有合理期待。第四，政府法制理论。政府法制诉求行政权的规范，以实现行政权与立法权、司法权、公民权利的衡平为基本目标。政府法制应当达致行政权与立法权的协调，行政权力存在应当来自立法权的授予、行政立法权应当严格恪守授权立法规范，行政权的行政性、执行性必须以立法机关制定的规范性文件为基础，行政权运作必须恪守法律保留原则。政府法制应当达致行政权与司法权的协调，行政权力的运作过程是对相对人、相关人权益产生影响的过程，也是对公益、私益进行处置的过程。在这一过程中，行政权的各种作为、不作为均应接受司法权的监控，司法权保持对行政权力运作盖棺定论的权力。政府法制应当达致行政权力与相对人、相关人权利的协调，行政权力的运作过程最主要关涉相对人、相关人权益，行政权力正当性、合理性的增强主要应当汲取相对人、相关人对行政过程的参与，通过公开、参与制度保障相对人、相关人程序性权利来促进行政权的规范。政府法制的上述几大目标需要政府认真对待司法、认真对待权力、认真对待权利，而这三项要求都离不开政府对于程序的遵循，政府权力合程序运作以及相对人与相关人程序性权利得到保障，这都将共同推进政府法治行进。

行政执法程序的有效运作一方面有赖于具体规则程序的规范，另一方面在具体的规范未明确界定具体程序的情况下，或者在需要行政执法者行使自由裁量权的时候，就有赖原则的指引。因此，确立行政执法程序中必须遵循的原则是不可或缺的。具体说来，主要包括法律保留原则、比例原则、参与原则、公开原则。第一，法律保留原则。法律保留原则意味着行政执法的各项程序规范应当取得法律的授权，只有法律明确规定的情况下，行政执法程序方能启动。同时，法律保留原则还意味着行政机关的执法行为必须遵从现行法律，在法律、法规皆有规定时应当优先适用法律，行政执法程序必须严格遵从法律，不得与法律相背离，行政执法行为、行政执法程序一旦违法，就要承担相应的法律后果，接受法律的制裁。第二，比例原则。比例原则意味着“目的与手段之间的关系必须具有客观的对称性”①。就行政执法程序而言,比例原则要求行政执法权力在运作过程中应当与所欲达成的目的相适应,尤其在侵损相对人、相关人利益的情况下应当掌握行政权力的限度,不可超过必要的限度要求。比例原则要求行政机关在行政执法过程中应当讲求程序,注意在实践中不断调查研究,最终形成自身执行行政行为所必需的、可行的手段、方式、方法、步骤。比例原则排除行政恣意,行政权不应当恣意妄为,仅仅以实现行政效能或达到某种利益为指标,而应当兼顾各方面效应,寻求最佳路径。在比例原则的指引下,行政主体在执法过程中应当采取对相对人、相关人造成最小损害的手段,以给相对人、相关人造成最小损失为基本基准。第三,参与原则。现代民主政治的发展讲求参与,讲求构建各方当事人交流、交涉的平台,各方利益诉求在共同的平台上得到完全表达,在表达的过程中,各方利益诉求通过此消彼长的妥协实现制衡。行政执法程序运作过程中,体现的也是行政权力与相对人、相关人权利的博弈,通过规范的程序吸收民众参与,将相对人、相关人意见吸纳到行政执法程序运作过程中,通过两者利益诉求的博弈达成最终妥协。参与原则要求行政机关一方面切实保障相对人、相关人的参与权利,诸如知晓行政执法依据及理由的权利、为自己行为申辩的权利;另一方面履行好自身义务,诸如表明自己正当身份的义务、为行政执法说明理由的义务。加强相对人、相关人参与可以使得行政执法更具民众基础,使得行政权在相对人、相关人心目中的形象得到公正、全面评价。第四,公开原则。阳光是最好的防腐剂,阳光也具有最强的说服力。在行政执法程序运作过程中,公开原则对各方利益诉求的博弈尤其重要。公开对应着阳光政府、开放政府的建设,也是政府透明度不断提升的基本表征。在行政执法程序中,公开原则对应着相对人、相关人知情权的保障,行政执法程序运作是对相对人、相关人权益产生损益的过程,信息对称和权利保障是

① [德]哈特穆特·毛雷尔:《行政法学总论》,高家伟译,法律出版社2000年版,第106页。

基础性的。公开原则的落实还可以对行政执法进行有效制约，对行政权运作产生监督作用，有助于去除暗箱操作、权力寻租等权力腐化现象。公开原则的落实、公开制度的构建可以将政府执法过程、执法依据完整地展现在相对人、相关人面前，既可以推进政府廉政，又可以提升政府行政效能。

行政执法程序具有程序的基本价值特征，同时对于行政权、行政机关以及相关人、相对人也具有独特价值。第一，推动依法行政、推进法治政府建设进程。[①] 行政执法程序规范统一可以促进依法行政原则的落实，有利于推进法治行政、建设法治政府。在中国，建设法治政府业已成为政治共识，衡量法治政府的指标关涉范围广泛[②]，主题在于达致行政权力的规范运作、相对人及相关人权利的保障并最终达致两者之间的制衡。行政执法程序可以使得政府更加关注自己权力的行使，使得政府更加注重自己决策、执行，可以提高政府的"政治负责程度"[③]。行政执法程序以法律为基准，将约束行政权、政府权力的标准更加具体化、技术化，从而更容易操作、更容易衡量，也就更容易取得实效。行政执法程序规范统一对依法行政、建设法治政府的推进着重体现在对民主行政、参与行政的推进和民主政府、开放政府的推动上。民主原则、参与原则是建设法治政府的重要基准，行政执法程序的规范将大大推动上述原则的落实。民主、参与两大原则注重民众参与、影响政府决策，现代民主政治的核心理念在于交涉，注重通过民众与政府、权力机关的交涉、意志博弈达成决策。行政执法程序的规范注重行政权权力运作的控约，同时彰显相对人、相关人的主体意识、参与意识，力图通过两者的博弈达致更具说服力的

① 有学者认为，发展行政程序主要是源于保护国民的权利、利益的法治国家的要求和源于国民乃至居民参与的民主国家的要求。参见盐野宏《行政法》，杨建顺译，法律出版社 1999 年版，第 190 页。

② 有学者对法治政府的指标体系进行了专门研究，认为法治政府应当是开放政府、统一政府、人民政府、效能政府、适度政府、信用政府、责任政府、服务政府等。参见肖金明《法治行政的逻辑》，中国政法大学出版社 2004 年版，导论部分。

③ 汤德宗：《行政程序法》，载翁岳生编《行政法》，中国法制出版社 2002 年版，第 936 页。

结果。第二，提升行政效能，衡平公平与效率。行政执法程序规范统一有利于提升行政机关效能。[①] 行政效能是从行政执法程序所影响的行政行为的整体效益考量的，整体效益的考量应当从成本和收益两方面进行。一方面，行政执法程序越细密，行政成本也就会越高，从表面上看无疑减损行政效能；另一方面，行政执法程序越规范，民众参与程度也就越高，民众对行政主体的认同度也就越高，经由行政执法程序产生的结果也就更加趋于公正、更容易为民众所接受，这样既能减少执行过程中的阻力，缩减执行过程成本，又能减少行政争讼，在救济环节节省资源。同时，统一、规范的执法程序对行政机关拥有明确的指向，行政机关对于执法程序的操作、运作更加明确，"行政机关拥有了明确的和具有拘束力的行为范式"[②]，行政机关的执法行为也会变得愈加顺畅，行政机关与相对人、相关人的关系也会在一定程度上得以理顺，从而在很大程度上提升行政机关效能。第三，维护相对人、相关人的合法权益。行政执法程序的规范统一可以最大限度地保障相对人、相关人的合法权益。执法程序的规范、统一可以促使行政权严格恪守权力界限，否则要承受相应法律后果。通过完善执法程序，保障相对人、相关人知情权、参与权，赋予行政机关表明身份、说明理由、听取意见等义务，可以最大程度上实现行政机关与相关人、相对人的交涉，达致更好地保障相对人、相关人合法权益。同样，行政执法程序规范、统一可以减少相对人、相关人受损害的程度。第四，博弈行政权、立法权、司法权，维护行政权威。行政执法程序有利于行政权、立法权、司法权的合理博弈，使行政权更好地接受立法机关、司法机关的监督与审查。行政执法程序的运作必然要产生行政笔录，根据行政笔录可以在一定程度上考察行政程序的正当与否、合法与否，从而有利于判定行政机关是否严格贯彻了法律的意

---

① 有学者认为，设计得当的行政程序可以提升行政机关作出决定的正确率，并从总体上节约成本，提升行政效能。参见汤德宗《行政程序法》，载翁岳生编《行政法》，中国法制出版社 2002 年版，第 944 页。

② ［德］哈特穆特·毛雷尔：《行政法学总论》，高家伟译，法律出版社 2000 年版，第 90 页。

旨，并可以成为司法机关处理行政机关与相对人、相关人争讼的参考。行政执法程序规范统一有利于去除对行政机关的不正当干涉。行政权也可能受到立法权、司法权或者借助立法权力、司法权力的个人的不正当干涉。行政执法程序愈随意，暗箱操作的可能性越大，给其他不当干涉留下的余地也就越大。行政执法程序规范、透明、统一，可以为行政机关提供拒绝不当干涉的最好依据、理由，行政机关自由裁量权的运作只要在正当程序的控制之下，就可以最大限度地保护自由裁量权，维护行政机关形象。同时，行政执法程序规范统一有利于减轻立法机关负担，节约立法资源，提升立法机关效能。在每一项具体的关涉行政机关执法的法律中都会涉及程序问题，通过统一规范规束行政执法程序，可以最大限度地节省立法成本、节约立法资源，避免重复立法甚至冲突立法。

行政执法程序可以从不同层面加以区分，基本程序制度包括信息公开程序制度、行政管辖程序制度、行政回避程序制度、行政说明理由程序制度、行政告知程序制度、行政听证程序制度等；具体程序制度包括制定规范程序制度、行政决定程序制度、行政处罚程序制度、行政许可程序制度、行政征收程序制度、行政强制程序制度等。

六、关于行政执法责任

行政执法责任是行政执法过程的基本要素，是行政法律责任的重要组成部分。行政执法责任首先是一种观念，它是民主、宪政、法治和责任政府观念的延伸；其次是一项原则，它体现了执法职能适度和执法权力受限的精神；再次是一个制度体系，它基于一定的观念并依据一定的原则建立了执法权力与执法责任的逻辑关系，是促使执法权力对应民主、法治、人权要求的责任制度。

行政执法责任与民主、宪政、法治和责任政府理论存在内在的逻辑联系。从民主的意义上讲，近现代以来，人类社会强烈表达了建立民主政府的需要和愿望，民主政府贯彻“立政为公、行政为民”的思想和原则，人民的意愿和利益是政府存在和行政执法的原因和根据。在民主政府体制下，政府必须对人民负责，责任政府构成民主政府的基本特征，责任行政成为民主政府的基本要求。按照人民主权理论，人民有权利推翻一个专制政府，也有权利改变一个不能对人民负起责任的政府。从宪政的意义上说，议会政治贯彻和体现了人民主权思想和理论，内涵着责任政府的基本精神。[①] 宪政主义推动了责任政府制度的多元发展，议会制、总统制、半总统制、人民代表大会制等不同政治体制下，责任政府有不同的表现形式。就法治的意义而言，法治维护权利义务的一致性、权力责任的统一性和权力权利的平衡性。有权利无义务，必然形成社会特权，有权力无责任，必然形成政治或行政专制；权力与权利失衡，要么政治与行政专断，要么社会秩序荡然无存。法治的使命在于反对特权、专横和无序，建立一个和谐的社会和负责的政府。法治政府应当表现为有限政府、适度政府、开放政府、信用政府……责任政府，没有责任政府也就没有法治政府，实际上也不可能有真正的法治。在法治的框架内，执法权力与执法责任是一个问题的两个方面，有权力无责任与有责任无权力，割裂权力与责任的关系，就无从谈起责任政府。建立和完善包括行政执法责任在内的责任政府制度，主要是为了消除有权无责和行其权而不负其责的现象，使政府真正进入法制体系，法治要求政府必须对自己的所有执法行为负责。责任与权力的相关共存原则，是法治的根本原则，法治的意义在于建立和维护权力与责任的统一性，建立和完善权责统一机制和以责任制约权力的制度。

行政执法责任与政府职能和法治政府理论具有高度关联性。首先，责任政府与政府职能具有相近意义。通俗地讲，政府职能是指政

---

① 按照《布莱克维尔政治学百科全书》的解释，“责任”作为一个政治术语主要表现为威斯敏斯特体系中的议会政府，由于在议会中不论政府整体还是其组成人员都要向议会负责，因此，议会政府有时又被称为责任政府。1742 年，英国内阁首相渥尔波因得不到议会多数信任被迫辞职，从而开创了政府向议会承担政治责任的先例。责任政府已经成为一个约定俗成的内阁制政府的代名词，主要是指在现代民主社会里各种政府体制下政府的政治责任问题。

府应该做什么，不应该做什么，政府职能意味着政府责任。[①] 从这样的意义上说，责任政府必须是适度政府，必须实现政府从全能政府向适度政府的转变，明确行政执法的界限，这是建立责任政府的前提条件。实践证明，一个什么事情都管的政府往往多数事情管不好，对什么都负责的政府可能对什么都负不了责。一个全能的政府包揽经济社会方方面面，管了许多不该管实际上也管不了的事情，而对一些应该管的事情却没有尽到政府的责任，给人们造成了不负责政府的印象。政府职能广泛无边，行政权力全面无限，行政执法泛滥，最终导致的必然是一个全权专制的政府，无法建立一个负责的政府，因为政府根本没有能力负责地履行自己的职能。其次，责任政府与法治政府密切关联。责任政府必须是一个守法的政府，尊重和遵守法律是责任政府的根本。人民的意愿浓缩为法律，成为政府行政和执法的指南，偏离法律指南的执法行为应当接受法律的责难。如果说有效履行执法职能是一个责任政府的基本表现，那么责任政府的另一表现是政府及其部门和公务人员应当依法行使权力，违法执法和滥用权力将导致法律追究，承担否定性法律后果。[②] 所以，责任政府建设必须以法律责任特别是执法责任制度建设为基础，法治意义上的责任政府更多地强调法律责任制度尤其是行政执法责任制度的有效性，政府及其部门和公务人员违反法律应当承担否定性法律后果。

---

① 现代汉语中“责任”一词的基本含义是做好分内的事，对没有做好分内的事承担相关损失。通俗地讲，政府有责任履行好自己的职能，没有履行好自己的职能应当为此承担相应的责任。政府责任意味着政府的社会义务，政府基于法律授权正确地做事，以及政府基于法律职责做促使社会变得更美好的正确的事。关于政府责任，有广义政府责任与狭义政府责任之分，也有积极政府责任与消极政府责任之分。狭义的政府责任比广义的政府责任更具有法律意义，广义的政府责任与政府职能更具相近性。积极的政府责任具有“责任—权力”逻辑关系，消极的政府责任具有“权力—责任”逻辑关系，消极的政府责任比积极的政府责任更具直接的否定性，积极的政府责任需要进一步明确界定(限定)，消极的政府责任需要进一步有效实施(兑现)。

② 行政执法过程责任意味着政府机关及其工作人员违反法律规定的义务，违法行使职权时，所承担的否定性的法律后果。作为法律术语出现的民事责任、刑事责任、行政责任等一系列相关联的词多建立在此种含义基础之上。这种政府执法责任与权力行使过程中出现的瑕疵相联系，意味着国家对政府机关及其工作人员违法行为的否定性反应和谴责。从这种消极意义执法责任的角度讲，当政府机关对其违法行为承担法律后果时，行政执法责任便得以最低限度的保证。

为促成责任政府的法律责任制度必须是一个制度体系，不仅表现在由行政责任、国家赔偿责任、刑事责任构建的法律责任体系[①]；还表现为它关照着所有的权力领域，包括行政决策、行政执法的各个方面，凡有权力的地方必有责任；更表现为法律责任发挥作用的法律机制，包括法律责任实施机构、法律责任追究程序。长期以来，行政法律制度经历了一个复杂的演进过程，首先是将政府的权力纳入法律的视野，政府的权力必须有法律规定，但长期存在着法律只授予政府权力而不明确责任的现象，政府实际上只有半只身子进入法制体系；随着法律制度自身的进步，法律逐步克服了权力与责任分离的缺陷，逐步实现了权责统一的法治原则，政府正在逐渐地被完整地纳入法制体系，但针对政府的法律责任在很大程度上仅仅是法律条文而已，法律责任制度作为最具有法律效力的制度却最缺乏实际的法律效力。毫无疑问，法律制度的进一步发展必将更全面地完善包括行政执法责任在内的法律责任制度体系，特别注重行政执法责任实施机构、行政执法责任追究程序的法律地位和作用，真正使政府全面进入法制体系。

民主意味着责任，法治意味着责任。由民主到责任是一种逻辑，由法治看责任是一个体系。责任是一种民主观，也是一种法治观，还是一种价值观。民主的、法治的责任价值观展现为责任政府原则，它需要一套法律责任制度的支撑，需要行政执法责任制度的支持。设定、确认和承担行政执法责任以及构建行政执法责任制度都要遵循贯穿于行政执法和全部法律责任制度的基本原则。

行政执法责任制度应当遵循法定原则。行政执法是法律行为，具有法律性质（意义），行政执法责任的精神实质兼具指引、督促、监督、防范、惩罚与教育的多重功能。行政执法责任法定原则的实践形态包括：行政执法过程责任主体法定，即行政执法过程中的各类主体

① 各国法律责任体系都经历了一个发展的过程。长期以来，“国王为非”不承担法律责任是一个根深蒂固的观念，因而，政府侵权但国家并不承担赔偿责任。随着现代社会的发展，民主法治要求政府应当为其违法行为承担国家赔偿责任。国家赔偿制度在各国的确立，标志着法律责任体系的完善和发展。

分别承担何种职责职能以及违反该种职责后的惩戒措施需要加以制度化；行政执法责任构成法定，即行政执法过程中的行为具备哪些条件便应当确认其法律责任，追究责任的基础和基本规则应该由法律明示；行政执法责任方式法定，即不同的主体、不同的瑕疵行为应当以何种方式承担责任，以及建立相应的责任体系应当由法律明确规定；行政执法责任追究和落实法定，即依法实现责任，追究和落实责任的程序、规则、保障等应有法律的制度供应；等等。责任法定的原则既强调确定和追究行政执法中的责任时应以明确的法律规定为依据，同时也强调摒弃法外归责。

行政执法责任应当遵循权责统一原则。从法治角度而言，行使什么样的权力就应承担与其相应的责任。权力无法脱离责任而单独存在，否则，这种权力就不具有正当性。责任与权力共存的规则包含两方面的内容：一方面，在权力行使的每一过程中，必须以责任的具体规定为边界，只要越规，就会被责任所制约，从而有效地抵制权力的不法扩张；另一方面，通过对执法权力的经常化的制约与保护，确保权力更加合法、正当，从而降低权力合法行使的成本。所以说责任与权力的相关共存原则，是法治的根本原则。近些年来，无论是依法行政实施纲要的深入，还是行政执法责任制的推进都从一定的角度强调着行政执法过程中的权责统一。权力需要受到约束，权力与责任相伴而生的观念和理论在现代国家已经不证自明。但是过程论的方法和思维促使我们对行政执法过程责任的权责统一进行更深入的思考，并应澄清两种模糊观点：其一，传统的行政（政府）责任观关注行政系统的政纪责任和纪律处分。一提及行政法律责任，人们往往联想到执法人员基于违纪和违法而引致的行政责任。其二，传统的行政责任观着意点在于行政执法的结果，即追究责任的基本规则是确认行政执法未能实现预设的执法效果，这一点无疑是正确的，但是由此往往因对结果的单一关注而忽视了行政执法过程本身。程序正义的观念充分提示着我们，单纯考察执法结果的正义性远远不能实现法治行政的全面要求。权力的行使渗透在社会生活的方方面面，具有高度过程性，执法责任也如影随形，权责统一具有动态意义。

行政执法责任应当遵循责任合理原则。执法责任设定和承担的正当性取决于行政目标实现、公民权益保障的必要性和可能性。行政执法责任的合理性原则是一个总括性的基本原则，体现在责任设定的各个层次。法律对执法行为进行法律控制的最基本理由可以分为两个方面：一是社会秩序的需要，或者说是社会秩序的自我防卫；二是为了社会主体自由和权利的保障与扩展。对行政执法责任设定的合理性根据也在于此。行政执法责任的合理性原则在制度实践中往往直观地表现为责任设定、追究的适度和谦抑。责任适度要求行政执法责任应当与行政主体违法的程度、行为损害的具体度量相适应，应当与执法权力的大小相适应。行政执法责任的谦抑要求在行政执法责任体系安排中，适当设定法律责任，在可能和允许的范围内贯彻节约、成本效益经济考量等原则。它反对对于法律责任尤其是惩罚性责任的迷信，这种迷信的典型表现是，认为设定更严厉的责任措施总是好的，总是有利于预防和制止违法的。实际上，在法律责任与非法律责任之间，并非总是法律责任优于或更有效于非法律责任，在有可能运用其他社会调整方式有效地调控社会关系时，可以试用其他的调整方式，法律调整可视作在其他手段和方式不自足时才出现的。

行政执法责任应当遵循公开与参与原则，这是行政执法责任设定和运行中的程序性原则。长期以来，在发展中国家的公共权力生活中，行政执法的依据以及过程被塑造和烘托为与社会和公民有隔阂的事物，拒公民于外并缺少必要的监督和了解，由此而来的权力专横和公共腐败，引发了发展中国家声势浩大的阳光运动。近些年来公开和参与作为现代行政民主化的趋势和表现，逐渐渗透在行政乃至公共生活领域的方方面面。人们期望公共权力运作公开、公正、公平，社会公共生活廉洁、正义。行政执法责任同样并尤其应注重公开及参与的价值和重视公开及参与的制度设计。相关制度的建立可能使得行政执法过程责任由传统意义上的内部责任和内部追究逐渐转化为由社会及公民启动、追究和落实的外部责任，这正是行政权力服务于人民和对人民负责的典型表现，更是行政法律关系主体结构渐趋丰满的延伸之义和当然逻辑。行政执法责任的公开包括几个方面：责任的设定公开，即何种行政执法行为会引起和承担何种法律责任，以及责任的依据、程度、方式、期限等公开；责任的追究公开，对行政执法主体追究责任兼具两种意义，即对执法主体的惩前毖后和对公民权益的保障和维护，因此，追究并非仅仅涉及行政主体内部的行为，追究的过程应纳入利益相关人甚至是社会公众的参与；责任的落实要公开，责任的真正落实是责任制度的生命力所在，得不到真正落实的责任不仅没有说服力，还容易损害执法责任制度乃至整个法制的权威。

行政执法过程责任既是国家权力配置之需，又是行政权力运行之道。近现代以来的各国纷纷从制度设计层面对行政执法行为予以关注。比如在执法权限授予方面给予严紧的防范，又如在执法程序上加以严密的设定，再如对行政执法行为进行严格的司法审查，等等。所有这些制度设计和安排，无非是为了将行政执法权力拘束在相应的范围和幅度内。就行政权力与行政执法自身而言，“政府责任”、“执法责任”等词在不一样的语境中也各有侧重地传递着社会和社会主体对政府行为的期待、要求和约束。从建设法治政府的高度考察政府责任，应当将其视作一个整体概念加以考量。责任政府、权力运行责任制同时在不同的视角下与民主行政、公共行政、公共利益、有限政府、服务政府以及公开行政等逐渐和已经被人们深深接受的观念发生着紧密的关联。

加强责任政府建设，重要的是普及责任政府观念，贯彻执法责任原则，更重要的是奠定责任政府和执法责任的制度基础。关于责任政府的制度建设应当在如下三个层面上展开：(1)通过制度实现道义要求、政治要求向法律要求的转化，将基于民主和宪政对政府的政治要求转化为法律要求，将对人民负责的政治要求转化为对代表机关负责的宪法要求和对社会和公民权益负责的法律要求，使道义责任和政治责任具有法律意义。(2)通过法律界定政府职能和执法界限，进一步扩充行政许可法的重要贡献，划定行政许可的范围。行政许可的设定直接关系到政府的职能问题，关系到政府执法对经济、社会生活干预的广度、深度和力度，行政许可设置不当，既有可能无端收缩社会权利、侵犯相对人的合法权益，也有可能破坏国家法制统一，降低行政效率，导致社会失去活力。[①] 通过立法规范行政许可的设定，贯彻市场优先、个人自治优先、社会自律优先的原则，一些管不好和管不了的领域和事项从政府职能与责任的清单中抹去，改变过去那种全能政府的状况，该管的一定管好，不该管的不要大包大揽，应当让社会各种组织和整个社会与政府共担责任，“政府的归政府，市场的归市场，社会的归社会”。行政许可法限定了行政许可的范围并作出了合理的权力安排，强调了市场、社会、中介组织和行业组织的重要作用，这是促进政府调整角色、转变职能的良好开端，无疑，这是建设责任政府的前提和基础。(3)建立和完善政府法律责任制度，特别是法律责任追究和落实机制。凡是授予权力，必须规定相应的责任，违法和不合理行政应当承担相应的法律责任，建立和实现权力与责任的高度一致性、职权与职责的有机一体性。建立和健全作为政府法律责任制度有机组成部分的责任追究和落实机制，首先需要进一步完善选举制度、人民代表大会制度以及与责任政府相关的具有宪法意义的制度，建立政治问责制，有效发挥质询、罢免等制度的监督效应，促使政府始终保持对人民和代表机关负责的姿态。其次需要完善公务员惩戒机制和行政执法责任制度，除进一步完善行政监察、行政复议等制度并充分发挥其效能外，应当以行政执法责任制度为突破点，建立一种实现政府法律责任的有效机制。[②]

---

① 行政许可法颁布实施以来，人们根据行政许可法中有关行政许可设定范围的规定，就长期以来我们在社会生活中司空见惯的做法提出不少合理的质疑，诸如职称英语考试制度的存废，又如大学英语四级考试成绩与学士学位证书紧密关联，再如城市暂住证的合理性等等，实际都反映出行政权力介入社会和公民生活的广度、深度和社会自由度之间的客观矛盾。

② 行政执法责任制作为一种制度创新，最初出现在 20 世纪 90 年代初期，初期表现为一些地方政府和部门对行政执法行为进行监督的一种方式，是一种与岗位责任制、目标管理责任制类同的内部监督和管理制度，在有些地方还称为“百分考核制”。1993 年国务院法制办召开行政执法监督工作会议，充分肯定行政执法责任制。在行政处罚法颁布实施后，行政执法责任制成为落实行政处罚法律责任的重要措施。1999 年国务院在《关于全面推进依法行政的决定》中进一步肯定了行政执法责任制。随后，行政执法责任制与评议考核制在全国被广泛推广和适用。

具体而言，行政执法责任制度包括责任主体制度、责任归咎制度、责任方式制度、责任追究制度等要素。在行政执法责任制度建设中应当特别注意归责原则的确定和公务行为与个人行为的界分。归责原则指的是确定和追究法律责任的依据，即要解决责任主体依据什么被确认和承担法律责任的问题。长期以来，违法归责的通说占主导地位，但随着行政事务越来越繁杂和行政方式的变更，单一的违法归责并不能完全适应现实需要。不具违法性但明显不当的行政行为同样会对行政相对人、相关人或者社会公益造成损害，因此，应当改造、更新和充实其归责原则，逐步尝试在一定范围内引入过错归责原则和结果归责原则，即评议考核行政执法行为及其效果的标准应界定为：执法行为是否有适当的法律依据；执法行为主观上是否存在过错（包括故意和过失）；执法结果是否损害了相对人权益或社会公益。这种重构至少存在以下几层意义：第一，行政执法追求法律效果和社会效果的统一，这种统一应当体现在执法行为既合乎法治的要求，又合乎人民群众的合法利益要求。第二，实践中不是所有的行政执法行为都有具体的法律依据，其直接原因是立法的缺失和行政触角的生长，在这些领域里，以合法性考察行政执法行为的优劣是不现实和不科学的，必须有其他的补充标准。第三，随着行政权力表现形式的多样化、柔和化，行政服务功能的凸显，积极行政越来越多，如行政指导、行政给付等，法治对这些行政行为的要求并不局限于有具体和直接的法律依据，而是允许在法制原则范围内作为，这一方面赋予了该类行为广阔的作为空间，也要求这些行为必须出于正当的考虑和良善的目的，并实现良好的社会效果。复合型的归责原则适应各类别的行政执法行为。

行政执法责任确定和追究应充分界定执法人员行为的属性，究竟是属于公务行为还是个人行为。传统意义上两种行为主要通过实施时间、地点、环境等来判断和分别，这些标准无疑非常重要，但仍不充分，对于公务员公务行为与个人行为的认定应当在遵从程序的前提下，以行政公务关系和所属行政主体的行政职权和行政职责为核心，坚持实质标准与形式标准相结合的原则。所谓的形式标准，就是构成公务行为所必需的形式性要件。由于公务行为是特定的公务人员代表国家作出的，因而必须表明其身份。这里公务行为的形式标准实质上由两项内容组成，即公务标志和身份标志。公务标志一般表现为特定的制服、标记；身份标志则是执法人员通过出示证件等特定的语言或动作向相对人告知自己的身份。所谓的实质标准是指构成执法人员公务行为所必需的实质要件。由于公务行为是公务员代表国家行使行政职权的行为，而是否享有行政职权应当成为判断是否为公务行为的标准。对于执法人员从事非行政职权活动的行为，要么属于单位行为中的民事行为，要么属于个人行为。职权行为还应包括与行使行政职权相关联的行为，无论是行政职权范围内的事情还是超越职权或滥用行政职权的行为，也无论是合法行使行政职权的行为还是违法行使职权，都属于行使行政职权。对于实质标准，同时还应当把握好目的、动机，是否在执行命令，是否出于公益等内在要素；对于形式标准还应当把握好时间、地域、名义等外在要素，以便综合地对公务员的公务行为与个人行为进行区分。区分两种行为性质的意义在于克服实践中的两种倾向：为了特殊的考虑将公务行为责任认定为个人行为责任，而弱化行政主体责任的倾向；或者相反，将个人行为责任认定为公务行为责任从而弱化执法人员个人责任的倾向。两种倾向均是基于特别的目的而人为制造的责任承担者的转移，不是行政执法责任制的本原目的，克服不良倾向的关键在于清晰划分两种行为的界限和性质。

行政执法责任既是行政权力运行之道，又是公民权利保障之需。行政执法责任的确定和追究同公民权利的救济和保障往往是一个问题的两个方面。行政复议、行政诉讼以及行政赔偿都是实践中的责任落实和权利救济的制度化路径。行政复议经常被视作行政体系中“凭借自身的行政权力所建立起来的内部控制机制”的自律制度。[①]这种制度的优势在于监控的广泛、全面、灵活，它可以贯穿于行政许可活动的事前、事中和事后，监控的范围覆盖所有的行政许可具体行

① 参见张成福《责任政府论》，载《中国人民大学学报》2000年第2期。

为的合法性和合理性，政府对其自身的违法行为和不当行为发觉最快，反应最迅速、最直接。18世纪以来，民主宪政国家均不同程度地确立了适合自己国家特点的司法审查制度或行政诉讼制度。司法机关经公民申请，依法审查行政机关行政行为的合法性，从而追究政府机关违法责任。司法机关对政府的行政执法进行审查，对违法活动通过司法活动予以纠正，并对由此给公民、法人权益造成的损害予以相应赔偿或补偿，同时追究政府违法的法律责任，已成为责任政府和法治政府不可缺少的一个重要环节和制度。它对于保障公民合法权益、促进政府责任实现、保证宪政完善均发挥着重大作用。民主国家中的政府是为公共利益服务、为公民服务的公共组织，其侵权赔偿责任亦被不同程度地予以确立，行政赔偿制度是法律责任制度的重要构成部分。可以这样认为，责任政府的一个额外的效应，准确地说是责任政府自身的意义之一，就是对公民权益和社会自由的保护。只有责任政府才能真正地尊重和保障公民自由和权益。毫无疑问，公民和社会也是推动责任政府建设的重要力量。在这样的意义上讲，公民和社会是落实行政执法责任的重要机制和实现政府法律责任机制的有机组成部分。

七、关于行政执法环境

中国行政从"管理"走向"执法"体现了法治精神，但整体而言，行政执法过程仍然存在诸多非法治现象。行政执法改革也绝非仅仅是管理方式、方法的变革，它处于涉及行政目标、行政体制、行政职能、行政依据、行政作用方式、行政程序等多项要素的政府全方位改革的过程中。当前，人们已经普遍认识到法治行政对于法治建设的重要意义，但是由于近现代意义上的法治传统的缺失，市场经济与政府行为的矛盾在改革的深度中露出冰山一角，法治行政建设将更为复杂而艰巨。这当然给行政法治、行政执法领域的行政法学理论研究提供了空间。哈耶克"自发秩序"给予我们的启示是，诸如法治行政这类大词因其浓厚的唯理主义色彩而往往陷入宏大叙事，而实际上法治行政必须从点点滴滴的尝试与努力开始，需要特别关照其生长和发展的环境系统，需要特别考虑理性构建的理想模本与现实生活的实践形态之间弥合的可能性与技术要求，需要考虑经济社会文化条件对于法治行政制度生成和法治行政实践进程的意义。

从行政执法过程的环境系统出发，一个处于动态性发展与变迁的开放性环境系统必然深刻影响行政执法构建以及运行水平，行政执法的法治化也必然在诸多影响因素的环境优化与合力影响中逐渐生成，尽管我们反对环境决定论的观点。行政执法过程中的环境要素众多，相互之间的关系也十分复杂。通过研究与分析选取环境构成类型对于优化行政执法观念、原则和制度具有基础性意义。从总体上看，我们大致可以将行政执法的环境构成分为以下类型。行政执法过程的第一类环境因素就是全球化、知识化、信息化、市场化、民主化、法治化的宏观背景。在权力与法律关系的实际展开（特别是权力与法律的冲突过程）中，这是人们取舍、确立与遵守的基本法治观念与原则所依托的重大环境要素。如果没有这些现实背景，行政执法的法治观念也就没有其生成的土壤；当然，如果不深入而实证地考察这些现实要素，把握其生成的过程与发展的程度，也就很难回答环境系统优化的问题。行政执法过程的第二类环境就是政治因素。当然政治环境除了在宏观背景中考察外，在第二类环境要素中主要是指权力形态的政治因素。行政执法作为一种行政权运行形式，处在国家政权运行体系当中，必然受到执政党政治领导权、国家立法权、国家司法权以及其他政治权力行使的作用与影响。研究这类环境，就是要通过考察与比较来研究如何建立行政执法权与其他政治权力形态之间的法治关系，尽可能减少和消除其他权力形态对行政执法的非法治影响，改善其他权力形态对其发生作用的方式。行政执法过程的第三类环境就是社会因素。在国家和社会两分日益成为人类历史的“普遍事实”的权利时代，行政执法过程必然包含社会团体、公共舆论、公民权利等诸多因素的作用，社会主体在行政执法过程中越来越积极地参与和作用，实际上正在改变传统的行政观念与功能，重构着行政过程各主体间的关系。这些类型的环境要素构成着行政执法过程的外部环境系统，类型分析与分类描述具有基础意义。毫无疑问，当下中国与社会的宏观环境构成行政执法新观念生成与发展的基础背景，也不仅仅如此，宏观背景本身也含有构成现代政治文明视野下的权力与权力关系、权力与权利关系的制度建设成分。行政执法过程是处于这个环境体系中我们研究的中心事物。我们主要从实证角度分析研究这些主要的环境要素如何促进行政执法观念的深化，如何优化影响行政执法的制度的作用方式，如何消减复杂环境系统中传统文化、制度与权力本身等方面阻却行政执法法治化的因素。

需要交代和说明的是，上述环境要素构成的外部环境系统作用于行政执法的过程之中并且强调过程的意义，是否意味着“行政执法过程环境”与“行政执法环境”是有区别的？如果两者并没有实质上的区别，那么强调“过程”又具有什么样的特别意义呢？我们认为“行政执法”的概念本身就包含着行政执法行为的过程性，而“行政管理”的概念强调一种行政目标实现的结果性。换言之，行政执法本身具有将权利从“应然”变成“实然”状态的过程性，同时从秩序的角度，行政执法使秩序从静态设计转化成为动态建构。从这个意义上，两者几乎是没有区别的。但使用“行政执法过程环境”概念，用意在于表明“过程”作为一种系统论方法的应用。不仅从静态角度分析各种环境要素，而且要对进行实证分析并试图建立环境影响的反馈与评估体系。就研究而言，环境研究的原理在于行政生态学与系统论，目标是要寻找优化环境的实践性对策。从系统论的角度看，法治系统是一个开放的、复杂的组织系统，是一种耗散结构。法治系统工程建设受到本国政治环境、经济环境、科技环境、文化环境、道德环境等影响和制约，以及国际环境的影响，比如与国际法律制度接轨的问题。法治系统从各种环境系统中获取信息、吸收能量，经过系统内部处理后再向环境系统输出新的信息、释放能量，以能维持其有序结构。那么行政执法作为法治系统的微观子系统，同样需要运用系统工程的理论与方法进行设计、规划、组织、管理、协调、控制、优化。行政执法的过程至少表现为行政执法行为在环境系统中获取信息和吸收能量的输入阶段、经由系统内部处理后向环境系统释放信息与能量的输出阶段、行政执法效果与目标的反馈与评估的阶段。因此，实证分析环境因素对于寻找优化行政执法环境的对策具有重大意义。根据实证分析建立一个科学与系统化的行政执法环境评估体系也是促进行政执法过程法治化的方法与对策。

行政执法的环境因素优化，使行政执法过程呈现从文本规范到人们实际的行为规范的转变，呈现执法秩序从静态设计到动态建构的转化，从而使得权利秩序由“应然”变成“实然”，有必要引入对现实行政执法环境的评价问题，而评价当然离不开指标，我们试图在环境构成的分类和基本的实证分析上指出几类基本的评估指标和体系化的基本思路。法律体系作为行政执法过程环境评估的第一个指标，主要包含着国家立法与行政立法水平与质量、法律的统一性状况以及国内法律对国际规则的接轨程度等具体内容。权力的监督制约环境是否优化和有力对行政执法过程影响重大，没有监督与制约，行政执法权力容易导致腐败，这是不言而喻的道理。除了行政执法系统内的监督制度，比如以职权行为为监督方式的监督、对相对人的检查监督、监察工作都属于行政执法行为本身，不在环境论的要素里讨论。监督制约机制作为行政执法过程环境的第二个指标，主要包括内容是政治与行政的互动机制、立法与行政的制约机制、司法与行政的制约机制。权力的监督制约机制作为指标化内容。行政执法体制及行政执法保障水平作为第三个指标，其中行政执法体制作为指标，主要包括行政管理传统体制中多头执法、多层执法体制的改革状况，也应当包括政府执法信息公开与电子政府建设状况、行政执法违法救济机制的建设程度以及行政执法消解部门利益而进行利益机制建设状况。按照市场经济与法治化要求建立起分工明确、办事高效、运转协调、行为规范的行政执法体制是行政执法体制改革的目标，直接关系着行政执法法治水平。传统行政管理体制包括着同一级政府之下多个部门管同一件事的多头执法、同属一个系统的各级执法部门职权大体相同的多层执法。这种体制正处于改革过程中，逐渐消解着各自为政、权责分离、地方保护、部门利益、缺乏效率与协调配合的弊端。按照系统论观点，在系统的所有要素中，人是最关键的系统要素，那么在行政执法的环境系统中，人被赋予其物质、科技、安全等手段后，执法保障也就建立了基本的平台。正如日本著名行政法学者盐野宏指出的："行政要作为现实的行动体现出来，需要有具体的人和物的手段。"[①]

法律制度的构建并不必然产生法律信仰与法律意识。法治传统的缺乏、全社会法律意识缺少、公民守法程度低等将成为行政执法的阻却因素，当然，当下社会权利意识和法律意识也已经萌生和发展。

将社会法治意识、公民权利意识、公民守法意识、公民参与意识程度设为行政执法过程环境评价的指标，意图在于在社会转型和发展的动态过程中将社会法律意识增长和公民守法程度的动态变化与行政执法的法治化程度提高之间建立起一定的关联性。行政执法体制和行政执法方式的改革，实际上是在社会与行政的互动机制建设中进行的，由于社会各主体的积极参与，行政听证等众多行政程序性制度也逐渐建设起来，行政执法方式也从封闭走向开放，服务性、说理性与人性化执法增强，强制性执法减弱。

将社会与行政互动机制作为一项指标来设定，包括社会团体与行政的互动、公共舆论与行政的互动、公民与行政的互动。社会经济状况此项指标主要从比较宏观的环境角度纳入到评价系统中，原因在于，西方稳定的经济秩序、社会分化状态、完善的社会信用体系、社会保障制度、治安与安全秩序在目前呈现出来的景象，却也是经过了漫长的混乱、紧张、无序的年代，而中国在接受政治文明和政府法治的系统性话语时，我们正在经历西方的那个漫长阶段。那么关注与重视社会经济发展状况应当说对正确评价行政执法过程的环境是不可缺少的要素。

另外，政府绩效评估的设计以及技术给予了行政执法过程环境评估体系构建提供了很多可资借鉴和启发的地方。第一，根据行政执法过程环境基本指标的设定，参照政府绩效评估体系的设计技术，将基本指标设为一级指标，以每一基本指标下的具体指标为二级指标，并将二级指标分解为三级指标，在三级指标下设定观测点，并设

① [日]盐野宏：《行政法》，杨建顺译，法律出版社 1999 年版，第 525 页。

定评估等级，按照科学有效的等级测定方法作出整体性评估与判断。第二，行政执法环境评价制度不仅可以综合评价国家和地方行政执法环境的情况，同时也可以细化指标进行不同领域的单项评价，比如在海关、金融、税收、工商、公安、财政、环保、规划、资源等行政执法领域中的评价，其思路基本一致。第三，在指标体系建设中，需要科学地解决相关问题，比如关于评价主体与评价组织，关于行政执法环境评价的实施，关于行政执法环境评价的制度化和法制化等相关问题。

我们通过行政执法环境研究，所要阐明的基本结论就是环境和方法实际上构成着行政执法的真正出路，这关系着法治政府建设的全局。

余论 关于行政执法方式

1. 行政执法是实施法律的活动。行政执法方式指行政执法权力的表达形态，或者说执法行为的表现形式，是行政执法内容和组织职能的实现形式。行政执法方式变革实际上就是调整和修正政府执法过程中参与者的相互关系，包括执法者与相对人、相关人甚至公众的关系。在参与执法过程的各类主体的相互关系的意义上理解执法方式，具有极为现实的意义。行政执法方式变革还是制度建设的一个重要命题，程序法制建设是执法方式变革的基础。同时，以开放性、互动性、统一性、多元化、司法化以及人性化等为基本特征的行政执法方式变革也是政府管理方式和政府法制改革的重大课题。这项改革应当符合政府管理的基本规律、坚持行政民主化、加强公开性和参与性、法制统一和人权保障的基本方向，它涉及执法观念、执法体制、执法制度特别是行政程序制度以及行政与司法的关系等问题。

2. 政府执法方式由封闭转向公开。公开是行政民主化的基本标志，也是政府执法的基本原则。政府执法贯彻公开原则就是要公开三个方面：执法根据要公开，执法过程要公开，执法结论要公开。政府执法方式由封闭到开放，将建立一个非常有意义的平台，这个平台有利于公民、法人和其他组织主张权利，参与和监督执法过程；有利于改善执法者与公民、法人和其他组织的关系，提高其他参与者的地位和作用;有利于抑制非法交易、减少行政腐败。实践证明,政府执法方式由封闭走向开放依赖于行政执法程序制度的创新和发展,在这个意义上可以充分说明民主化与程序的逻辑关联性。经验证明,政府执法方式公开性的增强依赖于陈述权、申辩权、听证权、知情权等公民程序权利体系的健全和完善,在这个意义上可以充分说明民主化与公民权利的内在关联性。程序制度和公民权利是政府执法方式的基本制约因素,不仅仅对政府执法由封闭走向开放具有根本性的影响,政府执法方式其他方面的变革也将主要围绕这两个因素展开。

3.政府执法方式由单方意志转向双方交涉。这种变革主要表现为政府执法由“行政主体⟶行政相对人”方式向“行政主体⟷行政相对人”方式的转变。在传统的管理者与被管理者的单向关系中,管理者的单方意思决定一切,被客体化的相对人只能被动承受行政指令。随着观念的更新、制度的进步,特别是“单边主义”的日渐衰落和程序制度的日益勃兴,执法者已经明显感受到来自相对人的反向作用。这种反向作用不仅表现在行政行为之后的复议和诉讼中,而且发生在管理和执法过程中,促使执法者与相对人的单向关系向双向关系转变。在双向关系中,来自相对人的反向作用促使执法者改变执法姿态、改进执法作风、改善执法局面。相对人对执法者的反向作用和相互之间的双向关系获得了程序制度的充分支持,相对人通过行使陈述、申辩、质证、听证等程序性权利,加强了与执法者的对等、对话和合法对抗,增强了政府执法的参与性和民主化。政府执法方式的这种转变有利于防止执法权力专横,有利于实现对行政相对人权益的保障。在行政民主化进程中,执法者必须更新观念,不能片面地只从政府的角度理解行政执法。就政府执法的民主性质而言,行政并不是人们只从表面上观察到的行政机关一方之行政,正如法国学者贝尔纳·古尔内所言:“如果不把行政置还于公众——它从其中产生并且其活动亦是面向他们——之中，就不可能了解行政。”[①]当然，消除政府执法的“单边主义”思想，建立执法主体和相对人的新型关系，这是一个渐进的过程，它不仅需要政府及其所属部门更新观念，也需要相对人的思想变化。“首先，有必要逐步给行政部门灌输一些新的精神，因为行政部门已表现出某种倾向，它们对历史抱残守缺，始终认为自己是一个实行统治的权力机关，它们待国家的公民总有点像皇帝对待臣民的味道。……另一种变革也是不可缺少的，即公民们自身必须抛弃那种认为行政事务是公共官员权力范围内的事，认为行政官员注定就是来为他们提供服务的，因而公民可以对行政事务不闻不问的陈旧观念。”[②]

政府执法方式由双边转向多边。这是政府执法主体与行政相对人及行政相关人的关系革新，实现政府执法由“行政主体←→行政相对人”方式向“行政主体←→行政相对人＋行政相关人”方式的转变。以往人们对行政法律关系的认识局限于行政主体与行政相对人之间的相互关系，甚至从立法开始就没有充分考虑行政法律关系的复杂性，这是建立和发展“行政主体←→行政相对人”执法方式的前提和基础。而实际上行政法律关系远比理论上所描述的要复杂得多，行政法律关系在多数情形下是一个超出行政主体与相对人范围的更为复杂的利益关系，走出单边主义、实践双边主义、发展多边主义，是政府执法方式变革的基本趋向。“行政主体→行政相对人”向“行政主体←→行政相对人”方式的转变，提升了行政相对人的法律地位，赋予了行政相对人更多的程序权利，有利于保护行政相对人的权利和利益。同样，政府执法由“行政主体←→行政相对人”向“行政主体←→行政相对人＋行政相关人”方式的转变，赋予行政相关人在行政法律关系形成和变更中的程序地位和权利，将更有利于保护行政相关人的权益，并促进行政法律关系稳定。实现政府执法由“行政主体

---

① [美]加布里埃尔·A·阿尔蒙德、西德尼·维伯：《公民文化》，徐湘林等译，华夏出版社1989年版，第247页、第194～195页。

② [法]勒内·达维：《英国法与法国法》，舒扬等译，西南政法学院法制史教研室1984年印，第109～110页。

←→行政相对人"方式向"行政主体←→行政相对人+行政相关人"方式的转变，必将进一步增强行政执法的社会参与性，积极推动行政民主化的进程。参与行政是现代行政的一个基本特征。公民、法人和其他组织参与行政过程可以表现为对行政立法和行政政策制定过程的参与，也可以表现为对行政执法的参与；参与行政执法可能以相对人的身份，也可能以相关人的身份。对行政相关人可以作广泛解释，它不仅包括具体执法中利益可能受到侵害的利害关系人，还应当包括通过各种形式参与执法维护自身利益的执法参与者。比如，有些城市公车私用现象非常严重，出租车司机认为公车私用侵害了他们的营业权和实际利益，他们为此联名书面向市政府有关部门提出意见和建议，希望政府杜绝公车私用现象。市政府作出决定：一律禁止公车私用，凡公车私用者每一辆车罚款 2000 元；凡举报者可获得50%的奖励。政府的该项规定执行情况非常好，公车私用现象受到有效抑制。出租车行业有自身利益，基于自身利益参与公共事务，督促政府出台政策制止不正之风，维护自身正当权益，是典型的参与行政；政府规定公民举报违法行为有奖，公民举报成为一种重要的参与执法的形式，这种公民参与是促进政府政策和规定有效实施和执行的重要因素。

政府执法方式由强制转向说服。主要表现为淡化政府执法权力色彩，以行政指导、行政合同等新的方式实现政府执法由强制性——→弱强制性——→说服性的转变。在政治民主化进程中，法律发挥社会效应不是完全和直接地依靠强力，"毫无疑问的是，在任何现代国家中都有一种实际的必要，把使用武力作为实施大部分法律的最后一种手段(但强力不是惟一的甚至不是最重要的)。因为，归根到底，并非赤裸裸的武力，而是说服力才能确保在最大程度上对法律的遵守"[1]。在现代民主及社会法治国家之中，不再强调行政与人民之间的不平等关系，这将或者正在导致行政法主题的重大变化。在现代

---

① [英]P. S. 阿蒂亚：《法律与现代社会》，范悦等译，辽宁教育出版社 1998 年版，第 88 页。

政府管理过程中，强制性行政可能会因为相对人或相关人的有意或无意的抵制而减损行政效能，所以以强制力作为后盾的行政处罚、行政强制等执法权力不仅要保证其合法性，而且要增强其在行使过程中的说理性，这是政府执法方式变革的一个重要特征。而行政奖励、行政指导、行政合同的兴起也标志着政府执法方式的同类转变，非强制性行政在现代行政法制建设中扮演着越来越重要的角色。现代社会越来越成为一个合作型社会，这种合作不仅存在于具有同样身份的社会成员之间，在公共管理机构与社会成员之间也同样必要，公共目标的实现越来越依赖于执法者与相对人及相关人之间的诚意合作。非强制性行政有助于改进执法者与相对人和相关人之间的关系，增进他们彼此合作的可能性，政府与公民和社会的双向或多向对等关系体现为沟通、协商、对话、谈判，以实现互利、共赢。通过弱化执法者的权力意识和淡化执法行为的权力色彩，通过公民和社会对管理和执法过程的自愿参与，政府管理的目标和政府执法的民主化得以实现。如果说传统的政府职能依靠强制性权力可以实现的话，随着经济社会的发展、福利国家的出现和政府职能的扩展，给付行政、福利行政等则需要说服性权力和共商性方式的行政管理方式逐渐出现。行政奖励、行政指导、行政合同等政府执法方式的广泛采用，与以放松政府管制和提供公共服务为基本特征的政府职能转变相适应。行政指导在日本最为发达，它的广泛存在甚至被看作日本行政体制的重要特征。日本从 20 世纪 60 年代开始推行的以诱导性经济计划和产业政策为基础的行政指导，对其经济崛起产生了巨大影响。英国、美国、法国等国家以判例形式，而德国、葡萄牙等国家则以制定法形式，确立了行政合同或公法上契约的法律效力。在有着公、私法划分传统的法国，二战后的经济发展、资源开发、科研和教育特别是公共工程领域广泛应用行政合同，以行政合同执行计划的方式被称为政府的合同政策；尽管德国理论界长期拒绝公法活动中的合同形式，但在建筑法领域、经济行政领域和社会行政领域却长期存在着行政合同实践，1976 年德国在《联邦行政程序法》中确认了行政合同的法律地位；在英国，政府利用政府合同作为推行社会政策、工资政策和社会经济计划的手段是常见的现象。

政府执法方式由分散执法转向集中执法，这是政府执法权力的自身调整。长期以来，出台一部法律甚至法规就对应建立一个执法部门或机关的做法，造成了执法机关过多、执法权力分散以及各自为政、执法散乱的局面，甚至在政府执法领域滋生和蔓延着追逐部门利益的部门本位主义现象。对于加强统一执法、避免交叉和重复执法、提高执法效率以及保障相对人合法权益来讲，降低执法分散性的综合执法具有重要意义。综合执法的制度化最初主要表现为相对集中行使行政处罚权。行政处罚法施行后，不少地方在城市管理领域试行巡警制度进行综合执法，在相对集中行使行政处罚权方面已经有了很好的经验。从 1997 年开始，根据国务院有关规定，全国有 23 个省、自治区的 79 个城市和 3 个直辖市经批准开展了相对集中行政处罚权的试点工作，合并了被老百姓称为“大盖帽”的行政执法队伍。各地建立了城市管理行政执法局，统一行使市容、规划、园林、市政、环保、工商、公安、交通等部门的全部或部分行政处罚权，抑制、消除了多头执法、职权交叉、执法队伍膨胀、执法扰民等现象和弊端。特定领域行政权力相对集中行使，又为行政许可法所充分肯定和完善。《行政处罚法》第 25 条规定：“经国务院批准，省级政府根据精简、统一、效能的原则，可以决定一个行政机关行使有关行政机关的行政许可权。”执法权力由分散行使到集中行使的转变，是政府执法方式的重大变革，是深化行政管理体制、行政执法体制改革的重要方面，是实现统一执法和建立统一政府的根本需要。其制度化程度需要进一步提高，并进一步扩大其应用范围。执法权力的集中行使还应当扩展到行政征收、行政强制等更广泛的执法领域。首先，应当在行政收费、行政强制立法中建立相对集中行使收费权、强制权制度，并根据相对集中行使行政处罚权和许可权的经验做法进行试点，进一步完善和发展执法权相对集中行使的制度；其次，应当加强行政管理体制改革并与机构改革和人员精减相结合，建立统一的政府行政执法体制，并逐步实现政府执法队伍专业化。

政府执法方式变革可以实现行政权与司法权关系互动，建立“行政＋司法”的新型执法模式。在英美法系国家，一些重要的执法权力，如对违法活动制裁的权力、对义务人实施强制的权力，没有完全赋予行政机关，而是由政府管理机关和司法机构共同行使。政府执法机构认为，公民或法人违反法律，应当向法院提起诉讼，请求法院对违法行为决定处罚而不是自行直接实施处罚。比如，近几年最著名的美国政府诉微软公司案中，美国司法部认为微软公司违反 1890 年的谢尔曼法、1914 年的克莱顿法以及联邦贸易委员会法有关反垄断条款，要求法院将微软公司一分为二。在英美法系国家，只有食品卫生、交通管理、环境保护等领域行政执法机关拥有较少处罚权，除此之外，对违法行为行政执法机关只拥有调查和指控权，处罚决定权归于司法机关。由行政机关和司法部门共享制裁权的制度安排能够从根本上抑制执法专横和行政侵权。为此，国内也有学者主张压缩行政处罚权，将大部分处罚权或者至少将重大处罚权移交司法机关，行政执法机关负责对违法行为的调查和指控，处罚决定由法院负责裁量。甚至有学者认为，中国行政处罚制度的最终出路，还是使公安机关以及其他行政机关逐渐转变为行政处罚的申请者，而法院则成为行政处罚的决定者。由此，以刑事诉讼为模式，创建一种新型的‘官告民’为标志的行政处罚制度。“官告民”程序被认为是最为理想的行政程序，也就是行政机关成为行使诉权、申请权的机关，而不再是处罚决定机关，法院成为受理并审理行政机关控告个人违反行政法律的司法裁判机关。近来在一些地方，乡镇政府对违反义务教育法的家长不再实施行政处罚，而是尝试着向法院提起诉讼，由法院作出判决责令义务人履行义务教育法规定的义务。这种“行政＋司法”的执法方式或者说“官告民”的执法方式，可以通过建立“多边关系”缓解执法者与相对人的对立和冲突，减少“民告官”案件，从而减低执法成本，并有利于保护相对人的合法权益。[①] 由行政机关和司法机

---

① 关于“官告民”处罚模式的转换，在行政法学研究会 1999 年年会上曾有学者提及，但行政法学界几乎没有后续研究。在关于行政执法方式革新的论文中，有对建立“官告民”执法模式的初步探讨。参见肖金明、马明生《关于行政执法方式与规则的思考》，载《中国行政管理》2002 年第 12 期。

关分享处罚权的政府执法方式变革关系重大，涉及行政与司法关系的重新调整和公共权力的重新安排，需要确立一定的价值标准和原则，建立相应的程序和执法体制，谨慎进行。

政府执法方式由行政管理转向行政司法。行政与司法的运作过程存在很多差异，不仅表现在司法被动、行政主动等明显特征上，还表现为司法的程序性强于行政的程序性。当然这并不是说政府执法不需要严格的程序。政府执法的非程序化将破坏法治的一般原则，削弱政府法治的力量。在程序法治进程中，政府执法越来越显示出注重程序和关注过程的倾向，这意味着政府执法方式的相应变化，政府执法“司法化”可以看作是政府执法程序化的必然结果。“司法化”趋势主要是将行政运作程序视为与司法程序一样，目的在于确保个人合法权益不受侵犯。在一些特定的执法领域和环节上，行政机关的行为方式日趋接近法院的工作方式，对立双方经由提出事实的程序来证明各自立场和观点的正确性，且这个过程必须在无偏私的仲裁者前举行。在我国，政府执法中的听证是“司法化”的典型体现。行政处罚法确立了行政听证制度，这不仅支持了政府执法方式的公开化变革，还支持着政府执法方式的司法化走向。行政许可法进一步发展了行政听证制度，提高了行政听证的制度化水平。目前，政府执法适用听证的范围还受到较大限制，听证仅限于行政处罚、行政许可、价格制定或调整等领域。伴随着政府执法的程序化进程，听证式的执法形式将越来越普遍。由于这种执法方式强调正当法律程序、相对人和相关人的实质性权利和法律的平等保护等法治的核心价值，强调执法过程的结构化、中立角色的制度化安排和相对人及相关人陈述、申辩、质证等程序性权利，因此，有利于保护相对人和相关人免受政府武断的、错误的管理或执法行为的侵害，是保护相对人和相关人合法权益的执法程序和形式。促进政府执法方式“司法化”的变革，需要进一步完善听证制度。听证制度的关键之一是赋予官方以外的参与者也就是行政相对人和相关人充分的程序性权利。“正当的法律程序是一个灵活适用的程序，只要求某种形式的听证，不要求固定形式的听证。然而任何一种听证形式，必须包含正当法律程序的核心内容：当事人有得到通知及提出辩护的权利。是否具备这两种权利是区别公正程序和不公正程序的分水岭。"[①]行政相对人和相关人甚至公众通过听证程序参与作出行政决定的过程，可以运用自己的程序权利来保障自己的实体权利，促使政府执法权正确、恰当地行使，以抵抗政府违法和不合理的自由裁量。听证制度的另一个关键是通过程序形成一种抗辩式结构，并维持这一抗辩结构的平衡性。由于抗辩式结构的准司法化特点，一个新的角色制度应当成为听证制度的重要组成部分。在美国，这一角色起初被称为听证官，现在被称为听证检察官或行政法官，相关制度保障这类角色的公正立场。[②]没有这一公正角色，抗辩结构将失去意义。我国应将这一角色制度视为听证制度的有机组成部分，并通过角色制度建设，保障其在听证程序中不受干扰，持公正立场。从这种意义上讲，政府执法方式的变革还意味着执法者角色的相应调整。

政府执法方式转向人性化，从限制权利转向保障权利。长期以来，由于官本位观念、执法人员素质低下等方面的原因，当然也包括制度方面的原因，比如执法程序制度不健全、执法责任制度极不完善等，政府执法总以强力姿态出现，充分显示执法权力的强制性和权威性甚至不容置疑性，执法过程缺乏说理性，造成政府执法方式简单粗暴甚至野蛮霸道，政府执法骄横跋扈、以强凌弱，执法者仗权欺人、为所欲为，严重侵害了公民、法人和其他组织的合法权益，严重损害了政府与公民的关系以及政府形象。执法方式人性化的形式标志是尊重人权。1979 年 12 月通过的联合国《执法人员行为守则》第 2 条规定："执法人员在执行任务时，应尊重并保护人的尊严，并且维护每个人的人权。"第 3 条规定："执法人员只有在绝对必要时才能使用武力，而且不得超出执行职务所必需的范围。"政府执法权力已被设置

---

① 王名扬：《美国行政法》，中国法制出版社 1995 年版，第 410 页。

② 这些相关制度包括行政程序法的直接规定。根据美国联邦行政程序法的规定，在联邦政府一级，中央人事机构通过竞争性功绩程序来任命行政法官并确定报酬。功绩制保护委员会保障他们免于因不正当的理由被处分或解职。参见[美]戴维·H·罗森布鲁姆、罗伯特·S·克拉夫丘克《公共行政学：管理政治和法律的途径》，中国人民大学出版社 2002 年版，第 207 页。

了限制其扩展和形式的人文界限和生态界限。据统计，世界上有56个国家的宪法对人性尊严作出了相关规定，这显示了尊重和保障人性尊严已经成为现代宪法发展的基本趋势。联邦德国基本法第1条第1款明确规定：人性尊严不容侵犯。所有国家权力均负有尊重并保护人性尊严的义务。凡法治国家，不得对违法犯罪嫌疑人进行刑讯逼供，不得要求当事人自证其罪，禁止非人道的和残忍的惩罚。在德国，由于使用测谎仪或催眠器有侵害人性尊严之虞而禁止国家强制使用。

政府执法应充分尊重行政相对人和相关人的人格，严禁殴打或采取其他侵害其身体的暴力行为、对当事人实施精神折磨或其他侮辱人格的行为，如游街、示众、罚跪（站）、辱骂、公开隐私等。[①] 司法行政部门从2004年5月1日开始执行的《监狱服刑人员行为规范》取代了1990年以来执行的《罪犯改造行为规范》，对其中的一些有辱人格的管理方式进行了修改，使监狱执法和管理更趋于人性化。政府文明需要制度支持，政府执法方式人性化，必须从改进和完善制度做起。公安部发布的《公安机关办理行政案件程序规定》，是公安机关加强和改进公安执法工作的重大举措。《公安机关办理行政案件程序规定》首次在公安执法程序中明确提出了尊重当事人人格尊严的要求，首次在公安执法程序中明确排除了非法证据的效力，这有利于从根本上防止刑讯逼供等侵犯人权现象的发生。《税收征收管理法实施条例》第53条规定：司法、执法部门在采取保全或强制执行措施时，不得查封、扣押纳税人及其所抚养家属维持生活的住房和用品。早在20世纪90年代，政府执法方式中的不文明行为就成为行政法中行政事实行为研究的对象，并在国家赔偿法领域受到关注。[②] 政府行政执法方式的人性化趋向需要执法观念变革和执法制度创新

---

① 参见姜明安主编《行政法与行政诉讼法》，北京大学出版社、高等教育出版社1999年版，第47页。

② 国家赔偿法规定，非法拘禁或者以其他方式非法剥夺公民人身自由、以殴打等暴力行为或者唆使他人以殴打等暴力行为造成公民身体伤害或者死亡的，国家承担赔偿责任。

的支持，政府执法应当强化以人为本的观念，发展执法制度的人本主义精神，表达法治的人文关怀，对真实的个人的价值与尊严、人格与精神、生存与生活、现实与理想、命运与前途要真情关切。可以这样认为，政府执法方式承载着特定的价值观念和道德标准，应当以对人的基本权利的尊重为核心的价值观念和道德诉求在政府执法方式中占据观念主导地位，应当尊重相对人和相关人的主体性，保障相对人和相关人的合法权益，特别是要充分尊重公民的人格尊严。

第一章 行政执法过程权力论

在漫长的社会发展进程中，形成了不同形态的政治、法律制度与国家结构，孕育了样式各异的生活方式，以及发展了各自社会生活的基本价值。在支撑这些各异的制度、生活及价值的各种力量背后，我们总是能够看到权力的影子。不论人们对权力持什么态度——痴迷或者排斥，也不论权力支撑着怎样的政治秩序——民主或者集权，对于人类社会而言，权力已经构成其“最一般、最普遍的社会生活特征”，权力的行使是实现各种社会价值——正义、秩序、自由、平等——的关键。尤其在政治与法律领域，权力一直都是法学和政治学的核心范畴之一，以权力为逻辑起点，构建了形形色色的体大言精的理论体系。在行政法学领域，无论是控权论还是管理论，抑或平衡论，任何一种行政法理论莫不将权力看作最核心的研究对象，任何行政法理论或实践问题的解决都无法脱离权力而进行，某种意义上说，权力应是行政法以及行政法学得以建立和展开的基点与轴线。

第一节 行政执法权的含义

一、复杂的权力

在相当长的一段时期内，如何为权力制定一个既严密又系统的概念始终是政治学、社会学、法学等社会科学的中心任务。争论主要集中在如何为某人或某群体对他人或其他群体“施加重要影响”的方式给出定义。在这一点上，多数权力理论是从行为学的角度出发的，也就是说，他们所关注的是某人或某一群体的行为对他人或其他群体的行为所产生的影响的程度。然而越来越多的人将权力放在社会关系中进行理解和定义，而不是将其仅仅理解为一个人或一些人对其他人所拥有的支配力量和控制力量。罗伯特·达尔指出，权力并不是个人所拥有的什么，而是人与人之间的一种关系。他进而提出了权力的定义："甲对乙拥有权力是指甲能使乙做乙本来不一定去做的事。"换言之，权力是使行为发生变化的能力，而这种变化本来是不会发生的。[①] 最著名的是韦伯关于权力的定义，他认为权力是处于社会关系之中的行动者排除他人抗拒的可能性，它意味着在一种社会关系中，哪怕是遇到反对也能贯彻自己意志的任何机会，而不管这种机会是建立在什么基础之上。[②]

将权力理解为一种社会关系，无疑扩大了这样一种控制和支配力量的背景。毫无疑问，这样一种力量的基础不仅仅基于一定的政治关系，而且还包括一定的经济关系，甚至个人关系。政治上占据优势和支配地位的人对于被支配者而言，具有不可质疑的权力；经济上占据主导的一方，对依赖其获得生活资料的人而言具有权力；同样，基于某人高尚的品德或渊博的知识，他人愿意讨好或服从也可以视为权力形态的一种。如果我们把权力关系化约为"命令——服从"的关系模型，那么几乎在社会生活的各个领域都能看到权力的影子。因此，通过这种简约的模型才能在更广阔的领域把握权力复杂的实质和多样的形态。

因为服从的原因与基础复杂多样，所以，即便对于政治关系中的权力而言，掌权者意志的实现也具有相当程度的复杂性，而不仅仅是强制即可完成预设的目标。一般而言，强制是政治性权力的基础，而诱导则是经济性权力的基础。强制可能是一切权力形式中最普遍的形式，它只需要掌权者和权力对象之间最低限度的交流和理解，就可以迫使后者服从。但是，这种基于强制的权力要求掌权者不断提高警惕，并且不断增加对强制手段的投资。所以，即使以强制为基础的政治性权力的推行，也不完全依赖于强制和暴力。

---

① 参见[美]丹尼斯·K·姆贝《组织中的传播和权力：话语、意识形态和统治》，陈德民、陶庆、薛梅译，中国社科出版社 2000 年版，第 78 页。

② 参见马克思·韦伯《经济与社会》，林荣远译，商务印书馆 1998 年版，第 81 页。

这就提出了一个非常关键的问题：如果不依赖或者不完全依赖强制，权力的实现还能依赖什么？与这一个问题密切相关的是另一个概念，即权威。与依托于政治体系的权力不同，权威往往具有一定的道德属性，是使人信服的力量和威望。如果说人们对于强制性权力的服从是因为潜在的威胁，那么对于权威的服从则往往是自愿的。所以，政治权威的确立对于推行政治权力具有重要意义，它可以使政治权力以极其低廉的成本实现其预设目标。反之，如果是丧失权威的政治权力，势必在掌权者与权力对象之间形成怀疑甚至敌意，预设目标的实现往往依赖潜在或者现实的威胁。而权威的建立又是个非常复杂的过程，它具有强烈的地域性与阶段性。如有些学者所指出的，“权力作为政治体系中的各个凝聚点，它的基础是权威。权威并非结构性产物，而是文化批评的产物”[①]。文化、习俗、传统等是权威形成过程中不可忽略的重要因素。许多社会学家和人类学家对此有着极为重要的贡献，他们通过实证研究，探寻了民间社会中权威的形成过程。

现代民主政治对于权威的重要贡献就在于提出了合法性问题，建立在合法基础之上的政治权力才具有形成权威的可能性。就合法性权威而言，是对特定命令的来源而不是其内容赋予合法性并引起接受命令者的自愿遵从。当然，合法权威也具有命令或强迫性质，但是对于下级而言，并不是因为强迫而服从，而是感到应该服从而服从，即使其可能不喜欢或不同意某一特定的命令。可见，在这样一种权力关系中，合法性的预设是前提和基础。现代民主政治几乎毫不例外地将合法性建立在民众同意基础之上，并通过建立和运行稳定的选举制度，使选民完成其同意与否的表达。基于同意的权力相对于基于强制的权力更易树立权威，由于其依赖于共同的社会规范和价值标准，这种权力的行使比更依赖于临时博弈的权力更具有可预期性与可靠性，在保证权力对象的遵守方面也更具效率，“因为它把

---

① 罗红光：《权力与权威——黑龙潭的符号体系与政治评论》，载王铭铭、王斯福主编《乡土社会的秩序、公正与权威》，中国政法大学出版社 1997 年版，第 379 页。

强制手段经常处于就绪状态，对权力对象的持续监视以及固定供应经济与非经济奖励等需要降到最低限度”[①]。也因此，在现代社会，几乎所有的政治权力都要先披上一件合法的外衣，以降低权力行使的成本和树立权威。

与作为社会关系的权力密切相关的另一个因素是地域。在福柯看来，对于任何一种权力的考察，应当是在微观层面，应当在权力运作的末梢，在一种权力与另一种权力交界的地方；只有在这里，我们才能真正了解权力是如何实现的。不同地域之内通行的规则也不尽相同或者完全不同，如前所述，合法的政治权力运行依赖一套普遍的法律规范，普遍规范与地方规范必然在其临界点遭遇，那么建立在各自基础之上的权力自然将不可避免发生冲突。即使在中国这样一个高度中央集权的国家之内，国家权力的触角仍然不能完全触及社会的各个层面，尤其是乡土社会。在那样的区域内，长期以来自发形成的各种习惯、习俗、不成文的规则共同构成了乡土社会的秩序。在这一秩序之内，存在不同于国家权力的乡土权力，其基础往往是人们的自觉认同和民间规范。而国家权力常常处于极为尴尬的境地，对于乡土社会中的人而言，它是陌生而又低效的。所以，在封建王朝时期，政治权力只能到达县一级。在今天，也只到达了乡一级，广大的村落依然留存自己的规范与权力。正是在这个意义上，本世纪初，中外的一些学者都曾指出，近代以前的中国还不是一个现代意义上的国家，而只是一个文化共同体。[②] 所以，今天不少学者都将深邃的目光投向了广袤的乡村地区，在社会规范体系之内，不只存在统一的国家规范，也存在各异的民间规范；在社会权力结构之内，不只存在至上而下的国家权力，也存在形式多样的乡村或者社区权力。空间的差异给各种形式的权力行使带来复杂问题，国家权力在乡土社会可能被弱化，而乡村权力在现代化的进程中也面临被异化的问题。

由此引发的另一个问题是，多样的地域必然产生迥异的文化背

---

① [美]丹尼斯·朗：《权力论》，陆震纶、郑明哲译，中国社会科学出版社 2001 年版，第 59 页。

② 参见梁漱溟《中国文化要义》，学林出版社 1987 年版，第 18～20 页。

景，而这又必然会给政治权力的推行带来新的问题。20 世纪 80 年代蜂拥而至的“文化热”浪潮，在社会科学界引发了至今持续不退的以文化的名义研究政治、经济、制度、法治等几乎所有社会科学问题的热潮。尽管其中不乏不假思索的文化和制度改造的宏大叙事、对西方文化的简单否定、对本土资源的偏执推崇等，但是不可否认的是，这场文化热提出了一个极其关键的命题：在文化相对主义的前提下，各种不同的文化既是各种政制、法律的产物，也是其形成的原因。互为因果的关系下，文化是影响政制、法律的重要因素。东方文化与西方文化、传统文化与现代文化这些异质的文化圈内，对待权力的态度各不相同，权力所呈现的形态也各异。人们对权力与权威的认同很大程度上受到了文化的影响。有学者在进行了实地调查后，不无感慨地指出：“中国人对权力与权威的认同，并不是通过议会中的竞争来保持各自利害关系的平衡，也不是来自中央政府的政策得以实现的。而这一认同是在他们‘公众’的文化批评的前提下成立的。”[①] 民间文化的韧性在现代化过程中在某些地方仍能保持一种扩张趋势，社区之中除了正式的权力与制度外，还存在代表民间文化的权威及其象征体系（如庙宇）。据学者的考证，在传统文化韧性十足的乡村社会，目前依然可以看到与这一文化圈相协调的民间权威在日常事务中占据主导地位。又如，在司法改革不断推进、司法权逐渐扩张之际，一系列文化的冲突导致司法内部的运转失灵，从而产生了一些面向本土知识的扭曲和变形；在传统文化的有力冲击下，司法权的地位依然未能提升至西方文化之下的神圣地位，甚至在某些领域有被边缘化的危险。

由上所述可以发现，权力是一个极为复杂的社会现象与社会事物，不论对其有多么精练的定义，也不论其实际运作多么简单粗暴，在其背后却能看到权威、地方性、文化等影子——如果我们愿意继续拓展视野，还会发现更多。任何一项权力的背后，远不止是掌权者的

---

① 罗红光：《权力与权威——黑龙潭的符号体系与政治评论》，载王铭铭、王斯福主编《乡土社会的秩序、公正与权威》，中国政法大学出版社 1997 年版，第 375 页。

意志，因此，当权力运行良好之时，其收获的不仅仅是其所维护的公共利益，或意图要实现的目标，它还有助于权威的建立、社会公信力的确立，有助于消解文化的对立。当其运转紊乱时，失掉的也不仅仅是预设目标，权威的丧失、地方的沦陷、文化的消亡等都可能是随之而来的后果。这也就是本书的一个基本论调，对于理解行政执法权具有重要意义。必须将行政执法权置于一个复杂的背景下，置于其运行的整个过程中考察，才有可能更为客观、准确地认识这一人类必要的恶。

二、公共权力体系中的行政执法权

论及公共权力体系，不能不提孟德斯鸠。正是他，在继承洛克思想基础之上创造性地、清晰地勾勒出立法、司法、行政一分为三的公共权力体系框架。从此，不论在理论上，还是制度实践上，将公共权力进行不同程度的分割，已然是宪政理论与现代民主国家的重要支柱之一。孟德斯鸠以一种公认的形式提出了政府职能的三重划分，在此后的两百多年时间里，关于这些概念的精确含义一直不断发生着变化，但从根本上看，权力划分的基本模式已经确定。

在这一理论背景下，狭义的执法权与行政权几乎具有同样的含义。行政权作为一种国家权力，与立法权、司法权相对应，是指由国家宪法、法律赋予行政主体执行法律规范的权力，区别于制定法律规范及对法律纠纷裁判的权力。与西方有限政府的理念和实践一脉相承，按照这一理论而构建起来的行政权格外强调与其他两种权力的分立，特别是对行政权的警惕与限制，更成为理解行政权的关键所在。因此，行政权被严格地限制在执行法律所必需的范围之内，“最小的政府是最好的政府”成为检验政府良善的基本准则。与这一理论路径不甚一致的是，认为行政权是管理权，是国家行政机关依法组织管理内政外交事务的权力。这一认识同样与社会发展密切相关。当人类社会从简单的农业社会过渡至复杂的商品社会后，社会事务急剧增多的直接后果就是行政权的不断扩张，逐渐深入到社会各个方面。19 世纪末 20 世纪初，自由主义的消极行政向积极行政转型，

"如果国家对公民从婴儿照管到死,保护他们生存的环境,在不同的时期教育他们,为他们提供就业、培训、住房、医疗机构、养老金,也就是提供衣食住行,这需要大量的行政机构。相对来说,仅仅靠议会通过的法律……那只能做些微不足道的事"[①]。行政职能从单纯的执行法律规范向进行社会管理扩展。所以,行政即管理才被视为理所当然。这两种认识的分歧关键在于行政管理是否也属于执法。如果承认权力分立的基本价值,那么行政权的法律从属性应该是捍卫这一价值的自然选择,否则,先哲们极为警惕的严重后果将不可避免出现。从理论上说,尽管行政管理的依据有多种,不仅包括法律,还包括命令、政策等,但是法律应是其主要依据,行政管理只不过是对法律规范的具体实施。而且,从现代行政的发展趋势看,行政的目的并不是管理,服务、协调公共利益的目的决定了其运作方式的多样化,管理这一传统的行政权的特征将逐渐弱化。归根到底,行政权的特性还在于其执行性或者说法律从属性。在这个意义上,行政权也即行政执法权。

显然,这是从最为广义的角度理解行政执法权的。而狭义的行政执法权则是行政权的具体应用与配置,集中体现着行政权的性质与特点,可以说行政执法权是行政权中最重要的一项权力。大体而言,行政权的具体形式包括行政立法权、行政命令权、行政决定权、行政检查监督权、行政制裁权、行政强制执行权、行政裁判权等。概括起来,这些行政权可以分解为三种权力,行政立法权、行政执法权与行政裁判权。传统意义上的行政权并不包括行政立法权,受严格意义上的分权学说之影响,立法权只能掌握在议会手中。但是,随着社会事务日益繁杂,行政权日益扩张,政府职能不断强化,行政立法制度才逐渐形成,行政立法权才得以确立。因此,行政立法权并不是本来意义上的行政权,不具有行政权的典型特征。而行政裁判权,如行政复议、行政裁决等则是行政机关作为争议双方之外的第三者,按照

① 转引自[英]威廉·韦德《行政法》,徐炳等译,中国大百科全书出版社 1997 年版,第 4 页。

准司法程序解决特定争议的职权，它也不能鲜明地反映行政权的特征。而只有行政执法权才是最能反映行政权特征的一种权力，它是行政主体实施管理、执行法律规范的行政权力，从性质上说，是一种执行性的权力，因此可以说行政执法权是一种最典型的行政权。

但是，如果对行政执法权的认识止于此，那么将过于概念化和简单化，且不能描述现实之中行政执法权的真实面貌，因而变得毫无意义。

正如上述分析，行政执法权最能体现行政权的执行性特点，它俨然与其他两种权力构成一种清晰的分权格局。然而，情况并不完全是这样。法官在适用法律作出裁判的同时，实际上也创立了为其他法院所遵循的先例；行政官员即使不擅自扩大权力界限，其在执行法律的过程中势必要制定、解释和适用规则。这些规则，尽管其表述并不总像规则，但是对于复杂的行政活动而言，它是必不可少的。进一步而言，行政机关在其连续运作过程中，总是不断创立，而且也必须创立一些规范来保证行政活动的一贯性和一致性。对于法院而言，这些规则可能并不具有权威性，可能经由司法审查被撤销；但是对于普通民众而言，它们却是具体的“法律”。所以，看似清晰的分权格局，实际上是一种类型化的理想模式。在实践中几乎找不到这种理想模式的完美对应者。所以，如果将行政权置于整个公共权力体系之中进行审视，我们可以发现，行政权与立法权、司法权实际上共同分享程度不一的规则制定权能。对于行政执法权而言，尽管以执行法律规范为其旨意，但如果在执行过程之中不创立新的或者更为细致的规则，那么执行法律规范的活动也将无法完成，更勿论广义的行政执法权即行政权了。在这种格局下，公共权力体系实质的特征并非权力泾渭分明般的分立——因为那过于理想，而是在各种职能互相交叉的情况下确立一个明确的规则等级秩序，以明确何种权力所制定或者发现的规则为上。所以，法治的实质就是要确立一个规则等级体系，确立规则冲突解决规则。普遍公认的是，行政机关所确立的规则显然处于较低位阶，法律优位是行政活动需要遵循的基本原则。

行政执法权在公共权力体系中处于最为活跃的位置，它最能体现行政权的性质，是实现法治的经常性力量。我国的法制实践经历了从侧重立法向侧重执法的转变。最开始的社会主义法制国家被简单地理解为有法可依，立法成为这一时期的重心，铺天盖地的法律以前所未有的强劲态势覆盖至政治、经济、社会生活的方方面面。然而，徒法不足以自行。立法仅仅是法治的一个要素，它仅仅解决有法可依的问题，为执法提供准则，提供依据。而且在立法实践中，并不是所有立法都是基于社会需求，也不是所有的立法都能增进人们的利益，更不是所有的法律都能产生实效，相当数量的立法还给法律体系制造了麻烦，立法冲突与立法膨胀相伴而生。所以立法所勾勒的社会秩序、个人自由仅仅是一种文本上的秩序与自由，而且这一蓝图本身还可能是存有缺陷的。将文本的规范转化为实际生活的规范则需要执法的进行，弥补立法的缺陷也需要执法的参与。行政执法权是行政主体进行执法的资格与权能，是实施法律规范的重要公共力量。行政机关通过行政解释细化法律规范，通过制定行政规范发展法律规范，通过行政处理、行政监督检查、行政处罚等执法行为实施和落实法律规范。从国家权力的配置上来看，立法权在制定完法律之后即告结束，而司法权则是一种消极的权力，二者都不是经常性的公共力量，只有行政执法权是一支经常性的作用力量，从而成为构建法治的主要途径。法治建设的发展必然将关注的焦点聚于执法领域，关注的对象集于执法权。

如此活跃的权力，理所当然成为法律极为警惕的对象。不可否认，行政执法权与其他权力相比，因其行使的频繁性使得其更可能成为侵犯公民权利的来源。但基于同样的原因，行政执法权也是实现和保障公民权利的经常性和最主要的力量。行政权与公民权利是行政法的核心矛盾，设定行政权的根本目的在于保障公民权利。立法是确认人的权利，界定、明确处在不同利益集团、不同社会阶层的不同人们的权利的性质、类别、范围和实现途径的活动；执法则是使立法所确立的人的权利，或虽未被立法所确立，但属于人作为人或作为社会成员所自然应具有的权利得以实现，包括提供权利实现的途径、条件，排除权利实现的障碍，防止权利滥用和制止侵权，追究侵权者的责任和给予被侵权者以救济等的活动。[①] 行政领域所涉及的公民权利是非常广泛和普遍的，如人身权、财产权、受教育权、劳动权、自主经营权、自主管理权、获得社会救助权、获得救济权，等等，对这些权利的保障和维护的职责大部分交由政府执法部门。因此，行政执法权与公民权利实际上构成了行政领域的一对基本关系。对于行政领域之外的权利保障，如上所述，立法的作用在于确认，而司法的作用在于救济，保障职责大部分交由政府来完成，尤其是对于立法尚未确认的公民权利，行政机关的保障更是显得尤为重要。因此行政权，进一步而言则是行政执法权成为保障公民权利的主要力量。

行政执法权还是促进公益、维护社会秩序的重要力量。行政权在塑造社会结构，维护社会秩序方面有着不可替代的重要作用。行政机关通过行政许可，设立市场准入资格，规范行业资格、资质，调整产业结构，有效构建起良好的市场和行业秩序；通过行政征收和行政给付，调控社会财富的分配和再分配，有力搭建社会经济秩序并调整社会分层状况；通过监督检查，发现失序现象，纠正违法行为；通过行政处罚，制裁违法行为人，恢复被破坏的社会秩序，并预防其他破坏秩序行为的发生；通过行政强制，及时纠正违反秩序的行为，确保行政构建秩序的有效实现。行政执法权对于自然资源的开发利用、公共资源的配置、城市和乡镇建设、环境和生态保护以及其他社会公共利益的促进都具有重要的作用。

三、行政执法权的特征

如上所述，无论从广义还是狭义来看，行政执法权均具有执行性这一特征。对于立法、行政及司法三种权力的性质，人们大致形成了比较一致的认识。立法权是设定规则的权力，行政权是执行规则的权力，司法权是裁判规则的权力。与其他两种权力相区别，行政权的特性在于其执行性。如凯尔森所言，立法就是法律的创造，如果讲到

---

① 参见姜明安主编《行政执法研究》，北京大学出版社 2004 年版，第 22 页。

"行政"我们就一定要问执行什么。除了说要执行的就是一般规范、宪法以及立法权所创制的法律外,就没有别的什么回答。[1] 但是,对于行政立法权却纷争不断。[2] 在传统的分权理论看来,行政与立法应有明确的界分。在启蒙思想家看来,由行政机关行使立法权是可怕的事情,因为分权原则的基本点就是权力的专属性,立法权、司法权、行政权三种不同性质的国家权力应该分别由三个不同的国家机关掌握和行使,制定法律的权力和执行或适用法律的权力必须作排他性的安排。但是,19 世纪末 20 世纪初,自由主义的消极行政向积极行政转型,政府立法在许多国家成为非常重要的管理与执法手段,并且成为一种不可逆转的趋势。要有效地适应国家职能的巨变,还必须赋予行政机关以一定的立法权力来满足行政管理的需要。这样,作为政府干预重要手段的行政立法的出现和发展遂成为一种不可逆转的趋势,传统的由议会独占立法权的格局开始崩溃。行政立法在许多国家的存在已经成为不争的事实。[3] 尽管行政立法的崛起受到了大规模的诘难,尤其是来自传统的立法权理论和分权原则,并在一定程度上改变了传统权力的配置格局。但是,行政立法的性质

---

① 参见[奥]凯尔森《法与国家的一般理论》,沈宗灵译,中国大百科出版社 1996 年版,第 284 页。

② 行政立法制度的产生和发展是近代以来国家职能发生巨变、新、旧观念激烈碰撞的产物,但由于其与传统的法治观念和分权思想不相吻合,更由于其在实际运作过程中所表现出来的种种缺憾,致使关于行政立法的理论争议始终未曾平息,行政立法的实际运用也犹如履薄冰之虞。在中国新旧体制转型变轨的社会大变革时期,出于对传统上一向强大而专断的行政权力的恐惧,人们对行政立法的存在和发展更是表现出了极大的关注和担忧。

③ 英国 1920 年根据委任立法所制定的行政管理法规为议会所制定的法律的 5 倍多;1974 年议会只通过 58 个公法案,而行政机关制定的行政管理法规却达 2213 件(参见王名扬《英国行政法》,中国政法大学出版社 1987 年版,第 109 页)。在美国,"行政规章的总数多得令人吃惊。1974 年《联邦登记》就有 45420 页"。(参见[美]伯纳德·施瓦茨《行政法》,徐炳译,群众出版社 1986 年版,第 138 页)法国 1958 宪法则更是以根本法的形式确立了行政立法制度:凡是在宪法第 34 条所列举的议会立法事项之外的其他问题均属于政府条例的范围。而且,政府为实施政纲起见,可以要求国会授权在一定时期内,以法令形式规定通常属于法律范围内的事项;在国家遇到严重危机时,总统所制定的条例还可以变更或废除现存的法律。这就是说,议会只享有有限的被列举的立法权力,而政府却拥有广泛的、被概括保留的立法权力。"在法律和条例的关系上,条例是汪洋大海,法律是大海中的几个孤岛。"(参见王名扬《法国行政法》,中国政法大学出版社 1989 年版,第 137 页)

依然没有得到根本改变，相对于议会立法而言，行政立法只是一种从属立法，受制于议会立法，不得与议会立法相抵触。同时，对于涉及人身权利等方面的问题，行政立法还受到了法律保留等原则的限制。有学者指出，在委任立法的理论下，行政机关之所以拥有一定的立法权，仅仅是由于立法机关的委任。由立法机关所授予的立法权与立法机关自身的立法权是不同的。立法机关行使着固有的、完整的立法权，行政机关行使的只能是从属的、派生的立法权。① 实际上，在理论上古典的分权理论更具有持久的生命力。因此，出于对行政立法的不信任，现代社会一方面使得行政立法权占有一席之地，另一方面又特别强调行政立法的法律从属性，保证行政立法的合法性。而作为狭义的行政执法权，更是当然具有这一属性。

行政执法权还具有公共性。国家权力从私有向公有的转变过程，也是人类社会从集权社会向民主社会的变迁过程。国家权力的公共性决定了现代行政是公共行政。在民主宪政国家里，行政权力源自人民主权或称人民权利，与立法、司法等其他国家权力共属于公共权力范畴。这是确立公共行政理念的认识根源和理论根据。人民可以选择和更换政府是近现代以来维系国家权力公共性质的根本保障，人民可以参与和监督行政是近现代以来维持国家权力公共性能的根本保证。这是公共行政理念的当然推断和逻辑发展。② 公共行政意味着行政执法所指向的是公共事务，不仅涉及公安、工商、税务、海关、文化、卫生、环保、城建、交通等众多领域，而且涉及科技、教育、农业、林业、渔业等诸多行业。行政执法的公共性旗帜鲜明地反对公务人员滥用执法权力，以权谋私，反对公务人员借用公共资源，牟取私利。

行政执法权的公共性又意味着行政执法的目的是为了实现公共利益。行政机关必须以达成公益而不是某种特殊私益为目的，其运作与公共秩序、公共利益相关联，为社会和民众提供公共政策和发展

---

① 参见苗连营《行政立法及其控制》，载《郑州大学学报》1998 年第 6 期。

② 参见肖金明《法治行政的逻辑》，中国政法大学出版社 2004 年版，第 43 页。

公共服务，维护公共秩序和实现公共利益是行政权力公共性和人民主权原则的真实展现。尽管公共利益一直是个充满争议且模糊不清的概念[①]，但是行政执法应当始终致力于建设和维护公共秩序，创造良好的人权环境，为公民个体权利的实现提供保障，必须始终坚持其主旨——促进公共利益。行政执法面向社会必然面向多元利益，利益的多元化表现为局部利益与全局利益不同、眼前利益与长远利益相异、特殊利益与共同利益并存、个人利益与集体利益有别、少数人利益与多数人利益共生。行政权力不是对某类利益的简单面向，它将致力于建设、维护和发展一种利益结构，这种利益结构有利于最大限度地为最大多数人谋取最大的利益。正如有学者所指出的，公共权力、公共秩序、公共利益等类似概念和现象中的所谓"公共"不是一个简单的标签，公共权力促进公共利益实际上就是最大限度地为最大多数人谋取最大利益。[②] 行政执法以公共利益为价值导向，但是并不意味着应当忽视私人利益，私益是行政执法的另一个向度上的价值尺度，从终极意义上来说，私益构成了公益的归宿与标准。正如边沁所认为的，共同体是个虚构体，由那些被认为可以说构成其成员

① 在哈耶克看来，自由社会的共同福利或公共利益的概念，绝不可定义为所要达至的已知的特定结果的总和，而只能定义为一种抽象的秩序。作为一个整体，它不指向任何特定的具体目标，而是仅仅提供最佳渠道，使无论哪个成员都可以将自己的知识用于自己的目的(参见[英]哈耶克《经济、科学与政治——哈耶克思想精粹》，冯克利译，江苏人民出版社 2000 年版，第 393 页)。也就是说，公共利益是虚构的而非真实，如果一定要说公共利益存在，那它也只能是一种要达至的特定结果，只能定义为一种抽象的秩序。我国学者孙笑侠教授认为存在公共利益，"公共利益是独立于个人利益之外的一种特殊利益。社会公共利益具有整体性和普遍性两大特点。换言之，社会公共利益在总体上是整体的而不是局部的利益，在内容上是普遍的而非特殊的利益"(参见孙笑侠《法的现象与观念》，山东人民出版社 2001 年版，第 46 页)。有的学者进一步提出了公共利益的标准，认为界定公共利益的内涵有两个重点：一为"公共"的范围，二为"利益"的内容。判断公共的标准为：(1)开放性，指任何人在任何时候，都可以自由地进出某一场所，无须有特别的条件限制，该场所不封闭也不专为某些人保留，不具排他性。(2)数量上必须达到一定多数。以过半数人的利益作为公益的基础，符合多数决定少数，少数服从多数的理念。对利益的判断具有价值性的考量，应当依据宪法和法律的规定以及在法律规范中所蕴藏的价值判断。在现代国家，公益主要包括对维持安定和平的社会秩序，保证个人的尊严、财产、自由与权利，提供文化发展的有利条件等(参见姜明安主编《行政执法研究》，北京大学出版社 2004 年版，第 116 页)。

② 参见肖金明《法治行政的逻辑》，中国政法大学出版社 2004 年版，第 43 页。

的个人组成。那么，共同体的利益是什么呢？是组成共同体的若干成员的利益的总和；不理解什么是个人利益，谈论共同体的利益便毫无意义。[①] 行政执法权的行使应当以尊重和保障公民个人的权益为原则，协调公共利益与个人利益，这是行政执法权的公共性的深刻含义所在。

行政执法权的公共性还意味着行政执法是非营利的活动。政府是人民政府和国家公共机构，行政执法的目的在于实施法律规范，提供公共物品，维护公共秩序和公共利益，增进人民安全、福利和幸福，政府及其部门不同于公司、企业，不能运用掌握的公共资源——公共权力追求利润和谋取利益。目前行政执法过程中存在较为严重的通过执法来谋求部门甚至私人利益的现象，从而使行政机关蜕变为营利性机构，丧失了行政机关的公信力，也为权力寻租和权力腐败提供了空间。目前我国行政主体获取物质的手段呈多元化、分散性格局，主要通过三种途径：预算内收入、预算外收入、“非预算”或“灰色收入”。这三种途径中，预算外的资金膨胀率远远超过了预算内资金的增长率。[②] 行政执法权的公共性必然还意味着行政成本由公共负担，行政运作应为公共费用所推动，行政执法所产生的费用不得转嫁至相对人身上，也不得接受任何私人捐助，保持政府和执法的廉洁。

行政执法权又具有强制性。权力从来都是与强制相联系，按照一般的定义，权力是某些人对他人产生预期效果的能力[③]，而这一预期效果的产生便离不开强制。正如哈耶克所指出的，在历史上，政治哲学家们讨论较多的是权力，而非强制，这是因为政治权力通常都意指强制的权力。但是哈耶克同时也警告，在人际关系中，权力与强制

---

① 参见[英]边沁《道德与立法原理导论》，时殷弘译，商务印书馆 2000 年版，第 58 页。

② 据一份调查数据表明，我国预算内收入从 1978 年开始突破千亿，1996 年达到 7407.9 亿元，为 1979 年预算内收入的 6.4 倍。而预算外收入，1979 年为 452.9 亿元，1996 年达到 3893.3 亿元，是 1979 年的 8.5 倍，增长速度大大超过了预算内收入的增长速度。参见姜明安主编《行政执法研究》，北京大学出版社 2004 年版，第 321 页。

③ 参见[美]丹尼斯·朗《权力论》，陆震纶、郑明哲译，中国社会科学出版社 2001 年版，第 3 页。

的确常常紧密地勾连在一起，而且少数人所拥有的巨大的权力也会使他们有能力强制其他人，除非这种权力为另一种比它更大的权力所制约。但是值得我们注意的是，人们关于权力与强制关系的一般认识并不完全正确，因为强制并不像人们所认为的那样是权力的必然后果，甚至也不是权力的一般后果。[①] 强制性对于行政执法的有效运行、社会秩序的维护以及个人权利的保障都具有重大意义，但是行政执法的效力却不能仅仅建立在强制基础之上。行政执法的权威首先来自行政执法依据的合法与合理，做到以理服人，而不是以势压人。其次，还来自行政执法程序的公开与公正，使行政执法成为一个双方甚至多方参与的交涉过程，在这一过程中相对人自觉自愿地履行法律义务。而强制性权力只是作为行政执法的补充，也是出于行政成本的考虑。强制性权力运行成本比较高，而社会效益比较低，因此，任何制度、任何时代，权力的经常行使状态并不是强制性。我国经过近二十年的法治实践，行政执法领域的强制执行制度已初步建立，形成了“以申请人民法院强制执行为原则，以行政机关强制执行为例外”的特有执行模式。从国家权力的配置来看，将强制性权力大部分配给司法机关，在一定程度上削弱了行政执法权的强制性色彩。但是在行政执法所保留的强制性权力的运行中依然存在不少问题，如缺乏统一立法，执行权限模糊，手段混乱，程序不健全，行政决定的执行缺乏力度等，这些问题亟待统一立法解决。

第二节　行政执法权的配置

行政执法权必须由适格的主体来享有并且由相应的组织或个人来行使才具有实际意义。国家权力在简单勾勒为三种权力之后，还需进行进一步的配置，以使每一种权力都有相应的法定主体行使。一方面，行政执法权配置是否恰当，执法权同其他权力之间如何形成

---

① 参见[英]哈耶克《自由秩序原理》上卷，邓正来译，三联书店 1997 年版，第 166 页。

有效的制约机制，将是有效制约行政执法权滥用的重要途径；另一方面，行政执法权配置是否科学，关系行政执法效率高低。从理论上讲，行政执法权的配置属于立法范畴，各项具体权力的划分由立法机关按照不同的规则进行分配。但是，行政执法权的配置不仅仅是立法问题，它还关涉政策、命令和因地因时的临机处断等问题。在行政执法权的配置背后，实际上是政府与社会、中央与地方、政府部门之间的博弈与制衡，也是行政民主与否的重要标志之一。

一、政府与社会的执法权配置

国家与社会、政府与市场关系的变迁是行政法理论及制度发展的决定性因素之一，这一对关系的发展经历了一个几经反复的过程。近代以来、20 世纪之前的政府恪守“最好的政府，最小的政府”之原则，奉行自由市场之准则，实行消极行政模式，社会主要依靠亚当·斯密所谓的市场这只“看不见的手”的支配和调节。政府与市场的关系呈现一种市场万能而政府有限的格局。国家任务仅限于间接地保障经济性“市民社会”的自律运作。所谓行政，原则上只限于外交、防卫以及为维持国民生活的安全秩序所必需的最低限度的维持秩序的行政和租税、财务行政。[①] 19 世纪末 20 世纪初以来，贫穷、失业、卫生、环境等问题层出不穷，经济危机周期性爆发，社会事务日益复杂使国家与社会关系发生了深刻的变化。政府一改守夜人的传统角色，全面介入社会生活的方方面面，从摇篮到坟墓的全面渗透形成了

① 19 世纪中叶的英国，政府的视野非常有限，主要兴趣就在外事活动和维持治安，除了邮局和警察以外，一名具有守法意识的英国人可以度过他的一生却几乎没有意识到政府的存在。在美国，直至 19 世纪中期内战前，联邦政府、州政府、地方政府只是在资本短缺、交通运输能力不足成为经济发展和工业化的最大障碍时，才起到了一定的作用。即使在内战以后，正如《美国是如何治理的》一书作者希尔斯曼指出的，除了授予建筑铁路用地，通过移民土地法建立邮政系统和一些其他设施外，政府在经济领域几乎没起什么作用。参见石佑启《论公共行政与行政法学范式转换》，北京大学出版社 2003 年版，第 41 页。

与传统国家形态迥然有异的行政国家。[①] 在这一国家形态下，如有学者指出的："国家行政权渗透到人们社会生活的各个领域，人们在其生命的整个过程都离不开行政机关，行政机关的行政行为成为影响人们生命、自由、财产和国家安全、稳定、发展的一种几乎无所不能之物。"[②]市场收缩而政府扩张是这一时期政府与市场关系的基本格局。而到了20世纪70年代之后，国家与社会的关系似乎又回到了原初的状态，凯恩斯主义显得无能为力，自由主义的国家观又一次得到了伸张，政府退缩而市场价值得以重申。

伴随着政府与市场关系的变迁，行政主体也呈现出多元化的趋势。西方传统行政理论坚持行政活动与政治活动相分离，古德诺、威尔逊等人把政治视为国家法律与公共政策的制定，而把行政视为法律和政策的执行领域，认为行政人员要恪守"价值中立"原则，不干预政治事务。政治活动追求民主，行政活动作为政治意志的执行，追求的则是效率，一般认为集权比民主更有效率。这一时期的行政可以称作国家行政，在权力分配上主张行政集权，在行政主体资格认定上，呈现一元格局，即政府作为唯一的行政主体来行使行政权。政府职能扩张之后面临的一个问题是，面对纷繁复杂的社会，仅仅由政府来调控则显得既不可能也无效率。解决问题的途径一方面是政府部分退出市场领域，另一方面，公共事务交由其他组织来调控。政府应把主要精力集中在行政决策上，而在行政执行的"管理"层次上，则通过分权、竞争等各种形式来打破传统上行政主体单一化的垄断局面，从而既可以借助市场力量提高公共行政的质量，又可为政府部门改

① 行政国家首先是一种国家公共职能现象，其次是一种国家公共权力现象，同时也是一种公共事务管理现象，主要是指19世纪末20世纪初，与垄断进程相一致，尤其是第二次世界大战以后，在资本主义国家立法、司法、行政三权分立的国家权力主体的关系中，行政权力和活动扩展，具有制定同议会立法效力相当的行政命令和取得同法院判决效力相近的行政裁判权，大量直接管理和介入国家事务和社会事务，从而起着最活跃和最强有力国家作用的一种国家现象。参见张国庆主编《行政管理学概论》，北京大学出版社2000年版，第16～17页。

② 姜明安：《行政国家与行政权的控制和转化》，载2000年2月13日《法制日报》。

革提供动力机制，甚至有论者主张政府企业化。[①] 在经历了“政府失败”与“市场失败”之后，西方国家都考虑以一种全新的模式来对公共行政活动进行改革，强调公共行政主体的多元化，除了政府以外，其他社会力量包括社团组织、企业，都可以承担公共行政职能。这样，在公共行政的很多方面，就不再单纯由政府来完成，而可以通过政府与市场合作的“治理”方式来进行管理。但是，并非所有社会组织都有条件参与“治理”，“治理”活动是需要一定载体的，这就是在西方国家日益受到关注的“第三部门”。所谓“第三部门”，是指介于国家与社会、政府与市场之间的中介组织，包括各类同业协会、社团组织以及一些仲裁机构等。中介组织既不同于政府部门，它们参与市场竞争，接受价格调节；其所提供的服务又与公共部门同质，具有公共性。“第三部门”的崛起意味着，在公共行政领域形成了众多的权力中心，各个权力中心竞争、合作，共同开发行政资源，提供公共服务。政府服务功能向第三部门转移，通常根据服务的性质采取多种形式，或是政府部门与中介组织合作共同承担公共服务，如打击社区犯罪活动；或是政府部门与中介组织在服务市场上展开公平竞争，如马路清洁、垃圾收集等；或是政府部门授权中介组织，如社区管理、大楼管理；也有一部分政府部门逐渐中介化，转变为中介组织。由于“第三部门”的存在，政府管理就进入了一个高度开放的领域。政府在不影响甚至是提高其公共行政服务质量的前提下，减轻了自身的行政负担，提高了行政效率，从而使政府和公众同时受益。同时，公共事务的管理因此也就具有了较大的公开性，其透明度大大提高。

美国学者奥斯特罗姆指出：“公共行政的中心问题被看作是提供公共利益和服务的同时，除了扩充和完善官僚机构外，其他的组织形

① 20世纪80年代以来，传统的行政模式面临越来越多的压力和批评，当代西方的公共行政理念与治道变迁肇始于此。这一变迁过程至今仍在行进之中，与此相伴的则是波及世界各国的行政改革浪潮。现实的变革要有理论的引导，当代新公共管理（NPM）理论中出现了一股思潮，那就是：以企业精神改革政府或称“政府仿企业化”。典型的论著如［美］戴维·奥斯本、特德·盖布勒《改革政府：企业精神如何改革着公营部门》（上海市政协编译组、东方编译所译，上海译文出版社1996年版）。

式也许可以提供所有这些功能。”[①]在传统的国家行政之下，政府是唯一的公共行政主体；而在公共行政兴起之后，政府仅仅是诸多行政主体之一。这一变迁的意义是深刻的，它导致了行政分权的落实与行政民主的实现。分权是西方文明的核心内容之一，维尔认为分权与代议制共同构成了西方宪政的两大支柱。[②] 分权不仅表现在立法、行政与司法三种权力机构之间的权力划分，而且表现在中央政府与地方政府的权力划分，国家与社会的权力划分。正是这样一种全面的分权机制，奠定了西方民主制度的稳健发展。行政领域同样贯彻了分权原则。当政府权力日益深入到社会生活的方方面面之时，一贯的分权思维对这一扩张趋势保持了足够的警惕。由于权力增长的同时也使权力的滥用日益猖獗，因此，为了在保证政府拥有足够权力进行行政管理的同时，又能控制庞大的行政权不至被滥用而侵犯到公民合法权益，西方各国都加强了对行政权的司法审查以及行政程序对行政自由裁量权的控制。这实际上是从权力系统内部对行政权的制约，到了 20 世纪中期以后，制约权力的力量扩大至社会层面。现代行政的民主化要求在行政管理过程中加强政府与社会的合作，充分利用各种社会主体资源，进行民主行政。在这种席卷全球的政府机构改革过程中，“各国的共同实践是减政放权，把有限的政府资源用于最必需的方面，提高工作效率和权威，同时发挥非政府组织在社会生活中的作用，让它们负担某些原来由政府承担的责任”[③]。从而使得社会其他组织获得公共行政的主体资格，行政的政府垄断地位被打破，与社会共同行使公共事务管理职权，这就在较大程度上构成了对行政权的有效制约。

行政分权的另一个原因是服务行政的兴起。现代社会发展的客观需要要求现代行政法的主要内容是服务与授益，即政府的行政活动以促进公共利益，增进社会福利为宗旨，主要集中在服务性行政，

---

① 转引自石佑启《论公共行政与行政法学范式转换》，北京大学出版社 2003 年版，第 163 页。

② 参见[英]M. J. C. 维尔《宪政与分权》，苏力译，三联书店 1997 年版，第 2 页。

③ 信春鹰、张烨：《全球化结社革命与社团立法》，载《法学研究》1998 年第 3 期。

如为公民提供日常生活的水电、通信、交通、文化、教育、卫生等行政活动，以及授益性行政如提供社会福利、最低保障、行政救助、社会保险等行政活动两个方面。政府的活动不再局限于权力活动，社会要求非权力色彩的行政服务。这种服务性或授益性行政与以前政府的工作重心——秩序或安全行政相比较而言，更适宜由非政府组织来行使，因为它不以国家强制力为后盾，因而更具简便性、温和性。另一方面，行政管理内容在不断扩张的同时也更加专业化、复杂化。科学技术与经济的迅速发展，使公共事务对专业性、技术性的要求远甚于以前的任何时代。即使是曾以专业技术优势来乘机扩张其权限范围的行政机关，面对人类日新月异的科学成果也颇感力不从心。因此，人员力量的缺乏和物质装备的有限又同样地促使行政机关必须借助社会的力量，来完成日益庞大复杂的管理任务，即必须授权或委托给有专业人才、专业技术及设备的非政府组织来代为管理。[①]

从国家行政向公共行政的演变，具有重大意义的一个结果便是行政主体的多元化。行政主体的多元化使得行政执法权在不同主体之间配置成为可能，从而破除了执法权的垄断性掌控局面。而行政主体的多元化又直接推动着社会多元化——民主所赖以建立的基础——的形成和发展，这远远超越了行政领域以及行政法的领域，具有广泛而深远的影响。在民主化的进程中，最为引人瞩目的成就也许就是政府对公共权力的垄断地位逐渐被打破，开始与社会分享公共权力及其背后的公共资源。中国二十年来的改革开放过程实际上就是一个政府逐渐放权让利的过程，越来越多的公民、社会团体参与到行政管理之中，越来越多的政府权力交由社会执掌，越来越多的社会事务由社会自治。

如前所述，伴随着社会、经济及文化的发展，公共行政的职能与活动领域日趋扩大化。但随政府职能膨胀所产生的是机构臃肿、人浮于事、财政赤字累累、行政机器运转不灵等弊病，使得国家行政管理系统再次陷入困境。以弗里德曼、哈耶克、布坎南等为代表的自由

① 参见黎军《行政分权与行政主体多元化》，载《深圳大学学报》2002 年第 4 期。

主义经济学家在对现实进行了分析之后指出，发达国家行政机制的弊端在于国家奉行的垄断调节政策压抑了民间的积极性，滋长了市民社会对政府的依赖，弱化了其自主与自立能力，造就了许多专向政府提出非分要求的压力集团，从而削弱了社会的活力与生机。因此，重新评估、界定政府作用，调整政府的行政管理模式，推行新一轮的行政改革成为当务之急。[①] 政府与社会的适当分权正是解决这一矛盾的最佳途径，其实质在于改变传统政府行政的模式，根据公共服务的内容与性质选择相应的供给组织与方式，实现服务功能在政府、社会和市场间的合理配置，将竞争机制引入政府服务领域，打破政府垄断，实现行政分散化，从而提高公共服务的效率与质量，减轻政府行政负荷。这一方法使得政府、社会、市场各自以其特有的组织以及活动方式分担公共服务的供给，打破了“大政府”模式下政府垄断公共服务的局面，为现代行政注入了新的活力与生机。顺应这一形势，涌现出众多的社会中介组织，诸如商会、同业公会等。这些非营利性组织以其各自的方式实现市民社会的自主管理，参与社会公共产品的供给，从而形成介于市场与国家之间的调节机制，分担着社会的公共管理职能，并促使政府由全能政府向有限政府的转变。

在这一背景之下，第三部门[②]成为行政法学理论与实践的一个新的增长点，这类组织的出现是政府与社会分权的结果，也是社会自

---

① 参见韩继志《政府机构改革》，中国人民大学出版社 1999 年版，第 208 页。

② 现代社会科学将社会组织分为政府组织、营利组织、非营利组织三大类，并依次称为第一、二、三部门。第三部门的存在由来已久，而对其系统的研究则始于 20 世纪 70 年代，时至今日，何为第三部门学术界仍未形成统一认识。一般而言，第三部门（Third Sector）又称为“公民社会部门”（Civil Society Sector），指的是和公共部门、私人部门相对而言的另一个部门，它所指称的都是各种非政府、非营利性的民间组织，同时，它还有“独立部门”（Independent Sector）、“非营利部门”（Non-profit Sector）、“志愿部门”（Voluntary Sector）、“利他的部门”（Altruistic Sector）等诸多称谓（参见何增科主编《公民社会与第三部门》，社会科学文献出版社 2000 年版，第 3 页）。它们所包括的组织范围非常广大，大型的非政府组织、工会、共青团、妇联、非正式的自助团体以及为数众多的各种民间组织等都属于该范畴。它们在社会、政治、经济、文化的发展中发挥着公共部门和私人部门所不能替代的巨大作用。特别是自 20 世纪世纪 80 年代以来，在“全球化的社团革命”的浪潮下，随着市场化与民主化的逐步推进，第三部门在世界范围内得到了空前的发展。这种席卷全球的变革浪潮不但已经对发达资本主义国家产生了深刻的影响，而且也正在逐渐影响着包括中国在内的一些发展中国家。

治发展的结果。这类组织在弥补政府空白、沟通市场与政府关系等方面发挥着非常重要的作用。在传统行政法学上，行政主体的外延原则上等同于公法人，然而，随着行政的扩张以及行政分散化实施的需要，现代行政已非公法人的专利，各国实践中均存在大量特许、委托、授权私人从事行政事务的情况，例如，德国行政主体中的“经授权执行行政任务的私法组织”，以及我国台湾行政主体中的“公权力受托人”。此外，还存在国家或地方团体设立私法人，并授权其以私法方式执行特定行政任务的情形。而中国的传统却与这一态势极不吻合，传统的政府实际上是一种威权主义的政府：政府是万能的；政府的权力和权威是理性的授予，是至高无上的；政府扮演的主要角色是对社会实施控制；政府是社会的唯一权力中心，社会必须受制于这一中心，公民必须服从政府的管制。[①] 受这种政府理念的影响，政府权力的触角延伸到社会每一个角落，个人依附于单位，单位依附于国家，一个外在于国家的自主独立的公民社会并不存在。然而随着经济、社会结构的深刻调整和变迁，一方面是政府绝对统治地位的削弱，另一方面是营利组织和非营利组织的独立和发育。虽然相对于经济体制改革，政治体制和社会改革相对滞后，政府的相对控制依然很强，第三部门的生存和发展环境仍然存在很多障碍和困难，但是，营利组织的独立发展得到了法律的确认和保障，非营利组织的发展也逐渐成为社会进步的潮流。可以预见，随着中国社会的进步和现代化，这类对于中国相当陌生的组织——中国的第三部门或者非营利组织——还会有一个大的发展。

在行政执法领域，行政执法权从政府垄断到与社会在一定领域和一定程度上共同承担，标志着分权与自治原则的逐步确立。一些社会组织不断发育、发展，日益承担政府与社会中介的功能，从而使行政执法权逐渐由政府向此类组织转移。目前在我国这类组织主要

① 参见吴锦良《政府改革与第三部门的发展》，中国社会科学出版社 2001 年版，第 23 页。

有以下几种类型[1]：

一是社区组织。城市的居民委员会和农村的村民委员会是典型的社区组织。[2] 基层社会一直都处于国家权力的末梢，甚至是难以进入的一个领域，或者即使进入也可能导致不经济与无秩序。但是，没有国家权力的地方，并不意味着没有公共事务需要管理。实际上基层群众组织在政府权力的真空地带承担了大量的行政性事务，如治安管理、环境卫生、化解矛盾和纠纷、计划生育、税费征收等，其中包括执法。这里所说的执法包括两方面：一方面是基层社会的村规民约、风俗礼仪等所谓的"民间法"由社区组织执行落实，对于这个层面上的"执法"，我们一般的态度是不承认，即不认为它属于执法；另一方面是，社区组织承担了部分国家行政执法的职能，如治安管理、税费征收等，这一层面即属于通常的执法范畴。但是从执法权主体上来看，目前的主体范式并不将这一类组织视为行政执法权主体，而是作为在某些事项上的受委托组织。实际上，许多学者已经意识到了这种主体范式的结构性缺陷。如前所述，如果将行政执法权的主体划分为归属主体与行使主体的话，这一矛盾似乎可以解决。更为重要的是，我们应该对执法的含义有一个较为全面的认识，不能置这一类组织承担部分行政事务的事实于不顾。

二是社会团体。社团是为实现会员共同意愿，按照其章程开展活动的非营利性组织，如工会、妇联、共青团、律师协会、消费者协会等。社团在中世纪时对于城市的形成和经济的复兴起到了非常关键

① 参见石佑启《论公共行政与行政法学范式转换》，北京大学出版社 2003 年版，第 170～172 页。

② 1990 年开始实施的《中华人民共和国城市居民委员会组织法》第 2 条规定，居民委员会是居民自我管理、自我教育、自我服务的基层群众性自治组织。1998 年实施的《中华人民共和国村民委员会组织法》对村民委员会的定性作了同样的规定。

的作用[①]，至近现代以来，更是成为民主社会的一个基本特征，对于孕育公民社会、培养自治精神具有不可替代的作用。[②] 在我国，在社团之中，行业组织占据突出位置。有学者将行业组织划分为行业协会与专业协会两种。行业协会是联系政府与企业的非营利性的社团法人，发挥着政府和单个企业都无法承担的行业自律职能。我国建立行业协会的主要任务之一，是要变单一的政府管理为政府和行业自治组织两类主体共同管理，政府的职能在于规划、引导、推动行业发展，而行业自治组织的职能在于表达同行企业的意愿，进行民主协调，建立行业自律机制，制定行业技术标准，维护行业内公平竞争，监督会员企业履行行规、行约，并为成员提供服务。专业协会是指从事同一职业的人员与单位组成的社团法人，如律师协会、医师协会、会计师协会、足球协会等。[③] 社团可以因法律的授权获得行政执法主体的资格。如《消费者权益保护法》第 32 条授权消费者协会对商品和服务的监督、检查和受理消费者投诉并对投诉事项进行调查、调解

---

① 行会在欧洲历史上起了非常重要的作用。多数行会建立于 10～11 世纪。商业行会比手工业行会的发展略早一点，二者的界限不甚分明。商业行会是一种普通性团体，负责组织和控制整个城镇的经济生活，调整销售情况，保护消费者不受敲诈勒索，保护诚实工匠免受竞争中的不公正待遇，保护城镇商人，使他们的市场不致因外来影响而解体。手工业行会则是各行业师傅的一种团体，他们各自生产不同的产品，并使产品配套，以调节生产，还规定各行手艺的标准。在像港口那样混杂的居民之中也必须有一批人受到群众的拥戴，有足以领导群众的力量和威信。从 11 世纪上半叶起，商人们坚定地承担起这项任务。不仅他们是每个城市中最富有、最积极和最渴望变革的成分，而且他们还拥有行会给予的力量。商人行会主动地从事新生城市的建立与管理。在商人和手工业者刚刚占据主导位置的新型城市中，由于政府功能的不足，行会发挥了重要的职能。在艰苦的移民过程中，没有团体的力量是不可思议的。正如有论者指出的，当社会首次面临着在密集的陌生人中建立秩序的关键时刻，行会发挥了它的功能。参见郑也夫《代中西城市化与民间社团之比较》，载《北京社会科学》2001 年第 1 期。

② 甚至在香港，社团还承担了社会保障的功能。在香港，社会保障一般仅指政府直接负责的综合援助方案，其他的社会性保障措施则被称为社会服务等。如果根据内地对社会保障制度的界定去观察香港现行社会保障体系的架构及其运行模式（香港的大社会保障概念），可以发现，香港的社会保障既不是工业化国家由政府包办或积极主导的福利国家模式或社会保险模式，也不是一些发展中国家那样放任不管而由家庭及市场来提供或个人完全积累模式，而是一种政府、社团与市场三结合体制，这在当今世界上具有独特性。

③ 参见石佑启《论公共行政与行政法学范式转换》，北京大学出版社 2003 年版，第 171～172 页。

等职权。再如《注册会计师法》第2章授权由中国注册会计师协会组织实施注册会计师全国统一考试，授权由省、自治区、直辖市注册会计师协会负责注册会计师的注册工作，包括受理申请、准予注册与不予注册、撤销注册等。

三是公用事业组织。事业组织国家为了社会公益目的，由国家机关举办或者其他组织利用国有资产举办的，从事教育、科技、文化、卫生等活动的社会服务组织，如医院、学校、科研机构等。长期以来，事业组织是按照计划经济的管理模式发展起来的，它们直接附属于行政机关，作为行政系统的延伸，承担着不少行政管理职能，具有准行政机关的性质。如《食品卫生法》第36条规定，国务院和省自治区、直辖市人民政府的卫生行政部门，根据需要可以确定具备条件的单位作为卫生检验单位，进行食品卫生检验并出具检验报告。卫生检验机构因此获得卫生行政执法权。又如《教育法》第28条规定：学校及其他教育机构按照章程自主管理；对受教育者颁发相应的学业证书；对受教育者进行学籍管理，实施奖励或者处分；聘任教师及其他职工，实施奖励或者处分；等等。

四是特定的企业组织。企业是市场的主体，一般而言不具有任何行政权力色彩。但是在我国，由于政企尚未完全脱钩，存在一些特定的企业依然具有特定领域的行政职权，如电力公司、烟草公司、邮电公司等。这些企业经法律授权取得了某一方面的行政执法权，因而成为执法权行使主体，成为与政府共同分享执法权的又一类社会组织。

这些非政府组织在分担政府行政功能方面发挥了巨大作用，但是接踵而至的问题是，政府与这些公共组织如何划分权限？或者政府承担哪些行政职能，而公共组织承担哪些行政职能？按照经济学的一般原理，市场失灵情况下，政府才有干预的必要。按照市场的逻辑来配置政府与社会之间的权限，即市场能够自动提供的物品由市场自身解决，市场所不能提供的公共物品则由政府与公共组织提供。进一步而言，政府与公共组织的存在是以市场不能提供相应公共物品为前提的，而这两者提供的公共物品如果按照市场的逻辑区别的话，我们还是可以看出些许端倪。比如，国防、外交等大型公共物品可以由政府提供，而公路、公园、学校等次一级的公共物品可以由非政府组织提供。从成本上分析，政府所提供的公共物品成本高昂，非一国政府无法提供，而非政府组织所提供的公共物品则成本相对低廉，可以由若干组织即可组织完成。当然，这依然是一种较为粗糙的区别方式。有些学者认为，国防、外交、社会治安、经济的宏观调控等行政职能只能由国家行政机关行使。而微观层面则可较多地交由社会组织管理。实际上，政府与公共组织的界分，尽管从制度上予以明确十分重要，但是这似乎又是一件不可能完成的任务，政府与公共组织之间不可能有一个恒定的界限，二者权力界限取决于市场与市民社会的发育程度，并受制于非政府组织的成熟程度以及经济与社会的发展程度等诸多因素。

二、中央与地方的执法权配置

经过 30 多年的改革，中国的经济和社会面貌发生了深刻的变化，归结起来就是一个政府放权让利的过程。一方面，如上所述，社会力量的发育和生长使得用民间社会以自己的力量来协调自己的行为的需求凸显出来。因此，通过政府与社会关系的重新调整来引导全能政府向有限政府的转型，政府要适当地让渡部分权力，在行政管理与行政执法中形成政府与社会的适当分权。另一方面，地方经济的快速发展凸显出地方政府的主体性问题，传统中央主导式的中央与地方关系受到了日益膨胀的地方实体的严峻挑战。地方的崛起导致了中国社会与制度转型中的一个核心问题，即中央与地方的权力划分。

中国从秦朝开始，以一种科层制的官僚体系（郡县制）取代了中央与地方分权的可能，建立了一种中央集权的政体模式。地方政府是中央政府的行政工具，是一个没有法律人格，也没有独立利益的实体。但是即使是最集权化的行政体制，也不可能将权力的触角伸到每一个遥远的角落，因此，行政权在事实上的纵向分配是不可避免的。但是这样一种分配由于缺乏制度的保证，致使行政分权形成一种恶性循环。自新中国成立以来，我国中央政府与地方政府行政执法权的配置始终未能跳出“集权—分权—再集权—再分权”这样一个“一放就乱、一乱就收、一收就死”的恶性循环怪圈。[①] 中央与地方的包括行政分权在内的权力划分由中央主导，而地方与中央进行博弈的能力又没有得到制度上的支持，因而迟迟未能厘清中央与地方的权力界限，依旧保持着延续了几千年的中央集权的政体模式。中央与地方权限未能科学界定，结果致使一些事务弄不清该由中央还是由地方来承办，一些事务虽然已经明确归中央或地方，但在实际执行中由于相互侵犯对方权力范围而导致“错位”现象的产生。因此，在社会转型时期，及时调整政府职能范围并科学划定各自的事权已迫在眉睫。

中央与地方执法权科学划分，实际上是中央与地方事权划分的问题，这涉及一系列的系统性问题，远非简单的权力分工或者分配问题。首先涉及的是国家政制结构问题，即国家权力纵向的配置体制，是单一制还是联邦制，是集权制还是分权制，是单一中心的政治秩序还是多中心的政治秩序。西方的分权学说及实践提供了若干清晰或模糊的分权模式。在美国，联邦政府与州政府之间权力的划分由宪法明确规定，根据分权与制衡原则，形成了权力划分上的联邦制。一方面联邦政府享有宪法列举的权力，如全国的征税权、对内对外贸易权、邮政权、外交权、国防权等，而州政府在本州范围内享有征税权、经济调控权、社会管理权、治安权、州际交往权、与外国政府或民间团体交往权等。另一方面，宪法未列举的权力归州所有，各州在其范围内享有充分的管理权，各州政府的职能有完整运转的自由，各州在不

① 从1949年新中国成立到1956年期间，经历了从大区分权到高度中央集权；从1956年到1966年，再次经历了从连续放权到集权；从1967年到1978年，第三次经历了从“文革”期间的混乱放权到中央收权；从1978年到20世纪80年代中期（以1982年机构改革为标志），放权是主旋律；从80年代末到90年代初（以1988年机构改革为标志），中央又开始集权；从1992年邓小平“南巡”到1993年十四届三中全会期间（以1992年机构改革为标志），中央再度放权；从1995年十四届五中全会以来，中央又开始集权。就这样，我国中央与地方一直徘徊在“集权、分权、再集权、再分权”的非制度化困境。参见姜明安主编《行政执法研究》，北京大学出版社2004年版，第42～43页。

违反联邦宪法、法律和条约的前提下行使其保留权力，联邦政府也必须在确认各州自主的基础上行使其权力。但是这一基本模式也随着国家与市场的互动而不断发展，联邦政府权力经历了扩张与收缩的反复。在德国，根据基本法的规定，联邦政府执法权力主要有外交权、国防权、联邦财政权、联邦邮政权、海关权等。州政府执法权包括执行州的立法范围内的任务、受联邦委托执行联邦法律、作为自己的事务执行联邦法律等，因此构成另一种联邦制下的权力分配模式。而英国则是以分权为基础的单一制国家，根据有关学者的研究，中央与地方政府关系具有三种模式：一种是代理模式，即把地方政府视为中央政府的代理机构，地方政府仅仅是中央政府的“雇佣”，执行中央政府的决定。一种是合作模式，即把中央政府和地方政府视为合作伙伴，为了共同的目标而一起工作。再一种是权力依赖关系，即把中央政府和地方政府的关系视为以各自的权力为基础而形成的相互制约、相互依赖的关系。[①] 中央政府的执法权包括负责全国性的安全、警察、公共保健等，以及协助并监督地方政府执法。而地方政府对于地方范围内的公共事务拥有执法权。因此，中央与地方执法权的配置实际上主要是一个国家结构的问题，主要决定于该国的宪法以及长期形成的传统。

其次，中央与地方政府执法权的配置还依赖于政府职能范围的科学界定。中央与地方关系的建构，必须以一种系统论的观点来考虑，一个基本的前提是实现政府职能转变。在我国，长期以来中央与地方权限不清，其中深层次原因在于政府职能模糊。政企不分、政府机构效率低下、地方政府组成与运行方式不合理、党政不分等都是这一问题的突出表现。政府实际上就是垄断税收提供公共物品的大型集团。经济学家诺思与托马斯非常简洁地指出：“我们可以把政府简单地看成是一种提供保护和公正而收取税金作为回报的组织。”[②]因此，政府职能主要是提供公共物品，而不应该参与市场，中央政府与

---

① 参见姜明安主编《行政执法研究》，北京大学出版社 2004 年版，第 46 页。

② [美]道格拉斯·诺思、罗伯斯·托马斯：《西方世界的兴起》，厉以平、蔡磊译，华夏出版社 1999 年版，第 11 页。

地方政府权力不清在某种程度上是因为政府与市场纠葛不清，追逐甚至争夺市场利益而导致的。

再次，中央政府与地方政府执法权的配置只有在法制的框架内进行，才有可能将这种配置予以稳定。长期以来，我国规范中央行政执法权与地方行政执法权配置的主要手段是政策、文件，或者领导人之间的协商谈判，因此随意性强，极不稳定，也容易产生争执而无法解决。从法律上规定中央与地方政府事务管理范围和相应拥有的权力，必须依赖法制的手段进行，这是处理中央与地方关系的前提与基础。有学者建议当前的主要任务应是加快制定中央与地方关系法，用法律来规范和界定权力的调整界限及其运作过程，明确规定中央与地方政府的法人地位。另外，实际上也是最为关键的是，中央与地方政府权力配置的核心是财政权的配置。任何分权最终都会落实到人事与财政两方面，而财政分权则是其关键与核心。因此，1994 年进行的分税制改革普遍被认为是向地方分权迈出了关键性的一步[①]，地方拥有独立的财权是地方自治的前提和基础。

根据我国具体情况，中央与地方权力的配置，一要明确中央与地方各自专有权力，二要明确中央与地方共享权力。可以考虑将下列事项规定为中央的专有权力：外交；国防与军事；制定和修改宪法；制定基本法律；统一度量衡；航空、铁路、邮电通信的管理；财政与税收政策制定和划分；国家货币与国家银行；外贸政策；行政区划；国有财产；司法制度；其他依法应专属中央的事项。地方专有权力主要有：依据国家法律、法规而制定的本地区的实施细则；制定地方性法规；

---

① 行政性分权的“财政包干”是中国 20 世纪 80 年代末到 90 年代初的主要财政模式，其要点是“划分收支，分级包干”，并根据不同地区的情况，采取六种不同形式（收入递增包干、总额分成、总额分成加增长分成、上解额递增包、定额上解、定额补助）。由于财政包干制确定了地方政府“剩余占有者”的地位，额外的税收增长大部分留给地方政府，这种制度安排调动了地方政府发展经济的积极性，诱导地方政府伸出扶助之手。然而，这一机制同时还刺激了生产流通的地区封锁、地方保护主义，阻碍全国统一市场的形成。当年“羊毛大战”、“棉花大战”、“桑蚕大战”等此起彼伏，大有诸侯经济之势，包干制的“效应”不容忽视。有鉴于此，中央政府在 1994 年以分税制代替包干制。新制度是中央和地方政府激烈地讨价还价的结果，它确认了中央政府和地方政府独自享受的税种和共享税，同时成立了国家税务局直接为中央政府收税。

管理辖区财政、工商、税收和贸易；开展地区间交流以及与外国地方政府间的交流；地方交通；地方教育；地方人事；其他依法应专属地方的事项。中央与地方共享权力主要有：保护人权与公民权；实施社会保障；维护社会治安；保护自然资源和环境；其他依法应由中央与地方共享的权力。而行政执法权的配置则要参照这一事权的划分予以合理分工，既要维护中央政府的权威，又要赋予地方充分的自主权。

地方政府拥有独立的法律人格和完整的执法权主体资格，是中央与地方执法权配置的主要方向与目标，但是需要注意的另一个极端倾向是地方主义，地方过分膨胀而削弱中央执法权威。地方主义历来是中央和地方关系上必须面对的难题。地方主义的主要表现之一是中央政令在地方上不能得到有效执行。例如，1990 年 2 月，国务院在《关于切实减轻农民负担的通知》中规定："各省、自治区、直辖市的人民政府要在调查研究的基础上，根据本通知的规定，制定减轻农民负担的具体办法。"该通知实际上就设定了省级政府制定办法执行中央政令的义务，但不少省级政府"有令不行"，直接影响了中央对农民减负政策的执行。地方主义的另一主要表现是地方割据，那种通过政策甚至地方立法建立地方壁垒和分割、封锁市场的做法是典型的地方主义的表现。中央与地方执法权的合理配置既要弱化中央集权，还要防止地方政府过分膨胀而形成地方主义。

三、部门之间的执法权配置

国家权力的配置从横向角度看，就是在国家机关内部的分权。首先是立法、行政、司法之间的权力划分，根据权力的不同性质将三种权力分配于三个不同的国家机关，解决权力的归属问题。其次，在各个机关系统内再进行分配，解决权力的具体行使问题。在行政系统内部，就是要把一级政府集中控制的各种执法权与管理权交给所属各职能部门，不同的事项要交给不同的政府机构去管理，以避免集权与无效。在执法与管理权限划分上，往往按照社会事务的类别和产品的类型来设立执法与管理权及相应的机构，这就引发了诸多行政执法主体方面的问题：

首先是行政执法主体设置混乱：一是执法主体数量众多，难以统计。有常设机构，有临时机构；政府下有部门，部门下有部门，部门外有部门；有独立部门，又有综合部门。二是虽可一时统计，但是数量增减不定、变化无常。[①]

其次，也是更为重要的一个问题是，政府各部门之间执法权限划分不尽科学、合理，职能交叉、权限冲突、权责空白现象比较普遍。据不完全统计，由于国务院各部委职能交叉重叠，导致地方政府部门之间执法发生矛盾和冲突，在有些省就出现28对，涉及56个部门。部门职能不清和部门利益纷争更助长了部门本位主义。又如，各地长期存在着“多龙治水”局面，水利部门只管水源和饮水，公用事业管理部门只负责城市用水及城市规划区地下水开发和利用管理，市政工程管理部门只管市政排水和污水处理，环境保护部门只管地表水的质量检测，形成了管水源和防洪的不管供水，管供水的不管排水，管排水的不管治污，管治污的不管污水的局面。同样，文化市场也按照分别管理的模式被分割为五块，图书归出版局，娱乐归文化局，音像归广电局，文物归文物管理委员会，营业性体育场所归体委，五个部门互不统属，各自为政。[②] 再如，工商部门与技术监督部门之间、矿产部门与水资源管理部门之间、市政管理部门与城建部门之间等，权限冲突现象十分普遍。由于行政执法涉及的部门众多，既横向分条，又纵向分层，自成系统，互不隶属，各部门都拥有单独的执法队伍，对于有利可图的问题，大家“积极有为”，争抢执法权；对于无利可图的事情，则“消极无为”，相互推诿或者放任不管，致使行政责任难以落实。部门本位主义已经成为损害政府执法形象的主要因素之一，引发了诸多难以估量的严重后果。择要言之，一是增加了执法成本。降低了管理效益；二是丧失了执法公正，减低了执法效力；三是影响了执法形象，损害了政府权威；四是侵害了公民权益，亵渎了公共利

① 如在市一级行政执法主体中，某直辖市有120个，某省会市有207个，多数市在100个左右。

② 参见曾峻《相对集中行政处罚权与中国行政执法体制的改革：以城市管理为例》，载《政治学研究》2003年第4期。

益;五是给了一些行政执法机关权力“寻租”的机会;而最终破坏的是法治的精神。毫不夸张地说,部门本位主义完全能够使一个国家的法治徒具法制的空壳。

从20世纪90年代中期开始,行政执法权在部门之间的调配成为行政法治建设的焦点之一。针对行政执法主体过多、执法权力过于分散、多头执法、多层执法、重复执法、权责脱节、执法违法等问题,全国各地先后开展了联合整顿、联合执法等工作,并在借鉴新加坡、香港等国家和地区行政执法经验的基础上,在法律授权和中央政府批准下,首先在城市管理领域将原来由多个行政机构分别实施的行政处罚权相对集中于一个机构手中,由此,以相对集中行政处罚权为核心内容的综合执法体制改革在各地先后展开[①],并从试点的城市管理领域扩展到其他行政执法领域。1996年,《行政处罚法》的颁布为这一改革探索提供了法律依据。根据《行政处罚法》第16条的规定,国务院或者经国务院授权的省、自治区、直辖市人民政府可以决定一个行政机关行使有关行政机关的行政处罚权,但限制人身自由的行政处罚权只能由公安机关行使。同年4月,国务院在《关于贯彻实施〈中华人民共和国行政处罚法〉的通知》中指出:“各省、自治区、直辖市人民政府要认真做好相对集中行政处罚权的试点工作,结合本地方实际提出调整行政处罚权的意见,报国务院批准后施行;国务院各部门要认真研究适应社会主义市场经济要求的行政执法体制,支持省、自治区、直辖市人民政府做好相对集中行政处罚权工作。”集中处罚权行使主体的执法体制改革由此得到了法律的认可。相对集中行政处罚权的目的在于,按照“精简、统一、效能”原则,对法律和法规关于行政处罚权及其主体资格的规定进行改革,将若干个有关行

① 1990年3月,经上海市政府批准,上海市静安区组建了区城市管理监察队,与此同时,取消区城建系统的各支执法队伍。区城市管理监察队为副处级事业单位,编制150人,内设中队和街道分队。执法形式为委托型综合执法,即由区环卫、交通、市容、工商、规划、园林、环保和卫生防疫等11个部门委托区城市管理监察队行使11个法规、规章的30余个条款的执法职能。执法范围为区内道路、广场、街坊等公共场所,这是上海也是全国城市管理综合执法的首次尝试。参见曾峻《相对集中行政处罚权与中国行政执法体制的改革:以城市管理为例》,载《政治学研究》2003年第4期。

政机关的行政处罚权集中起来，交由一个行政机关统一行使。相对集中行使行政处罚权后，原来的机关不得再行使由一个行政机关统一行使的行政处罚权，以解决过去长期以来分散执法面临的诸多问题，也即向综合执法体制转变的开始。[①] 而且，针对目前行政执法活动中部门分割、各行其是的状况，必须建立行政执法的协调配合机制，一方面要求各行政执法机关按照法定职责行事，做到不越权；另一方面促进各行政执法机关的管理信息互通和共享，防止行政执法缺位。各行政执法机关之间要联合开展电子政务建设，形成案件移送、案情通报、协助执法的通畅渠道，实现不同行政执法权力之间既相配合，又相互制约的局面。

1970 年代以来的西方公共管理领域发起一场新公共管理的运动，它以政府职能的优化和市场价值的回归为基本指向，并在这场运动中提出行政决策与执行分离的基本主张。这种将行政机构依行政过程各阶段进行分化的方式为实现政府职能的转变和行政效能的提升提供着方法论支持。英国自 1988 年以来组建执行局，其运行实践成为西方当代新公共管理改革的一个范本。无独有偶，我国“十六大”报告中提出借鉴西方行政管理经验，将“决策、执行、监督”相协调作为深化行政管理体制改革的思路，“十七大”报告进一步提出要“形成权责一致、分工合理、决策科学、执行顺畅、监督有力的行政管理体制”。于是自 2003 年以来，一直处于各项改革潮头位置的深圳市作为试点，展开了行政“三分制”尝试，即把原有的政府部门集决策、执行、监督权力于一身的传统体制剥离开来，让有决策权的没有执行权和监督权，让有执行权的没有决策和监督权，让有监督权的没有决策和执行权，建立权力分离制约又尽可能协调运转的新机制。这种设

---

① 多数城市综合执法范围主要以市容市貌为主，涉及的市容、环卫、市政、绿化、环保的全部或部分行政处罚权及无证设摊、违法建筑的行政处罚权。北京、广州城管综合执法范围除了市容市貌方面的内容外，还在城市建设和管理系统内实现了跨行业的综合执法。执法范围涉及公用事业管理、燃气管理、供水管理、节水管理、停车管理、出租客车管理、建筑施工现场管理、河湖管理、房屋国土管理、人防工程建设管理等全部或部分行政处罚权。深圳的城管综合执法包含了城市管理、环境卫生、文化市场、房屋租赁、旅游市场、劳动管理、计划生育等七大领域，超越了狭义的城市管理领域。

计的初衷除了顺应世界潮流以外，也基于这样一些期待：第一，决策更加民主科学，执行更加透明公正以及监督更加专业有力；第二，整合原已分散的行政资源，化解政出多门现象；第三，使得各机构职责更加明确，权责更易落实；第四，有效遏制腐败现象。但事物天然的两面性同时也规定了“三分制”方案作为制度创新和实验不可忽视的可能不自足性，它为我们提出的问题至少包括：首先，行使立法权的执行机能的行政权与从行政权体系中分离出来的执行权如何定位，有没有恒定和明确的分界？其次，执行权相对于决策权是否缺乏自主性，三分格局会不会影响执行权运行的能动性？再次，三分范畴中的监督权说到底是一种行政权，它的监督力度是否会略打折扣？又次，三分制的明确分工会不会带来行政组织规模的扩大而重蹈“黄宗羲定律”之覆辙？最后，三分制是否仅仅是行政机关间横向的分工，它是否会涉及到政府的统一性以及纵向意义上的行政权力分化？等等。问题多多是改革进程中的常态，希冀常在则是革新带给这个世界的无穷魅力。无论如何，这场行政领域中的主动变革引领中国社会逐步接近行政领域的制度向善。

“十七大”报告中同时提出的还有，要“加大机构整合力度，探索实行职能统一的‘大部门制’，健全部门之间的协调配合”。于是在2008年初十一届全国人大第四次会议上，国务院机构改革方案出炉，“大部门制”作为一种新型行政管理体制浮出水面[①]。随着各部门“三定规定”的纷纷出台，这项改革也初见成效。回顾西方各国政府再造历程，我们不难发现整合与协作是系列改革的主要指导方针和基本方向。大部门制的主要目的就是要消除部门过多、职能过窄、权限冲突、效率低下、职能重叠、资源分散等传统行政弊端，将密切相关的职能集中在一个大的部门行使，最终做到“健全部门之间的协调配合”。我们认为，“大部门制”立足于为市场、民众和社会服务，着眼于精简行政部门和实现政府职能的综合化，从而大大减少政府部门

---

① 这项制度主要是指在政府的部门设置中，将那些职能相近、业务范围雷同的事项，集中到一个部门进行管理。

之间的职能交叉和权限冲突，简化政府处理公务的手续和环节，有利于建立一个统一、精简、高效的服务政府和责任政府。

权力配置除了在行政部门内部进行外，还要在立法、行政与司法三部门之间进行，制定法律的权力交由立法机关行使，执行法律的权力交由行政机关来行使，而裁判的权力交由司法机关行使。因此，行政执法权一般而言是由行政主体来行使的，但是，行政强制执行却有所不同。执法权在行政机关与其他机关的配置问题集中表现于行政强制执行领域。行政法上的强制执行体制，一般有借助法院介入的司法执行模式和承认行政机关自力实现的行政执行模式之分，这两种体制在不同的国家因权力分立、法律传统以及行政法理论的不同而在制度的构建上有所侧重。在德国，行政强制执行在多数情况下都由行政机关来执行，与公民不同，行政机关——无须作出裁判的法院或者其他专门强制执行机关的参与——可以自行实现其请求权，可以自行采取强制执行措施。日本在执行制度上承袭了德奥模式，强制执行权大多授予了行政机关，日本学者盐野宏在分析这种体制的合理性时指出，在行政执行时必须进行行政上的判断，如将此任务委托给法院，不但费时，而且存在法院负担过重的问题，另外，权力行使是基于维护社会秩序以及增进公共福祉，因而有其正当性之根据。与此不同的是英美国家，因其将行政强制执行视作一项独立的权力，将之与人权的保护相联系，因此，他们更倾向于对行政强制执行的控制，将行政强制执行权授予司法机关，形成一种司法执行模式。美国传统上就将行政决定置于司法审查之下，行政法义务的实现，除了极少数情况是由行政机关来执行外，原则上都是通过司法执行方式来完成的。法国的情况也同美国类似，一般是通过对违反行政义务行为处以刑罚或者在刑事判决的附带判决上命令恢复原状来担保义务的履行，例外情况下，如果在法律有规定以及紧急情况下，不存在刑罚、民事诉讼或其他行政手段，且满足其他一定的条件，判例理论上也承认行政的职务执行。

根据我国《行政诉讼法》第 66 条和有关司法解释，一般认为，我国行政强制执行权的分配体制是，以申请法院强制执行为主，以行政机关自力执行为辅，即行政机关自行强制执行与申请人民法院强制执行相结合的执法权配置模式。对于这种模式，学者观点各有不同，有的赞成，有的则主张应该将强制执行权配置于行政机关。那么强制执行权究竟应该交给哪个机关来行使更为合适呢？我们认为，解决这一问题首先需要厘清行政强制执行权的性质。从性质上来看，行政强制执行权是一种执行法律的权力，属于行政权的范畴，根据权力分立的原则，理应交由行政机关来行使。而且从效率性、专业性、合理性等角度来看，烦琐的司法程序在很大程度上削弱了行政效率，行政执行模式有利于提高行政效率。只有将行政强制执行权返还行政机关，才符合行政管理的客观规律，才能体现其本来的“行政性”，才能充分发挥行政机关的专业特长，稳定行政法律关系，维持良好的社会秩序，及时、有效、充分地实现行政目的。从实践效果来看，过多地申请执行案件，不仅超出了法院的正常承受限度，而且严重损害了其权威性和公正的形象。只有将行政执行权返还行政机关，法院才能够居于比较超脱的地位，才能符合其居中裁判的性质，才能确立权威和威信。即使为了制约行政权的滥用而要求法院有所介入，也应该将法院的介入范围限定在个别情况下，且其介入也应该严格把握限度，即仅裁判，不具体承担执行任务。当然，在被划归行政执行模式范畴的德、日等大陆法系国家，司法执行的情形亦不能完全排除，但是，为实现行政的目的而由行政权借助于司法权的帮助，却被限定为个别的例外情形。并且，法院的作用往往仅限于发布令状，而并非直接担负具体的执行工作，这是由法院的地位和使命所决定的。因此，原则上行政强制执行权应当归属行政主体，而非司法机关。但是，基于对公民权利的严格保护，对人身的强制执行由人民法院进行则更为合适。人身权和人身自由是公民最基本的权利，是公民行使其他权利的前提和先决条件，因而将对人身的强制执行交由法院，通过法院对涉及人身的行政决定进行审查后执行，比事后的补救更能保障公民的合法权益。

第三节 行政执法权的运行标准

从过程论的角度研究行政执法，意味着我们将更为关注运行过程之中的行政执法行为与行政执法权，即动态的行政执法。在行政执法权的运作过程中，其运行方式至关重要。行政执法权的运行方式是行政执法权的表达形态，完善的表达形态有助于改善行政执法权的面貌，增强其权威；反之，则可能破坏行政执法机关的威信，阻碍执法权所设定目标的实现。现代法律程序的兴起，将形式法治导入了实质法治，期限、方式、手段等形式问题成为法治建设中新的增长点，这同样带动着行政法领域的发展路径的创新，推动着行政法治的全面变革，不仅行政法治观念得到革新，行政组织法治得到变革，行政立法制度得到创新，而且行政执法方式，即行政执法权运作方式的变革已经成为行政法治中日益受到瞩目的焦点之一。这既是行政法治观念革新、行政法律制度创新水到渠成的结果，同时又推动着行政法治观念的革新，并进一步推动着行政法律制度的创新。

一、交涉互动的权力：民主标准

民主是现代社会权力测评的基本标准之一，一项权力是否构成民主的权力，不仅表现在权力的来源——是来自人民还是来自君主或者来自神灵，也表现为权力的获取方式——是通过竞争式的选举还是血统世袭或者暴力掠取，还表现在权力的运作方式——是公开运行还是秘密进行或者恣意妄为。对于行政执法权而言，其民主化的趋势表现为多个层面，如行政执法权的合法性、执法权主体的多元化等，而且表现为行政执法权运作方式上的民主化。公开、双方交涉、非强制性等是其主要标志。总而言之，一项民主的行政执法权应当是公开透明、交涉互动、论辩说理的权力。

公开是行政民主化的基本标志，也是行政执法权运行的基本原则。行政执法方式的公开化是 20 世纪中叶行政法治进程的一个主要推动力，其直接的表现是当时迅速发展和推广的行政法基本原则

——行政公开原则和相应的法律法规，如美国 1962 年的《阳光政府法》，对此时任美国司法部长的克拉克曾有极为精辟的评论："如果一个政府真正的是民有、民治、民享的政府的话，人民必须能够详细知道政府的活动。没有任何东西比秘密更能损害民主，公众没有了解情况，所谓自治，所谓公民最大限度参与国家事务只是一句空话。"[①]行政公开与民主经脉相通，原因在于民众行使民主权利的前提是对于有关信息的充分掌握，否则自治只能是一句空话。公开本身意味着执掌权力的人与相对一方处于对等地位，在政府封闭运作之下，公民只能处于附属性地位。行政公开既是行政权力遵循的基本原则，又为行政权力运行所必需。因为现代社会信息的急剧膨胀使得垄断信息的行政方式变得成本加大，最终几乎不可能实现行政目的。政府执法需要政府与社会之间的信息沟通，没有双方的信息交流、相互信任，就没有行政执法的高效与便宜。曾经被媒体热炒的北京司机违章 105 次，被罚款万元的事例[②]，说明在某些地方、某些部门暗中执法依然大行其道。据有关媒体报道，在某些地方交警躲在树底下、汽车里，有的甚至在马路附近的楼顶上拍照，看到有违法预兆不制止，专门等司机违法后再罚款。而在香港，只有廉政公署、警务处、入境处和海关四个执法部门根据授权可以进行秘密监察活动，其他部门要进行秘密检察活动必须获得保安局的批准。暗中执法行为与执法公开标准背道而驰，既贬损了执法的威严，也使人对执法目的产生怀疑——究竟是以纠正违法为目的，还是以通过"下套"多收罚款为目的。

具体来说，行政执法运行方式的公开化主要包括三方面内容：一是执法行为的依据要公开；二是执法程序、手续要公开；三是执法结论要公开。行政公开是对传统行政管理模式的颠覆性突破，它使得垄断信息与封闭权力不再合时宜。公开是行政执法权力运行的基本

---

① 参见王名扬《美国行政法》，中国法制出版社 1995 年版，第 959 页。

② 北京司机杜宝良在同一地点违章 105 次之后，才得知自己违章，而被罚款 10500 元。即使根据交警部门所讲，也是在违章 40 多次之后才通知杜所在单位。参见 2005 年 6 月 4 日《北京青年报》。

形式，通过公开执法使得传统的封闭政府、威权政府走向开放政府、公共政府，有利于促进政府民主化进程，遏制暗箱操作所不可避免的腐败，改善政府与社会的关系，并且有利于社会公众参与行政过程，培养民主精神，监督政府行政。实践证明，政府执法方式由封闭走向开放有赖于信息公开、听证制度等行政执法程序制度的创新，有赖于行政复议、行政诉讼等行政执法救济制度的健全，有赖于陈述权、申辩权、听证权、知情权等公民程序权利体系的完善。程序制度和公民权利以及对政府执法行为的审查制度是政府执法方式的基本制约因素，不仅仅对政府执法由封闭走向开放具有根本性的影响，政府执法方式其他方面的变革也将主要围绕这几个因素展开。

双方交涉是行政民主化又一标志。简单而言，民主就是人民当家作主，行政民主化即是在行政管理过程中，作为相对人的公民、法人或者其他组织不再仅仅是被管理的对象，而是成为行政法律关系的主体，行政管理的推进和行政目的的实现都必须以相对人的权益为基本出发点和归宿，正如法国学者贝尔纳·古尔内所言："如果不把行政置还于公众——它从其中产生并且其活动亦是面向他们——之中，就不可能了解行政。"[①]尤其是具体的行政执法中，作为行政执法权行使主体的行政机关，与作为执法权作用对象的相对人，具有对等的法律地位，即行政执法是一个双方甚至多方交涉的过程，是行政执法民主化的突出表现，也是保证行政决定更为科学合理的必要条件，处于平等地位的个人参加决定过程，发挥各自的角色作用，具有充分而对等的交涉机会，从而使决定更加集思广益、更容易获得人们的共鸣和支持。因此，这种双方充分交涉的程序确如季卫东所指出的："既保护当事人的权利，也保护决定者的权利。这种能够统合当事人各方的立场、统合制度设立者与利用者的立场、统合决定者与决定对象的立场的合理而公正的程序的建设，应当能够得到一切有理智、有良知的人的会心。"[②]

---

① 转引自[美]加布里埃尔·A·阿尔蒙德、西德尼·维伯：《公民文化》，徐湘林等译，华夏出版社1989年版，第247页。

② 季卫东：《法律程序的意义》，载《中国社会科学》1993年第1期。

在以往的行政执法中，管理者与被管理者的单向关系是行政执法关系的基本形态，强制与命令是行政执法的基本模式，管理者的单方意志决定一切，被客体化的相对人只能被动承受行政指令。伴随着观念的更新和制度的进步，“单边主义”日渐衰落和程序制度日益勃兴，执法者已经明显感受到来自相对人的反向作用。这种反向作用不仅表现在行政行为之后的复议和诉讼中，而且发生在管理和执法过程中，这就促使执法者与相对人的单向关系向双向关系转变。在行政执法的双向关系中，相对人通过主张陈述、申辩、质证、听证等程序性权利，加强与执法者的对等、对话和合法对抗，增强行政执法的参与性和民主化，促使执法者改变着执法姿态，改进着执法作风，改善着执法局面。单方意志向双方交涉的转变，命令到对抗的改变，体现了行政执法方式通过增强参与性来实现行政民主化的趋势。行政执法方式的这种转变有利于防止执法权力的专横，有利于实现对行政相对人权益的保障。

非强制性是行政民主化的另一标志。民主是一种“由点人头代替砍人头”的社会选择制度，它总是与和平、对话等联系在一起。民主延伸开来，必然导致权力强制性色彩的弱化，与论辩说理色彩的增强。人类社会基于利益的一致性而增强了相互间的合作与沟通，这种沟通与合作不仅存在于平等的社会成员间，也同时存在于国家机关与社会成员之间。行政主体与相对人之间的沟通与合作成为二者关系的重心，而行政主体与相对人的合作是通过为相对人提供服务来实现的。美国政治学家加尔布雷斯曾指出了权力模式发展的基本方向，即从强制性权力到报偿性权力再到说服性权力①，这一转变必然伴随行政执法方式的相应变革，即“非权力行政”的增长或非权力化。因此，行政主体从依靠权力控制相对人的“管理者”转变为与相对人平等沟通、相互尊重并为之提供优质服务的“服务者”，行政执法从主要依靠强制到主要依靠相对人自觉守法，行政执法方式尽量避

① 参见[美]约翰·肯尼斯·加尔布雷斯《权力的分析》，河北人民出版社1988年版，第3页。

免强制的方法，而较多采用说服、讨论、服务、合作、激励等方法，成为现代及未来行政执法的主要模式。传统的强制性执法不仅可能会引起相对人的抵触而减损执法效能，而且可能因为缺乏论理而失去行政执法的合法性与合理性。行政执法方式的行政权力色彩日渐淡化，说服性的、非强制性的服务色彩日渐浓厚，公众参与、听证制度、时效制度、复审制度等民主程序制度建立与完善更是加快并加深了这一变化。行政指导、行政合同、行政救助、行政奖励、行政许可、行政事实行为等新的服务性的非权力执法方式在行政执法过程中不断产生，并逐渐被各国行政法所认可构成了这一转变的典型表现。[①]

二、循规蹈矩的权力：法治标准

法治既是现代行政的基本原则，又是行政权力运行的基本模式，依法行政已经成为现代行政权力运行最基本的方式。长期以来，行政即管理是行政领域的一个基本认识，人们更多地讲行政管理，更多地强调行政对国家政策的执行与社会秩序的维护，而在行政权力的运行上，更多地表现出随意性极强而法律性较弱的特征。行政执法概念的提出，本身即是对这一观念的突破，它使得行政的基本职能回归到执行法律规范上来，因此更为强调行政执法而非行政管理，更多地强调行政对法律的执行与公民权利的保障，在运作模式上，更多地表现为规则性与有序性。一项符合法治要求的执法权，应该是循规蹈矩、严守法律的权力。

---

① 例如，日本为推动知识经济的发展，从20世纪60年代开始就推行以诱导性经济计划和产业政策为基础的行政指导，为日本经济的崛起产生巨大影响，其主要特征之一便是行政指导的存在，而且行政指导在各个领域有多种积极灵活适用的形式。英国、美国、法国等国家以判例形式，而德国、葡萄牙等国家则以制定法的形式，确立了行政合同或公法上的契约的法律效力。在有着公、私法划分传统的法国，二战后的经济发展、资源开发、科研和教育特别是公共工程领域广泛应用行政合同，以行政合同执行计划的方式被称为政府的合同政策；尽管德国理论界长期拒绝公法活动中的合同形式，但在建设法领域、经济行政领域和社会行政领域，却长期存在着行政合同实践，直到1976年德国在《联邦行政程序法》中确认了行政合同的法律地位；在英国，政府利用政府合同作为推行社会政策、工资政策和社会经济计划的手段是常见的现象。参见肖金明《法治行政的逻辑》，中国政法大学出版社2004年版，第329页。

程序是行政执法权法治化运作的典型方式，同时它构筑了行政执法权运作的整个过程。程序从法学的角度来看，主要体现为按照一定的顺序、方式和步骤作出法律决定的过程。其普遍形态是：按照某种标准和条件整理争论点，公平地听取各方意见，在使当事人可以理解或认可的情况下作出决定。[①] 行政法治的核心问题是程序问题。行政程序是保证行政权正确、有效行使，抑制行政专横与恣意的极其重要手段。行政程序法律制度构建了一套行政执法权运行的规则。情报公开制度作为一项重要的行政程序法律制度，既是民主的要求，又是法治的需要。它要求为行政执法行为的行政机关据以作出该行为的相关法律、法规、规章和政策，行政统计资料，行政机关的有关工作制度，办事规则及手续等，凡是涉及行政相对人权利义务的，只要不属于法律、法规规定应予保密的范围，都应依法向社会公开，任何公民、组织均可依法查阅和复制。告知制度是一种基本的行政程序制度，它要求行政主体作出影响行政相对人权益的执法行为时，应事先告知该行为的内容，包括行为的时间、地点、主要过程，作出该行为的事实根据和法律根据，相对人对该行为依法享有的权利等。听取陈述和申辩制度是与告知制度紧密衔接的一项行政程序制度，它要求行政执法主体应认真地听取相对人的意见，并加以认真、充分的考虑。如其合理、适当，则应予以采纳；如不合理、不适当，虽不应予以采纳，但应向相对人予以解释、说明。说明理由制度要求行政执法主体作出涉及相对人权益的决定、裁决，特别是作出对相对人权益有不利影响的决定、裁决时，必须在决定书、裁决书中说明其事实根据、法律根据或行政主体的政策考虑。职能分离制度要求将行政执法机关内部某些相互联系的职能加以分离，使之分属于不同的机关或不同的工作人员掌管和行使，如罚缴分离。不单方接触制度要求行政执法主体在处理某一涉及两个或两个以上有利益冲突的当事人的行政事务或裁决他们之间的纠纷时，不能在一方当事人不在场的情况下单独与另一方当事人接触，听取其陈述，接受和采纳其证

---

① 参见季卫东《法律程序的意义》，载《中国社会科学》1993 年第 1 期。

据等。回避制度要求行政执法人员应当回避同自己有利害关系的行政事务的处理。时效制度规定了行政执法行为的时间限制，等等。这些制度构成了行政程序法律制度的基本内容，也是行政执法过程的基本要素与形态。与传统行政管理的运作形成鲜明对比的是，行政执法权力的运作得以围绕这些制度展开，促成了行政执法的有序化、规则化，并且对行政执法权构成了有效的制约。

司法是备受瞩目的法治指标之一，行政执法权运作的司法化倾向则是行政法治进程中出现的一个新趋势。在英美法系国家，一些重要的执法权力，比如对违法活动制裁的权力、对义务人实施强制的权力没有完全赋予行政机关，而是由政府管理机关和司法机关共同行使。政府执法机关认为，公民或法人违反法律，应当向法院提起诉讼，请求法院对违法行为决定处罚而不是自行直接实施处罚。比如，美国联邦食品与药物管理局经调查认为，美国红十字会在采血和血液处理过程中长期存在弊端。按照规定，一旦在血液检查中发现病毒，特别是肝炎病毒，应当进行复检，并对血液来源进行调查。但红十字会没有严格执行供应血制品的程序规范，血液检查的程序也不规范，只是采取了废弃怀疑有病毒的血浆的简单敷衍的处理办法。由于美国红十字会多年来一直未能采取有效措施确保血液供应安全，联邦食品与药物管理局将红十字会告上法庭，请求法庭对红十字会实施处罚。类似案件近几年最著名的当数美国政府诉微软公司案，作为起诉方的美国司法部认为微软公司违反 1890 年的谢尔曼法、1914 年的克莱顿法以及联邦贸易委员会法有关反垄断条款，要求法院将微软公司一分为二。英美法系国家在对违法行为实施处罚的制度上与我国有很大不同，在这些国家存在着有效的司法审查制度，基于对人权保障的更多考虑，行政机关并没有被广泛地赋予处罚权，只有食品卫生、交通管理、环境保护等领域行政执法机关拥有较少处罚权，除此之外，对违法行为实施处罚，行政执法机关只拥有调查和指控权，处罚决定权归于司法机关。近来在国内一些地方，乡镇政府对违反义务教育法的家长不再实施行政处罚，而是尝试着向法院提起诉讼，由法院作出判决责令义务人履行义务教育法规定的义务。这种“行政＋司法”的执法方式或者说“官告民”的执法方式，可以通过建立“多边关系”缓解执法者与相对人的对立和冲突，减少“民告官”案件从而减低执法成本，并有利于保护相对人合法权益。[①]

听证是行政司法化的典型，它将司法的程序导入了行政领域，通过争议双方的司法化程序寻求纠纷解决的最佳途径，以求行政执法的公平、公正。《行政处罚法》首次确立了行政听证制度，《行政许可法》进一步发展了行政听证制度，提高了行政听证制度化水平。听证制度实际上构造了一种准司法程序，它不同于传统行政管理结构，即行政机关与相对人相互作用的模式，而是试图将行政行为的运行纳入一种三方结构之中——在主持人主持之下解决对抗双方的争议。而且，在这种结构下，行政相对人获得了法律所保护的、与行政机关相抗衡的地位，这俨然构成一种两造对质的司法框架。因此，听证制度实际上就是在行政管理中引入某些司法理念和程序，重新塑造行政法律关系，改造行政执法方式，并且已经成为行政法治化的重要制度之一。无论是行政执法的程序化，还是司法化，因为其根本目的是将执法权规制在法律程序、法律制度的框架内，并且通过扩展相对人一系列对抗性权利，形成对行政执法权的有效制约。因此，它们共同展现了行政执法的法治化运行方式。除此之外，行政执法权的来源，行政授权、行政委托的合法性等实质性内容同执法权运行方式的法治化共同构筑着行政执法的合法化过程及形态。

三、适可而止的权力：人权标准

尊重人性、保障人权是任何一项权力的底线和归宿。在人权面前权力应该保持必要的限度和克制。我们所耳熟能详的“权利是权力的界线”的教条，不仅意味着权力的有限性，更意味着在权利面前，权力应该是谦逊与温和的。依据人权标准运行的行政执法权应该是一项尊重人权、充满人性、适可而止的权力。

长期以来，行政执法以强力姿态出现，充分显示了执法权力的强

① 参见肖金明《法治行政的逻辑》，中国政法大学出版社 2004 年版，第 332 页。

制性和权威性甚至不容置疑性。执法过程缺乏说理性，作出执法决定不说明理由，造成不利影响不容相对人辩驳，甚至于行政相对人的态度能够决定行政执法结论，对执法决定有异议不给救济途径，法律、公共利益不是执法的依据反而成为执法唬人的幌子，政府执法行为缺乏必要的伦理要求，行为方式不够人性化。[①] 违背人性执法的顶峰就是暴力执法，相应而生的必然是暴力抗法，这一对孪生兄弟在一些地方和一些领域不断涌现[②]，凸显了行政执法各方面的痼疾。由于官本位观念、执法人员素质低下等方面的原因，当然也包括制度方面的原因，比如执法程序制度不健全、执法责任制度不完善等，造成政府执法方式简单粗暴甚至野蛮霸道，政府执法骄横跋扈、以强凌弱，执法者仗权欺人、为所欲为，严重侵害了公民、法人和其他组织的合法权益，并严重损害了政府与公民的关系以及政府形象。

行政执法权行使要以人权为标准，首先意味着政府与公民之间在法律上各自拥有明确的权利义务。只有法律所明确规定的权力，才是行政执法机关可以行使的权力；凡是法律没有禁止的权利，都是公民所享有的自由与权利。政府与公民以法律为平台，形成平衡互动、相互作用的关系。作为执法者，应该积极促进公民各项权利的完善与实现，维护公民权利赖以实现的环境与秩序，保障公民权利免遭不法侵害。作为权利者，应该积极配合合法的执法行为，合理运用自身权利限制执法权力。促使执法者善待人权的根本动力还是完善的执法责任机制。“最好的政府是最小的政府”显然已经不合时宜，但是最不坏的政府的确是责任机制最完善的政府。完善政府保证人权的各项责任制度，健全行政执法具体责任机制，是使政府尊重人权的最佳途径。

其次，行政执法的人权标准还表现在执法方式的人性化。尤其

---

① 现代公共管理特别强调公共行政方式和政府治理工具的伦理性。评价政府治理工具的标准包括有效性、效率、公平、适应性、政治合法性、伦理性等。政府管理方式和治理工具的伦理性应当是指公共行政必须选择那些不太残忍、接近人性、符合一定的伦理道德方式活工具。

② 近年来一些恶性暴力执法事件频频见诸媒体，特别是在城市拆迁与城市管理领域，在深圳甚至出现城管对城管的暴力执法等令人惊异的事件。

是行政执法方式应该充分考虑人格尊严，充分尊重行政相对人和相关人的人格，不对当事人实施法律明文禁止的行为，如殴打或采取其他侵害其身体的暴力行为，不对当事人实施精神折磨或其他侮辱人格的行为，如游街、示众、罚跪（站）、辱骂、公开隐私等。[①] 近年来，行政执法方式人性化日益推行开来，不少地方和政府在执法人性化方面都推行了若干行之有效的措施。例如，公安机关在拘捕犯罪嫌疑人时，给其戴上手铐的同时，还在外面加了一个手铐罩，使其在熟人面前“留点面子”；有些地方公安机关规定抓捕嫌犯时要顾忌是否有老人和孩子在场，以免惊吓老人或对未成年人的心理造成不良影响；交警执法人员开出的违章停车处罚通知书背面，印上了附近停车点示意图，等等。这些细微之处都彰显了行政执法权的人性化色彩，也提高了行政执法效率。

更为重要的是，执法文明需要制度支持，政府执法方式人性化，必须从改进和完善制度做起。一系列的颇具人性色彩的规章制度相继出台。公安部发布《公安机关办理行政案件程序规定》，这是公安机关加强和改进公安执法工作的重大举措。《程序规定》首次在公安执法程序中明确提出了尊重当事人人格尊严的要求；首次在公安执法程序中明确排除了非法证据的效力，有利于从根本上防止刑讯逼供等侵犯人权现象的发生。《税收征管法实施条例》早在 2002 年就显示了执法人性化的姿态，其颇具人本精神的第 53 条引起人们的广泛关注：司法、执法部门在采取保全或强制执行措施时，不得查封、扣押纳税人及其所抚养家属维持生活的住房和用品。也就是说，维系生存权的住房、生活用品等财产被排除在保全和强制执行措施之外。新近正在酝酿的行政强制法也体现了类似的人文倾向，《行政强制法（草案）》规定：除违禁物品外，在市容监管中不得扣押经营者经营的商品；行政强制不得在夜间和法定节假日实施；行政机关不得采取停止供水、供电、供热、供燃气等方式迫使当事人履行行政义务。实际

① 参见姜明安主编《行政法与行政诉讼法》，北京大学出版社、高等教育出版社 1999 年版，第 47 页。

上，早在20世纪90年代，政府执法方式中的不文明行为就成为行政法上行政事实行为研究的对象，并在国家赔偿法制领域受到关注。国家赔偿法规定：非法拘禁或者以其他方式非法剥夺公民人身自由、以殴打等暴力行为或者唆使他人以殴打等暴力行为造成公民身体伤害或者死亡等，将引起国家赔偿。①

政府行政执法方式的人性化趋向需要执法观念变革和执法制度创新的支持，政府执法应当强化以人为本的观念，发展执法过程的人本主义精神，表达法治的人文关怀，表现出对真实的个人价值与尊严、人格与精神、生存与生活、现实与理想、命运与前途的真情关切。可以这样认为，政府执法方式承载着特定的价值观念和道德标准，应当使以对人的基本权利的尊重为核心的价值观念和道德诉求在政府执法方式中占据观念主导地位；也就是说，政府执法应当尊重相对人和相关人的主体性，保障相对人和相关人的合法权益，特别是要充分尊重公民的人格尊严。同时，还应该探索和发展多元化的执法方式，特别是非强制色彩的执法方式，在行政民主化的背景下，通过执法方式实现行政民主，通过行政民主化推动执法方式的人性化和多元化。

总之，作为一项公共权力，行政执法权的行使、走向始终都是围绕政府与公民这一对基本关系展开的。随着政府与公民关系模型的不断调整与发展，行政执法权的运行方式也将随之调整和变化。无论设定多少运行标准，行政执法权的运行都不会脱离这一基本框架，不论其是专断的权力还是协商的权力。实际上，行政执法权的运行标准也不止民主、法治、人权这三者，而且，更为重要的是，此三者仅仅是在宏观上勾勒出行政执法权运行的基本轨迹。因此，在某种意

① 不仅行政执法方式变革之中出现了人性化的倾向，而且在一系列司法改革中，执法方式人性化得到高度重视。北京市第一中院出台《司法警察文明执法守则》，十条规定中包括这样的要求：法警提押解送刑事被告人时一律使用一次性头罩，进入法院后解除械具；押解时扶持刑事被告人的肘部，严禁对其揪头、束颈、推搡等；在暂时看守室为老年人、残疾人和患病刑事被告人准备医药箱和必要的药品，并适当予以照顾等。尊重人权和讲求人性化是文明执法的基本要求，司法警察文明执法是为了保护刑事被告人的合法权益和人格尊严。司法行政部门从2004年5月1日开始执行的《监狱服刑人员行为规范》取代了1990年以来执行的《罪犯改造行为规范》，对其中的一些有辱人格的管理方式进行了修改，使监狱执法和管理更趋于人性化。

义上说，与其说是运行标准，不如说是运行原则。但是，进一步而言，不论在何种语境下，民主、法治与人权作为基本原则已经获得几乎一致的内涵，而作为更为具体的标准，却似乎难有更细微且可操作的含义。因此，将此三者作为标准而非原则，其意义就在于昭示一种基本的理论立场与态度：从抽象的原则走开，不断挖掘隐藏宏大背后的细微，探索正确且有用的理论与实践路径。

第二章 行政执法过程权利论

行政权力与个人权利的相互作用构成了行政执法过程的基本轴线。虽然行政权力构成了这对关系的主导因素，但个人和组织在行政执法过程中享有的权利彰显和保障了个人和组织的主体地位，尤其是程序性权利更是使得个人和组织具有了法律规定的与行政主体在行政执法过程中的平等地位。行政法通过确认和保障行政相对人、行政相关人和行政人权利的实现机制及对行政权产生正向作用的机制，以保障各方主体平等参与行政执法过程。

第一节 行政执法过程权利含义

一、行政执法过程权利含义

行政执法过程是参与行政执法的各方主体的权力、权利、职责与义务的相互作用过程，行政主体通过权力和职责的履行对行政相对人和相关人的权利和义务产生影响，行政相对人和相关人也通过权利的行使和义务的履行对行政主体的职权和职责产生作用，行政执法过程就是各方参与主体依法作用的互动过程。行政执法过程的各方参与者通过行使权力或权利、履行职责或义务而能动地参与到行政执法过程中去，从而成为行政执法过程主体，而不像权利、权力指向的对象，如相应的物质材料、有关的精神现象、特定的法律事实等仅是行政执法过程的被动作用对象，是客体而非主体。由于行政主体在实然状态中的强势地位，传统行政法已然肯定和保障了其主体地位，但对于行政相对人和相关人的主体地位，却未予充分肯定和保障，因为传统行政法“只承认国家行政机关是唯一的行政法律关系主体，只承认命令服从关系是唯一的行政法律关系，因此行政机关同其他当事人只存在单向的权力服从关系”[①]，其所建立的“压制性行政以实现抽象的公共利益为唯一宗旨，以贯彻行政主体的单方意志为基本目标，以管理行政相对方为基本内容，以强制性行政行为为主要手段，其结果是剥夺了行政相对方的主体性”[②]。因此，区别于传统行政法单纯强调行政主体的主导地位以及基于保障公共利益和维持秩序的主导目的，而更多要求相对人对于行政主体的命令服从地位，现代行政法则把确认和保障对于行政相对人和行政相关人的主体地位作为制度发展的重要内容，而建立健全行政执法过程的权利制度[③]和程序制度是保障行政相对人和相关人主体地位的重要支撑。

行政执法过程权利，又称行政法权利，是个人或组织在行政执法过程中享有的权利，是行政法确认或规定的个人或组织针对行政权力所享有的权利。对此表述，可从以下几个方面理解：

第一，行政法权利是个人或组织所享有的权利。该项权利的主体是参与行政执法过程的个人或组织，即私人，不包括行政主体。对于行政主体之代表国家对相对人行使公共权力，是否构成对相对人的权利，尤其是针对作出违法行为的相对人，一直颇有争议。如有学者倾向于认定“行政主体的法律地位通过具体的权利义务来表现”[④]，但更多的学者则主张不从权利角度而仅从权力、责任角度理解行政主体的地位。不把行政主体理解为行政法权利的主体，理由如下：其一，权利是属于个人之利益，用以对抗国家或地方公共团体，故国家、地方公共团体、行政机关不得为公权利之主体。[⑤] 其二，国

① 张尚鷟主编：《行政法学》，北京大学出版社1991年版，第77页。

② 崔卓兰、蔡立东：《从压制型行政模式到回应型行政模式》，载《法学研究》2002年第4期。

③ 当然，权利义务是法律调整社会关系的基本机制，行政法规范行政相对人和行政相关人的行为，保障其主体地位，也是通过规定其权利义务内容而实现的。但由于传统行政法学特别强调相对人和相关人的义务而忽视其权利，现代行政法学则通过强调其权利而分析和研究其主体地位的表现和保障。本章即是遵循这一思路而论证相对人和相关人在行政执法过程中的权利。

④ 张正钊主编：《行政法与行政诉讼法》，中国人民大学出版社1999年版，第52页。

⑤ 参见陈敏《行政法总论》，三民书局1998年版，第233～234页。

家之公权利仅存在于国际公法领域，在行政法律关系中仅因履行职权和职责而成为行政法律关系主体。[①] 其三，行政主体在行政法律关系中的行为，“依法均得自行为之，无需借助第三人之力量，故实非以强调对等为主轴之权利义务关系所能适当解释”[②]。其四，对公共权力及其行使主体更应强调责任，强调其实体上的职权与职责的一致性，甚至有学者提出“公共行政拒绝权利”、“用责任取代权利”的口号[③]。其五，“政府控制的权力如今不再是一项权利，而纯粹是一项采取行动的权力。掌权者不能合法地要求服从，除非他们以履行某些职责作为回报，并且只能在他们履行这些职责的范围内要求人们服从”[④]。

因此，本书所使用的行政法权利或行政执法过程权利，仅指个人和组织即行政相对人、行政相关人、行政执法人员等的权利，相应地将行政主体理解为权力主体。

第二，行政法权利是个人或组织在行政执法过程的权利。个人或组织参与行政执法过程，表现为其向行政主体积极主张权利、积极履行义务、被行政主体要求履行义务、被限制或剥夺权利，个人或组织如果不是因为权利义务的内容而参与到行政执法过程中去就不构成行政执法过程主体，其所享有的权利就不属于行政法权利的范畴。因为同一项权利可能会因为出现在不同的法律关系中而具有不同的部门法属性，其发生在民法领域就属于民事权利，发生在行政法领域就属于行政法权利。比如，公民人身不受侵犯的权利是一项对世权，当这项权利与其他公民、法人或组织的权利义务形成对应关系时，该“人身不受侵犯的权利”就是民事权利；而当这项权利与行政主体的权力、义务形成对应关系时，该“人身不受侵犯的权利”就是行政法权利。

---

① 参见陈新民《行政法学总论》，三民书局 1997 年版，第 87 页。

② 翁岳生主编：《行政法》上册，中国法制出版社 2002 年版，第 261 页。

③ 参见张康之《公共行政拒绝权利》，载《江海学刊》2001 年第 4 期；刘祖云《用责任取代权利——公共行政的逻辑》，载《南京农业大学学报》2003 年第 1 期。

④ [法]狄骥：《公法的变迁 · 法律与国家》，郑戈、冷静译，辽海出版社、春风文艺出版社 1999 年版，第 47 页。

第三，行政法权利是行政法所设定或确认的权利。行政法以规定行政主体与私人主体之间权利义务的方式来调整行政领域的社会关系，凡行政法权利都应当是由行政法所设定或确认的权利，未经行政法确认而只在其他部门法中规定的权利不属于行政法权利。例如，损害赔偿请求权在未获得行政救济法律制度确认和规定之前，只是私法权利而不是行政法权利，当私人的合法权益受到行政行为的损害时只有依照国家赔偿法相应规定方能行使损害赔偿请求权。

第四，行政法权利是个人或组织针对行政权力所享有的权利。行政主体是参与行政法律关系，享有行政职权，以自己的名义行使行政职权，并能独立的承担因此而产生的法律责任的组织。同一个组织参与不同的法律关系就具有不同的法律地位，参与民事法律关系就具有民事主体地位；同样，个人或组织对参与民事法律关系的行政机关所享有的权利就是民事权利，对参与行政法律关系的行政机关所享有的权利就是行政法权利。另外，在法律关系中，权利与义务具有对应性，一定的权利需要一定的义务来使其得以满足；同时，一方主体所享有的权利，对应于对方主体所享有的某项或某些权利，这种对应关系未必是一一对应关系，但必然是主体相互之间的权利义务对应关系。在行政法律关系的结构中，行政相对人与相关人对应于行政主体权利义务的权利才是行政法权利，比如陈述权和申辩权等。因此，就具体的行政执法过程而言，行政相对人与相关人的权利必然具有与行政主体的权力义务的对应性，所以行政法权利必须是个人或组织针对行政主体的行政权力所享有的权利。

二、行政执法过程权利性质

个人或组织在行政执法过程享有的权利是针对行政权力而享有的权利，与个人或组织针对其他对等主体的权利而享有的权利有所不同。我国大陆有些学者也已经注意到个人或组织所享有权利的部门法区分，如方世荣先生认为："行政相对人的权利应当是指：由行政法所规定或确认的，在行政法律关系中由行政相对人享有、并与行政主体的义务相对应的各种权利。”[①]而我国更多的学者是将行政法律关系中私人主体所享有的权利相对于行政主体所享有的行政权力称为“私权利”。[②] 而大陆法系国家或地区的行政法学则根据公法与私法的划分对两者进行了明确的区分，把前者称为“公法权利”或“公权利”，把后者称为“私法权利”或“私权利”，相应的义务也分别称为“公义务”和“私义务”。把私人在行政法中的权利表述为“私权利”，仅注意到了在行政执法过程中私人主体与行政主体的法律地位的不同，表明了与行政主体享有的公权力的区别，但没有表明其与私人在民商法律关系中享有权利的区别。相比之下，大陆法系国家称之为“公法权利”或“私人公权”更为准确，因为权利的享有或行使，不仅因主体法律地位的不同而各异，而且必然因法律根据的不同而表现为不同的程序制度、权利内容和救济方式等，因而必须分析和探究权利的部门法特色。

公权利的理论渊源可从近代市民革命区分自然权利和实定法秩序下的权利的法思想理解。所谓“前国家的权利”，又称“人的权利”，即自然法下存在的自然权，只要是人的权利，不待国家的承认，是当然的受保障者，此自然权被强调具有普遍性（适用于所有的人、时代）、不可让渡性和独立性（无须得到国家的承认）。而“后国家的权利”，又称“公民的权利”，系国家实定法承认、赋予国家成员的权利。法国人权宣言的正式名称“人与公民权利宣言”即是以此为基础。[③] 马克思从政治共同体角度分析了“公民权”之于私权利的不同：私权利是建立在人与人、个人与社会共同体相分离的基础上的权利，即作为封闭于自身、不受社会（国家）干预的权利，属于私人利益范畴；而公民权的内容则是“参加这个共同体，而且是参加政治共同体，参加国家。这些权利属于政治自由范畴，属于公民权利的范畴”[④]。毫无

---

① 方世荣：《论行政相对人》，中国政法大学出版社 2000 年版，第 62～63 页。

② 参见罗豪才、崔卓兰《论行政权、行政相对人权利及相互关系》，载《中国法学》1998 年第 3 期；孙笑侠《法律对行政的控制》，山东人民出版社 1999 年版，第 54 页以下。

③ 参见［日］阿部照哉等《宪法》下册，周宗宪译，中国政法大学出版社 2006 年版，第 34 页。

④ 郭道晖：《论公民权与公民社会》，载《政治与法律》2005 年第 6 期。

疑问，政治权利构成公权利的核心内容。

私人公权利与公共权力具有同质性。当“每个人通过与其他人的协议迫使自己不能违抗他已经服从的那个人或会议的意志时，也即不能阻止那个人或会议用财富或力量来对付除他自己以外的其他人时，这种使所有人的意志都服从某个人或会议的意志的情况就会出现。这就叫‘联盟’”。“这样形成的联盟被称作‘国家’或‘公民社会’。”[①]这种被称为“国家”的“联盟”根据人民通过宪法和法律的授权而拥有了对于公共权力的控制力，同样，作为国家成员的“公民”，依然保留参与公共权力行使的权利即参与权，依然保有个人事务不受公共权力干预的自由即自由权，还具有要求国家作出某种行为保护和发展自身正当权益的权利即受益权，还拥有针对国家不法行为进行抵抗和防御的权利即防御权。因此，根据公民之于国家的不同地位，公权利可区分为参与权、自由权、受益权和防御权等，其中参与权与国家所享有和行使的公共权力具有同质性，是公民以国家成员资格和个人身份分享公共权力的表现形式，受益权则是需要公共权力确认或认可的权利，如获得登记或许可的权利等。总之，公权利是相对于公共权力的权利，是针对国家或公共团体的权利。在无公私法划分传统的当代中国强调公权利，有利于将公民参与从政治口号转化为法律制度，为政治参与的实现提供更切实有效的保障；更有利于在过分推崇公共利益至上、集体利益至上的观念下保障个人之于公共权力的正当权益，防止公共权力假借“公共利益”之名行侵犯个人权利之实；也有利于实现当代中国的和谐社会理念的实现，促进公共权力与个人权利的和谐，以及公共利益与个人利益的和谐。

明确行政执法过程权利的公权利性质，对于当代中国的法治建设具有重要意义。首先，可促进行政执法过程的价值取向从保证效率转向保障权利。因为私权利最易遭受的侵犯首先来自于公共权力而非私人权利，公权利——人们在政治领域和社会公共生活方面的权利——必须由公法尤其是行政法来确认和体现，而私权利——人

① [英]霍布斯：《论公民》，应星等译，贵州人民出版社 2003 年版，第 7 页。

们在经济领域和私人事务方面的权利——也同样需要公法保障其实现。其次，可促进行政执法过程中主体之间平等地位的确立和实现。行政执法过程中"主体地位是不平等的"认识依然被相当多的人支持，甚至合同法第 2 条有关合同的定义"合同是平等主体的自然人、法人、其他组织之间设立、变更、终止民事权利义务关系的协议"，也表明了对于非平等主体之间缔结协议的排除。那么是否存在法律关系主体之间地位的不平等性？"依法学原理，若主体的权利义务是法定的，一方的权利就是他方的义务，反之他方的义务就是另一方的权利。具体到行政法关系中，在法定权利义务范围中……行政机关的权利是相对一方的义务，行政机关单方行使权利相对一方必须予以承受，相对一方的权利就是行政机关的义务，其单方面行使权利时行政机关亦没有理由不予承受。单方面性的此种双向关系是否表明实质的单方面性并不存在，最终的关系形式是双方主体的平等关系。"①可见，行政执法过程主体之间的法律地位只能是平等的，只是对其平等性的保障制度尚不充分，导致人们形成所谓不平等的错误认识。再次，可促进行政执法过程中人文精神的确立，即建立人文尺度促使行政执法关注现实的人的需要、促进人的价值的实现。行政执法的人文关怀最主要的是体现对行政相对人的主体性独立人格的尊重，与相对人的实质性交流和平等性对话，从而在尽可能的限度内达成共识。而明晰行政执法过程权利是公法权利，更有利于建立行政主体及其工作人员的职责意识和依法行政精神，更加注重工作方式的人性化和工作态度的服务化，切实考虑到行政相对人的主观感受，把行政执法的效果同行政相对人的满意度结合在一起。最后，可促进行政民主的有效实现。近代代议制民主即间接民主取代原始部落式的直接民主是人类社会的重大进步，但代表制民主也不是完美无缺的，也有自身无法克服的缺陷和弊端：集团利益与公共利益的冲突、多数人暴政的倾向、民意表达机制的不畅和低效率、行政权的扩

① 张淑芳：《行政法关系单方面的理论审视》，载《法律科学》1999 年第 5 期。

张和膨胀等。[①] 解决和克服这些弊端与缺陷的有效方式就是在代表制民主的基础上推进参与式民主，加强公众尤其是行政相对人与相关人对行政权力作用过程的参与，前者称为政治民主，后者称为行政民主。行政执法过程权利是公权利的观念，为政府与公民在行政执法过程的合作和互动关系的建立、为公民在行政执法过程的广泛、有效参与提供了法理依据。行政参与的意义和有效性主要体现为以下几个方面：首先，行政相对人与相关人在行政行为中有自己的切身利益，其参与有利于保证行政行为不偏离公共利益，加强对公权力行使的监督，防止腐败；其次，行政参与有利于行政相对人与相关人对行政行为的理解，有助于消除行政行为执行的障碍，消解行政过程中的矛盾；再次，行政参与是所有利害关系人的参与，能最大限度地体现社会公正；最后，行政参与可充分体现人民在国家管理中的主体地位，推动公民社会的发展。

三、行政执法过程权利特征

要分析行政执法过程权利的内涵，还必须区别其与行政执法过程权力的不同，考察权利、权力因素在行政执法过程的不同表现和不同作用；还必须把行政法权利置于整个权利体系中考察，明确其与其他部门法权利的不同，尤其是与私法权利、宪法权利的区别。因此，论述行政法权利的特征，主要是论证行政法权利异于行政权力、异于其他部门法权利的特征。

(一)行政法权利来源于行政法的确认或规定

行政法权利是行政法设定或确认的权利。设定，意为创设规定，即规定在其他部门法中没有规定而独属于行政法的权利，比如陈述权、申辩权等程序抗辩权。当然，行政法在设定这些权利的时候，应当有宪法依据，而不能脱离宪法使个人或组织获得超越宪法规范的特权。行政法所确认的权利，是在其他法律部门中已经有规定的权利，但行政法的确认，使该项权利在行政法领域具有了独特的内容和

① 参见姜明安《公众参与与行政法治》，载《中国法学》2004 年第 2 期。

实现方式。比如，对于合同之债中公民的债权，首先由民法设定，因而往往被认为是一项私法权利，但基于行政合同法律制度的确认，个人或组织主体也有权要求行政主体支付报酬、兑现相应的优惠或照顾、赔偿或弥补相对方的损害等，但这些权利并不是单纯的债权，而转化为个人或组织在行政法上的“受益权”或称“获得行政给付的权利”。再如，企业法人依照民事法律的规定享有“法人财产权”，对其合法享有的财产依法行使占有、使用、处分和收益的权利，但依据行政法律制度的规定，企业法人的财产权就转化为“经营自主权”，对应于行政主体的监督管理权、行政指导权以及不得非法干涉的特定义务。

行政法所确认的权利，有些是宪法规定的基本权利，比如人身权、自由权和财产权等。行政法是贯彻实施宪法的部门法，当行政法将宪法有关公民基本权利的内容加以具体规定时，行政法权利就是公民基本权利在行政领域的具体化。因而，宪法规定的基本权利与行政法确认的该项权利，就有概括权利与具体权利的区分。当然，同一项基本权利也会在民法、刑法、诉讼法等其他部门法中得到具体化。如公民的人身自由权，在民法中可对其他民事主体主张，在诉讼法中可对司法机关主张，在行政法中可对行政主体主张。因而，行政法权利只是宪法规定的基本权利在行政法领域的具体化，而绝不等同于基本权利。宪法规定的基本权利主要是静态的，而行政法规定的权利则是动态的、交互性的，是发生在特定主体之间的权利。宪法是公民权利的宣言书，其对基本权利的规定意在宣告并确认权利。但行政法对权利的规定意在具体实现，对应于特定行政主体的行政职权和职责。[①] 要求行政法建立相应制度予以保障实现。

（二）行政法权利可以放弃，但不可自由让渡

行政法权利可以由个人或组织主体放弃，这是与行政权力相区别的一个特点。行政法权利是属于个人的权利，属于利益的范畴，主体可以自行处分，能基于意思自治予以放弃，无须因为放弃权利的行

① 参见方世荣《论行政相对人》，中国政法大学出版社 2000 年版，第 68 页以下。

使而承担法律责任。而行政主体的行政权力是人民通过宪法和法律授予，行政权力的实质归属主体是人民，行政主体只是行政权力的形式主体，其是否行使、如何行使、在多大范围内行使都取决于宪法和法律的规定，而不取决于行政主体的自主意志。因此，特定行政主体依法所享有的行政权力，同时也是职责，不可放弃、不可转让、不可变更行使，行政主体在应当行使且有条件行使而没有行使行政权力时，构成不作为违法，应当承担法律责任。同时，我们也应该认识到，行政法权利的可放弃性，易于使法律主体意识不强的个人和组织在行政主体的压力下轻易牺牲自己的权利，也易于使行政主体漠视这种权利，甚至采取各种方法强迫、诱使个人或组织放弃权利。而行政法权利是公法权利，不仅是为保护权利主体自身的个体性利益而赋予的，“而且是为了实现公共利益，或者说主要是为了实现公共利益而确认的”[①]。个人或组织放弃权利的行为可能导致国家利益或公共利益的损害，如在行政处罚领域，被处罚人如果放弃“拒绝缴纳罚款权”的行使，就可能同时导致被处罚人个体利益的损害和国家利益的损害。[②] 对于因行政法权利放弃而造成的此类后果，行政法应当建立相应的制度予以防范。

行政法权利一般具有人身专属性，较少让渡性，一般不能质押。个人或组织所享有的行政法权利取决于其在行政执法过程中的主体地位，是相对于行政主体职权、职责的权利，其行使服务于特定的行政目标和公共利益。行政法权利，尤其是程序性权利，只对权利主体自身具有意义，如果转让给他人行使，对行使者没有任何意义，也无法实现特定的行政目的。比如，程序抗辩权就只能由权利主体自身享有，不能让渡，不能质押。而对于具有财产内容的受益权，是否可以让渡尚存在争论，如有学者认为“有必要具体探讨个别权利的具体属性而区别对待。在实在法上存在有关规定时，首先是探讨法规规

① 杨建顺：《日本行政法通论》，中国法制出版社 1998 年版，第 190 页。

② 《中华人民共和国行政处罚法》第 49 条规定：“行政机关及其执法人员当场收缴罚款的，必须向当事人出具省、自治区、直辖市财政部门统一制发的罚款收据；不出具财政部门统一制发的罚款收据的，当事人有权拒绝缴纳罚款。”

定是否允许；在实定法上不存在有关规定时，要根据该公权的公益要素的程度，探讨承认该公权的法规宗旨是否会因该公权的让渡、抵押和放弃而受到损害，并在此基础上作出是否可以让渡、抵押的判断”①。但我们以为，受益权之为公权利，就在于公共利益目的性和与行政权力的对应性，如果让渡给其他个人，权利的公益性就很难实现。比如，对于损害赔偿请求权，我国国家赔偿法只规定了特定情形下主体资格的转移，而没有规定损害赔偿请求权可自由让渡，就是受制于该项权利对特定主体的救济、补偿、安抚意义及对行政主体的监督和惩戒作用。

(三)行政法权利的实现具有不确定性和不能自力实现性②

行政法权利实现的不确定性是与行政权力实现的确定性相对而言的。行政权力实现的确定性主要表现为其主体、内容、实现途径、效力、程序的确定性：行政权力主体是系统的，级别分工、职能权限明确的国家行政机关体系，以及具有法律法规授权的具有公共管理职能的行政机构或社会组织；行政权力内容因不同法律制度的规定而有不同的表现形式，如行政立法权、行政命令权、行政决定权、行政检查监督权、行政制裁权、行政强制执行权、行政裁判权等；行政主体在行政法上的权力范畴亦是非常明晰的，如我国行政机关的职权就可以概括为下列八类，即行政规范权、行政许可权、行政禁止权、行政形成权、行政处罚权、行政强制权、行政确认权、行政裁决权等；行政权力的实现以国家强制力为保障，行政行为具有确定力、拘束力、公定力和执行力；行政权力的实施程序是确定的。

但行政框架的明晰化或者确定状态并不必然带来个人权利实现的确定性。恰恰相反，个人权利实现在行政过程中常常是不确定的。原因有三：第一，个人在政府行政系统的运作过程中不能够通过自己的行为实现其权利。在行政法中，公民个人的权利可以分成消极的权利和积极的权利两大类。而两类权利都难以通过个人行为达到目

① 杨建顺：《日本行政法通论》，中国法制出版社 1998 年版，第 190 页。

② 参见关保英《行政法的私权文化与潜能》，山东人民出版社 2003 年版，第 123～125 页。

的。个人消极的权利是指个人"对国家要求其不作为,或要求其保障,国家负有依法不加侵害与防止侵犯之义务,从而获得消极利益之权利,包括平等权与自由权,皆属人格权,与人之身体相始终,不得让与或抛弃"[①]。公民个人的消极权利主要有平等权和自由权两项。此两项权利之不可以通过公民自己实现是清楚的,因为公民个人不能通过自己的行为改变行政主体的意志和行为,包括行政主体的抽象行为和具体行为。个人的积极权利是指个人"对于国家得要求其为一定行为,从而获得某项积极利益之权利"[②]。在行政法治过程中,公民个人的积极权利包括生存权、受益权、参与行政管理权等。这些权利的实现以及享受的程度都受到非常严格的条件制约。公民个人能否参与行政管理就决定于行政规则有没有设立相应的途径,而对这些途径的设立,公民个体基本上是无能为力的。如公众享有行政决策过程的听证权,而行政规则没有确定这样的听证途径,听证权就无从实现。并且,在现代社会中,行政主体还设立了相当多的禁止规则,公民要取得禁止规则所允许的权利就必须先通过许可行为解除禁止状态。第二,个人实现权利大多要受行政规则制约。《中华人民共和国宪法》关于公民权利的规定有 30 余项。但由于社会管理技术或者其他方面的原因,宪法关于公民个人所享有权利的规定在实施过程中,都经过了行政规则的转换,公民个人要实现宪法中规定的某项权利,首先必须从相应的行政规则中寻找具体的依据。我们知道,我国的行政管理若以存在的行政机关为标准进行划分,可以分为数十类,而每类行政机关都有其部门管理的规则,这些规则大多都是对宪法规定的公民权所进行的二次转换。总之,公民个人的权利一般都对应一个或若干个行政规则,对应一个或若干个行政管理主体,个人只有上述根据规则并在行政机构的监管下才能实现权利。第三,在行政框架之下个人实现权利常常还受制于法外的因素。行政体系具有明显的层级性,我们称之为科层制。科层制在其发展过

① 张载宇:《行政法概要》,台北汉林出版社 1980 年版,第 85 页。

② 张载宇:《行政法概要》,台北汉林出版社 1980 年版,第 85 页。

程中与社会的分离是明显的，主要表现为科层利益与社会利益的不一致性，也就是说，行政机构体系有独立的利益，既独立于国家利益，又独立于社会的利益，还独立于其他个人的利益。如行政主体为本机关利益而超额收费或巧立名目乱收费，行政机关为保护本机关的名誉或保护本机关工作人员而对相对人的申诉置之不理等。显然，公民个人的权利实现与非常清晰的行政框架的利益常常难以保持基本一致。而此时，行政主体又不一定找到对公民个人权利进行管制的法定依据，那么，法外的控制因素也就由此产生了。

行政法权利又具有不能自力实现性。不像行政权力本身就具有强制性，甚至还能通过强制执行保证行政目的的实现。也不像民法权利，权利主体依靠自身的力量就能够实现所享有的权利，比如要求对方支付价金的权利就可以通过行使同时履行抗辩权得以实现或达到与权利实现同等的状态。“公法上的人民权利虽仍称为权利，但若与私法上的权利比较，其效果不免较不确实。而不确实的原因，不外是公法上国家行为之公定力的结果。”[①]而行政法权利的实现不仅仅取决于权利主体的意志和行为能力，还要受制于诸多因素，主要有：(1)客观条件的限制，如获得行政许可的权利就受制于资源的有限性。(2)法定条件的限制，包括法律或行政规则为防止权利主体因行使权利而对他人、社会、国家造成不良影响而规定的限制。(3)行政主体合法、正当地执法。当行政主体合法、正当地执法时，行政法权利就有完全实现的可能；行政主体如果不当执法，行政法权利至多能够得到有限的实现；而行政主体的暴力执法、违法执法、自利执法则必然导致行政法权利完全不能实现。

（四）行政法权利的保护具有特殊性

“私法的权利之保护和公法的权利之保护有非常的差异。在私法，一切权利都有法院的保护；反之在公法，只当法律有特别规定时

---

① [日]美浓布达吉：《公法与私法》，黄冯明译，中国政法大学出版社 2003 年版，第 129 页。

才能请求法院保护。”[1]作为公法权利之一的行政法权利的保护具有不同于私法权利的特殊性。行政法权利对国家与公民的关系具有决定性的意义，使得宪法保障的人的尊严得以实际体现。它承认公民是法律关系的主体，使公民可以以法律主体的资格独立地面对国家，并要求国家遵守与当事人有关的法律。如果没有这种法律权利，公民就只能是奴婢和国家行为的客体。为了保证和实现国家与公民之间的平衡关系，必须保证公民在行政法律关系中主体地位的实现，保护公民行政法权利。

行政法权利的存在基础不仅在于当事人个人的利益，而且在于公共利益的实现。行政法权利的公共利益性在于实现行政目的，主要表现为行政法权利的实现对应于行政主体相应行政义务的履行，对应于对行政主体合法正当地行使职权的制约和监督。因此，对行政法权利的实现，不能同私法权利一样主要委任给个人或组织的自由意志，而应建立不同于私法权利的特殊保护。首先，通过立法确认行政法权利的享有，强调行政主体的对应义务；其次，要求行政主体合法、正当地执法，依法行使职权履行职责，保障个人或组织行政法权利的实现；最后，当个人或组织认为其行政法权利受到损害后，应该享有充分的、畅通的途径寻求其他国家权力的救济，尤其是司法救济。

四、行政执法过程权利内容

对于个人或组织在行政法上的权利，进行穷尽列举是困难的，如果进行概括分类，也有不同的标准，要作出有意义的分类，必须定位分类的标准和分类的目的。台湾有行政法学者将个人或组织一方的公权利依其作用区分为支配权、请求权及形成权。支配权“系指在法律之限制内，得支配特定之客体（物、人、精神产品、权利）、对其产生影响以及排除妨碍之权利。自由权为最为重要的法权支配权”。请

① ［日］美浓布达吉：《公法与私法》，黄冯明译，中国政法大学出版社 2003 年版，第 129 页。

求权“系要求特定相对人为一定行为(作为、不作为或容忍)之权利”。形成权“系直接对法律状况产生影响,尤其使法律关系发生、变更或消灭之权利”。[①] 这种区分是一种高度概括的区分。但很明显,这种区分仅仅只是依“权利”的作用,而不是依个人或组织“公权利”的作用进行的区分。它不仅适用于公法权利,同样也适用于私法权利,因而并不能体现行政法权利的特点。日本行政法把个人或组织公权首先划分为实体法上的权利和程序法上的权利,然后把实体法上的权利依内容不同,分为参政权、受益权和自由权三大类。参政权,即参与政治的权利,包括选举权、被选举权、成为公务员的权利、罢免公务员的权利等。受益权,又称国务请求权,是指国民为了自己的利益,

请求国家采取一定的行动,要求利用国家设备,以及要求国家给付的权利,包括宪法上的受益权、要求特定行政行为的权利、作为具体请求权的公权、行政上的不服申诉权、行政案件诉讼提起权等。自由权,是指个人的自由不受国家权力侵害的权利。[②] 显然,将申诉权、提起诉讼权归入受益权不妥,因为其明显属于程序性权利的范畴。在德国,奥托·迈耶认为主体在公法上的权利本质是公权力,即相对于国家权力的公权力的其他表现形式,并把这种公法上的权利分为三类:自由权利、参与权和独特的公法上的权利。其中,参与权是个人享有的依据法律规定在国家活动中的参与权和对部分公共权力的控制力;独特的公法上的权利是由授予国民的对部分公权力的控制力所自行形成的,仅仅致力于其拥有者自身利益并完全由其拥有者决定的权利,包括补偿、赔偿等请求权,以及以公权力形式出现的独特公法权利如自治权、公共设施特别使用权等。奥托·迈耶指出,这种区分“与人们区分一个具有法定行为能力的协会会员同其协会之间的关系和协会的协会权力之间的区别一样”[③],但这种区分依然是不明确的。

---

① 陈敏:《行政法总论》,三民书局 1998 年版,第 221 页。

② 参见杨建顺《日本行政法通论》,中国法制出版社 1998 年版,第 191 页以下。

③ 参见[德]奥托·迈耶《德国行政法》,刘飞译,商务印书馆 2002 年版,第 113 页以下。

我们以为，对主体的行政法权利的分类，目的在于认识主体在行政执法过程中的不同地位，在于区分个人或组织在行政法上享有的权利与在私法上、宪法上享有权利的不同，明确行政执法过程中个人或组织同行政主体所享有和行使的行政权力的关系。因此，在参考和借鉴其他分类方法的基础上，我们以行政法权利的内容和个人或组织在行政执法过程的地位为标准，将行政法权利分为四类：参与权、受益权、防御权和自由权。

行政法上的参与权是指个人或组织依法参与国家管理的权利，这是最具代表意义的公法权利。参与权实质上就是个人或组织在行政管理中分享的对公共权力的控制力，这种控制力不仅有利于行政目标的实现，有利于对行政主体行政权力的控制，也有利于行政执法过程中个人或组织权益的保障和实现，所以属于主体在行政法上的权利范畴。行政法上的参与权主要表现为公职权①、知情权、批评建议权、控告检举权、程序参与权②等。受益权，是指个人或组织请求行政主体作出一定的行为，以保护、保障、发展自己利益的权利。由行政行为而受益，在当代国家生活中日益彰显出其重要性，因为现代行政的重点已经从消极行政、秩序行政转向积极行政、给付行政、福

① 公职权，包括获得公职权和拥有公职权，是行政参与权的特殊表现形式。有学者认为公职权不是一种参与国家行政管理的权利，而是一种任职权，是一种劳动权（参见方世荣《论行政相对人》，中国政法大学出版社 2000 年版，第 84 页）。我们以为，获得公职，是公民获得对公权力控制力的最有效途径，是人民主权的体现，是公民获得特定身份参与行政管理的合法方式。只要公民符合法定条件，经过法定的选拔、考试、体检等程序，被确认符合某一类职位的任职要求，就有获得某一公职的权利；行政主体负有合法、公正、公开选拔公职人员的义务。因此，获得公职权，是公民的一项行政参与权，“每个公民不仅对该最终的主权的行使有发言权，而且，至少是有时，被要求实际上参加政府，亲自担任某种地方的或一般的公共职务”（[英]约翰·密尔：《代议制政府》，汪瑄译，商务印书馆 1982 年版，第 43 页）。而不是行政机关赋予少数人的特权。公职人员经由授权代表行政主体行使国家行政权力，这种身份的拥有能否构成权利，取决于该授权是否可以随时依据其雇佣机关的意志而被解除。只要法律制度保护公职人员拥有其被授予的权力，行政主体只能在其无能或不配行使该权力的情况下按照法定程序解除这种授权，那么权利的前提就满足了，这就形成了主体拥有公职的权利。拥有公职的权利具体表现为身份保障权，获得劳动报酬权，享受保险，福利待遇的权利，依法执行公务权，获得培训和再教育权等内容。

② 程序参与权是指相对人与相关人在特定行政程序中享有的参与、影响、抗辩行政决定的权利，包括申请权、获得通知权、听证权、申请回避权、陈述权、申辩权等。后文将进行详细论证。

利行政。依据受益权的享有或行使目的，可以分为保护性收受益权、保障性受益权、发展性受益权三大类。[①] 防御权表明在行政执法过程中，个人或组织作为权利主体与作为公权力主体的行政主体抗衡的法律地位。个人或组织被要求只要有法律根据，就应该忍受侵害其自由和财产的行政活动。但对于行政主体的违法行为，个人或组织有防御的权利。享有防御权的主体，当然不限于行政行为的相对人，还包括相关人。防御权主要包括：抵抗权[②]、排除违法行政的请求权、行政介入请求权、赔偿请求权、补偿请求权。自由权的核心是个人或组织的一切合法自由排除行政主体的妨碍，不受行政主体的非法侵害。自由权与受益权的区别在于，自由权是个人或组织自身能够实现的权利，要求行政主体履行不作为的义务，即不得作出非法或侵害的行政行为；而受益权是需要行政主体的给付行为才能得以实现的权利，它要求行政主体履行作为的义务。自由权是行政相对人的各种合法权益中具有共性的权能，是意志自治与行为自由，因而有学者称之为“行为权”；而受益权是行政相对人期待得到、并由行政主体给予帮助的利益，因而受益权又可被称之为“接受权”。[③] 自由权可以表现为人身自由权、财产自由权、言论自由权、政治自由权等。对于企业法人主要表现为经营自主权，主要包括：生产经营决策权、

---

① 保护性受益权是指个人或组织的各种合法权益在受到他人的非法妨碍、侵害时，要求行政主体保护的权利，如在紧急情况下受行政主体救助的权利、合法权益受他人侵害后请求行政主体予以处理的权利、合法权益受行政主体确认的权利等。保障性受益权是指因行政主体提供物质和其他条件保障而得到受益的权利，如基本生活水平的受保障权、特定群体福利优待的受保障权、义务教育的受保障权、参加基本社会生活的受保障权等。发展性受益权是指要求行政主体提供各种条件而发展自身利益的权利，如获得行政许可的权利、受到行政奖励的权利、从事某种生产经营活动而受政策优待的权利、得到行政指导的权利等。参加方世荣《论行政相对人》，中国政法大学出版社 2000 年版，第 89～90 页。

② 相对人对于明显违背法律强制性规定的行政行为有直接抵抗的权利，其作用在于使明显违法的行政行为不能生效。如我国行政处罚法第 49 条规定：“行政机关极其执法人员当场收缴罚款的，必须向当事人出具省、自治区、直辖市财政部门统一制发的罚款收据；不出具财政部门统一制发的罚款收据的，当事人有权拒绝缴纳罚款。”当然首先要明确，这种抵抗权利并不是针对行政权力的，而是针对异化了的行政权力，而且需要法律的明确规定。

③ 参见方世荣《论行政相对人》，中国政法大学出版社 2000 年版，第 94 页。

产品劳务定价权、产品销售权、物质采购权、进出口权、投资决策权、留用资金支配权、资产处置权、联营兼并权、劳动用工权、人事管理权、内部机构设置权、工资奖金分配权等。自由权对于非经营性组织，如社团法人、事业单位法人等，则表现为自主管理权即自治权。比如高等学校享有对学生、对教师、对教学等领域的自治管理权，律师协会享有对律师、律师事务所的自治管理权，注册会计师协会享有对会计师、会计师事务所的自治管理权，村民委员会享有对村民、村集体财产、集体事务的自治管理权，居民委员会享有对本地区居民、居民集体财产、集体事务的自治管理权，等等。

第二节　行政执法过程权利主体

一、行政相对人的法律地位

个人或组织在行政执法过程中的主体地位的保障和实现，是现代行政的必然要求。个人或组织在行政执法过程的主体地位主要表现在三个层面：作为行政权力作用的对方当事人配合行政效率和服从行政权威；作为参与主体之一，通过行使相应的权利全面参与行政执法过程，形成对行政主体行使公共权力的有效的实时制约——以权利制约权力，防止行政权力的滥用和私利倾向；作为启动监督行政的主体之一，通过行使异议权和申诉权可以促进对行政行为的有权监督，促使以权力制约权力机制的建立。个人或组织在行政执法过程的主体地位，渊源于其与行政权的作用具有法律上的利害关系，其依法享有的权利和负有的义务可能受到或已经受到行政权力作用的影响。但这种影响在参与同一行政执法过程的不同个人或组织之间又存在区别。例如，甲向建筑管理机关提出建房申请，获得许可后开工建设，建筑管理机关对甲的建房行为的许可影响到相邻人乙的安静、通风、通行、采光、远眺等权益。甲乙与建筑管理部门的行政许可行为都有法律上的利害关系，在该具体的建筑许可法律关系中，甲乙都是与行政主体相对应的私方法律关系主体。但甲是因自己的主动行为而参与到行政法律关系中的，而乙则是由于建筑管理机关对甲建房申请的许可行为影响到其合法权益而参加到行政法律关系中的，甲乙二人在该法律关系中的权利义务即法律地位存在区别。对于甲，我们称为“行政相对人”，即行政行为明指的或行政主体主观意思表示指向的人，或是主动对行政主体行使权利或履行义务启动行政法律关系的人；而乙，虽不是行政行为明指或行政主体主观意志指向的人，却是行政行为客观上影响其正当权益的人，往往是因为权益的被影响而参与到行政主体与相对人之间业已形成的行政法律关系中来的个人或组织，是行政相对人以外的、与行政主体具有对应权利义务的个人或组织，在法律制度中一般称为“利害关系人”或“第三人”。但利害关系人与第三人已经成为救济领域的常用术语，为了与行政相对人的概念保持逻辑关系，为了区别此类行政相对人以外的个人或组织在行政领域和救济领域的不同法律地位，我们特提出行政相关人概念，指称在行政法律关系中与行政行为有利害关系的行政相对人以外的个人或组织。[①]

所谓行政相对人，是指参与行政法律关系，与行政主体的职权职责具有对应权利义务的个人或组织。行政相对人一般是行政行为明指的人，或者行政主体主观意思表示指向的人，或者是主动针对行政主体行使权利或履行义务从而启动行政法律关系的人。对行政相对人的含义，可从以下几个方面理解：

第一，行政相对人是指参与行政执法过程的个人或组织。行政相对人是个人或组织的一种特定的法律角色，其形成在于个人或组织参与行政执法过程。所谓参与行政执法过程，包括各种不同的情况，根据其与行政主体形成行政法律关系方式的不同可归纳为以下四种情形：(1)个人或组织对行政主体积极主张权利。如个人或组织向行政主体行使申请权，申请颁发许可证、申请发放抚恤金、申请行政复议、提起行政申诉等，或向行政主体行使异议权，提起批评、建议、控告、检举等，行政主体具有接待、答复或受理等义务，双方由此

① 参见肖金明主编《行政许可要论》，山东大学出版社 2003 年版，第 8 页。

形成权利义务关系。积极向行政主体主张权利的个人或组织就是该行政执法过程中的相对人。(2)个人或组织对行政主体积极履行义务。如个人或组织依税法规定主动向行政主体履行申报纳税的义务,激活与税务行政主体之间法定的权利义务关系,积极向行政主体履行义务的个人或组织就是该税务行政法律关系中的行政相对人。(3)行政主体积极对个人或组织履行义务的方式。在有些情况下,个人或组织一方无须向行政主体先提出权利请求,行政主体依法履行职责对个人或组织主动承担特定的义务,如一些行政补偿行为等。如根据《人民警察法》规定,公安机关因履行职责的紧急需要,可以优先使用相对人的交通工具、通信工具、场地和建筑物,用后应及时归还,并支付适当费用。这种补偿义务来自于法律规定和行政主体先前的行为,当行政主体积极地向特定人履行补偿义务时,就形成了与该特定个人或组织之间的权利义务关系,该特定个人或组织就是这一补偿关系中的行政相对人。(4)行政主体积极行使权力要求个人或组织履行义务的方式。如行政主体依职权作出行政处罚行为、行政强制行为等,在行政行为中被处分权利义务的个人或组织就是行政相对人。基于上述四种方式的任何一种或几种,就形成了行政主体与特定个人或组织之间的权利(权力)义务关系,其中行使行政权力的法律关系主体是行政主体,与行政主体的职权职责具有对应权利义务的个人或组织就是行政相对人。根据行政法律关系形成的不同情形,行政相对人或者是主动向行政主体行使权利或履行义务从而启动行政法律关系的人,或者是行政行为明指的人,或者是行政主体主观意思表示指向的人。

第二,行政相对人是与行政主体职权职责具有对应权利义务的个人或组织。在行政执法过程中,行政相对人的权利义务与行政主体的职权职责具有对应性。主要表现为:行政相对人的一项权利与行政主体的某项或某几项义务相对应,如行政相对人享有的知情权与行政主体的告知义务和行政过程中的公开义务相对应;行政主体的权力与行政相对人的义务也具有对应性,如行政主体依法作出行政行为决定的权力与行政相对人的服从、配合和执行义务相对应;行政相对人的某项权利与行政主体的某项权力相对应，如相对人的陈述权、申辩权、听证权与行政主体的单方面决定权相对应。因此，行政法律关系是行政法调整行政权与个人或组织权利义务相互作用过程而形成的法律关系，可见，行政相对人不仅仅是行政主体的相对人，还是与行政权力相对应权利的享有主体，是行政执法过程的参与主体，也是对行政主体行使行政权力的制约者和监督者。

第三，行政相对人是其权利义务受到行政行为影响的个人或组织。行政相对人是行政行为明确针对和指向的对方，即行政行为直接处分了相对人的权利义务。从权利义务状态上看，根据行政行为，相对人的权利义务或者被确认，或者权利增加、受到限制或得以实现，或者相对人的义务增加、变更或履行。因此，对于行政主体的积极行为，行政相对人就是行政行为明指的人、行政行为的受领者，如行政处罚的被处罚人、行政征收中的被征收人、行政许可中的被许可人等；而对于消极的不作为行为，其相对人应该是对行政主体积极主张权利、且行政主体对其负有作为义务的人，比如公民甲向工商局申请营业执照，工商局不予理睬或在法定时限内未做受理与否的答复并且未作出任何解释，工商局负有法定职责应当行为而不行为就构成了不作为，该工商行政法律关系的形成源于公民甲的积极主张权利行为和工商管理法律的规定，公民甲就是该工商行政法律关系中的行政相对人。

第四，行政相对人是行政法律关系中的个人或组织一方，即行政法律关系主体中不具有国家权力的个人、法人或其他组织。依据行政法调整而形成的法律关系是多样的，如行政管理法律关系、监督行政法律关系、行政救济法律关系和内部行政法律关系就是典型的行政法律关系。[①] 因而与行政主体具有对应权利义务的主体也是多样的，当有权国家机关对行政主体实施监督时，就是与行政主体具有对应权利（力）义务的法律关系主体，但有权机关享有或行使的是国家

① 参见姜明安主编《行政法与行政诉讼法》，北京大学出版社、高等教育出版社 1999 年版，第 7 页。

立法、行政、司法等监督权力，不属于个人或组织权利范畴，因此不属于行政相对人。所以，行政相对人仅指以权利主体身份参与行政法律关系的自然人、法人和其他组织，其中自然人包括我国公民、无国籍人、对等原则之下的外国公民，法人包括机关法人、企业法人、事业法人和社会团体法人。

二、行政相关人及其意义

（一）行政相关人的含义

行政行为除了影响行政相对人，即行政行为明指或行政主体主观意思表示指向的人以外，还可能直接影响其他个人或组织的正当权益。从实证角度看，很多行政法律关系都不仅仅是简单的行政主体与行政相对人的二维关系，而是涉及行政主体、行政相对人及行政相对人以外的个人或组织等多方主体的多维、复杂的权利义务关系，本文就以行政相关人指称在行政法律关系中行政相对人以外的个人或组织主体。所谓行政相关人，是指参与到业已发生的行政法律关系中、与行政行为有法律上利害关系的个人或组织。行政相关人不是行政行为明指或行政主体主观意思表示指向的人，而是行政行为客观上影响其正当权益的人，往往是因为权益的被影响而参与到行政主体与相对人之间业已形成的行政法律关系中来的个人或组织。

对于行政相关人的含义，可作如下理解：其一，行政相关人是参与到业已发生的行政法律关系的一方主体。行政相对人的参与是形成行政法律关系的原动力，即正是由于行政相对人的参与才促使行政法律关系得以形成。而在相对人与行政主体之间发生的行政法律关系，影响到或可能影响到相关人的权利义务，从而在相关人与行政主体之间形成了一种行政法上的权利义务关系。其二，行政相关人与行政行为有法律上的利害关系，这是构成行政相关人的实质要件。因为行政相对人以外有许多个人或组织的权益可能直接或间接地受到行政行为的影响，如行政处罚行为也会影响到被处罚人的债权人的债权的实现，但债权人是否属于行政相关人取决于其与行政行为有否法律上的利害关系，即行政行为在处分了行政相对人的权利义务的同时也直接处分了行政相关人的权利义务。所以，在行政处罚关系中，被处罚人是行政相对人，受害人是行政相关人，被处罚人的法人代表、债权人、职工、被处罚人和受害人的亲朋好友等都不是行政相关人，原因在于该行政处罚行为并未直接处置其权利义务，即他们都与该行政处罚行为无法律上的利害关系。再如工商机关依据工商管理法律对甲作出责令停产停业三个月的行政处罚，与甲有产品供应关系的乙的合同权益必然受到影响，但乙与该处罚行为也不具有法律上的利害关系，因而不是该处罚行为的行政相关人。由此可见“行政行为明指的相对人和受行政行为结果影响的相对人”区分的局限性①，行政相关人与“受行政行为结果影响的相对人”在内涵与外延上也有不同。其三，所谓法律上的利害关系，是指行政主体的行政行为对行政相关人产生了行政法律效果，即行政行为对行政相关人的权利义务能够发生强制性的影响。行政相关人与行政行为法律上的利害关系往往源于其对该行政法律关系的客体有独立的权益，行政行为在客观上已经或必然处置该项权益，如专利行政许可对技术共有人或实质拥有人的影响、行政处罚对受害人的影响等。行政相对人与行政行为也有利害关系，但这种利害关系表现在行政行为的内容直接指向相对人的权利义务，与相关人与行政行为的利害关系——只是在影响相对人的权利义务时附随发生的法律效果——不

① 在我国行政法学界有人将行政行为根据受行政行为约束和影响的方式不同把行政相对人区分为行政行为明指的相对人和受行政行为结果影响的相对人（参见方世荣《论行政相对人》，中国政法大学出版社 2000 年版，第 52～53 页）。但我们以为，这种认识与划分方法不妥，理由有四：(1)受行政行为结果影响的人很多很多，如在处罚行为中被处罚人的法人代表、债权人、职工、被处罚人和受害人的亲朋好友等，行政相对人的概念就不能够发挥将一类法律关系主体的地位予以特定化的作用。(2)“受行政行为结果影响”这一表述并未表明这一类人与行政行为的关系，只是表明其与行政行为结果的关系。(3)“受行政行为结果影响”并不能明确揭示这一类人在行政法律关系中的地位。实质上，其在行政法律关系中之所以是独立的法律关系主体，是因为其对该行政法律关系的客体有独立的权利（请求），而不是通过行政行为的结果影响到其权益，如建筑许可中的相邻人之为该法律关系主体之一，不在于申请人的建房行为影响到其相邻权，而在于行政主体的许可行为就直接处置了相邻人的相邻权，或者说许可行为是根据法定的行政许可实施权力对申请人与相邻人权利的平衡。(4)这一理论认识不能为通过制度建构保障这一类人对行政过程的参与权提供理论支撑。

一样。但行政行为对行政相对人与行政相关人的影响都是直接的，而非间接的，对相关人的影响不是以相对人实施行政行为为媒介而发生的，而是行政行为直接处置了相关人的权益，区别主要在于对相对人的影响是行政主体主观追求的，而对相关人的影响是客观发生的。其四，行政相关人是行政法律关系的一方主体，其权利义务的对应主体也是行政主体。因为行政行为对行政相关人的权利义务产生了法律上的影响，行政相关人就具有了与行政主体相对应的权利义务。基于行政行为的拘束力，相对人负有必须执行行政决定的特定义务，相关人则有配合执行的一般义务；相应的，行政相关人对行政行为也享有防御权和申请救济权等公权利。其五，行政相关人与行政主体之间也是行政法律关系，但这一行政法律关系的形成，在时序上从属于相对人与行政主体之间的行政法律关系。行政相对人权利义务的得失增减是行政行为的明确目的，而相关人的权利义务的得失增减并不是行政行为的目标，不是行政主体行为时主观追求的目标，只是在处分相对人的权利义务时客观发生的一种结果。如果没有对相对人权利义务的影响，对相关人的影响就无从发生，换句话说，如果相对人与行政主体之间的行政法律关系没有形成，相关人与行政主体之间的行政法律关系就不可能发生，即相关人与行政主体之间的法律关系是相对人与行政主体之间行政法律关系发生的附带结果。其六，行政相关人与相对人之间是民事法律关系，是两个民事主体之间的民事权利义务。相关人如果认为相对人的行为侵害了其民事权利和义务，可以依据民事法律制度寻求救济。但相对人的这种侵权行为与行政行为有密切的关系，可能是相对人执行行政行为的行为，如获得建筑许可的相对人的建筑行为对相邻人的侵权；也可能是相对人向行政主体积极主张权利的行为，如专利权申请人单独申请专利的行为对专利共有人的侵权；还可能是相对人的某一项行为既违反了行政法律规范构成行政违法行为，同时又违反了民事法律规范构成对受害人的侵权行为，如行政处罚的被处罚人对受害人的侵权行为；等等。但行政相关人与相对人之间的民事法律关系，是与行政法律关系紧密相连的民事法律关系。从其存在状态上看，是从属于行政法律关系的民事法律关系。行政相关人是与行政行为有利害关系的个人或组织，而不是与行政相对人的行为有利害关系的个人或组织。因此，为了保证行政管理效率，建立行政管理秩序，维护行政行为的效力，如果行政相关人认为相对人的行为侵犯了其合法权益而要求救济时，一般应先通过行政途径寻求法律救济。

综上，对行政执法过程中主体之间的法律关系可用下图表示：

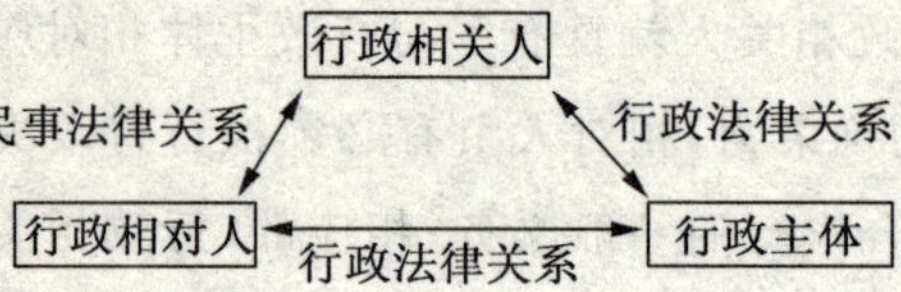

（二）行政相关人的意义

提出行政相关人，对于行政执法过程各方参与主体地位的明确、对于行政执法的价值定位、对于行政执法权力的监督和制约都具有广泛、深远、发散性的重要意义。作为一项崭新的法学概念，其明确了行政权力作用过程中个人或组织的不同法律地位，并且表明了与救济领域概念的区别；作为一项理论，其还原了行政关系的复杂性，将行政权的定位由管理权逐步转向公共服务权，更加明确了行政权力的个人或组织权益的保障功能；作为一项制度，通过完善行政程序制度，保障行政相对人与相关人对行政权力作用过程的多重作用，促使行政主体依法行政，并且减少了司法权与行政权的冲突，保障了国家权力的协调性。

关于行政相关人的认识具有明显的概念意义，因为其明确了行政权力作用过程中个人或组织的不同法律地位，并且表明了与救济领域概念的区别。对于个人或组织在行政法律关系中的不同地位，各国行政法学理论和法律制度已经开始关注。在美国行政法中，有所谓“明显的当事人或直接利害关系人”与“间接利害关系人”之分，趋向于让更多的、实质利益受到行政行为不利影响的公众参与行政程序，或就行政行为提起司法审查，如联邦贸易委员会法规定，与行政行为有间接利害关系的人“基于明白的正当理由”，可以参加正式听证程序[①]；在德国、日本等国家，行政相对人即指行政行为直接针对的对象，而称受行政行为间接影响的人则为与行政行为有利害关系的"第三人"，或称"有利害关系者"，如《联邦德国行政程序法》(1998 年)第 13 条第 2 款规定："行政机关可依职权或应请求，通知可因行政程序结果而损害利益的人作为参与人；程序结果对第三人有影响的，应其请求亦应通知其为参与人；行政机关具体知道该人的，应在行政程序开始时即对其作出通知。"[②]《日本行政程序法》(1993 年)第 17 条规定，对于不利益处分的听证，听证主持人在认为必要时，"对当事人以外之人，依照该不利益处分的根据法令，被认为与该不利益处分有利害关系的人(关系人)，可以要求其参加该听证程序，或者许可其参加该听证程序。经主持人许可参加听证程序者，称为参加人"[③]。我国行政法学也注意到了在行政管理法律关系中这两类人的区别，出现了"直接相对人和间接相对人"[④]、"行政行为明指的相对人和受行政行为结果影响的相对人"[⑤]等区分。在制度建设中也出现了"第三人"和"利害关系人"等相应的概念，如《行政许可法》第 36 条规定："行政机关对行政许可申请进行审查时，发现行政许可事项直接关系他人重大利益的，应当告知利害关系人。申请人、利害关系人有权进行陈述和申辩。行政机关应当听取申请人、利害关系人的意见。"《行政复议法》第 10 条规定："同申请行政复议的具体行政行为有利害关系的其他公民、法人或者其他组织，可以作为第三人参加行政复议。"

但所有这些区分并没有准确、统一地定位个人或组织主体在行政法律关系中的不同法律地位。美国行政法所谓"明显的当事人或直接利害关系人"与"间接利害关系人"之分，是在不严格区分公法和

---

① 参见王名扬《美国行政法》，中国法制出版社 1994 年版，第 422 页以下。

② [德]平特纳：《德国普通行政法》，朱林译，中国政法大学出版社 1999 年版，第 219 页。

③ 参见杨建顺《日本行政法通论》，中国法制出版社 1998 年版，第 867 页。

④ 参见姜明安主编《行政法与行政诉讼法》，北京大学出版社、高等教育出版社 1999 年版，第 130 页。

⑤ 参见方世荣《论行政相对人》，中国政法大学出版社 2000 年版，第 52 页以下。

私法关系的普通法背景下一个普遍适用的概念,不能明确区分不同个人或组织在行政法律关系中的不同地位。“第三人”、“利害关系人”是在司法程序中普遍使用的概念,不能表明个人或组织在行政法律关系中的特定地位,更没有明确其与行政相对人的区别。“结果相对人”并未明确这一类人与行政主体的法律关系。“间接相对人”是作为行政主体行政行为的非明指对方而客观存在的,从法律关系的特点来看,这种“间接关系”仍然是受行政法直接调整的行政法律关系,称其为“间接相对人”,容易误导人们认为其与行政主体之间的权利义务关系是以相对人或相对人的行为为媒介的,实质上这种法律关系的发生直接根源于行政行为,该类个人或组织与行政主体之间的行政法律关系是直接的而非间接的,比如受害人与行政处罚主体的关系、真正的房主与房屋管理机关之间的关系——在事实占有人申请房屋产权登记而房管局予以登记的行为中等。可见,所有这些概念指称“与行政行为与利害关系的、相对人之外的个人或组织”都有一些局限性。但是,行政相关人概念能够克服上述概念的局限性。行政相关人明确了行政相关人与行政主体之间具有行政法上的权利义务关系,是行政法律关系的参与主体之一;区分了行政相对人与行政相关人与行政行为的不同关系,准确定位了行政相关人与行政主体之间的法律关系;区别了行政相关人在行政关系和诉讼关系中的不同地位,行政相关人只是表明了其在行政法律关系中的法律地位,并不表征其在诉讼法律关系中的地位,其在行政诉讼中既可以是原告,也可以是第三人;纯粹从技术层面上讲,行政相关人与行政相对人不仅把个人或组织在行政法律关系中的不同地位区分开来,而且相关人与相对人在概念上还具有形式上的逻辑关联性,因而这一概念的提出和适用既具有实质合理性又具有形式合理性。

有关行政相关人的认识还具有深远的理论意义。如果从利益关系的角度分析,行政执法过程就是对公共利益与个体利益、不同个体利益权衡协调的过程,行政法对这种多重复杂的利益关系的基本调整机制就是建立行政主体与个人或组织之间的权利义务关系。而由于利益的多元性和发散性,在某一项行政权力作用过程中与行政主体形成权利义务关系的不限于一个个人或组织或一类个人或组织，可能涉及多个个人或组织或多类个人或组织，他们与行政主体的权利义务关系不同，同时又具有关联性。因此，行政法必须规范行政权力作用过程中不同个人或组织与行政主体不同的权利义务关系，正如《我国行政许可法》第36条规定："行政机关对行政许可申请进行审查时，发现行政许可事项直接关系他人重大利益的，应当告知利害关系人。"第47条规定："行政许可直接涉及申请人与他人之间重大利益关系的，行政机关在作出行政许可决定前，应当告知申请人、利害关系人享有要求听证的权利；申请人、利害关系人享有要求听证的权利……"可见，行政许可法律关系就是行政许可主体与申请人、利害关系人的权利义务关系。再如我国《价格法》第23条规定："制定关系群众切身利益的公用事业价格、公益性价格、自然垄断经营的商品价格等政府指导价、政府定价，应当建立听证会制度，由政府价格主管部门主持，征求消费者、经营者和有关方面的意见，论证其必要性、可行性。"第24条规定："政府指导价、政府定价制定后，由制定价格的部门向消费者、经营者公布。"政府指导价、政府定价行为不仅是对经营者经营行为的规范，影响到经营者的权利义务，更影响到消费者的权利义务。因规范价格而形成的行政法律关系表现为行政主体与经营者、行政主体与消费者之间的权利义务关系。可见，许多行政法律关系并不是二维的、行政主体与相对人之间的平面关系，大多既涉及行政主体与行政相对人的权利义务关系，也涉及行政主体与行政相关人的权利义务关系，简单地把行政法律关系归纳为行政主体与相对人之间的关系是片面的、狭隘的。

行政相关人地位的明确，不仅从理论上廓清了行政法律关系的复杂性，而且把行政权的定位从管理性权力逐步转向公共服务性权力和保证个人或组织权益实现的权力。如果说行政权力的目标是公共利益，而公共利益则是抽象的，甚至是虚幻的。日本学者大须贺明在论述将个人生存权社会化的倾向时指出，现代宪法和宪政制度强调利益的公共性、强调个人生存的社会性、强调人的权利的集合性实际上是一种虚构，是一种以虚伪形式存在的东西。[①] “我们通常所称的公共利益，‘普遍利益’等最多不过是个人利益在实现过程中一个基本的让与或者妥协，即各个个人为了实现自己的利益，而他人也同样有权去追求自己的利益，在单个人的追求中，每个人都想获得好处而不致伤害他人而形成的一种平衡关系。”[②]那么，公共利益的实现就是大多数社会成员个体利益实现的平衡状态，而这种平衡状态单靠社会的自治力量是难以实现的，必须依赖一个强有力的公共机构，这就是国家。因此，国家权力的存在就在于协调多方利益关系，即被法律规范后的多方权利义务关系。行政权力的作用过程就是平衡、整合行政主体所代表的社会绝大多数成员的利益、行政相对人的利益、行政相关人的利益的过程，而不是通过管理为抽象的国家谋取利益的过程，权力的作用过程就是为社会绝大多数、为行政相对人、为行政相关人服务的过程。如果说传统宪政理论依据人民主权、社会契约观念从权力的来源上论证了国家权力与个人或组织权利的一致性，那么行政相关人理论则从权力的作用过程上论证了行政权力与个人或组织权利的一致性，定位了行政权力对个人或组织权利的服务性，丰富了行政法理论对于权力与权利关系的认识。

行政相关人作为一项法律制度，也有利于行政法制的健全和完善，具有明显的制度性意义。一方面，依法行政是权力分立和制衡机制的要求和结果：立法机关对行政机关的行政活动制定法律，行政机关依照法律进行行政活动，司法机关对行政机关是否依法行政实施司法审查并对违法行政对公民造成的损害予以补救。另一方面，依法行政也是权利作用于行政权力的要求和结果：个人或组织要求行政机关依法正当地执法，以实现法律规定的权利；同时通过参与、抗辩、申诉等方式督促行政主体依法行政。以权力制约权力的模式对于建立有限政府、抑制行政权力消极的甚或有害的一面发挥了重要的作用，但立法的滞后性、抽象性，决定了其对行政的制约只是一种

① 参见[日]大须贺明《生存权论》，林浩译，法律出版社 2001 年版，第 17 页。

② 关保英：《行政法的私权文化与潜能》，山东人民出版社 2003 年版，第 350 页。

事先的外部控制，难以深入行政权运行的具体内部过程，而司法审查的被动性、审查范围的有限性、审查强度的有限性决定了司法权对行政权的制约也是有限的。而权利作用能在相当程度上弥补权力制约的不足。在行政行为过程中，个人或组织通过行使行政法权利，能够预防、制约、抵抗违法行政行为的进一步发展；或者把自己的意愿渗透、表达在行政决定之中，促使行政行为沿着合法、适当的轨道运行，因而，权利作用减少了行政违法的可能性，克服了权力制约的事前性、事后性及外部性的弊端。同时，由于权利作用是在行政行为的具体过程中发生的，克服了立法权制约的抽象性；又由于权利作用总是离不开特定的权利主体，克服了司法权制约的被动性和个别性。

行政相关人制度的建立使权利作用的有效性更能充分发挥，主要表现在几个方面：其一，行政相关人对行政主体形成了一种异于行政相对人的监督和制约。因为在行政权的作用过程中，相关人与相对人往往具有相反的利益，相关人的参加是对行政行为的另一个方向的制约，促使行政主体行为时作出全方位的考量。其二，行政相关人制度有利于形成行政过程中的"议论关系"。因为行政主体与行政相对人在牵涉双方利益关系的行政行为中可能存在恶意串通等不当情形，但如果形成行政过程的议论机制，使行政行为在作出时像司法行为那样，由若干主体介入其中，或者至少有一个第三方主体介入其中，进行多层面的议论，就能使行政行为的产生不是两方面作用的结果，而是三方面甚至多方面作用的结果。如果说在博弈过程中，两方很容易达成妥协的话，三方、多方则较难达成协议，因此按照既定的法律规则行为就成为最能排解争议的选择。假如相对人可能与行政人员达成协议，由行政人员作出利于双方个人但侵害国家利益、公共利益或违背法律的行政行为，而相关人参与制度就能对这种行为予以有效制约。其三，鉴于行政法权利具有不能自力实现性，权利作用的充分发挥还需借助其他有权国家机关的权力制约，行政相关人权利的保障和实现是启动事后救济程序的相对人以外的另一种驱动机制，从而为行政法制监督的启动提供了另一种有效的促动力量。

行政相关人制度也为行政程序制度的完善开辟了一个新的发展

路径。行政程序制度既可以归结为一种立法制约，也可以归结为行政机关的自我制约，但其更重要的特色在于向个人或组织提供了广泛参与行政活动的机会。[①] 但仅仅有行政相对人的参与不足以形成对行政主体的作用力量，不足以促使行政主体全面、客观、适当地依法行政，而行政相关人的参加使得所有与行政行为有利害关系的个人或组织都享有了参与行政活动的权利，行政主体在各方利益主体的参与和作用之下，作出的行政行为才能协调各方利益，实现依法行政。因此，建立各方利益主体对行政决策的充分参与制度就成为行政程序制度的发展方向，听证制度毫无疑问是首要选择。正如铁路票运提价、电信资费调整等都应当而且在实践中必须建立起日益完善的听证制度，以保证决策的适当性、合法性和有效实施性。[②] 其余如陈述、申辩、事前告知、说明理由、通知、申诉等各项制度的健全也要从保障相对人的权利和相关人的权利等不同的角度入手，使所有利害相关人的权利得以协调实现。

行政相关人制度还能够有效地避免司法决定与行政决定的矛盾，确保司法权与行政权的协调一致性。当被许可人按照行政主体的许可作出建筑行为，但侵害了相邻人的采光权、通行权时，毫无疑问相邻人能通过对被许可人的侵权行为提起民事诉讼寻求救济，但因为被许可人的建筑行为有行政许可作为行为的依据，法院只能要求相邻人先寻求行政救济而行政相关人在行政行为过程中的参与，能够将相关人、相对人对行政主体的不同利益诉求吸收在行政行为中，能有效地化解矛盾，避免司法权与行政权的直接冲突，降低司法成本，提高行政效率。

---

① 参见董炯《国家、公民与行政法》，北京大学出版社 2001 年版，第 139～140 页。

② 我们以为用行政相关人理论分析铁路票运提价、电信资费调整等行政行为中的各方参与主体之间的关系最为贴切：铁路、电信等行政主管部门是行政主体，铁路企业、电信企业是行政相对人，而广大的消费者则是行政相关人。从这个角度理解这类行政法律关系的主体，就不会对这类调价行为的性质——是抽象行政行为还是具体行政行为——再有任何疑问，其可诉性和诉讼的原告资格问题也就迎刃而解。

三、行政人的法律地位

行政人是近代行政学建构公共行政理论的基本概念，可理解为履行国家行政职能的职业群体，广义上可理解为履行所有国家职能的人员集合，基本等同于"行政人员"、"行政执法人员"、"行政机关工作人员"、"公职人员"等。中国当代行政法学借用这个概念来分析行政法律关系的一类主体，赋予其一种全新的意义。在行政法学上，行政人是指依法代表国家，并以行政主体的名义，实施行政行为，其行为效果归属于行政主体的个人。[①]

对此含义，可以从四个方面理解：其一，行政人是个人而不是组织。由于行政主体是一个组织，它不可能自己直接行使行政权，必须通过个人来进行，离开了相应的个人，行政主体的行为就无法实施，这就不难理解有学者把行政主体称为行政权的承载主体，把行政人称为行政权的行使主体。[②] 正如马克思所言，作为现实历史活动的主体，是具有"自然力、生命力"的能动地进行"对象性活动的"、"现实的历史的人"。团体毕竟是由个人所组成，团体的活动"最终"要由个人去实施，只是此时个人是以团体名义为团体利益而活动，同其以个人名义凭借自己的一般人格来活动是完全不同的。作为特殊团体的国家，其行为必须由其公民来表现，其时，国家的团体名义和行政人的个人人格一并存在。因此，在行政人与行政主体的关系中，应该保障行政人一定的合法权益。其二，行政人是实施行政行为的个人。行政人的行政权力因素是区别于个人及其他主体地位的实质要素，个人如果不是以行使行政权力的方式参与行政法律关系就不具有行政人的法律地位。同样也正因为行政人的行政权力因素，决定了个人的双重人格：基于行政行为，相对于行政主体而具有行政人地位；

---

① 对行政人含义及其与公务员的区分，参见胡建淼《行政法学》，法律出版社 1998 年版，第 176 页。

② 朱最新认为：行政权主体是一个多层次系统的概念，包括归属主体、配置主体、承载主体和行使主体四个层次。其中，人民是行政权的归属主体，立法机关是行政权的配置主体，行政主体是行政权的承载主体，行政人是行政权的行使主体。参见朱最新《法治视域下的行政权主体研究》，载《河北法学》2005 年第 9 期。

基于个人权利的享有和追求，相对于国家而具有公民地位。这就形成了公务员制度确立的基本法理：既要确立有利于实现公共目标和维护行政秩序的执行公务的公职群体，又要保障行政人之为公民的相应权利。其三，行政人实施行政行为必须也只能以行政主体的名义进行。按照社会契约论和人民主权的原理，一切权力属于人民，人民通过选举和宪法法律的授权将公共权力委托给国家机关行使，任何公民都只是人民的成员，而不是人民本身。正如《法兰西共和国宪法》（1958 年）第 3 条规定："国家主权属于人民，由人民通过其代表和通过公民投票的方法行使国家主权。任何一部分人民或者任何个人都不得擅自行使国家主权。"个人有机会行使国家权力仅在于其代表国家机关时，即以国家的名义得行使国家权力，在行政领域，个人得以行政主体的名义行使行政权力。当然，前提是个人具有代表行政主体的资格。其四，行政人实施行政行为所产生的效果由所属的行政主体承受。行政行为的法律效果表现为对行政相对人权利义务的影响后果，在行政法律关系中，与行政相对人构成对应法律关系主体的是行政主体，行政人代表行政主体行使行政权力实施行政行为，其行为效果当然由行政主体承受。因此，行政主体也要有相应的制约权力约束行政人恣意行使权力，同时有权对行政人追偿责任。

要明确行政人的含义，还要区分行政人与公务员。行政人与公务员的关系是同行政主体与行政机关的关系相一致的，在我国行政人主要由公务员构成，公务员是行政人的主要载体，但两者之间不能画等号。从概念上看，行政人是一个法学概念，公务员则是个法律概念；行政人是个动态概念，它依行为而定，而公务员是个静态概念，它依编制而定。从范围上讲，行政人并不只限于公务员，公务员以外的人员依法行使行政职权时也成为行政人；公务员也非无条件地成为行政人，只有其依法代表国家并以行政主体的名义实施行政行为时，才是行政人，其参与行政法律关系却不行使行政职权时就是行政相对人，其以自然人身份参与民事活动或代表行政机关参与民事活动时，虽是公务员却显然不是行政人。对行政人与公务员区分的重要意义在于从行政法律关系的角度认识行政行为及参与行政行为的不同主体的不同法律地位，同时明确个人代表行政主体行使行政权力时的行政人和公民双重身份的法律规范之确立的法理。

个人代表行政主体履行行政职权时具有双重人格：基于行政行为，相对于行政主体而具有行政人地位；基于个人权利的享有和追求，相对于国家而具有公民地位，这也就决定了公务员法律制度的双重价值追求和平衡作用。“公务员关系，系由国家之特别选任行为而成立，非因法律规定之结果，而当然得为公务员。”公务员与国家之间的职务关系建立在契约基础上，是国家与公务员双方合意的结果，是“公法上之特别权利义务关系。”[①]因此，公务员与国家之间的关系首先是一种公法契约关系，双方法律地位平等，公务员具有独立法律人格，能独立表达自己的意志，这是公务员具有独立身份的人权基础。基于此，公务员法律制度必须保障公务员之于国家的人权，由此可以解释公务员权利损害的救济制度建立之必要性。另一方面，公务员与国家之间的契约关系在内容上是直接代理关系。在代理关系中，公务员的法律地位是行政人，其以行政主体的名义行使行政权力，并对行政主体负有合法、正当地履行职责的义务，义务的不履行或不正当履行当然会带来相应的法律责任。因此，公务员法律制度的主要内容就是确立公务员作为行政人与行政主体之间的权利义务内容，既保障行政人公职行为的公共性，又保障公务员个人的正当权益。

第三节 行政执法程序性权利

一、行政执法程序性权利的含义

研究行政执法过程就不能不对行政执法程序性权利进行探讨，而程序性权利的研究也必然离不开行政程序制度的基本分析，离不开与实体性权利的基本比照，以下试图按照这一逻辑思路理解行政执法程序性权利的基本内涵。

---

① 林纪东：《行政法》，三民书局 1980 年版，第 237 页。

近年来，随着我国法治化进程的日益加快，行政程序法制化日益受到重视。自 1989 年《行政诉讼法》第 54 条规定程序违法的行政行为将导致撤销判决开始，1996 年《行政处罚法》明确规定了听证程序，《行政许可法》更是用大量的篇幅规定了行政许可的设定、实施和监督程序，肇始于上世纪 90 年代中叶、凝聚着学界 10 年研究心血的《行政程序法》(专家建议稿)的问世对于行政程序的法典化更是起到了巨大的推动作用。行政程序制度的基本价值必然在于行政执法过程多方主体各自追求目标的最大实现：一为行政主体职权的实现，二为相对人权利和利益的实现，三为相关人权利和利益的实现等。行政执法程序为行政主体职权目标的实现既提供了保障，又设置了障碍，以避免对相对人和相关人权益的侵害；同样，行政执法程序亦构成对行政相对人和行政相关人的双重作用——保障和规范，既为其权益的实现提供法律支持，又防止其过度主张自己的利益而妨碍行政效率。因此，行政执法程序法制化的基本目标价值必然不是在“权利模式”和“效率模式”两者之间进行非此即彼的简单选择，而只能如大多数学者所主张的那样采用“并重模式”，即在程序制度的设计上不仅要重视保障公民权益，加强对滥用行政权力的控制，而且要有利于提高行政效率，便于秩序的建立。因为“人们从事活动或建立制度，可能而且通常确实抱有不止一个目的，并且在这些目的相冲突时，人们要对之进行调和或平衡”[①]。行政程序作为行政主体和行政相对人分别以其权力或权利进行相互作用的过程，是行政权力执掌者与相对人之间在法律规范调节下所进行的一种互动和交涉活动。尽管可将行政程序抽象化为行政权力的运行过程，但其实际上是执行者作为公共利益的代表以行政主体角色与相对人所展开的交涉过程，而不是一种省缺交涉的直接推行。那么，进行交涉、商谈、沟通的前提首先是相互视对方为主体，即哈贝马斯所谓的“相互主体性”。“无论是在日常生活中，或是在哲学伦理中，一切伦理观念都以这种

① [美]贝勒斯：《法律的原则》，张文显等译，中国大百科全书出版社 1996 年版，第 21 页。

相互主体性与相互承认关系为中心”，对于人们的行为定向来说，“相互主体与相互承认关系已常常是前提”[①]。具体到行政执法程序上，由于行政主体以其享有和行使的行政职权的强制性足以宣示和实现其主体性，所以在行政执法过程中实现交涉的前提是对相对人主体性的认识，是通过制度保障相对人可依自己的自由意志选择适合自己的行为方式，追求自己的正当权益而不受压制，即“法定的行政程序，从根本上说，是行政机关的一种法定义务。当然，对相对一方来说，就是程序权利。应该说，法律上的权利义务，既有实体的权利义务，又有程序的权利义务”[②]。对行政相对人与行政相关人而言，行政程序法的重要意义就在于确认和保障其程序性权利，保障其在行政执法过程中的主体地位。

任何一种利益或主张都必须通过程序而实现或得到保障。事实上，对权利问题的研究无法回避这样一些问题：人们应当如何行使权利？应当按照什么样的方式、步骤、顺序、形式来行使这些权利？应当在何时行使这些权利？应当向哪个国家机关请求对其提供法律保护？等等。这些问题的提出要求我们必须从权利行使和实现的角度来对待权利观念的另一方面，即程序性权利。在行政执法过程中，行政相对人和相关人同样具有一定的权利诉求和利益主张，需要通过一定的方式、步骤、手续去实现和保障，这就需要法律制度给行政相对人和相关人提供充分的参与和表达机会，赋予相对方相应的程序权利，从而实现程序的价值。这就是行政执法程序性权利存在的制度基础和逻辑机理。因此，行政执法程序性权利就是行政程序法所确认或规定的、在行政执法过程中行政相对人和行政相关人所享有的、与行政主体的程序性权力、义务相对应的各种权利；是行政相对人和相关人为维护其自身的合法权益而参与到行政执法过程中并就涉及的事实和法律问题阐述自己的主张，从而维护自己的主体地位，乃至影响行政主体在作出行政决定时考虑其主张和诉求的一种

---

① 转引自欧力同《哈贝马斯的“批判理论”》，重庆出版社 1997 年版，第 436～437 页。

② 应松年：《行政程序立法的几个问题》，载《湛江师范学院学报》2005 年第 2 期。

权利。

那么，在行政执法过程中，相对人和相关人享有的程序性权利与实体性权利的关系如何呢？首要的实体性权利的保障和实现依赖于程序性权利的享有，某项程序性权利的享有是为了实现当事人所享有的实体性权利，如《行政许可法》第7条规定：公民、法人或者其他组织“合法权益因行政机关违法实施行政许可受到损害的，有权依法要求赔偿”。另一方面，更多程序性权利的实现有其内在价值，法律规定其目的在于实现程序自身的价值，保障当事人在行政执法过程中受到公正、富有尊严的对待，如《行政许可法》第36条规定：“行政机关对行政许可申请进行审查时，发现行政许可事项直接关系他人重大利益的，应当告知该利害关系人。申请人、利害关系人有权进行陈述和申辩。行政机关应当听取申请人、利害关系人的意见。”该项陈述权、申辩权的规定不在于直接实现主体所享有的某一项实体性权利，而在于保障当事人具有公平参与的机会，只是为了承认和尊重程序参与者的个人尊严以及实现自身的独立价值，即为了实现“看得见的正义”。因此，程序性权利并不完全依赖于当事人是否享有某项相关联的实体性权利，而相反，如果把行政执法看作一个过程，对于过程性价值的实现，对于过程中“相互主体性”的实现，程序性权利的价值更大。

二、行政执法程序性权利的价值

在行政法上引入程序性权利观念和制度，对于实现法治行政、民主行政、平衡行政、人权保障等行政法的基本理念具有重大价值，更对于实现行政程序法所追求的程序正义具有决定性的作用。行政执法程序性权利是实体性权利实现的有效保障，同时更具有保障程序自身的过程性正义的价值，当然这种工具价值和内在价值是其他部门法程序性权利所共享的；而作为行政法权利，程序性权利还有平衡行政优先权、制约行政权正当行使的独特价值。基于程序性权利的一般价值与特有价值的区分，我们从以下四个方面认识行政执法程序性权利的重要价值：

(一)保障实体性权利实现的工具价值

行政程序作为行政执法活动展开和推行的时空表现形式,其运行必然朝向一个预定的实体目标,追求一定的实体效果。正如萨默斯所言:"如果一项法律程序是实现某一好结果的有意义的手段,它就在这一方面成为好的程序。"[①]程序的"好结果效能"就是其有利于实体结果实现的工具价值。而对于程序性权利来说,如果构成某项实体性权利实现的方式、步骤、手续等的能力保障,促使当事人受法律保护的实体利益的实现,无疑也符合了这一"好结果效能"。把"好结果效能"作为程序性权利确认和享有的标准是非常现实的,因为当主体拥有某种实体性权利时,意味着他存在着某种受法律保护的利益,意味着他对某种特定结果有一种主张权。但是,主体对某种利益或对结果的主张权,都必须通过一定的行为而追求,通过一定的过程而实现。如果主体仅仅有对结果的"期待权",却没有对实现该结果的方式、步骤、时间的"期待权",则实体性权利将不能实现,即所谓"迟到的正义"、"残缺的正义"不是正义。从这个意义上讲,程序性权利是"权利"概念的当然内容。由此可知,实体权利和程序权利是权利范畴的两个方面,是权利范畴不可或缺的基本内容,"只有当程序性权利与实体性权利相适应、相佐证、相协调时,权利才能得到完整的表现,才会有实现的可能"[②]。这就要求法律确立某项权利制度,既要确立其实体性内容,保障主体的实体性权利,又要确立其程序性内容,保障主体的程序性权利。再者,实体性权利可以派生出程序性权利,即使法律没有规定保障某种实体性权利实现的程序性权利,也可进行权利推定,推定主体享有相应的程序性权利;当然,反过来理解,程序性权利是由实体性权利派生的就不成立了,因为程序性权利产生的法理基础除了实现实体性权利的需要之外,还有实现程序正义的需要。

① 转引自陈瑞华《通过法律实现程序正义》,载《北大法律评论》第1卷第1辑,北京大学出版社1998年版,第181页。

② 孙笑侠:《法律程序设计的若干法理——怎样给行政行为设计正当的程序》,载《政治与法律》1998年第4期。

程序性权利不仅能够保障实体性权利的实现，而且能够促使新的实体性权利的产生，促生某种实体性权利的法律创制，因为任何实体性权利的创制和发展都离不开程序性权利的享有。而如果从英美法制史的角度考察，通过程序性权利的行使和程序法的运作而创制实体性权利的认识就更容易理解。例如在英国，并没有一部成文法典规定公民的实体权利，但是普通法上源远流长的“自然正义”原则以及“平等对待”原则的实践应用，产生了作为普通法源泉的一系列判例，以渐进的方式确立了公民的一系列实体权利。可能正因为如此，英国最著名的宪法学者戴雪认为英国宪法不但不是个人权利的来源，恰恰相反，宪法却只是普通法运行于四境内所生之结果。[①] 在美国，正当法律程序原则最初只保护普通法上的权利，不保护特权。但在1970年具有里程碑意义的“戈德伯格诉凯利案”中，美国最高法院摒弃了认为福利津贴是特权不是权利的传统观念，认为凡是依法可主张的一切财产和自由利益，均属权利。此后在福利津贴、公共住房、政府雇员、教育、政府合同、酒类营业执照、监狱行政等传统的特权领域，几乎都能成为法律上可以主张权利的对象，正当程序原则约束的范围逐渐扩及到了传统的“特权”领域。从这个意义上就不难理解谷口安平所谓“诉讼法是实体法之母”的论断了。[②]

（二）保障平等主体地位的内在价值

在现实的行政关系中，行政机关与个人和组织的关系总是不对等的，行政机关因其国家权力的背景、明显的资金、人力、技术和信息优势，以及传统政治哲学中的臣民观念等，形成了明显优越于个人和组织的实际地位。在此基础上形成的传统行政法律关系，仍然没有超越现实的窠臼，确立了行政法的“管理法”观念，把参与行政律关系的个人和组织当作行政行为的客体，对行政主体的命令负有单纯的服从义务，行政关系的不对等性没有被改变，反而被法律强化和

---

① 参见［英］戴雪《英宪精义》，雷宾难译，中国法制出版社2001年版，第239～245页。

② 参见［日］谷口安平《程序的正义与诉讼》，王亚新译，中国政法大学出版社1996年版，代译序第5～6页。

保障。

但是,随着现代行政程序法制的建立和行政相对人和相关人在程序法上主体地位的明确,这种状况已经被有效地逆转。由于权利义务的对应性是法律调整社会关系的基本机制,当法律明确了个人或组织的程序性权利的同时,就必须明确行政主体的对应义务,例如行政相对人的查阅卷宗权,必然对应着行政主体的公开义务;行政相关人的获得通知权,也当然对应着行政主体的告知义务等。由于行政程序性权利保障了行政相对人和相关人能够实际参与行政执法的运作过程,意味着行政相对人和相关人对行政执法所涉事项具有了同样的参与和表达机会,通过全程性的参与,行政相对人和相关人以其所享有的各种程序权利与行政主体进行有效抗衡,进而形成与行政主体之间的"对峙"关系。不仅如此,行政程序法还建立了相对人和相关人之于行政主体行为的防御权,当相对人或相关人认为行政决定显失公正或侵害了自己的正当权益时,可以行使抵抗权、拒绝权,甚至行使申诉权,提起行政复议、行政诉讼等,促动对行政权的有权监督。防御权更是提升了相对人和相关人的主体地位,使得个人和组织不仅具有直接抗拒行政权力的权利和可能,而且具有了借助和启动其他国家权力审查和监督行政权力从而救济自己受损权益的权利和可能,真正确立了个人和组织在行政执法过程与行政主体势均力敌的抗衡地位。可见,只有程序法和程序性权利的确立,才真正使得相对人和相关人摆脱了行政管理客体的地位,真正成为行政法律关系的一方主体。

罗尔斯对程序正义的三分法中,始终隐含着这样一个前提问题:在程序预想达到的结果正义之外,存在着程序自身的正义标准。同样,行政程序性权利除了有实现实体性权利的工具价值外,更具实现程序正义的内在价值,这些价值包括参与、个人尊严、理性、公正、平等、自由等,我们在此尝试以"主体性"对这些价值进行总括。"所谓主体性是指作为社会历史活动主体的人在能动地把握外在世界和人自身过程中所表现出来的内在能力,既表现为主体对自身内在属性和内在能力的内向意识,又表现为主体在实践对象化活动和对象化认知过程中所呈现出来的对客体的意识结构及行为操作结构。”[①]以主体性观念分析行政执法过程，主要就是以主体性精神设计程序的每个环节，将沟通理性以及相互尊重精神贯穿于行政权力运行的全过程，体现行政程序设计对人的终极性关怀，充分张扬主体的权利意识。可以说，正是行政程序性权利的确立通过法律制度最大地彰显和张扬了个人在行政执法过程的主体性。

（三）平衡行政优先权的制度价值

在行政关系中，行政职权的行使具有一定的优先性，这在各国行政法中都有相应的制度支持，如法国的公务优先原则和推定有效制度、美国的“行政特权”观念等。我国行政法学将这种行政职权的优先性概括称之为行政优先权，是指法律为保障行政主体有效地行使行政职权而赋予行政主体许多职务上的优先条件，即行政权与其他社会组织及公民个人的权利在同一领域或同一范围内相遇并冲突时，行政权具有优先行使和实现的效力，包括先行处置权、获得社会协助权和行政行为的推定有效性，行政优先权制度保障了行政执法过程行政主体的优先性、主导性和行使行政职权的有效性。行政优先权当然不是绝对的，传统行政法建立了其行使的四个条件：必须是行政主体行使，必须是在行使职权、从事公务时行使，必须是为实现行政目的所必需，必须有法律依据。[②] 同时，把行政优先权之行使是否遵循了上述条件纳入立法的规则控制和事后司法审查的范围。

法律所追求的平衡体现为制度运行效果上的和谐，具体到行政法领域则指行政权力与公民权利在制度安排上的同等保护，除了指向在法律关系主体自身建立职权与职责、权利与义务的衡平机制外，还指向在行政主体与相对人和相关人之间权力与权利的均衡性。基于行政优先权的存在以及行政权滥用趋向的假设，现代行政法就从制度平衡的理念出发，理所当然更加注重公民的程序性权利，以形成行政执法过程来自相对人和相关人的事中实时控约机制。例如，相

① 参见崔卓兰、曹中海《论行政程序的内在价值》，载《法制与社会发展》2006 年第 3 期。

② 参见罗豪才《行政法学》，北京大学出版社 2001 年版，第 38～40 页。

对人与相关人可以通过陈述权、申辩权甚至抵抗权的享有和行使对行政主体的先行处置权形成抗衡，通过获得知情权、获得补偿权、申诉权等与行政主体的获得社会协助权进行衡平，通过质证权、申诉权、赔偿请求权等与行政行为的推定有效性形成衡平机制，由此确立了行政相对人以行使程序权利的方式来控制行政优先权的不当推定。

（四）促使权力运作合理化的实践价值

现代社会对行政的要求不仅仅是合法，更要求其合理运作，这种合理性的运作就不再是仅凭完善的立法和严格的司法审查能够做到的，而要求来自行政运作过程的更有效力量的制约。行政相对人和相关人对自身利益的关注就是这样一种存在于行政权运作过程的重要力量。通过行政程序法的权利和义务设置，行政相对人和相关人转化为程序方面的权利主体，获得了与行政权相平衡的程序对抗权，防止了行政自由裁量权的恣意，实现了行政相对人的权利防卫和对非法行政行为的排除。行政相对人和相关人程序性权利的行使，要求行政主体必须充分论证行政行为的正当性，向当事人说明正当性理由，从而获得相对人和相关人的认同和配合。同时迫使行政主体从相对人的实体利益角度来考虑问题，以实现行政理由的正当，并关注和尊重相对人与相关人的人格，履行法定的传唤、询问、取证等程序义务。因此，程序性权利的确立和健全，使得行政主体和相对人实现角色转换，两者在权利和义务分配方面从不对等又重新回到平衡，既增强了行政相对人在行政行为过程中自我救济的能力，表达了行政相对人和相关人作为行政法主体的法律地位，又是促使行政权力运作合理化的有效机制。

三、行政执法程序性权利的内容

对于行政相对人和相关人所享有的程序性权利，进行穷尽列举相当困难，当然也是没有必要的。分析相对人和相关人的程序性权利内容，最好先对其进行分类，因而确定一个合理的分类标准成为首要选择。法理学关于权利的分类标准依据不同的分类目的表现为各式各样，诸如法律关系的性质、主从标准、发生的因果关系、主体、客体、目的、作用等等都成为划分权利的不同标准。而要对行政执法程序性权利进行分类，需要明确分类的目的。我们以为，本书研究程序性权利、对其进行分类的目的有二：明确其对行政执法过程的直接推动价值；分析其对行政主体所产生程序义务的内容之于行政执法过程的推动意义。概而言之，分类的目的在于明晰不同的程序性权利对于推动行政执法过程的意义。因此，本文以行政执法过程为主线，以对行政执法过程的不同推动作用为标准，将行政相对人和相关人享有的程序性权利划分为发起权、知情权、参与权和防御权四类。

（一）发起权

发起权，是指相对人通过自己的行为促使行政法律关系产生的权利。行政法律关系的启动不仅仅源自行政主体的积极职权行为，通过相对人主动对行政主体行使权利和履行义务的行为亦可发生，如相对人向行政机关申请行政许可的行为、向行政机关主动缴税的行为等，都可使得法律已然规定的抽象法律关系在特定的行政主体和相对人之间被激活，从而产生特定主体之间的权利义务关系，行政主体由此就必须履行相应的法定义务。据此就可解释行政主体违法的不作为行为形成的法理，其应当作为而未作为的相应义务首先来自法律的规定，其次来自相对人权利实现的要求；否则仅有法律规定而没有相应的能够激活法律规定的具体行为或法律事实，也不能认定行政主体不行为的违法性，依此可以解释许多刑事案件的被害人之所以不能请求公安机关不作为赔偿的原因。行政相关人不是发起权的享有主体，因为行政相关人是参与到已经形成的法律关系的、与行政主体具有对应权利义务的个人或组织。在程序性权利体系中，只有在对于行政法律关系发起权的享有方面，行政相对人和相关人才具有明显的差异性；而对于其他程序性权利，两者的享有均没有明显的差异。

发起权的主要表现形式是申请权、建议权、请求权等。申请权，是特定的行政相对人就有关事项向行政主体提出请求、启动行政程序的权利。基于法律关于行政许可、行政确认等行为职权的相应规定，相对人就某类特定事项向行政主体提出申请，就可促使特定行政法律关系的形成，由此行政主体即负有一系列的义务，如提供申请书的标准文本、对填写申请书给予说明和指导、对提交申请书提供方便、快捷、有效的途径、对申请书和所提交材料予以形式审查、对申请程序予以回应，作出受理或不受理的决定等。例如，我国《行政许可法》第 29 条规定："申请书需要采用格式文本的，行政机关应当向申请人提供行政许可申请书格式文本。申请书格式文本中不得包含与申请行政许可事项没有直接关系的内容。"第 30 条规定："行政机关应当将法律、法规、规章规定的有关行政许可的事项、依据、条件、数量、程序、期限以及需要提交的全部材料的目录和申请书示范文本等在办公场所公示。申请人要求行政机关对公示内容予以说明、解释的，行政机关应当说明、解释，提供准确、可靠的信息。"行政相对人也可向行政主体提出相应建议，敦促行政主体就某些事项积极行为、进行更正等。建议权是宪法规定的基本权利的具体化，被提出建议的行政主体由此负有了对建议有所回应的特定义务。例如《行政许可法》第 20 条规定："公民、法人或者其他组织可以向行政许可的设定机关和实施机关就行政许可的设定和实施提出意见和建议。"请求权是相对人直接要求某个行政主体履行法律明确规定的特定义务的权利，如我国《国家赔偿法》规定，第 10 条规定："赔偿请求人可以向共同赔偿义务机关中的任何一个赔偿义务机关要求赔偿，该赔偿义务机关应当先予赔偿。"第 13 条规定："赔偿义务机关应当自收到申请之日起两个月内给予赔偿。"

（二）知情权

在近现代社会中，知情权是宪法和法律保障的公民的一项基本权利，是公民实现其他民主权利的前提和基础。知情，是公民参与国家管理的前提，并对国家权力的行使有直接的制约作用。知情权，又称知悉权、获悉权、了解权、得知权等，指个人和组织依法享有的知悉并获取与自身利益相关的各种信息的自由与权利。知情权有广义和狭义之分，学者们一般认为前者是指涵盖公法和私法领域的最广泛的知情权，后者单指公法领域的，即针对国家权力的公民知情权。公法领域的公民知情权又包括公民的立法知情权、行政知情权和司法知情权。本章所讨论的知情权就是指个人和组织对行政执法过程的知情权，包括获知行政管理信息、了解行政执法过程、查阅行政执法案卷的权利。行政程序法确认和规定公民的知情权具有重要的意义：首先，为公民了解、获知相应的信息提供了制度支持，为保障权利主体的自身利益提供了保障；其次，有利于遏制行政腐败，因为“阳光是最好的防腐剂”；最后，知情权阐释了行政公开制度产生的基本法理，并确立了行政机关的公开义务。如果不把知情规定为公民针对行政权力享有的权利，而仅仅通过推行行政改革、通过道德约束促使行政机关公开行政，公开制度将永远是不彻底的。对此，丹宁勋爵曾

有过如下精辟的言论：当事人必须有“纠正或驳斥任何有损于他们观点的事情的公平机会”，“如果被听取意见的权利要成为有价值的真正的权利，它必须包括让被控诉人了解针对他而提出的案情的权利。他必须知道提出了什么证据，有些什么损害他的说法；然后他必须得到纠正或驳斥这些说法的公平机会”①。

行政知情权主要表现为：行政信息获悉权、获得通知权、查阅卷宗权等。行政信息获悉权指向行政过程涉及的所有信息，如行政所依据的法律、法规、规章和规范性文件，有关行政计划、规划、相应政策信息、有关统计资料、有关事项的标准、手续、实施状况、监督检查情况等。当然，行政信息获悉权除了要求宪法予以保障外，更要求法律法规所建立的行政公开制度的具体落实。从瑞典 1766 年制定《新闻自由法》开始，目前世界上已经有五十余个国家或地区在宪法之外建立了专门的政府信息公开法律制度，我国业已颁布了《政府信息公开条例》，并于 2008 年 5 月予以实施。获得通知权，是指在特定的行政执法过程中，相对人与相关人有从行政主体获知有关自身权利义务事项的明确通知的权利，包括获知行政行为的内容、依据、理由、事实根据、救济途径等通知的权利。比如，行政许可的申请人有获得行

---

① 转引自[英]威廉·韦德《行政法》，楚剑译，中国大百科全书出版社 1997 年版，第 181 页。

政机关受理或不予受理书面决定的权利，有获得许可或不予许可的书面决定的权利；再如行政处罚法建立的事前告知程序，制作并送达行政处罚决定书的程序规定，也是对获得通知权的制度保障。查阅卷宗权是指行政相对人和相关人在参与行政程序过程中，查阅行政主体收集、制作的与行政案件有关联的卷宗材料之权利。行政相对人和相关人通过卷宗阅览，可以知悉行政主体掌握的对自己不利的资讯，可以在行政主体作出最终决定之前为自己申辩，从而维护自己的合法权益。对查阅卷宗权的首要保障制度是案卷制度，即行政主体在行政过程中应将相关的依据、证据、材料、信息、手续等形成完善的案卷，还要建立完善的程序制度保障所有的利害关系主体通过便捷、有效的方式查阅卷宗，保障自己的正当权益。

（三）参与权

行政程序参与权是指行政相对人和相关人为了维护其自身的合法权益而参与到行政过程中，就涉及的事实和法律问题公开阐明自己的主张，从而影响行政主体作出有利于自己权益的行政决定的程序性权利。行政执法权的运行必须有公民的参与。“对于本人，对于他自己的身和心，个人乃是最高主权者。”[①]通过参与，公民可以有机会主张自己的权利，并在行政权的行使中实现自己作为行政权的所有者的利益。通过对行政权运行的参与，公民可以随时随地以国家主人翁的姿态和精神关注、监督、控制行政权的运行，从而使行政主体作出的决定建立在较为公正的基础之上，有力地防止行政权的滥用。参与权是在行政法领域实现法律面前人人平等的基本保障。虽然在行政法学研究中有许多学者论证行政法律关系的不对等性，却极少有人主张行政法律关系的不平等性，因为法治的基本要求就是法律面前人人平等。在我们看来，不对等性也是人们对行政法律关系的误读，不对等性仅仅是行政法所调整的行政关系的实然状态，而行政法所追求建立的行政法律关系是对等的、是平等的，平等和对等必然是法律上的平等和对等，而非社会现实的平等和对等。行政程

① [英]密尔：《论自由》，程崇华译，商务印书馆 1982 年版，第 10 页。

序法确立和保障的公民程序性权利就是行政法上平等的重要体现，尤其是参与权。相对人和相关人，通过表达自己对于法律的理解、对于事实的看法、对于行政主体拟作出的行政决定的意见从而影响最终的行政决定，参与权的行使不仅充分体现了相对人和相关人与行政主体平等的程序主体地位，而且改变了行政行为的单方意志性，使最终的行政决定在一定程度上包含了相对人和相关人的意思表示。可见，参与权不仅表明了个人和组织的程序主体地位，而且表达了其对于行政行为的实体决定地位。

行政程序参与权主要表现为陈述权、申辩权、听证权、申请回避权、要求平等对待权等内容。陈述权是行政相对人和相关人就行政案件所涉及到的事实向行政主体作陈述的权利。行政相对人和相关人是行政案件的当事人，亲身经历了事实的发生、发展，确认其陈述权不但有利于实现行政程序的平等和行政实体结果的公正，而且有利于行政主体全面了解行政案件的事实真相以作出正确处理。申辩权是行政相对人和相关人针对行政主体提出的不利指控或拟作出的不利决定，依据法律和其掌握的事实向行政主体提出辩解和反驳，以消灭或者改变行政主体对其的不利指控或决定的权利。听证权是行政相对人或相关人在有第三方主持的特定场合，针对行政主体拟作出的行政决定及其法律依据和事实根据与行政主体进行质证的权利，是以准司法化的方式和程序进行陈述和申辩的权利。申请回避权是行政相对人或相关人认为主持程序并裁决自己与行政主体争议的行政官员具有法定回避情形时，请求该行政官员回避的权利。对行政主体工作人员回避申请权的法律意义在于，通过行政相对人的判定将可能不公正主持程序和裁决的行政官员排除在行政程序之外，从而消除行政相对人或相关人对程序和结果不公正的怀疑。要求平等对待权是指行政相对人或相关人期待并获得行政主体在行政执法过程同等情况予以同等对待的权利，该权利渊源于人人平等的法治理念和宪法、法律关于平等权的规定和追求。但要求平等对待权并不等同于平等权利，“平等权利是就行政相对人的相互关系而言的，而受平等对待的权利是就行政相对人与行政主体的相互关系而言的。它基于公民之间的平等权利要求作为执法者的行政主体予以平等地对待,平等的适用法律"①。

(四)防御权

防御权是指在行政执法过程相对人或相关人对于行政主体的违法或无效行为所享有的正当防卫权,是针对不法侵害进行私力救济和请求公力救济的权利,主要内容包括抵抗权和申请救济权等。

相对人对于明显违背法律强制性规定的行政行为有直接抵抗的权利,其作用在于使明显违法的行政行为不能生效。如我国行政处罚法第49条规定:"行政机关及其执法人员当场收缴罚款的,必须向当事人出具省、自治区、直辖市财政部门统一制发的罚款收据;不出具财政部门统一制发的罚款收据的,当事人有权拒绝缴纳罚款。"当然首先要明确,这种抵抗权利并不是针对行政权力的,而是针对异化了的行政权力,即行政权力违法及权力腐败——"行为主体为其特殊利益而滥用权威或偏离公共职责的现象。"②当行政机关所用之权已完全不是法律对其所设定之权,或者行政权力的运用已改变了设定的本意而成为谋取私利的手段时,行政相对人就有权予以抵抗。关于行政相对人对违法行政行为的抵抗权问题,已见之于行政法学著述。

那么,赋予相对人以抵抗权与行政行为的公定力理论是否矛盾?这涉及行政行为公定力的界限问题。对此,理论上有两种不同的学说:有限公定力说和无限公定力说。有限公定力说是德、日等国行政法学上的通说和行政法律制度的通例,认为,行政行为一般具有公定力,但有重大且明显瑕疵的无效行政行为除外。《联邦德国行政程序法》(1976年)第43条规定,"无效行政行为始终不产生效力",即任何人都可以无视其存在。《葡萄牙行政程序法》(1996年)第134条规定,"无效行为不产生任何法律效果,不需取决于宣告无效","任何利害关系人可随时主张行政行为无效;任何行政机关或法院亦得随

---

① 方世荣:《论行政相对人》,中国政法大学出版社2000年版,第87~88页。

② 林喆:《权力腐败与权力制约》,法律出版社1997年版,第74页。

时宣告行政行为无效”。完全公定力说认为，只要是行政行为，不论存在着怎样的瑕疵，在依法被否定前都具有公定力。法国多数学者持此种观点，法国行政法院的判例也坚持了这种观点。除了行政行为的不存在之外，“利害关系人认为行政机关的决定违法，只能按照法定的途径提出申诉。在这个决定没有被有权限的机关变更、撤销或宣布无效前，始终认为违法。即使在申诉过程中，在受理申诉的机关没有作出裁决以前，行政决定继续有效”[①]。狄骥认为，在法律上，“国家垄断了强制，就不能用强制来反抗国家本身”[②]。我们以为，应适用有限公定力理论，对于无效行政行为授予个人或组织以抵抗权。原因在于：第一，既然个人或组织是行政法律关系的主体，其权利和自由应得到尊重。如果对有明显且重大瑕疵的行政行为仍然承认其公定力，是对个人或组织自由与权利的过分限制，与个人或组织的主体地位不符。第二，行政行为公定力的目的是保证公共利益实现的效率。而有明显违法情形的行政行为，无论在形式上或实质上都已经偏离公共利益的实现。第三，抵抗权应有法律的明确规定，个人或组织行使抵抗权其实是立法机关授权个人或组织对无效行政行为的抵抗。

申请救济权是个人或组织认为行政行为侵犯了其合法权益而申请有权国家机关审查行政行为的合法性并救济其被侵害权益的权利，是针对行政主体可能的违法行为申请公力救济的权利。“救济权也是一种申诉权、监督权，它在权利结构体系中应当起安全通道和反馈调节作用。”[③]行政相对人或相关人所享有的申请救济权，既是当事人保障自己权益的申诉权，也是监督和抵制行政权滥用的权利。有权机关救济程序的启动是建立在当事人认为自己正当权益受到非法侵犯并请求有权机关救济的基础上的，可见，申请救济权至少包含两项内容：认为和请求。

---

① 王名扬：《法国行政法》，中国政法大学出版社 1989 年版，第 158 页。

② [法]狄骥：《宪法论》，钱克新译，商务印书馆 1962 年版，第 505 页。

③ 郭道晖：《法理学精义》，湖南人民出版社 2005 年版，第 180 页。

四、行政执法程序性权利的保障

(一)权利宣示制度

对行政执法权利,尤其是程序性权利予以法律法规的明示规定是其实现的基本前提。因为行政法权利是针对国家权力的权利,国家权力的法定化也就决定了私人公权利的法定化,不能像私权利那样可以依约定或推定产生。而且个人的利益和需要有很多,表现在衣、食、住、行、娱乐、教育、经营事业、从事研究等许多方面,但是否能够成为对他人尤其是对国家主张的权利,取决于法律规则的确认和规定。这一点已成为中外法学理论的基本共识。“在现代社会里,用法律的形式与手段将人应当享有的权利明确规定下来,是人权形态中的一种具体的、明确的,并最能得到实现的人权。”[①]在行政法领域,提及权利,主要是指个人或组织能够要求行政主体通过行政行为予以保护的利益主张。行政行为的目的是公共利益,不是个人或组织的每一项利益都能得到行政权力的保护,一个人的生命、财产被犯罪分子非法侵犯,个人是否能够以国家未尽到完全保护职责为由享有获得国家赔偿呢?当人们购买、食用了劣质的食品、药品而导致生命健康的损害,是否因此获得了对质量监督局、工商管理局未尽监管职责或怠于监管职责行为的诉权,并因此享有了就其损害获得国家赔偿的权利?对诸如此类的个案的回答,必然是众说纷纭,但有一点是肯定的,就是个人或组织对国家是否享有某种权利取决于法律的规定,基本理由是行政义务的利益取向。立法目的的利益取向是确定公法主体权利的准则,也就是说,公法权利存在的基础是行政法规定的行政活动,不仅服务于公共利益,而且还服务于个人利益。因此,法律上惠利个人的规定本身,并不能认为确立了个人的公法权利,而只能是一种法律上的事实。公法主体权利所要求的,必须是立法者有让行政服务于个人的明确目的。这种立法目的必须通过专门的措辞在法律文件中明确地表达出来。所以,“确认公法主体权利的

---

① 李步云:《论人权的本原》,载《政法论坛》2004年第2期。

根据，只能是法律文件中的有关规定”[①]。

另一方面，在行政管理活动中，个人或组织就哪些利益对国家享有权利，在各国的立法和实践中都经历了一个逐步扩大和健全的发展过程。在日本、德国等大陆法系的传统公法观念中，法律上的利益和反射性利益是被严格区分的，当为保护和增进公益而进行的法律规制或行政执行，在事实上给特定的或不特定的个人或组织带来一定的利益时，这种利益称为“反射性利益”，也称为“反射权”。行政法所保护的利益属于直接的每个个人或组织的利益时，便存在个人或组织公权利；当行政法所保护的利益是不特定多数人的利益时，个人或组织因此获得的利益是反射性利益，行政行为因此给特定个人带来不利时，不构成“权利损害”，当然也不能寻求法律救济。但现代，随着国民对行政依存度的增大及权利意识的提高，判例的解释态度也逐渐缓和。现在，判例基本上将行政与相对人和相关人的关系，包括给付行政领域的关系，看作权利义务的关系，将从前认为是反射性利益的事项，尽量解释为法律保护的利益，扩大解释个人或组织享有权利的行政领域。[②] 同样，在美国、英国的传统行政法中，对于正当法律程序保护的范围，也有权利和特权的区别。传统理论中的正当法律程序主要是保护普通法上的权利；而当事人在普通法之外从政府所享受的利益，是政府的赐赠，不构成个人的既得权利，属于特权。政府对于特权，可以随时取消，不受宪法上正当法律程序的限制。在当代，特权理论受到强烈的批评，法院对于特权理论的态度开始转变，当事人依照法律规定可以直接享受的利益，就构成法律上可以主张的权利，受正当法律程序的保护。过去许多属于特权的禁区，逐渐受到正当法律程序的约束。除外国人的入境利益不受宪法保护以外，当代社会中个人或组织的自由和财产利益，几乎都能成为法律上可以主张的权利的对象，如福利津贴和其他类似的津贴、公共住房、政府雇员、教育、政府合同、酒类营业执照、监狱行政等过去属于典型

① 于安：《德国行政法》，清华大学出版社 1999 年版，第 41 页。

② 参见杨建顺《日本行政法通论》，中国法制出版社 1998 年版，第 198 页以下。

的特权事项，也依据判例应当受到正当程序的保护，成为当事人可以主张的权利。

各国行政法确认的权利的内容呈逐渐扩大的趋势，我国行政法制随着理论认识的深入也发生了类似的变化，以 1986 年颁布、1994 年修正的治安管理处罚条例和 1996 年颁布的行政处罚法比较为例可以看出这种变化。治安管理处罚条例关于相对人和相关人的权利规定几乎没有，只在第 39 条规定当事人不服的，可以申诉，对申诉裁决仍然不服的，可以向法院起诉。而在传唤、讯问、取证、裁决程序中，仅规定了当事人的配合义务，未有任何权利性的规定。《行政处罚法》则明确规定了当事人的陈述权、申辩权、申请复议权、申请诉讼权、申请国家赔偿权、听证权、申请回避权、拒绝缴纳罚款权、申诉权、检举权、拒绝处罚权等至少 11 项权利。2003 年颁布的行政许可法也明确规定了平等权、陈述权、申辩权、申请复议权、申请诉讼权、申请国家赔偿权、听证权、申请回避权、申诉权、检举权、举报权、申请国家补偿权、阅卷权等至少 13 项权利。随着法律对个人或组织在行政领域权利的确认，个人或组织的行政法主体地位才得以体现，行政执法过程才可能体现为行政主体与相对人和相关人的权力与权利相互作用的过程。

（二）规范转化制度

权利与义务是一对对应的范畴，一项权利的享有必然意味着对方主体义务的负担，一定的权利需要相应的义务履行使其得以满足。在私法上，这种权利义务的逻辑条件是自然存在的，权利义务的对等是私法的基本标志。它产生于私法本身特有的基础，即公民利益的平等、地位的平等、一方的义务和权利存在并局限于对方的义务和权利之中。在公法上，权利主体的对方主体负有满足权利要求的义务，必须是由客观法律规定的。因为国家行政是建立于公共利益的需要之上的，而不是只为特定的个人服务的。但是主体公法权利的利益基础是当事人个人的需要。如果承认主体公法权利的正确和需要，那么就必须承认行政机关满足主体公法权利的法律义务，不仅服务于公共利益，而且服务于公民个人的利益。所以，在法律上不能简单地说，所有给公民个人带来好处的法律规定，都自然地授予每个公民以主体公法权利，行政机关履行法律义务都是为了满足公民个人的主体公法权利。行政法的主体公法权利必须与宪法意义上一般性的肯定有所不同。[①]

主体公法权利的实现必然表现为行政主体相应法律义务的履行，对于行政主体的积极义务必须由法律予以明确规定。此类权利保护制度，我国法律已经开始建立。例如《行政处罚法》第31条、32条规定，行政处罚的相对人享有陈述权和申辩权，该两项权利的实现保障是处罚主体履行五项法律义务：一是告知权利；二是听取当事人的意见；三是复核当事人提出的事实、理由和证据；四是采纳当事人提出的、成立的事实、理由及证据；五是不得因当事人申辩而加重处罚。又如《行政许可法》第46条、47条、48条规定，行政许可的申请人、利害关系人享有听证权，行政许可机关相应地负担七项义务：告知权利；组织听证；通知有关听证的事项；公开举行听证；行政人员提供审查意见的证据、理由等供申请人和利害关系人申辩和质证；制作笔录；根据笔录作出行政许可决定等。可见，行政法上个人或组织权利的实现要求行政主体特定义务的履行，这些义务必须由法律明确规定。以法律确认行政主体的积极义务是个人或组织行政法权利实现的前提。

（三）救济补救制度

权利在实现过程中会发生缺损现象，这就需要对权利的缺损予以救济。权利救济有两种形式：一是权利救援，即依法恢复缺损的权利；另一种是权利补偿——不仅仅恢复权利的完整性，还补偿权利缺损时的损失。[②] 那么，谁来寻找责任主体并确定其承担恢复已缺损权利和负责补偿责任呢？行政机关作为国家公权力的行使者，能够成为对权力缺损确定责任和责任主体的救济主体。依据权利缺损的责任主体的个人或组织身份和行政主体身份的不同，对权利缺损的

---

① 参见于安《德国行政法》，清华大学出版社1999年版，第37～38页。

② 参见林喆《权利补偿：现代法治社会的基本要求》，载《中国法学》1997年第2期。

行政领域的救济分为两类：行政裁决和行政复议。当个人或组织认为其民事权利受到其他个人或组织的非法侵害时，可以申请行政裁决，寻求受侵害权利的救济。当个人或组织认为其行政法权利受到行政主体违法行政行为的侵害时，可以向行政复议机关申请行政复议，寻求行政救济。这些属于正式行政救济的范畴。除此之外，个人或组织认为其权利受到了非法侵害或不公正的对待，比如下岗失业、土地被强制征用、对拆迁补偿不满意等等不尽如人意的状况，还可以通过批评、建议、检举、控告、信访等方式寻求行政处理，行政机关进行调查、处理，给了当事人一个满意的结果，就构成对个人或组织权利的一种非正式救济。

行政法权利的实现依赖行政主体依法行政，当行政机关违法行政或违法地不履行职权时，个人或组织的权利就无法实现，并且可能受到损害。当然，行政机关会约束自己遵守法律，行政系统内部也有相应的约束机制。但仍然不能排除行政机关可能有不守法的时候，行政系统内部可能有不能自我约束的时候，个人或组织权利受到行政权力损害的情况仍然有可能发生。当个人或组织权利受到行政权力的侵害后，当然可以寻求行政系统内的救济，但基于“自己不做自己案件的法官”的自然正义原则的要求，来自行政系统以外的司法救济才是最为理想的公正救济，法院“是保护个人自由和权利的坚强堡垒”[①]。

第四节 行政执法过程权利的作用机制

一、参与与配合

个人或组织的参与与配合是行政权有效实现的条件，公民权利可以渗透到行政权力运行过程中，形成行政权利。如果没有满足公民权利就构成非法状态而难以运行，如果满足了公民权利就会得到

---

① 王名扬：《美国行政法》，中国法制出版社 1995 年版，第 566 页。

公民的配合而有效运行。我们以为行政相对人与相关人应对行政活动深度参与，与行政主体共同来完成行政权力的运行，这对于有效实现依法行政是具有本源性意义的。

(一)促使行政目的合法公正和理由证成

个人或组织的参与与配合可促使行政目的合法公正和理由证成。效率是行政的本质要求，这是行政权区分于立法权、司法权的典型特征，因为立法权、司法权完全可以不以效率为目标，但行政行为却不能不把效率作为目标之一。要实现效率，除了设计合理、便捷的行政程序制度外，还可通过设计合法正当的行政行为目的，使相对人对行政目标自觉地遵从，自觉地参与和配合行政权的运行。那么如何获得相对人的自觉遵从？基本的要求就是行政主体依据法律行政，依据法律所规定的权限、方式、方法、步骤、顺序、时限、手段、条件等作出行政行为，使行政行为具备形式合理性。但成文法的规定是局限的，只能为行政提供一般规则甚至模糊的原则，现代行政法承认行政主体享有广泛的自由裁量权，以实现特定行为的实质合理性。但是，自由裁量中的实质合理性并不意味着法律允许权力的无限制化，只是说明法律要求不拘泥于规则本身的形式合理性，而追求法律规则精神层面的实质合理性，要求行政主体行使裁量权遵循法律的目的、精神、原则，遵循道德、政策和客观规律，在正当考虑的基础之上作出实质正义的决定。

个人或组织的参与与配合也促使行政执法行为遵循理由证成程序。对于形式合理性和实质合理性的追求，不仅是行政决定的要求，更是行政程序的要求，表现在行政行为不仅要有正确的法律依据，还要告知相对人行为的法律依据，不仅要有正当的理由，还要对相对人论证理由的成立及理由的正当性，这就是理由证成程序。理由证成程序是对相对人论证行政行为目的的过程，更是说服相对人理解和认可行政行为的过程。只有相对人自愿地服从和配合行政决定，行政权力才能有效地、完全地、及时地实现，尤其是行政行为表现为对相对人的自由和权利进行限制时，理由证成更有必要。因为程序的“普遍形态是：按照某种标准和条件整理争论点，公平地听取各方意见，在使当事人可以理解或认可的情况下作出决定”，程序不仅仅是决定的过程，还“包含着决定成立的前提”。[①] 可见，理由证成、行为目的的合法正当性能够促使相对人自觉遵从行政行为，配合行政主体完成行政目标。

(二)促使行政方式的民主化

行政方式的民主化，也是行政相对人参与和配合行政行为的前提。行政合同、行政指导是现代国家行政职能实现的新型方式，是实施福利行政、实现政府对经济的宏观调控职能的主要方式。行政合同、行政指导行为的广泛运用，使政府的管理方式发生了变化。要使合同得以缔结、履行，使指导性行为能够产生法律效果，行政主体必须遵守如下规则：平等地对待行政过程中的个人或组织、尊重个人或组织的意志、重视个人或组织的权利和正当权益、行政主体要守信和有责任感等。合同、指导行为的广泛运用，不仅带来了给付行政、福利行政领域内行政方式的民主化变革，而且带动了秩序行政领域行为方式的转变。传统的行政高权行为仅仅表现行政主体的单方意志即可产生法律效果，但在现代，即便行政处罚、行政征收、行政强制等典型的秩序行政行为，也必须给相对人以申辩、陈述、听证等发表意见、影响行政决定的机会；而人权观念、比例原则、告诫程序、告知制度等在行政行为中的应用，也在某种程度上促进了行政方式的民主化。

行政方式的民主化除了表现为合同、指导等新型行为方式的广泛运用外，还表现为行政程序制度的健全。行政程序制度的健全首先要求立法机关加强行政程序立法，20 世纪中期开始，由国会制定有关行政程序的法典或制定某类行政行为的单行程序法成为行政程序制度立法建制的标志；其次要求行政机关自身加强行政程序的制度化建设，对于法律未规定的或法律不宜规定的，行政系统内部应建立相应的规范程序，当然要遵循法律优越和法律保留原则；最后要求司法机关加强对行政行为是否遵循法定程序的审查，以保障程序规

---

① 参见季卫东《法律程序的意义》，载《中国社会科学》1993 年第 1 期。

则的效力。为了保障相对人及相关人对行政行为的参与和配合，应当建立下列基本的程序制度：调查制度——行政行为必须以获取证据和证明事实为前提，直接涉及相对人的实体权利的实现；告知制度——行政主体在作出决定之前，应当告知相对人有关的法律信息和事实信息，保障相对人的知情权；听证制度——行政主体作出对相对人或相关人权利不利影响的处分决定之前，应当保障利害关系人发表自己意见的机会，保障相对人对行政决定的法律依据和事实证据及理由的辩论权；回避制度——“任何人不得在与自己有关的案件中担任法官”同样适用于行政领域，行政组织和行政人只要与案件有利害关系，可能影响或使相对人认为可能影响公正、客观地办理公务的，都应当回避，以保障行政行为的自然公正。

二、监督与制约

（一）权利制约对权力制衡的弥补

依法治国是法治的基本要求，而依法行政是建设法治国家的核心。依法行政是权力分立和制衡机制的要求和结果：立法机关对行政机关的行政活动制定法律，行政机关依照法律进行行政活动，司法机关对行政机关是否依法行政实施司法审查并对违法行政对公民造成的损害予以补救。这种以权力制约权力的模式对于建立有限政府、抑制行政权力消极的甚或有害的一面发挥了重要的作用。但随着行政权力的扩张、行政对社会与经济领域的广泛干预，将行政权和某些立法权、司法权集中于行政机关行使、授予行政机关广泛的自由裁量权不仅成为必要，而且成为现实。与行政权力的扩张相伴生的一个问题是：为了实现有效利用行政权力的积极作用的预期，应当建立什么样的制度来约束日益膨胀的权力？如何在有效增强行政机关的活力、尊重专家技术地位的同时，又保证行政过程的公正？如何在承认公共行政可以为了公共福利而限制个体自由的同时，将这种限制保持在一定的限度内，以防出现多数人的暴政甚或最终埋葬个体的自由？实际上，传统的权力制衡制度约束行政行为已显得捉襟见肘、力不从心了，原因在于：立法是滞后的、抽象的，其对行政的制约只是一种事先的外部控制，难以深入行政权运行的具体内部过程进行制约；而司法审查的被动性、审查范围的有限性、审查强度的有限性决定了司法权对行政权的制约也是有限的，因为“司法审查有许多固有的职能限制。设定司法审查的意图仅仅在于维持最低的标准而非确保最适宜或最理想的行政决定。由此，在最低限度的公正和合理之上，行政机构仍可作出令人不甚满意的决定或诉诸糟糕的程序”[①]。归根到底，“以权力制约权力”的作用只是发生在行政活动外部，发生在行政行为的事前和事后。但是，“有行政活动的可依之法并不等于行政必依其法；有事后纠正行政违法的制度和措施也不等于行政违法行为及其侵害后果在事中不会发生”[②]。于是，侧重于以权利制约权力的行政程序制度逐渐受到重视，并在行政法律体系中占据了越来越重要的地位。

(二)权利制约是督促依法行政的有效力量

对于权利制约的重要性，中外学者通过对权力运作的实证考察，已有多种论述。托克维尔在其《论美国的民主》一书中曾提及，美国之所以能持久地保持民主，除了以权力制约权力以外，公民权利是起了很大作用的。[③] 美国著名政治学家罗伯特达尔则认为，民主政治的核心因素不是权力对权力的制约。这些因素中，发挥关键作用的是社会团体、企业和公民个人。我国学者郭道晖教授也曾提出了著名的“以权利制约权力”的理论，他指出应当“广泛分配权利”、“集体行使权利”、“优化权利结构”、“强化权利救济”、“提高全民权利意识”、“掌握制衡的度”，以建立健全权利制约机制。

权利制约能在相当程度上弥补权力制约的不足。在行政行为过程中，个人或组织通过行政法权利的行使，能够预防、制约、抵抗违法行政行为的进一步发展，或者把自己的意愿渗透、表达在行政决定之

① [美]欧内斯特·盖尔霍恩、罗纳德·M·利文：《行政法与行政程序概要》，黄列译，中国社会科学出版社1996年版，第571页。

② 方世荣：《试析行政相对人对实现依法行政的积极作用》，载《法学》1999年第3期。

③ 参见[法]托克维尔《论美国的民主》，董果良译，商务印书馆1997年版，第360页。

中，促使行政行为沿着合法、适当的轨道运行，因而，权利制约减少了行政违法的可能性，克服了权力制约的事前性、事后性及外部性的弊端。同时，由于权利制约是在行政行为的具体过程中发生的，克服了立法权制约的抽象性；又由于权利制约总是离不开特定的权利主体，克服了司法权制约的被动性和个别性。①

行政权的作用过程是行政主体运用法律于特定个人和具体事项的过程，其行为正当性的评价取决于两个因素：一是是否符合反映人民意志的法律的要求，包括权限、程序、内容等；二是是否保障了参与该权力过程的个人或组织的权益。如果说第一个标准的判断应当由立法机关和司法机关作出，第二个标准则主要应该由个人或组织自身来判断。权利制约是以保护和发展自身利益为目的对行政权的制约，这种制约必定是主动的、积极的、不打任何折扣，甚至有些苛刻的。② 同时，权利制约不仅能够消极地制约行政权力不侵犯个人或组织权益，还能够通过种种途径促使行政主体积极地履行职责为其谋取福利、发展权利。而不像立法机关、司法机关对行政行为的监督仅仅是为了平衡公共利益与个体利益、协调普遍公正与个别公正的矛盾、审查执行法律行为与法律规定的一致性，而没有任何自身独有的利益为驱动力，并且仅仅限于消极防范、被动监督，难免会发生监督不力或疲软等不尽如人意的状况。因此，比较立法权的事前规制、司法权的事后监督，权利的事中控制是促使行政权力依法行政的最有效力量。

行政活动过程主要有两方主体：行政主体、行政相对人与相关人等私方主体。其中行政主体对于实现依法行政的决定性作用自不待言，它基于行政公务人员的依法行政观念、法律素质、明确的法律责任以及科学的内部权力运行设计等来实现依法行政。但仅靠行政机

---

① 参见羊琴《行政相对方权利制约行政权的若干思考》，载《法商研究》2000 年第 2 期。

② 当然，有时相对人也可能与行政执法人员达成协议，由行政人员作出利于双方个人但侵害国家利益、公共利益或违背法律的行政行为，由此说明权利制约不是万能的，不是也不可能是唯一的，其不可能也不应该代替权力制衡。

关自身的努力和自觉性也只是保证依法行政的一个方面。更为重要的是行政主体以外的力量，行政相对人与相关人对行政活动的深度参与，已经由过去单纯地受行政活动支配的对象转变为同时也是行政活动的参与人和依法行政的约束者，成为在事中就督促和制约行政机关依法行政的一支重要力量。

三、抗辩与申诉

(一)抵抗行政权的违法行使

当行政权力的行使明显违背了法律的禁止性规定，或者行政权力的运用已改变了设定的本意而成为谋取私利的手段时，个人或组织享有抵抗权，即有权拒绝执行行政决定。个人或组织的抵抗具有即时性和对行政权效力的当场否定性，使用不当将会妨害行政权力合法正当地运用，妨害行政效率和行政目的的实现，为此必须有恰当的标准。我们以为，个人或组织抵抗权的对象应仅限于无效行政行为，而不能及于可撤销行政行为。因为无效行政行为是自始至终无效，而可撤销的行政行为只有在被撤销之后才失去效力，尽管这种失效可一直追溯到行为作出之日，但相对人却在撤销决定作出之前一直应受该行为约束，并且可撤销的行为不一定必然被撤销。

那么，什么样的行政行为属于无效行政行为，个人或组织可以行使抵抗权呢？结合其他国家的立法例、判例和我国现行法律的有关规定，对明显且重大违法或严重滥用职权时，个人或组织可行使抵抗权。我们以为，个人或组织享有抵抗权的无效行政行为主要有以下情形：(1)行政主体不明确的行政行为。例如，执法人员未表明身份，在行政行为决定书上也没有行政机关的名称或印章等，相对人不知该行为从哪里来，也无从提起救济。(2)明显超越职能管辖权限的行政行为。例如，公安机关吊销企业的烟酒营业执照，税务机关对载货卡车实施超载罚款等。但违背地域管辖和级别管辖权限的行政行为，不属于无效行政行为，而是可撤销行政行为，因为其是否属越权行为，需要法律专业知识的判断。(3)没有可能实施的行政行为。例如限期拆除不存在的房屋等就不可能实施。(4)如实施就会导致违法犯罪的行政行为。例如，某县政府为了让上级领导视察新落成的高速公路时能一览无余，下令建设单位强制拆除路侧十余里的民房和拔除路侧十余里的将要收获的庄稼。(5)明显违背正当程序或法律规定的强制性程序的行政行为。例如，不听取被处罚人的陈述和申辩、或不向当事人出具正式罚款收据的行政处罚行为。(6)严重滥用职权的行政行为。如建筑管理部门命令某建筑公司强制拆除一刚落成的有合法手续的高校校区，目的是为建筑管理机关建设宿舍区。(7)有明显的人格侮辱或违背善良风俗的行政行为。例如对违反计划生育政策的夫妇实施的没收婴儿的行政处罚行为。

(二)促动权力制衡

对于违法、不当的行政行为，个人或组织虽然无权直接撤销、变更，但可以通过行使法律权利，促使有关国家机关启动权力制衡程序，对其予以纠正，从而达到监督行政权的目的。具体有以下途径：

促进和监督法院制约行政权力。司法审查的被动性决定了法院对行政行为的审查是被动的，依赖当事人提起行政诉讼，所以，当事人行使起诉权的行为是法院启动和实施对行政行为司法审查的程序前提。而且，在司法审查过程中，当事人的参与也可有效地监督司法机关依法公正地审查行政行为，而不偏袒行政机关或与行政机关串通一气侵犯公共利益或当事人的合法权益。司法审查的公开使得当事人能充分参与司法审查，社会公众也可对法院实施监督，使法院的审判活动以及案件的事实和理由充分暴露在公众面前，使法院不敢有所偏私。受行政行为影响的个人或组织诉求法院审查行政行为，如果法院认为不属于司法审查范围而不予受理，要书面告知不予受理的理由，起诉人不服可以上诉；如果法院启动了司法审查程序，就应当公开审理，应当作出公正判决并说明判决理由，说明判决理由的意义在于说服当事人、社会公众以证明判决的公正性和合法性，确立并巩固法院的司法权威。

协助法院纠正违法、不当的行政行为。法院本身对事实问题和法律问题都只能进行有限性审查，而行政相对人与相关人可以在相当程度上弥补这一不足。由于个人或组织在行政过程中享有广泛的参与权利，可能在行政过程中获取、保留了许多直接的信息、数据资料等，能够对行政主体的事实认定提出有力的挑战，促使法院准确地判断和裁决行政主体的行政行为是否有确凿充分的证据支持。而对于法律适用，相对人与相关人可以从自身权益出发作出不同于行政主体的解释，为法院审查行政行为的法律适用提供了另一种参照，促使法院对行政行为的合法性作出准确、合法的判断。

启动、促使和监督法院以外的有权机关纠正违法或不当的行政行为。个人或组织可通过提出申请、申诉、控告和检举等方式，可以启动行政复议机关、行政监察机关、行政专门监督机关、立法机关等有权机关对行政权进行制约。而且在上述国家机关对行政权的制约过程中，个人或组织可以提供各种便利或对其予以监督，协助或督促国家机关纠正违法或不当的行政行为，从而使大量法院不能受理的争议得以解决，也使许多法院能受理的案件在司法程序以外得以解决，克服了司法救济的高成本、长周期等局限性，也在一定程度上弥补了立法权、司法权对行政权制约的有限性。

（三）启动权利救济

通过个人或组织行使抗辩或申诉权利，就可能启动立法机关、上级行政机关、专门行政监督机关、司法机关等有权机关对行政权力的事后审查机制，如果行政行为被有权机关审查后确认为违法或不当的行政行为，而予以撤销、确认无效、变更或废止，个人或组织还可就该行为所造成的损害申请赔偿或补偿。因此，个人或组织所启动的有权部门的事后监督机制，其实也是对于个人或组织的权利救济机制。

现代宪政国家基于权利保障观念和权力制约观念，几乎都建立了司法审查制度，以法院独立的司法权力来制约行政权力。司法对于个人或组织权利的保障作用是通过审查有侵害之虞的行政行为的合法性，即监督行政主体依法行政实现的。司法审查对权利的保障作用是显然的：首先，司法判决可以撤销违法的行政行为，使个人或组织受到损害的权利恢复原状，或作出行政赔偿的判决补救受到损害的个人或组织权利，或者判决行政机关限期履行职责使个人或组织的权利通过行政行为予以实现。其次，司法审查遵循严格的法定程序，个人或组织在诉讼过程中与行政主体处于平等的诉讼当事人的地位，平等地享有诉讼权利和平等地履行义务，保障了个人或组织作为一方诉讼主体的程序权利。再次，由于司法审查的存在对行政人员产生一种心理压力，可以促使他们谨慎行使权力，作出合法、合理的行政行为保障个人或组织的合法权益。最后，司法审查能够统一法律的适用，法院从法律整体判断行政行为是否合法，而行政机关往往只注意其职务本身所适用的法律，可能忽视其他方面的法律，从而司法审查既能使得个人或组织参与行政行为、要求行政保障权利时作出稳定的预期，又能对国家法律适用的所有社会成员予以平等对待。“没有司法审查，行政法治等于一句空话，个人的自由和权利就缺乏保障。”[①]司法审查的权利保障性和对权利救济的最终性，来自于其判断权的性质，正如汉密尔顿所言：“司法部门既无强制，又无意志，而只有判断。”[②]司法权行使的前提是存在关于是非、曲直、合法与非法的争端，法院根据特定的事实证据和既定的法律规则，通过一定的程序得出判断，解决争端。由其判断权的本质，我们可以理解司法权的一系列特质：被动性——坚持“不告不理”原则进行消极被动的权利保障；中立性——司法机关是争端双方之外的第三人，和争端没有利害关系，必然依据既定的法律规则解决争议；独立性——司法体制不存在官僚体制上的服从关系，“唯法律是从”是司法的本质体现；公正性——判断权要求公正和准确，如果说“行政的任务促进和保证产出最大的馅饼”，而“司法的使命则是在既定规则和程序过程中判断馅饼分配的合理性”，公正是司法的首要价值取向；程序性——司法权的运行有严格的程序规则，既能保障所有当事人得到平等的对待，又能规范司法主体、诉讼主体的行为，减少随意性；专业性——司法判断要求法官不仅谙熟法律，还要通晓法律，通过职业的法律逻辑和法律思维得出专业性的判断；公开性——法官的判断是在

① 王名扬：《美国行政法》，中国法制出版社1995年版，第566页。

② [美]汉密尔顿等：《联邦党人文集》，程逢如等译，商务印书馆1980年版，第391页。

当事人、律师、社会公众的参与和监督之下作出的，是在两造对话与辩论之后“兼听则明”的理性判断；最终性——司法活动是保障法律得以实施的最后环节，是保护公民权利、实现社会正义的最终途径。[①] 因此，司法审查对行政法权利的保障作用，是重要的、有效的。

但是，司法审查对权利的保障作用是有限的。司法审查只能对部分行政行为的合法性进行复审，有些权利受到行政行为损害后不能寻求司法救济；司法审查只能对权利进行事后的救济、补救，不可能恢复权利被损害之前的状态；司法审查只能对行政行为进行复审，不能代替行政行为作出决定，对于必须通过行政行为才能实现的个人或组织权利，司法只能督促行政机关依法行政，而不能代替行为；司法审查原则上只能审查行政行为的合法性，对于受到不合理行政行为侵害的个人或组织权利一般不能给予司法救济；司法审查是被动的和程序性的，对个人或组织权利的保障因当事人是否起诉、是否在法定期限内起诉而具有个案的差异性。可见，司法审查权只是一种有限的审查权，对权利的保障作用也必然是有限的。因此，司法对权利的保障不是权利保障的唯一方式，只是国家权力保障个人或组织权利的重要途径之一，必须建立健全保障个人或组织行政法权利实现的系统的国家权力运行体系。

① 参见肖扬《法院、法官与司法改革》，载《法学家》2003 年第 1 期；孙笑侠《法律对行政的控制》，山东人民出版社 1999 年版，第 248 页以下。

第三章　行政执法过程规范论

行政执法的规范是行政执法过程的基本要素。一般而言，行政执法是指实施法律、法规和规章的活动，即行政执法的规范主要是指法律、法规和规章。但社会实践中行政执法活动所依据的实际规范显然要广泛得多，行政规范、行政法原则及规则、政府政策、行政解释甚至司法判例等都会不同程度地成为行政执法的规范，对行政执法产生依据意义和指导作用，行政执法过程的规范应当注重秩序性与良善性建设，在行政领域实现善法之治；行政执法过程应当尤其关注法律、法规和规章以外的其他规范，我们特别强调行政执法过程中的基本原则与规则。这对于完整、客观观察行政执法过程的规范性具有方法论意义。

第一节　行政执法过程规范概述

法律规范通常是指通过国家立法机关制定或认可的并由国家强制力保证实施，用以指导、约束人们行为的行为规范。本章所述行政执法过程规范就是在行政执法过程中，执法主体应当恪守的行为准则。行政执法的规范是行政执法过程的基本要素之一，与主体要素、权力要素、权利要素和责任要素相互作用构成了行政执法过程的基本内容。这些变量相互作用共同影响行政执法过程，行政权力与公民权利的相互作用构成行政执法过程的基本轴线，其他变量则通过这一基本轴线发生作用。因此，行政执法过程规范不仅是行政执法的依据，亦是制约行政权的主要力量，是实现法治行政的重要手段。一般而言，行政执法是指实施法律、法规和规章的活动，行政执法的规范主要是指法律、法规和规章。但实际的行政执法活动所依据的规范显然要广泛得多，行政规范、行政法原则及规则、政府政策甚至司法判例都会不同程度地成为行政执法的规范，对行政执法产生依据意义和指导作用，即行政执法规范以法律、法规和规章为核心构成一个开放的体系，它不仅包括微观的法律规范、中观的法律规则，还包括宏观的法律原则，三者共同构成了行政执法过程规范结构，是法治行政的规范性指引。

作为行政执法依据的法律规范终需以一定的方式表现出来，如同法的形式一般，即通常所说的"渊源"，在此我们称之为行政执法过程规范的形式。我们探讨行政执法过程规范实际上就是探讨行政法的渊源问题，或者说行政法的形式问题。"法的渊源"一词源于罗马，意指"法的源泉"，即法之所出。这一概念是盖尤斯在其著作《法学阶梯》中首次提出的，后历经各国各代学者的研究，该理论有了较大的变革与创新。今日之关于行政法的渊源，有两种现象特别值得我们关注：第一，从规范形式上看，行政法是一个非常复杂的规范体系，它通常没有一部统一的法典，世界上只有荷兰存在一部统一的行政法通则，其他的一些国家或者联邦体制下的邦或州曾制定过行政法典，但都没有代表性。行政法难以像刑法、民法那样比较完整地法典化，但存在行政法局部法典化的现象，主要表现为不少国家都存在一部统一的行政程序法典。从 20 世纪初开始，西班牙、美国以至东亚的不少国家和地区纷纷制定行政程序法典。我国在 20 世纪 80 年代中期曾试图制定一部行政基本法，但进展缓慢并最终半途改辙。[①] 于是先有了行政诉讼法，并推动了整个行政立法。在不断积累立法经验和制度资源的基础上，制定统一行政程序法的进程在不断加快。关于行政法的形式特点，有一种说法是实体法与程序法交叉同体。实际上伴随着行政程序法典化的进程，这种特点正在逐渐消失。第

① 我国在 20 世纪 80 年代中期曾试图制定一部行政基本法，以江平、罗豪才、应松年等学者领导的行政法立法研究组参与了立法准备和论证工作。1987 年，江平在行政立法研究组会议上提出：从法律发展的经验看，往往先有程序法，后有实体法；我国是先有民诉法，后有民法通则。可以先制定行政程序法，后制定行政法。参见何海波编《法治的脚步声——中国行政法大事记（1978～2004）》，中国政法大学出版社 2005 年版，第 61 页。

二，就行政法的渊源讲，美国和法国都存在反规律现象。美国属于判例法国家，但行政法有很多成文法的表现，从宪法上的正当程序条款，到联邦政府行政程序法，再到信息公开法、阳光下的政府法等；法国因其拿破仑法典而对世界法律发展作出了伟大贡献，但作为一个具有法典化传统的国家，其行政法则主要是由行政法院的判决构成。法国行政法学者弗德尔曾说："如果我们设想立法者大笔一挥，取消全部民法条文，法国将无民法存在；如果他们取消全部刑法条文，法国将无刑法存在；但是如果他们取消全部行政法条文，法国的行政法仍然存在，因为行政法的重要原则不存在成文法中，而存在于判例之中。"[①]行政执法的规范呈现为一个庞杂的体系，这个体系中的法典化现象正在改变过去那种实体规范与程序规范混居的情形，改变那种传统的实体法与程序法混为一体的认识，并且这个庞杂体系已经和正在接纳新的成员，如行政法原则及规则、政府政策、行政规范性法律文件等不同程度地成为行政执法的依据，即使在不承认判例制度的情形下，典型的法院判决实际上也会在行政执法中产生一定的依据作用。可见，行政法渊源发展走势呈现出开放性和规范内容多样性的特征。这种开放性在规范体系结构上，表现为对传统法的渊源理论的拓展与完善。美国学者埃德加·博登海默曾提出，法的渊源可以分为正式渊源和非正式渊源，正式渊源是指那些可以从权威性法律文件的明确文本形式中得到的渊源，而非正式渊源则是指那些未在正式法律文件中得以权威地阐明，并同样也具有法律意义的资料和值得考虑的材料。[②] 法学实践要比法学理论行得更远，实践中总结出的行为方式也是理论的重要补充。执法实践表明，行政执法渊源同样存在这种分类，规范体系呈现出以传统的行政法规范形式为主导，以行政执法过程规范形式的特殊形态为辅的结构状态，前者主要包括宪法、法律、行政法规、地方性法规、行政规章、民族自治条例和单行条例、国际条约和行政协定等，后者例如行政判例、政策、

① 胡建淼:《比较行政法——20国行政法评述》，法律出版社1998年版，第196页。

② 参见[美]E·博登海默《法理学·法哲学与法律方法》，邓正来译，中国政法大学出版社1999年版，第44页。

法律原则、行政解释和行政规范性法律文件等。在前者无暇或无力规制的社会领域，后者发挥着实际的指引、评价、调整、约束等法的功能。二者互依互补，前者是后者的基础与原则，后者是前者的补充与完善，共同支撑整个行政执法过程规范体系。但行政执法过程规范不是一个由各种规范形式简单相加组成的平面结构，而是一个动态、开放、内容多样性的等级体系。在这个体系中，一些内容长期被忽视，一些内容长期备受争议，正是在这种理论与实践的反复涤荡中，才有了体系的流动性发展与完善。

虽然执法规范体系是开放性的，但这并不意味着任何规范都可以纳入该体系，都可以作为行政执法的依据。只有那些符合一定价值标准，符合执法目的追求的规范才可以成为行政执法的渊源，即行政执法规范体系有自己特定的价值目标。这里的“价值”一词肇始于哲学领域，通常指主体对客体的需要，客体对主体的满足。我们认为价值一词表征了作为主体与客体之间的某种逻辑关系，在这种逻辑关系中一方以另一方为追求目标，双方互为依存。换言之，客体以主体的需要、需求为依托，主体的评价与满足需建立在客体之上，二者之间的需要与满足的关系即是价值关系。“价值问题虽然是一个困难的问题，但它是法律科学所不能回避的。”[①]这种法的价值观融会在行政执法过程规范中，意指行政执法过程规范体系应受哪些价值的指引。行政执法规范必须保持精神的一致性，这是规范体系完整统一的根本保障，各类规范形式应当反映和体现持续一致的立法和政策观念。换言之，行政执法过程规范的价值可以回答这样一些问题：什么样的法律规范可以成为行政执法过程规范？行政执法过程规范体系应当是什么样子的？它应当符合哪些要求？它对于行政执法的意义何在？在执法的多种目标发生矛盾和冲突时，应当以什么为指导来解决这些矛盾和冲突，从而选择相应的执法行为等。我们拟从结构和内容两个角度对行政执法规范进行剖析。

---

① ［美］庞德：《通过法律的社会控制法律的任务》，沈宗灵等译，商务印书馆 1984 年版，第 55 页。

一、行政执法过程规范的秩序性建设

根据法律秩序理论，任何法律规范都不是单独存在的，都是整个法律秩序的一部分，只有各种规范相互协调、有机互动才能构建良好的法律秩序。因此，为了实现行政执法的法治化，就要使执法规范涵盖执法过程的各个环节，形成链条式的规范体系，做到权自法出、权依法使，形成和谐、有序的体系。

（一）行政执法过程规范的有序性

行政执法规范体系的秩序性主要表现为体系自身的相对统一性，这是法制统一原则的基本要求。一方面，行政执法规范必须保持精神的一致性，这是规范体系完整统一性的根本保障。各类规范形式应当反映和体现持续一致的立法和政策观念，例如民本思想、人本精神、人权理念、控权倾向等，这些价值都是行政执法过程中应当追寻和守护的。执法规范的这种和谐价值有利于保证执法方向的稳定与执法过程的有序。行政执法是由一系列连续的行政行为构成的执行法律的过程，只有执法的目标一致，独立的执法行为才能不被割裂，才有可能形成相互链接的执法链条。执法规范的统一精神是贯穿行政执法过程的主线，各个执法要素均以此为限制和发展方向，实现执法过程的有序性和一致性。另一方面，执法规范内容应当协调一致，保证体系内部规范的一致性。各位阶的规范应当相互衔接，做到内容无冲突、无漏洞，其价值在于实现和谐执法。目前，我国行政执法规范体系最大的弊端就是各种规范间存在较多的冲突，进而导致了执法冲突现象层出不穷。行政执法主体作为实现国家行政职能的部门，其机构内部同样存在着执法权的纵向、横向划分，而划分的基准就是法律的授权。实践中，由于执法规范的不协调，执法冲突已经成为一个严重影响行政效能和政府形象的问题。归根究底，这种执法主体部门冲突、上下级冲突均体现为执法规范的冲突。不同层次的执法依据之间应当协调一致，这是行政执法顺利实施的重要保障，否则，执法主体将会无所适从。

行政执法规范冲突是指作为行政执法依据的法律、法规、规章等对于同一执法事项规定存在矛盾和不一致的现象。产生这种冲突的原因很多,但究其根源还是立法机关立法品位不高及利益倾向造成的。各种规范性文件就同一事项作出了重复规定或不同规定,例如全国人大及其常委会和国务院均有权就行政管理事项作出规定,二者之间就很难保证在内容上的完全统一,特别是在国务院“先行立法”的情形之下,更可能与全国人大及其常委会在其后作出的法律规定有所差异。从实际情形而言,行政执法的规范冲突主要由四个方面的因素而引发:一是立法权限不明确,导致一事多法;二是立法授权不明确,由此引发“政出多门”;三是相关法律概念的模糊,使得相关立法依据条款界限不清,指代不明;四是立法的连续性断裂,法律的立、改、废引起相关规定难以及时配套。[1] 在众多执法规范的制定权分属于不同机构不同主体的情形下,这种执法规范冲突不可避免,我们应当正视这个问题的存在以寻求解决途径。一般来说,执法规范冲突的解决原则为:上位法优于下位法;特别法优于普通法;新法优于旧法。在此,法的位阶作为规范法的效力等级的制度,为我们解决规范冲突提供了操作平台。所谓上位法系指相对于其他执法规范,在法的位阶中处于更高效力位置和等级的那些规范性法律文件;下位法系指相对于其他规范性法律文件,在法的位阶中处于更低效力位置和等级的那些规范性法律文件。不同位阶的规范间效力不同,这种效力差别就是选择执法规范的依据。特别法优于普通法则主要适用于在法的位阶中处于同一效力位置和等级的那些规范性法律文件产生冲突的情形。特别是相对于普通而言,二者都是对法律所调整的社会关系的界定,前者是专门调整某类特殊社会关系的法律规范,后者则是调整一般社会关系的法律规范,例如《农村土地承包法》较之《土地管理法》。新法、旧法是按照法颁布的时间划分的,当就某一事项存在多个立法时,后立的法律应当优先适用。因为最新的法律是国家对不断变化的社会关系的最新调整规则,符合社会

① 参见胡玉鸿、吴萍《试论法律合法冲突的制度成因》,载《学习与探索》2002 年第 6 期。

发展的新情况，因此应当优先适用。

（二）行政执法过程规范的等级性

行政执法规范体系必须坚持开放性，由此产生了规范形式的多样性，为了保证行政执法秩序的统一，多样性的执法规范间必定存在某种等级制度。在我们探讨行政执法规范的等级性之前，首先要明确以下几个概念和理论。所谓“等级”系指事物所处地位的高低或所属价值的先后顺序。在法学领域，这种法律规范间的“等级”表现为规范效力的差别。一国法律体系内各组成元素的效力等级，称为“法的位阶”。行政执法规范的位阶作为规制行政执法内部秩序的重要制度，使作为执法依据的各类法律规范有机联系在一起，并呈现出体

系化的特征。法的位阶理论又称“法律规范层级构造理论”，源于奥地利法学家梅尔克，他认为法律是一个有等级秩序的规范体系。后来凯尔森继承了该学说并进行了创新，他进一步指出：“只要一个法律规范决定着创造另一个规范的方式，而且在某种范围内还决定着后者的内容，那么法律就调整着它自己的创造。由于法律规范之所以有效力是因为它是按照另一个法律规范决定的方式被创造的，因此，后一个规范便成了前一个规范的效力的理由。……决定另一个规范的创造的那个规范是高级规范，根据这种调整而被创造出来的那个规范是低级规范。”[①]作为指导行政执法行为的法律准则，行政执法规范亦呈现出这种规范的有序性。不同位阶的执法规范建构起一个金字塔形的结构，形成了行政执法领域的法律秩序。在这个秩序下，各执法规范按其位阶发挥各自的效力，共同实现行政法的各项功能。不同形式的规范具有适用顺序上的先后性，不同位阶的规范具有不同的规范效力，这是行政执法规范体系秩序性的基本保障。为了使法律获得良好的执行，在执法过程中各执法主体应当遵从各执法规范的效力位阶，以保证执法的稳定与统一。

行政执法规范的等级性是对执法规范性文件的一种层级排列，

---

① ［奥］凯尔森：《法与国家的一般理论》，沈宗灵译，中国大百科全书出版社 1996 年版，第 141 页。

使得执法规范体系内的各种规范在执法过程中能够有条不紊地被执行。当针对一项执法事项存在多个执法规范时，这种排序的意义就显得尤为突出。在探讨行政执法规范的位阶时，大多数学者都会正视特殊形态执法规范的存在，但对于其在这种排序中的位置却莫衷一是。根据宪法和组织法的相关规定，执法的正式渊源形成以宪法为最高效力等级、其他规范效力递减的位阶体系。特殊形态的执法规范的存在是以对成文法的恪守为前提的，行政判例、行政解释以及法律原则等行政执法规范的特殊形态尚未得到立法机关的明确认可，因此，在适用过程中应处于从属位置，即执法过程中应当首先考虑那些正式渊源，但凡法律有明确规定的要严格遵守，当法律没有规定或规定不明时参照其他。在执法规范特殊形态内部这种等级性并不明显，但法律原则无疑起着提纲挈领的作用，政策的制定、法律的解释、规范性文件的出台等都不得违反法律原则的精神与指引。可见，法律原则当属渊源中的重中之重。

二、行政执法过程规范的良善性建设

没有人会怀疑法治观念的意义和作用。现代“法治的内涵就是法律对政府拥有绝对权威，政府的权力行动符合法律要求，法律是法治行政的唯一标准”[①]。法治应当是良法之治，法治化进程中法律规范的正当性是实现法治目标的重中之重。在行政执法过程中，一定意义上讲，具体执法行为的违法并不是最可怕的，最可怕的是执法规范本身的缺失与性恶。行政执法的无法可依或无良法可依，将使执法结果偏离执法初衷，更无法建立良好的法律秩序。亚里士多德曾对“法治”的含义进行阐释，他说：“法治应包含两重意义：已成立的法律获得普遍的服从，而大家所服从的法律又应该本身是制定得良好的法律。”[②]这段话从逻辑上大致勾勒出了法治的形式要件：法治是理智之治，它包括良好的法律和普遍的服从。简言之，就是良好的法

① 肖金明：《法治行政的逻辑》，中国政法大学出版社 2004 年版，第 51 页。

② ［古希腊］亚里士多德：《政治学》，吴寿彭译，商务印书馆 1965 年版，第 199 页。

律得到良好的执行。在这二者中,良好法律的存在是良好执行的基础与前提,若无良法,何谈良好执行。以良法作为行政执法规范的基本属性之一可以有效防止行政执法权的异化。行政执法权本身就源于法律,是政府以国家公权作依托,对社会实施管理与控制的权力,没有法律、法规的授权,任何组织不得行使行政执法权。由此,坚持执法规范的法治化就是坚持执法权的正当与合法。

实现行政执法的良法之治,首先要界定何为良法。良法即是"善"这样一个哲学范畴内的价值在法学领域内的展现。良法与恶法之争由来已久,这是一个仁者见仁、智者见智的问题。在行政执法过程中同样有一些价值特别需要我们保护和增值,如对公民权利和自由的保障、对社会善良风俗的发扬、对法律权威的维系、对公共利益的保护等等,这些价值相对于其他法的部门具有特定性,都是行政执法过程中应当体现和追求的。能够集中反映这些价值、符合法治精神的规范即为良法。随着行政法学基础理论从管理论到控权论再到平衡论的论争不断深化,行政执法过程的价值也一直在变迁。执法价值主观性的特点,使得对于行政执法过程价值的探讨呈百家争鸣的态势。现代行政执法过程是行政权力和公民权利相互作用的过程,在消除了视角差异,兼顾行政执法权运行与行政相对人利益的基础上,我们认为行政执法规范应当持续一致地秉承以下立法观念:

第一,行政执法规范应当体现人本精神,做到以人为本,尊重人的尊严与价值。

行政执法的人本精神内涵就是以人为本构建起来一系列的法律基本价值诉求,诸如自由、秩序、正义、利益、安全等,而这些价值无疑都是以尊重和保障人的尊严、促进人的发展为出发点和归宿的。体现以人为本理念的法律是良善的法律,善法之治的理念就是以人为本理念在立法和法律领域的具体体现,表现为对人的人格、尊严的尊重和保障,对人的主体性以及自由、财产等权利的尊重和保障。[①] 行政执法过程本身就是公权力和公民权利相互作用的过程,因此,行政

---

① 参见肖金明《中国行政法的人文倾向》,载《学习与探索》2006 年第 6 期。

执法过程与人权密切相关，行政执法的结果将直接关系到行政相对人的切身利益，如人身权、财产权、自主经营权、接受救济权、申请许可证权的实现等等。以人为本的行政执法规范从某种意义上说，其目的就在于确保执法过程中保障人权、保护行政相对人的权利和自由。

行政权力的特性使行政权力极易被滥用，一直以来，行政执法权都以强势的姿态出现，充分显示了国家权力的权威性和不容忽视性。也正是这种执法权的强制性，使得执法过程中行政相对人的主体价值被忽视，得不到充分的人文关怀。在我国一段时期的行政执法过程中，作为行政执法主体的政府机关及其工作人员不尊重人权的现象屡有存在，特别是在计划生育、房屋拆迁、土地征用、交通秩序整治、市容整治等行政执法过程中更为突出，深圳市曾经发生的卖淫女示众事件可以说是一个典型代表。这种野蛮执法并不能达到法治行政的目标，只会使行政权的行使愈发地背离轨道。政府行政执法方式的人性化趋势是目前世界各国行政管理改革的主要方向，现代行政强调政府管理方式和治理工具的伦理性，即公共行政必须选择那些不残忍、接近人性、符合一定伦理道德的方式。政府执法方式必须体现法治的基本精神和原则要求，执法的人性化问题应当予以高度重视。政府执法应充分尊重行政相对人和相关人的人格，不对当事人实施法律明文禁止的行为，如殴打或采取其他侵害其身体的暴力行为，不对当事人实施精神折磨或其他侮辱人格的行为，如游街、示众、罚跪（站）、辱骂、公开隐私等。[1]

要从根本上改变我国行政执法过程中不尊重人权的状况，就应当确立文明执法的行政指导方针，实现执法的人性化。除了提高执法主体的素质，树立尊重人权的理念之外，首先一点就是从立法上对行政权力进行必要的限制。立法在尊重保障人权方面的优位体现在通过对人权的立法限制（人民自己的限制）来排除行政权力对人权的

---

① 参见姜明安《行政法与行政诉讼法》，北京大学出版社、高等教育出版社 1999 年版，第 47 页。

恣意干涉。这是一种“透过国会法律来确保个人自由”的宪政实践，它确立了立法在人权保障中的核心和领导地位。[①] 其次，实现执法方式的人性化变革，包括从过去的封闭执法、秘密执法走向公开执法，从行政强制执行转为以说服为主的行政指导，从“管理—服从”到“服务—合作”等等。行政执法规范内容承载着确立执法道德标准的重任，是行政执法的规范性指引，与国家行政的未来休戚相关。因此，执法规范应当树立正确的价值观，坚持执法以人为本的理念，发展执法制度的人本主义精神，体现法治的人文关怀，表达法律以及公权力对真实的个人的价值与尊严、人格与精神、生存与生活、现实与理想、命运与前途的真情关切。

第二，行政执法规范应当重视执法对象的主体价值，实现行政相对人法律地位的客体——主体化转变。

良法，必须是公平对待各方利益的法。每一个人、每一群体、每一阶层都有自己的特殊利益，而良法必须超越这些利益的局限性，才能做到以人为本。人本精神的内蕴之一就是重视人在社会生活中的主体地位。行政执法亦应当兼顾行政主体和相对方的利益，重视执法对象的主体性价值。重视行政主体和行政相对人之间的执法互动性。要求行政执法逻辑从单向转为双向，执法理念从管理转为服务，重视相对人的地位、作用和权利。行政相对人与行政主体一样都是行政过程的重要参与者，是权利享有者和义务承担者的集合体。但一直以来，我国行政体制主要采取“管理”模式，即行政相对人在行政法律关系中处于被管理者的被动地位，甚至只是义务承担体。随着现代社会人们民主觉悟的提升，人的主体意识不断增强，人们深刻认识到政府不再是“统治者”，而是人民意志的执行者，公民的自身价值应该也必须在执法过程中加以实现。根据传统公共行政理论，行政执法主体应当具有不可超越的权威性，而民主又恰恰需要双方的某种妥协，因此，正视行政相对人在行政管理中的地位是实现公平执法

---

① 参见黄舒芃《法律保留原则在德国法秩序下的意涵与特征》，载《中原财经法学》2004年第13期。

的关键。作为国家运行必要手段的行政执法的权威的确是不容侵犯的，它保证了法律的有效运作，自上而下地维护着公共利益；而重视相对人的价值与作用确保了社会公众意愿在行政执法中的有效表达，从而自下而上地维护着公共利益。二者是实现国家行政职能的两个重要手段，殊途同归。

一方面，彰显行政相对人的主体性就要赋予其表达意见的权利和途径，因此，执法规范的设置要遵循参与行政模式的引导。民主与人权一直是现代宪政国家的两大价值目标和行为宗旨。民主的重要体现就在于公民直接参与国家的行政管理活动，平等地享有管理国家和参与行政的权利。现代行政不再是行政机关的独角戏，行政相对人也摆脱了观众角色投入到行政过程中来，只有保证相对人的意见能够有效表达才能真正使其成为行政过程中的“主体”。实现相对人地位主体化的另一个重点在于限制国家权力，在设置行政规范时贯彻控权理念。无可厚非，行政权力与公民权利之间一直存在着对抗与妥协，正是二者的反复交涉、作用才构成了现代行政过程。法律法规通过对权力与权利基本范围的设定实现二者最低程度的妥协。公共利益和个人利益各自内部的扩张倾向所导致的矛盾，外部化为行政权力和公民权利的相互否定。因此，行政权力的配置与运行免不了要剥夺或限制公民权利，行政权有着强大的国家背景，它的专横与独裁始终威胁着权利的生存，这种威胁在执法过程中表现为行政相对人的服从义务和弱能动性。如果说在创造执法规范时突出控权理念，是在权力设置时对其进行限制，那么，在行政过程中行政权力与公民权利的运行适用不同的原则，则是从权力运行角度规制。行政权力属于公权范畴，主要由公法进行调整，遵循“越权无效”的原则；公民权利则属于私权范畴，主要由私法调整，奉行“法不禁止即自由”的原则。[①] 诸多类似原则的适用都为提升行政相对人主体地位起到了一定作用。

① 参见谢维雁《平衡宪政论纲》，载《四川大学学报》（社会科学版）2002 年第 2 期。

第二节 行政执法过程规范形式

一直以来，学界对行政法的渊源讨论较多，对此不同国家的规定不尽相同，同一国家的主流观点也一直在变迁。在我国，行政法不像民法、刑法那样具有统一的法典，它只是在某些领域实现了法典化，因此在渊源上包含内容较多。一个通常的认识是，我国行政法渊源包括宪法、法律、行政法规和地方性法规、自治条例和单行条例、行政规章、国际条约及其他规范性文件，基本上排除了非成文法律渊源。对于非成文渊源学者大多列举以下内容：政策（主要是政府政策）、判例、习惯（主要是民族习惯）、法律学说、道德规范、宗教规范等等。在普通法系国家，后者填充着其法律体系；在大陆法系国家以及受大陆法系法律传统影响深远的国家和地区，法源主要是指成文法。但是，当今两大法系在法源理论上渐趋融和，判例、习惯、法律原则等越来越引起学界和法治实务界的重视。我们所说的行政执法中的"法"也是一个非常宽泛的概念，是指行政执法的法律依据，是行政执法过程规范的外部表现和执法的根本来源。行政执法是执行法律的活动，适用法律是否正确直接关系到执法的有效性。

鉴于前述有关行政法渊源的论述，我们认为，我国的行政执法过程规范形式首先包括宪法、法律、行政法规、地方性法规、行政规章、民族自治条例和单行条例、国际条约和行政协定等行政法律规范。此外，还应当包括行政判例、政策、法律原则、行政解释等特殊规范形态。行政执法规范形式作为一个整体是规范的一般形态和特殊形态的有机结合，二者共同构成了行政执法过程规范体系。

一、行政执法过程规范的一般形式

目前我国并没有统一的行政法典，因此，行政执法过程规范一般散见于以下的法律形式中。

（一）宪法

《中华人民共和国宪法》规定，宪法"具有最高的法律效力"，"一切法律、行政法规和地方性法规都不得同宪法相抵触”。可见，宪法在我国具有最高法律地位，是最高位阶的法源。宪法中与行政执法有关的规定通常体现在：关于行政权力运行的基本原则的规定，例如法制统一原则、首长负责制原则等；关于各级行政组织的设立、权限设定的规定，例如关于国务院各部委职能的规定等；关于公民基本权利和义务的规定，尤其是关于公民权利与行政权力相互关系及处理原则的规定。

（二）法律

法律由全国人民代表大会及其常务委员会制定，由国家强制力保证实施，如《行政处罚法》、《行政许可法》等。根据《立法法》第 8 条的规定，有些事项只能制定法律，其中就包括“对公民政治权利的剥夺、限制人身自由的强制措施和处罚”，“对非国有财产的征收”，这些都是行政执法的重要内容。法律重点强调行政执法过程中应当遵守的规则，以下所述几种形式的行政法渊源一般都是对法律的具体和细化。

（三）行政法规

行政法规是指国务院为领导和管理国家各项日常行政工作，根据宪法和法律制定的有关政治、经济、教育、科技、文化、外事等各类法规的总称。通常，法律关于行政权力的规定都比较抽象，需要行政法规来细化，因此制定了大量的行政法规，如《突发公共卫生事件应急条例》、《重大动物疫情应急条例》等。

（四）地方性法规

地方性法规是指省、自治区、直辖市的人民代表大会及其常务委员会在不同宪法、法律、行政法规相抵触的前提下，较大的市的人民代表大会及其常务委员会在不同宪法、法律、行政法规和本省、自治区的地方性法规相抵触的前提下，根据本行政区域的具体情况和实际需要，制定的规范性法律文件，如山东省人大常委会颁布的《山东省药品使用条例》等。地方性法规并不具有普遍适用的效力，仅在本行政区域内具有法律效力，但作为地方权力机关规制行政权力设定与行使的主要手段，随着地方事务不断增多，逐渐成为行政执法权行使不可或缺的重要依据。

（五）行政规章

行政规章包括部门规章和地方政府规章。国务院各部、委员会、中国人民银行、审计署和具有行政管理职能的直属机构，根据法律和国务院的行政法规、决定、命令，在本部门的权限范围内，按照法定程序制定的规定、办法、实施细则、规则等规范性法律文件为部门规章。部门规章规定的事项应当属于执行法律或者国务院的行政法规、决定、命令的事项。地方政府规章是指省、自治区、直辖市和较大的市的人民政府，根据法律、行政法规和本省、自治区、直辖市的地方性法规制定的规范性法律文件。行政规章作为行政执法的渊源，其数量之多、适用范围之广是其他行政法渊源所不能比拟的，这些规章在国家行政管理活动的各方面、各领域内扮演着相当重要的角色。

但是需要注意的是，行政规章与以上几种行政法的渊源相比效力较低，在行政诉讼中只能参照适用，不具有完整的法律效力。行政执法行为需要接受司法监督，能够直接作为行政审判依据的只有法律和法规，在自治地方包括自治条例和单行条例，规章是不能直接作为行政审判依据的。《行政诉讼法》第53条明确规定，人民法院审理行政案件只能“参照”规章。那么，应当如何理解“参照”一词呢？我们认为这是法律赋予了法院对规章的选择性适用权。目前，我国存在大量的行政规章，其间仍存在不少冲突和矛盾。部门规章之间、地方规章之间、部门规章和地方规章之间冲突较多，行政规章与法律、法规抵触的也不少，严重影响了规章的质量和法律秩序的统一性。对于这些规章既不能不加分辨直接适用，也不能完全摒弃适用，所以只能由法院对其合法性进行审查，以决定是否“参照”适用。因此，当行政执法机关和执法人员在行政执法过程中需要谨慎适用规章。

（六）自治条例和单行条例

自治条例和单行条例是指民族自治地方的人民代表大会依照当地民族的政治、经济和文化的特点制定的规范性法律文件，如《宁夏回族自治区民族教育条例》等。行政执法的内容决定执法权的行使有较强的地方性色彩，只有充分结合实际情况、地方风俗等才能有效发挥作用。

(七)国际条约和行政协定

作为行政法渊源的国际条约是指全国人民代表大会及其常务委员会或国务院批准加入、或者同外国签订的与行政执法有关的条约。行政协定是指两个或两个以上的政府之间签订的有关政治、经济、贸易、法律、文化和军事等方面内容的协议。我们认为,条约或协定本身即是一种承诺,即签署主体承诺履行条约或协定中的义务。这些条约和协定与国内法有同样的效力,也是行政执法过程规范的形式之一。

二、行政执法过程规范的特殊形式

除了以上几种耳熟能详的法律渊源外,行政执法过程规范还存在着一些特殊形态,即那些虽然具有法律意义,但尚未在正式法律文件中得到权威性的或至少是明文的阐述和体现的规则和考虑,这些执法准则潜藏于习惯和法理之中。

对于这些特殊形态的规范形式能否成为执法渊源一直存在学理争议,我们对此持肯定态度。因为,成文法渊源作为行政执法的主要规范形式有着无法弥补的缺憾。正如有学者所指出过的:"法律作为一种基本的社会规范,它不可能、也不应该对有关的一切事物都作出详尽无疑的规定,因为客观事物是无限的、多态的,而法律规范是有限的、定型的。"[①]法律规则只是把立法者惬意的现实体制、秩序定格于历史的瞬间,但历史、社会是发展变化的,法律制定的同时也就意味着它开始过时,开始与现实产生距离,解释和修订并不能遏止其滞后的趋势。成文法的有限性与滞后性阻碍了其对各种社会形态作出及时、有效的调整与修正,在这种情况下,作为执法依据特殊形态的行政执法过程基本原则与规则、政策、法律解释、行政判例、行政规范性法律文件等就显得尤为重要。

---

① 吴大英、沈宗灵主编:《中国社会主义法律基本理论》,法律出版社1987年版,第255页。

（一）行政执法过程基本原则与规则

在法律演变的漫长过程中形成了众多的法律原则和规则，这些准则可能直接来源于成文法或其精神，也可能是人们对以往案例的归纳和总结，都是公平正义的集中体现。即使某项原则或规则已为制定法所吸收，不成文的法的基本原则与规则也有补充作用。大多数普通法系国家，以及深受大陆法系影响的日本、我国台湾地区等地，都已把法律原则列为法律渊源。尽管我国法律传统中大陆法系色彩浓重，行政执法过程中主要还是依据成文法律，法律原则与规则的地位不甚明朗。在学术领域，一些学者已经开始提出法律原则和规则也应当成为行政法的渊源之一，对于法的一般原则的研究也逐渐展开。[①] 综观近年来的立法实践，也不难看出一个明显的态势，即所有法律在立法时通常都会在总则部分规定该法的基本原则，因为离开了基本原则，就不可能对具体规则和规范有正确的理解。例如《行政处罚法》在总则部分确立了行政处罚公正、公开的原则，《行政许可法》规定了设定和实施行政许可应当遵循公开、公平、公正的原则，等等。在司法领域，业已出现了援引法律原则的案例，如北京市海淀区法院在“田永诉北京科技大学案”的司法推理过程中运用了正当程序原则，四川省泸州市“二奶案”中纳溪区人民法院在判决时适用了民法上的公序良俗原则，等等。这些研究与实践表明法律原则与规则在法律适用过程中的渊源性地位已逐渐为人们所承认，其在执法过程中的价值也日益凸显。在汲取国外相关理论知识的基础上，整合我国目前实践中总结出的经验，我们认为，将法律原则与规则确立为行政执法依据有其合理性，这是因为：

首先，法律原则和规则作为行政执法渊源可以弥补成文法规定的不足。法律能够涵盖的情势有限，“为每一种详细的事态制定精确

---

① 学界大多将法律原则与习惯、行政先例等归纳在一起，统称为“不成文法源”、“习惯法”等。相关研究参见程杰《行政程序法中的程序中立原则》，载《行政法学研究》1999年第3期；余凌云《论比例原则》，载《法学家》2002年第2期；朱新力《论行政法的不成文法源》，载《行政法学研究》2002年第1期；陆燕红《论行政习惯法》，载《广西政法管理干部学院学报》2002年第6期；等等。

的法规是不可能的"[①]。但按照现代法治行政的要求，行政机关任何关乎相对人权益的执法行为都应当有法律授权，所以，在规范缺失的情形下，法律原则和规则能够规范法律创制行为，通过弥补成文法的漏洞、解决成文法的冲突，保障法律的完整性和统一性，从而克服法律自身的局限性。执法人员可以而且应当以抽象出来的执法原则为指引，或进一步从原则中推导出派生的规则，并以此来判定执法行为的合法性与合理性，这是法律原则与规则的主要价值所在。

其次，法律原则与规则的适用亦可以加大对行政执法自由裁量权的拘束。规范法律适用行为，消除法律规范的不明确性、不确定性，弥补法律规范的缺席，即当法律给执法主体或行政争议处理机关留下自由裁量的余地时，执法行为的实施就要直接受行政执法基本原则和规则的拘束。为了使法律得到更好的执行，法律赋予了执法者一定的自由裁量权。所谓自由裁量就是允许执法者在不违反法律条文规定的情况下，一定程度地自由行使执法权。但权力总有被滥用的倾向，法治政府的指标中重要的一条就是行政机关要依法行政，合理运用自由裁量权。现代行政范围不断扩大，行政执法的自由裁量权成为一种必要而又须有效控制的权力。抽象准则的介入要求行政执法中自由裁量权的行使必须符合法律目的，为执法主体提供了新的行为标准，使自由裁量权并不"自由"，使任何一个执法行为都有"法"可依。最后，在具体案例中适用法律原则与规则可以确保个案公平。行政执法基本原则和规则不仅对行政执法规范的确立和执法行为体系的构建起着宏观调控的作用，在一定情形下也直接规范行政行为的实施和行政争议的处理。一般来讲，当存在明确的法律依据时应当以该依据为准，但如果执法的相关法律依据缺失，或法律规范适用的后果显失公正违反了社会公认的道德准则，法律原则就应当超越法律规范成为优先适用的渊源，创制规则的例外，这一点在前边所提到的案例中也得到了体现。

---

① [美]罗·庞德：《通过法律的社会控制·法律的任务》，沈宗灵、董世忠译，商务印书馆1984年版，第97页。

当法律原则与规则成为渊源后应当如何运用呢，在行政执法过程规范体系中又处于什么样的地位呢？我们认为，在行政执法过程中，若法律规范的调整可以看作是对执法权的微观调整，那么法律原则和规则的制约就是对执法权的宏观调控，法律原则与规则应当成为行政执法的较高渊源。法律原则与规则的产生过程决定了其本身的特性——基础性、本源性，是法律追求的价值的抽象，任何违反法律原则的规范、政策、法律解释等都不应成为行政执法的渊源。当法律规定明确时，行政权力应当受到原则与规范的双重规制；当按照法定形式制定的法律因自身缺陷不能有效适用时，法律原则和规则可以作为执法依据指导执法行为，即“在成文法没有作出规定时，行政机关和法院只能根据法的一般原则，决定应当遵守的法律规范”[①]。因此，必须将基本原则、规则的精髓与具体规范相结合，将法律准则与具体执法行为相结合，行政执法者只有通过这种法意、法则与行为的适用结合，才能使行政执法的整体功能和目标得以实现。

由于行政执法过程基本原则与规则与其他的特殊行政执法过程规范相比较而言，在位阶与重要性上更为凸显，因此在后文中将专节展开论述。

（二）政策

“政策”一词在我国有着悠久的历史，它在法律渊源中的重要地位是由我国的国情所决定的。从法学角度看，政策作为“指导立法、行政及政府处理国内外事务的行政措施的一般原则”[②]，是一种理念层次的渊源，对行政执法过程具有指导作用。政策有多种表现形态，有政党政策、国家政策、政府政策等，均属于公共政策的范畴。考察当今世界各国政治体制运行的实际，以上所述三者之间的关系一般表现为政党政策指导与决定着政府政策，而政府的政策又往往受制于一个国家长期以来所一贯奉行的基本国策。比如美国，它们每届政府的政策会因总统所在党派政策的不同而有差别。但是，它们各

① 王名扬：《法国行政法》，中国政法大学出版社 1988 年版，第 17 页。

② 吕世伦主编：《当代西方理论法学研究》，中国人民大学出版社 1997 年版，第 207 页。

届政府的政策又都必须遵从美利坚自开国以来所奠定的民有、民治与民享的基本国策。

制定政策性文件是国务院以及各级人民政府指导和管理各项行政工作的重要手段，鉴于我国立法现状，基于政府职能的需要制定的行政政策，在政府管理过程中发挥着即使法律也无法替代的作用，目前行政机关在一定范围内仍然依靠政策性文件展开工作。我们通常所讲政府运用经济的、行政的、法律的手段管理公共事务，其中的行政手段大多表现为行政政策。这种政策具有针对性强、灵活性高、反应迅速和权威保证等特点，能够有效弥补成文法的缺陷，加强具体规则的落实力度。在中国，执政党政策是人民意志转化为法律的基础环节，政党就是通过政策影响立法使人民意志成为政府存在和行动的依据，从而完成沟通人民与政府关系的功能。在以往，执政党的政策是政府管理的直接依据，亦即政府管理领域中依政策办事。1949年，中共中央曾明确指出：在人民的法律还不完备的情况下，司法机关的办事原则应该是：有纲领、法律、命令、条例、决议规定者，从纲领、法律、命令、条例、决议之规定；无纲领、法律、命令、条例、决议规定者，从新民主主义政策。这种情形一直到强调民主法制建设、依法办事、依法行政后才有所改观。

20世纪90年代以后，随着我国立法的进步和发展，法治逐步成为国家和社会的主要治理方式，有一种流行的观点：由依政策办事逐步过渡到依法办事，由政策一元化逐步过渡到法律一元化。并且认为若将政策作为法律渊源则是对法治的背叛，认为依政策执法就是“人治”，其实这是一种误解。依法办事与依政策办事并不矛盾，依政策办事有两种情形，即人治意义上的依政策办事与法治意义上的依政策办事。“人治”是指依个人意志或领导人意图办事，而依政策办事是依人民群众的意愿办事，消除“人治”不等于消除政策。[①] 前面这种抵触观点反映了实现法治的强烈愿望，但多少带有一些法律万

① 参见肖金明《法治行政的逻辑》，中国政法大学出版社2004年版，第248～249页。

能的倾向。从依政策办事走向依法办事，但依法办事并不排除实际上也无法避免执政党政策对行政执法和政府管理的指导甚至规范作用。正如拉斯维尔指出的："党政策被定义为影响价值分配的重要决定时，没有一个处理法律问题的人能够脱离政策。"[①]因此，我们认为，在法治行政的前提下，可以以政策为执法依据对一些突发性的热点、难点、重点问题作出及时有效的反应，形成以法律为主、以政策为辅的执法规范体系。

要使政策在行政执法过程中充分发挥作用，重点在于正确处理政策与法律的关系。政党政策尤其是执政党的政策与国家法律具有高度关联性，但不是所有的政党政策或者说执政党的所有政策都会转化为国家法律，也不是所有的法律都有政策根源，但国家重要法律都与政党政策密切相关，执政党政策是人民意志通向法律的主渠道。一个国家公共事务的管理，从经济到社会，从宏观到具体，仅仅依靠法律是不够的，依政策办事与依法律办事并存是不可避免的现象，而我们讲的依政策办事是指依政府政策办事，政府政策的领域很广，比如宏观经济政策、医疗卫生政策、人口政策、住房政策等。应当特别注意的是，政府管理往往是政策与法律同时发挥作用的过程，依政策与依法律在政府管理的某一过程中同时存在，在导向与规范的意义上相互补充。这实际上就是经常说的政府运用行政的、法律的、经济的手段管理经济与社会事务。换言之，法律不是唯一的和万能的，法律和政策是推动行政的主要力量。一方面，行政执法既要依据法律又要遵循政策，前者是主导性的，后者是辅助性的，二者缺一不可。好的政策是填补法律空白的良材，不认真遵守政策将会冲击到法律的权威。另一方面，二者同存但又不意味二者并重，法律仍然是行政执法的首要依据，它优先于政策。即便成文规范存在上述种种弊端，其仍是治国的基本纲略。至于政策，其优势也是其缺点所在，正是由于它的弹性较大、极不稳定而不能作为维系社会稳定和发展的基本力量，所以一味强调政策的补充作用将会破坏法律的稳定和统一。简言

---

① 转引自彭汉英《当代西方的法律政策学》，载《外国法译丛》1997年第2期。

之，行政执法利用政策要有限制，实现法治意义上的依政策办事。

鉴于政策本身的一些固有缺陷——不稳定、弹性较大等等，对于政策的正当性应当从以下几方面进行保障：首先，要遵循法律优先，政策的制定必须有法律根据，政策的价值基准点要符合法治行政的要求，不能违背法律的精神、理念。在执法实践中许多不合时宜的政策都是因为片面理解或背离了法治原则而产生的。另外，政府制定政策应限于法律授权的范围；无直接规则依据时，制定政策的自由裁量权也应当受到法律原则的限制。应当属于法律规定的问题绝不能由政策代劳，同一问题，法律已有规定的，除非是为了落实法律不得再制定其他政策，以此保障法律的权威。其次，政策制定过程的程序要实现法治化，政策的制定须经过正当程序，确保政策是群众集体意志及利益的体现而非个人或领导者主观意愿的表达，比如公开透明，公民参与，防止公共政策为利益集团、垄断企业“俘获”，避免代表部门利益主义、地方保护主义的土政策的产生，确保政策是民意的真实表达。再次，良好的政策要得到良好的执行，执行政策的行为亦要受到法律约束。最后，要建立政策审查机制，对于违法的政策要追究制定者与制定机构的责任。目前，我国在后两项上还存在制度缺失，尤其是对政策的合法性及合理性审查方面。政策一经作出就很难监管，政策的法治化应当是全面的法治化，既要包括事前控制，又要包括事后审查。

综上，政策不是与法律相去甚远甚至相反的现象，政策与法律只是表现形态、运作方式和效力表现不同，它们的方向和精神是共同的，通过政府决策法治化运动，尤其是政府决策的主体法定、程序法定，政策与法律将走得更近，政策最终将成为准法律，依政策行事表现的行政手段最终将成为准法律手段。由此可见，政策作为一类渊源对行政执法具有重要的意义。

（三）法律解释

“作为行政法法源的法律解释，主要是指行政执法机关和司法机关在执法、司法活动中对法律、法规、规章所做的解释。……在我国，作为行政法渊源的法律解释包括最高国家权力机关的解释、国家司法机关的解释、中央国家行政机关的解释、地方国家权力机关和行政机关的解释。”[①]行政执法的过程也就是适用法律的过程。成文法固有的在表达上的局限性和不完整性等特性有着不易克服的弊端，法律解释在执法过程中的指导与规范作用不容忽视。目前我国法律的漏洞和不足很大程度是通过法律解释来弥补的，即在适用某个法律规范时，对相关规范进行合理解释后，适用才是有意义的。

按照不同的标准法律解释有不同的分类，按照解释主体和效力的不同，法律解释可以分为法定解释和学理解释。法定解释又称正式解释、有权解释、官方解释、有效解释，是指有法律解释权的国家机关依照宪法和法律赋予的职权，对有关国家法律规范进行的解释。法定解释又可以分为立法解释、司法解释与行政解释。学理解释又称非正式解释、任意解释、无权解释，是指由法定国家机关以外的其他主体所作的、不具有法律效力的解释。[②] 本文所指的能够成为行政执法过程规范形式的法律解释是有权解释，即具有法律效力的解释。后者学理解释因其不具有法律拘束力只有参考作用。

根据 1981 年第五届全国人民代表大会常务委员会第 19 次会议通过的《关于加强法律解释工作的决议》(以下简称《决议》)、2000 年 3 月 15 日九届全国人民代表大会第三次会议审议通过了《中华人民共和国立法法》(以下简称《立法法》)、《国务院办公厅关于行政法规解释权限和程序问题的通知》(以下简称《通知》)以及《行政法规制定程序条例》和《规章制定程序条例》等的相关规定，我们认为，我国目前的法律解释体制是由立法解释和具体应用解释构成的多元化解释体制。其中，立法解释是指立法机关根据立法原意，对法律规范具体条文的含义以及所使用的概念、术语、定义所作的说明。这种解释的解释权属于全国人民代表大会常务委员会，主要针对行政法规条文本身需要进一步明确界限或者作补充规定的问题，作出法律解释的

---

① 姜明安：《行政法与行政诉讼法》，北京大学出版社、高等教育出版社 2005 年版，第 55～56 页。

② 参见徐显明主编《法理学教程》，中国政法大学出版社 1999 年版，第 245～248 页。

目的是为了更准确地理解和适用法律。立法解释是由立法机关作出，是对宪法和法律的解释，解释文件与被解释的法律一样具有法律约束力，与法律具有同等效力，当然是行政执法的依据。具体应用的解释，是为了解决法律法规适用过程中的具体问题而进行的解释，一般包括司法解释和行政解释，其中司法解释是审判机关和检察机关的解释。由于执法行为最终都要接受司法的审查，因此，司法解释及司法机关的判案依据亦应当成为行政执法过程规范形式之一。

行政解释是行政机关在执行法律规范的过程中对有关法律、法规如何具体应用而作出的解释，一般由国务院及各部门进行解释。因此有学者称，行政解释是指“特定国家行政机关依法对法规、规章等法律规范的含义进行说明和在新的情况下明确适用法律依据”[①]。总的来说，我国的行政解释体制是贯彻了“谁制定，谁解释”的思路，其他机关不得随意进行行政解释。行政解释是目前法律解释中争议最大、最为晦涩的一种解释，也是行政执法过程中最重要的解释，没有行政解释就没有行政法的正确执行和遵守。对于行政解释在执法规范形式体系中的地位，我们不妨参照美国的解释性规章的地位来理解。施瓦茨认为，这类解释性规章不具有法律效力，它们只代表行政机关对法律的认识，它们自己并不影响任何人的法律权利和义务。法院审理案件不受解释性规章的约束，法院完全可以用自己的解释取代行政机关的解释，但法院对行政机关的解释要予以充分的尊重。美国首席大法官伯格也认为，行政机关的解释性规章提供了一个实际的指南，表明了代表公众利益执法的机关应用法律的方法。虽然就它的权威性而言对法院没有约束力，但这种解释是经验和实际判断的产物，法院没有重要原因绝不会找行政解释规章的麻烦。[②] 简言之，这类解释虽不具有司法审查依据的法律地位，但法院仍要给予事实上的尊重。我国目前亦是如此。各种解释琳琅满目，充斥着行政法律体系。由于这类文件对法律法规作出了详细的解释以及在何

---

① 曾刚、何璇：《行政解释辨析》，载《法学论丛》2005 年第 11 期。

② 参见[美]伯纳德・施瓦茨《行政法》，徐炳译，群众出版社 1986 年版，第 143～144 页。

种情况下如何适用作了详尽规定，成为执法机关执法的有力指引，甚至有一定的依赖作用，在实践中，俨然已成为行政执法的重要依据。鉴于这种情况，即便该解释体制中仍存在很多问题，如行政解释与立法解释的界分模糊，实践中解释主体混乱等问题，我们依然倾向于将其列为行政执法过程规范体系，但由于其不是司法审查的依据，所以适用时要多加考量。

（四）行政判例

一般来讲，判例指的是对于已经判决的案件或法院的判决，可以为后来发生的相同或类似的案件，或相同的法律问题，提供一个范例或权威性的法律依据，法院可以按照在先前案件中确立的规则进行审判的制度。判例法制度是经验主义认识论的产物，是英美法系的宠儿，而我国深受大陆法系传统影响，并无判例法制度。尽管国内目前法律制度中没有判例法渊源，但有不少学者主张培育中国的判例制度。张晋藩教授认为，中国“法生于例”，法律是在判例的基础上形成的。[①] 荀子所言“类举”、汉代的“决事比”就是无法律依判例断案的意思。尽管判例一般不得与制定法相违背，而且历史上也没有确认遵循先例的原则，但重视判例应当看作是中华法系的一个重要传统。当然，学界呼吁建立判例制度，主要着眼于判例在司法领域的作用，比如最高法院的判例和上级法院的判例对下级法院具有一定的拘束力或参考和指导作用，判例制度有利于限制法官的自由裁量权、保障司法判决的大体一致，等等。近年来在司法实践中，尤其是在民法、刑法等领域，判例以其丰富的价值理念和社会功能博得众多学者的青睐，这同样预示了在行政法领域拓展行政判例理论的必要性。因此，不仅在司法领域，即使在行政领域，司法判例的作用也不能忽视。即使不能将司法判例作为行政法的一类渊源，至少也应该注意司法判例在促进政府管理的法治化和法律的统一实施方面的重要影响，以及促进行政守法方面的重要作用。

我们认为，行政判例系指在行政审判实践中，由具有权威性的审

① 参见张晋藩《中国法律的传统与近代转型》，法律出版社 1997 年版，第 237 页。

判机关作出的可以影响或在事实上拘束今后审理同类案件的权威性行政判决。[①] 可见，并非所有的案件都可成为行政判例。为了更好地理解行政判例的内涵和效力，我们将行政案件分为两类：一类是普通案例，这类案例的判决并无多大的指导作用和遵循价值，大多数的案件或者说除了权威机构在特定平台公开发布的案件外，均属于这一类。这类案例是普遍性的，数量庞大，种类繁多，但由于缺乏权威机构的严格筛选，其审判依据及过程都不足以成为楷模。一类是在法院公报上刊出的具有"指导意义"的司法裁判，即本文所指的"行政判例"，这类案例一般由国家最高法院或其他有权机构特意指定，下级法院无权制作，如《最高人民法院案例选编》和《最高人民法院公报》等，在司法实践中起着指导审判的作用，虽无判例制度之名却有判例制度之实。1995 年出版的《中华人民共和国最高人民法院公报全集》曾在出版说明中作如下专门介绍："《公报》发布的案例，都是经最高人民法院审判委员会反复推敲、字斟句酌，从众多案件中精选出来的。每个案例都有详细的事实、判决理由和结果，蕴含了深刻的法律意义。它既不同于用作法制宣传的一般案例，也不同于学者们为说明某种观点而编撰出来的教学案例。它具有典型性、真实性、公开性和权威性特点，是最高人民法院指导地方各级人民法院审判工作的重要工具，也是海内外人士研究中华人民共和国法律的珍贵资料。"[②]这段话言简意赅地道出了人民法院公报案例的性质与法律地位，即理论上具有指导作用，实践中应当普遍遵守。

行政判例的法源地位虽然一直备受争议，但实践中最高人民法院已经通过发布公告的方式表明了用判例作为审判活动的指导是合法、有效的。在不存在判例法的国家，法院的判决只对个案发生法律效力，对行政不产生普遍约束力，但法院判决表明了对法律的司法理解，是经验和理性判断的产物，同样也为行政机关提供了一个实际的指南。按照法制统一的原理，行政机关应当尊重这种特殊的司法指

① 参见赵正群《行政判例研究》，载《法学研究》2003 年第 1 期。

② 《最高人民法院公报全集》，人民法院出版 1995 年版，第 1 页。

南，没有重要原因不要对司法判例视而不见从而引起不必要的麻烦。作为抛开判例法与成文法之争的一种尝试，将其纳入行政执法过程规范形式也是合情合理的。首先，我国没有统一的行政法典，行政法规范散见于各级别法律法规中，如何灵活弥补成文法的局限性，同时又不和基本的法律体系相冲突成为摆在行政法人面前的难题，在这种情况下行政判例应运而生，成为执法主体依法行政的重要参考依据。其次，遵循行政判例的指导也是遵循先例规则的要求和体现，有助于保持行政执法的前后一致性，更好地贯彻平等原则。最后，也是最重要的一点，行政执法行为最终要接受司法审查，受到法律的监督，行政判例有助于提高依法行政的自觉性，违法的执法行为将得不到法院的支持。在执法过程中充分考量行政判例不仅能够确保执法行为的合法性，还能使行政执法行为经得住法律的推敲、经得起诉讼的打磨，确保执法行为的合理性。可见，行政判例成为行政执法过程规范形式是法治行政的内在要求。当然，我们也应当认识到行政判决并不是法律规范，只是在行政诉讼中适用行政法律规范的产物，在行政执法过程中还是要首先尊重法律，灵活运用案例等其他辅助性渊源，构筑一个完整的执法规范体系。另外，在实践中将判例制度进一步引申到行政执法领域尚要面临很多困难，例如《公报》中行政法判例很少，判例制度十分强调人的因素，执法主体对于这些行政判例的理解程度有限等等，都需要我们逐一解决。

总的来说，法律原则、行政判例等事实上是一种不成文法律渊源，对于这种不成文法律渊源能否成为行政执法过程规范实际是应然和实然的问题。我国未明确肯定这种渊源的法律地位，并不是行政执法和司法审查必须遵循的依据，但在实践中给予了充分肯定与尊重，这与我国行政法一些固有特性（如无统一法典、相对滞后等）是分不开的。

（五）行政规范性法律文件

“行政规范性法律文件”是我国法律规范体系中一个特有的名词，是指“除了法律、法规、规章以外，地方权力机关或各级行政机关制定的种类庞杂、数量浩瀚的法律规范性文件”[①]。这类法律文件存在颇多问题，连名称也极其混乱。行政处罚法中称其为“法律、法规、规章以外的其他规范性文件”，行政诉讼法中称其为“行政机关制定、发布的具有普遍约束力的决定、命令”，也有一些学者用“行政规定”、“行政规范”等来描述这类规范。[②] 这个名称几近囊括了各个行政机关制定的除法律、法规、规章以外的其他所有法律文件，包括国家行政机关与党的组织、群众团体联合发布的规范性文件，以及国务院根据宪法和法律规定制定的行政措施、发布的决定、命令等等，是数量最多的一类规范性法律文件。对于这类文件能否成为行政法的渊源学界一直存在争议。要解决这一问题首先应当明确法的渊源的内涵。我们认为应当从以下两方面分析：一是从行政执法依据角度来理解。行政规范性法律文件在不违背法的基本精神、原理以及上位法规定的情况下，显然可以成为行政执法的依据，它虽然不能直接创设权利义务，但却是影响行政主体权利义务的直接手段。二是从司法审查依据角度理解。美国学者格伦顿曾言：“法律渊源涉及到的并非普通公民的行为受什么样的规则管辖，而是法院在具体纠纷时应该适用哪些法律的问题。”[③]在此意义上，毫无疑问，这类文件不能作为证明执法行为合法或者违法的依据，不是司法审查的依据。但与行政解释境遇类似，法院对其也采取“尊重”态度。尽管行政规范性文件对法院没有拘束力或仅有低微的拘束力，但由于行政规范在行政管理过程中的依据地位以及对行政法律关系的效力，应当将行政规范纳入行政法渊源的范畴。再者，在日常执法过程中，除了法律的禁止性规定外[④]，这类文件已经成为行政执法的主要依据，是规范社

---

① 应松年主编：《当代中国行政法》，中国方正出版社 2005 年版，第 45 页。

② 例如何海波先生将其称为“行政规定”，叶必丰、周佑勇先生将其界定为“行政规范”。参见应松年主编《当代中国行政法》，中国方正出版社 2005 年版，第 45～46 页；叶必丰、周佑勇《行政规范研究》，法律出版社 2002 年版，第 3 页。

③ [美]格伦顿等：《比较法律传统》，米健译，中国政法大学出版社 1993 年版，第 154 页。

④ 例如《行政处罚法》第 14 条规定：“除本法第九条、第十条、第十一条、第十二条以及第十三条的规定外，其他规范性文件不得设定行政处罚。”

会生活的主力军。综上，将行政规范性法律文件作为行政执法规范形式是有一定积极意义的。虽然这类法律文件仍然存在较多问题，但因噎废食并非良策。如果将其撤出法律体系，社会秩序将会出现混乱。目前最有效的解决办法就是继续让其发挥行政执法过程规范形式的作用，与此同时对其进行法治化的完善和改进。

通过对以上行政执法过程规范形式进行整体性反思，我们认为，在列举的众多规范形式中，执法过程规范的一般形式，包括宪法、法律、行政法规和地方性法规、行政规章、民族自治条例和单行条例以及国际条约和行政协定在执法规范体系中占主导地位，是执法的主要依据；行政执法过程规范的特殊形态，例如一般原则、政策、行政解释、行政判例以及行政规范性法律文件则具有补充作用，虽处辅助地位却不可或缺。二者在确保行政执法权的合理、合法运行过程中具有不可替代的作用，共同构成行政执法的重要依据，贯穿整个行政执法过程。

第三节　行政执法过程规范中的原则与规则

鉴于法律原则与规则在行政执法过程规范形式中相对于其他渊源的本源性地位，特将其二者在本节中展开详细论述。

一、行政执法过程基本原则与规则概述

法律原则历来都是法学理论中的重要议题。在现代汉语中，“原则”的一般含义指观察问题、处理问题的准绳。在英语中，“原则”(principle)主要有如下含义：(1)被接受或公开声称的活动或行为准则；(2)根本的、原初的或一般的真理，为其他真理所凭借；(3)根本的教义或信条，特别的统治性意见；(4)行为的正确准则；等等。可见，无论在汉语还是在英文中，“原则”一词的核心意思都指根本准则。即原则是其他规则的来源和依据，是整体的基础，具有不可动摇的根

本地位。[1] 对于法律原则的内涵，我国法学界有如下的论述：法律原则一般是指可以作为规则的基础或本源的综合性、稳定性原理和准则[2]；法律原则是法律上规定的用以进行法律推理的准则。[3] 法律原则，是为法律规则提供某种基础或根源的综合性的、指导性的价值准则或规范，它是以选择的方式为人们正确理解、适用法律规则以及正确合法的行为提供指引的法律规范。在我国法理学上，一般认为法律的基本原则体现法的本质和根本价值，是整个法律活动的指导思想和出发点，构成一个法律体系的灵魂，决定法的统一性和稳定性。[4] 借鉴中外对“原则”、“法律原则”诸概念的认识，我们认为：行政执法过程原则是指在行政执法过程中，为人们正确理解适用行政法律规范以及正确合法地执法提供指导的基础性、本源性、综合性的行政执法准则或法律规范。行政执法过程原则也可称之为“行政执法过程基本原则”。

行政执法过程的基本原则与行政法基本原则是两个不同的概念，二者既有共性又有区别。其联系在于原则的本源性地位，在于其贯穿始终的效力，且行政执法过程作为行政法的调整对象，同样适用行政法基本原则；对于两者的区别，我们认为，行政执法过程的基本原则是行政法基本原则的低位阶原则。湛中乐教授在《现代行政过程论——法治理念、原则与制度》中指出：“由于行政过程是行政权的配置、运行和被监督的过程，行政权转化的行政职权的情况因行政主体的不同而不同，行政职权的内容在各个阶段的表现形式也有所区别，那么行政过程中表现为实体的规范和程序规范也会呈现不同，所以对于不同的行政行为可能还有不同的要求，这样就势必出现行政行为应当遵循更特定的具体原则，现代行政过程的原则就是在合法性原则与合理性原则这两个基本原则下的低位阶子原则，这样作为

---

① 参见徐国栋《民法基本原则解释——成文法局限性之克服》，中国政法大学出版社 1992 年版，第 8 页。

② 参见张文显《规则・原则・概念——论法的模式》，载《现代法学》1989 年第 3 期。

③ 参见沈宗灵《法理学》，北京大学出版社 1999 年版，第 41 页。

④ 参见张文显《法哲学范畴研究》，中国政法大学出版社 2001 年版，第 55 页。

低位阶子原则针对性更强,更具有可操作性。"[①]可见,现代行政过程的原则是在合法性原则与合理性原则这两个行政法基本原则下的子原则。所以,行政执法过程的基本原则在行政执法过程中发挥了其独有特性,是行政法基本原则在行政执法领域价值选择的集中体现,行政执法过程的基本原则与行政法基本原则二者是一般与特殊的关系。

与"原则"一样,"规则"一词的运用亦是十分灵活的。在法学理论中,法律规则系指具体的法律规范。根据法的构成的三要素说或两要素说,凡是具备假定、处理、制裁三要素或行为模式、行为后果两要素的法律规范就是一项法律规则。但本文所阐述的"行政执法过程规则"并非指执法所依的具体规范。从规范内容的角度看,行政执法过程规则介于行政执法原则与行政执法具体规范之间,是行政执法原则的具体化,又是一类具体行政执法规范的概括和抽象。从实践的角度看,行政执法过程中各种理念与原则的实现均需要和依赖于若干执法规则。行政执法规则属行政执法原则的下位概念,是执法规范的一种。但是一种普遍性的执法规范,又与具体行政执法规范相区别。在行政执法原则与行政执法所依具体规范之间,需要有许多行政执法规则来支撑,因此,对行政执法过程规则进行探讨很有价值。我们可以这样定义行政执法规则:它是保障行政执法原则的实现、指导具体行政执法规范实施、对整个行政执法过程或一定范围内的执法过程具有普适性、较行政执法原则更具操作性的执法行为准则。

行政执法过程规则对整个行政执法过程或一定范围内的行政执法过程具有普遍适用性。行政执法规则属于法律制度范畴,但不是安排具体性权利义务的法律规范,是贯彻行政执法原则的制度性规范。一般一个行政执法规则会由一类具体法律规范提炼出来,具体法律规范是行政执法的直接依据,行政执法规则体现在具体法律规

① 湛中乐:《现代行政过程论——法治理念、原则与制度》,北京大学出版社 2005 年版,第 135 页。

范之中，对具体法律规范的理解和适用具指导意义。行政执法规则具有相对具体性和较强的可操作性，这是与行政执法原则相比而言的。行政执法原则对整个行政执法起着最高法律规范指导作用，但由于原则太笼统，可操作性不足，在原则与每个具体的法律规范之间，需要一些比原则更具操作性的执法准则。行政执法规则比具体行政法律规范简洁、清晰，比行政执法原则操作性更强，对行政执法主体的执法行为体现其独特的指导作用。行政执法规则适用的强制性明显，弹性较小。行政执法过程规则在具体应用时，如果一条规则所规定的事实已经存在，或者说事实在规则所规定范围之内，这时就必须接受或适用该规则所提供的解决方案；反之，该规则对裁决不起任何作用。这与具体行政法律规范的非此即彼的规范作用类似，而与行政执法过程原则之比较笼统、模糊，只要在大的范围内不违反行政执法原则即可的要求不同。

二、行政执法过程基本原则

行政执法过程基本原则具体内容是一个仁者见仁、智者见智的问题，学者观点不胜枚举，我们认为虽然行政法基本认知模式历经管理论、控权论、平衡论等理论学说的发展，不同视角差异的确给基本原则的确立提供相异的设计，但行政执法过程基本原则的选取标准最终还是应当回归到行政执法的基本功能和价值上。我们认为行政执法过程基本原则包括：公开原则、参与原则、平等原则、正当程序原则和效益原则。

（一）公开原则

行政执法公开是指行政执法主体在实施行政行为过程中，除法律特别规定不宜公开的事项外，必须将整个行政执法过程向相对人和利害关系人公开，它要求行政权力运行的每一个阶段和环节都应当以相对人和社会公众看得见的方式进行。在当代依法行政实践中，行政公开已成为许多国家民主政治的重要内容，尤其是美国的“阳光政府”制度已经非常完善，非常值得我们学习。在我国，公开原则是一项宪法性原则，一直施行于各项法律制度当中，尤其是在审判监督领域,《宪法》第 125 条规定:"人民法院审理案件,除法律规定的特别情况外,一律公开进行。"在行政法领域首次正式确立行政公开原则的则是 1996 年颁布实施的《行政处罚法》。该法第 4 条规定:"行政处罚遵循公正、公开的原则。"表现了行政法领域对公开原则的认同和接纳,而 2008 年正式实施的政府信息公开条例则成为行政公开领域最为直接的执法规范。

首先,加强行政执法公开是民主行政的要求。公开是行政民主化的基本标志,增强政府执法的公开化程度,促进政府执法由封闭走向开放是现代行政的基本要求。21 世纪是信息时代,信息是人们处分权益、参与行政的基础。传统行政观导致了主体间信息的不对称,

通过政府执法公开,为公民、法人和其他组织主张权利、监督行政执法提供坚实平台,实现执法主体与执法对象的地位平等。[①] 公民有权利要求行政执法公开,这是宪法上的知情权在行政执法领域的延伸。随着现代行政从身份行政到契约行政的转变,行政机关作为国家权力的行使者有义务向公众披露权力运作的相关信息。公民的权利被处分时,有权知晓处分决定作出的依据及结果得出的过程。其次,行政执法公开是监督行政的要求。公开原则在行政执法领域的确立与完善可以确保行政相对人知晓行政权力运作的全过程,依法监督行政权力的行使。20 世纪以来,市场经济体制虽然不断发展,但其弊端也日益显著,"无形的手"终究还是需要有形的手来控制,行政权力随之水到渠成地进一步渗入人们的生活。既然扩张在所难免,控权就显得尤为重要。没有监督的权力总是易于产生腐败,阳光才是最好的防腐剂。执法过程公开可以有效地防止自由裁量权被肆意滥用,促使行政透明化,进一步抑制腐败的发生。最后,行政执法公开是国际化的普遍要求。我国已经加入世界贸易组织,WTO 规则对行政执法提出了新的要求。WTO 协议中对政府影响较大的莫过于透明度原则,该原则系指成员方必须公布正式实施的有关进出

---

① 参见肖金明《法治行政的逻辑》,中国政法大学出版社 2004 年版,第 324～325 页。

口贸易的政策、法律等规范，以及成员方或政府机构与另一成员方或政府机构签订的影响国际贸易政策的现行协定的义务。该原则的实施不仅要求贸易方面政策、法规的透明度，其核心在于政府对信息的披露义务，通过保障公民的知情权来维护公民的其他权益，强调行政执法过程公开也是 WTO 透明度原则对整个行政过程的内在要求。

按照民主行政与法治行政的要求，行政执法公开应当是全方位的，既包括行政主体自身情况的公开，也包括行政权力运作过程的公开，当然涉及国家秘密、个人隐私或商业秘密时不得随意公开。我们认为行政执法过程公开应当包含以下几项内容：第一，行政执法的依据公开，即必须将成为行政执法依据的所有规范性文件全部依法在权威性报刊媒体上公布和宣示，确保公众知晓。未经依法公布的规范性文件不得作为行政执法依据。第二，行政执法的过程公开。执法过程公开是实现行政执法公开原则的重要要求，包括执法手续、程序的公开。当然执法过程公开并不是要求执法主体将整个执法程序都让相对人参与或了解，而是在影响或决定行政相对方权利和义务的几个阶段，让行政相对人有参与或者了解的机会。第三，行政执法的决定公开。行政执法主体作出的影响行政相对人权益的执法决定必须向相对人公开，并告知其享有的救济权利和救济途径，这样可使相对人有充分的空间寻求救济。如果执法主体的决定不及时告知行政相对人，这一决定不能发生法律效力。[①] 另外，公开还应当以适当的方式进行，根据公开对象的不同而采取不同方式。实践表明，行政执法程序制度的创新和发展是行政执法公开原则实施的重要支撑，

① 2006 年 7 月 8 日，双牌县公安局受理了泷泊镇双新村四组组长唐某与同组村民郑某、袁某、刘某因分配田地款项一事发生斗殴的治安行政案件。同年 8 月 16 日，双牌县公安局将写有行政处罚的事实、理由和依据以及所享有权利的行政处罚告知书和拘留 10 天、罚款 500 元的行政处罚决定书在同一天分别送达给了袁某和刘某。8 月 17 日，双牌县公安局将袁某和刘某拘留。袁某和刘某不服，向永州市公安局提起行政复议。10 月 11 日，永州市公安局作出维持的复议决定。11 月 7 日，袁某和刘某向双牌县人民法院提起行政诉讼。法院经审理认为，双牌县公安局对袁某和刘某在送达处罚告知书的当天同时送达处罚决定书，应视为没有给当事人陈述申辩的时间，系程序违法。同时认定该行政处罚决定缺乏事实依据和适用法律不准确，遂依法作出撤销双牌县公安局作出的行政处罚决定的判决。

例如，对于那些涉及相对人重大利益的执法决定，应当允许旁听；对于涉及多数人权益的执法决定，应当允许媒体报道等等。在行政执法实践中，行政机关采取的主要手段有告知、送达和听证等。尤其是听证制度，目前频繁地适用于火车票涨价、KTV包房收取版权费等公共事务决策中。值得一提的是，2008年政府信息公开条例的实施为执法过程信息公开提供了法规层面的依据，对于促进政府信息公开化进程具有重要的规范意义。

（二）参与原则

所谓公众参与指的是"行政主体之外的个人和组织对行政过程产生影响的一系列行为的综合"[①]。行政执法领域内的公众参与原则系指行政主体在行使行政权的过程中，除法律另有规定外，必须保证相对人参与行政过程的权利，相对人有权对行政行为发表意见，行政主体应对相对方人意见给予合理考虑。对于该原则我们应当从以下两方面理解：首先，从行政主体角度，确保行政相对人有效参与行政是行政机关的义务。既然称之为义务，就不是行政机关可为可不为之行为，行政主体应当确保每一个影响行政相对人权益决定的作出过程，都是权利和权力互动、相互作用的过程，而非单方意志行使的结果。因此，在执法过程中行政机关应当尽量为相对人提供参与的机会和条件，使相对人可以发表自己的意见，阐明自己的观点，避免个人利益以公共利益为由被不当侵害。其次，从行政相对人角度，在行政执法过程中充分参与行政决定的作出是相对人的权利。行政相对人也是行政法律关系的有机组成部分，是行政过程的主体之一。我们不否认行政机关在现代行政执法过程中的主导地位，但行政相对人不再只是行政执法中的被动接受者，而是行政决定作出的主动参与者。在行政执法中确立参与原则的主要价值在于改变了行政相对人的客体地位，赋予了行政相对人独立的主体人格，使其在行政程序运行过程中占有主体地位，为行政行为的利害关系人表达利益诉

① 江必新、李春燕：《公众参与趋势对行政法和行政法学的挑战》，载《中国法学》2005年第6期。

求提供了契机。

行政参与应当是有效参与与理性参与的有机结合。贯彻参与原则的关键在于通过相关程序、制度的建立与完善支持，规制行政相对人的参与行为。一方面要设立相关机制调动公民参与的积极性，使公民自愿、自主、自动地参与到行政执法中来。同时也要注意不能参而不与，要使相对人的意见得到合理考虑，使其对行政权力运行结果的形成发挥有效作用，不至于沦为花瓶，成为装点行政执法行为合理性的花哨外衣。另一方面，行政参与还应当是理性参与，要避免弱势群体因参与力度弱而权利受损。哈耶克在论述"多数统治"时认为："只有为多数所接受者才应当在事实上成为法律，这一点在自由主义看来是可欲的，但是它并不认为这种法律因此就是善法。"[①]公众参与是一把双刃剑，不当的参与不仅不会带来积极效应还可能导致多数人的暴政，阻碍法治的发展。

目前，我国行政执法过程中的公民参与主要集中在：行政主体在作出重大行政决策前，在进行抽象行政执法行为时，应当广泛征求社会各方的意见和建议，并吸纳其中合理的观点。例如我国《价格法》在这方面已有明确规定，该法第 23 条规定："制定关系群众切身利益的公用事业价格、公益性服务价格、自然垄断经营的商品价格等政府指导价、政府定价，应当建立听证会制度，由政府价格主管部门主持，征求消费者、经营者和有关方面的意见，论证其必要性、可行性。"在行政主体作出直接影响行政相对方权利义务的行政决定前，必须要告知相对人有合法抗辩的权利；行政主体应当听取有关利害关系人的陈述或申辩；当事人提出的事实、理由或证据成立的，行政机关应当采纳；在有关公用事业领域，如公用事业价格、公共服务价格调整、城市规划等，经常通过听证的方式吸收公民意见，使公民有效参与有关决策。公民对行政的参与除了表现为以上对行政立法和行政决策过程的影响外，还表现为对行政执法的参与。例如，广州市公安局于 2003 年 7 月 15 日发布了《关于奖励市民拍摄交通违章的通告》。

---

① ［英］哈耶克：《自由秩序原理》上册，邓正来译，三联书店 1997 年版，第 126 页。

《通告》中鼓励市民"义务"拍摄违章车辆，并可以向公安部门进行检举，检举者可获得20元的奖励。这种参与行政的模式在行政执法领域的确立实施标示着行政执法理念的变革：从强制的指令性行政执法到柔性的以人为本的行政执法；从封闭的单一的行政执法到开放性的多元化的行政执法。比起仅凭单方意志作出的行政决定更有说服力，提高了行政执法决策的科学性，行政主体在与相对人博弈过程中作出的行政决定，更具现实性和可执行性，有利于行政相对人对不利执法结果的认同与接受，缓解双方的紧张关系。

（三）平等原则

平等的思想由来已久，和人们遭受不平等待遇的历史一样源远流长，早在古希腊时期，亚里士多德就提出了以平等为核心的正义论。[①] 从洛克的"人类天生都是自由、平等和独立的"[②]到卢梭的"人人生而平等、自由"[③]，人们争取平等的斗争从未平息过，平等思想的进步也从未休止过，这些先哲的平等观构成了今天"法律面前人人平等"理念的理论基石。在法律的背景下，平等原则经常被表述为"法律的平等保护"（equal protection of law）或"法律之上的平等"（equality under the law），从个人的角度看，它是一项赋权性原则；从国家的角度看，它指导和约束一切国家行为。[④] 在我国，法律面前人人平等是民主与法制建设的基本原则之一，《宪法》第33条规定"中华人民共和国公民在法律面前一律平等"。该条款奠定了平等原则在我国的宪法性地位，作为一项宪政原则成为所有法律都不可忤逆的准则，行政法当然也不例外。一直以来，在我国"行政"等同于"管理"，再加以封建社会中长期形成的官贵民贱思想，行政执法中的平

① 亚里士多德认为，不同的政体形式下的人们对正义有着不同的理解：在平民的政体中，正义被认定为平等；在寡头政体中，不平等的分配被认为合乎正义；平民派注重自由身份的平等，认为一事相等则万事也都相等；寡头派注重资财，认为不等资财者就一切都应不平等。

② ［英］洛克：《政府论》下册，瞿菊农、叶启芳译，商务印书馆1983年版，第59页。

③ ［法］卢梭：《社会契约论》，杨国政译，陕西人民出版社2004年版，第2页。

④ 参见林来梵《从宪法规范到规范宪法——规范宪法学的一种》，法律出版社2001年版，第110～111页。

等对待被人们所忽视。随着依法治国理念的提出，行政执法的观念和方式也发生了重大变革，管理型政府转变为服务型政府，行政机关的主体地位从“主人”的高度回归到与相对人平等的层面上。现代行政转变为法治行政、服务行政、民主行政，平等原则逐渐从宪法视野走入行政执法领域，对法治政府的建立提出了新的要求。行政执法中的平等对待就是平等原则在行政领域适用的结果，从行政法的角度看，这一宪法原则具体在行政执法领域中，要求执行法律过程中人人平等，要求执法主体确保行政相对人的机会均等，享有的权利、负担的义务、承担的责任平等，任何公民都不得享有法定外的特权，也不得遭受不平等的待遇。平等原则作为行政执法过程的基本原则具有指导功能，无论是羁束行政行为，还是裁量行政行为，无论是授益行政行为，还是负担行政行为，都必须依法平等地对待每一位行政相对人。不同的公民在违反行政法的手段、情节、危害等因素相同的情况下，行政机关的处罚也应大致相同，不得因人因时因地不同而异，进行选择性执法。

行政执法中的平等原则体现在行政关系主体的法律地位上应当采用这样的思路来理解。首先，它是指行政主体要平等对待各行政相对人，即行政相对人之间的平等，强调执法的公正性。正如英国法学家波洛克所言：法律不能使人人平等，但是在法律面前人人是平等的。当然，此原则并非要求行政机关在行使行政权时，不得给予相对人任何的不同待遇，只是反对不合理的歧视，不能使他们和其同类相比处于不利地位。如果允许行政执法过程中的差别对待，那法治就会沦为一句空话，成为人治和专制的外衣。行政相对人间的平等主要表现在：其一，平等地享有权利。法律赋予公民的权利并无实质上的差别，在法律规范的领域内，权利的承诺和兑现不能被差别对待。另外，行政相对人也享有要求平等对待的权利。所谓行政相对人的要求平等对待权，是指行政相对人期待行政机关在作出行政行为时与其他行政相对人同等情况得到同等对待的权利。这是基于平等理念而衍生出来的一项权利，可以有效禁止行政恣意和促进行政自我拘束。其二，平等地适用法律。中国历来有重人情的传统，“法不外乎人情”这句耳熟能详的谚语就是最好的证明。所谓人情不仅仅是个“情”字，里面掺杂的物质因素与权力因素一样干扰着法律的适用，使行政权的行使偏离了法治轨道。因此，行政主体作为法律的执行者，对每一个行政相对人都有平等适用法律的职责。其三，行政主体与行政相对人之间的法律地位平等。强调和重申行政主体与行政相对人之间法律地位的平等具有行政法学上的方法论意义。长期以来，我们在认识二者关系时往往注意到和强调行政机关的优越地位和相对方的服从义务，却忽略而这在行政法律关系中法律人格意义上的平等性。所谓“执法”，意指对法律等规则的执行，也是一种依法行使权力的行为，并不能推导出行政主体享有超越法律之外的权力。行政法的拘束对象不仅是行政相对人也同样包括行政机关，二者均应平等的遵守法律。与行政相对人相比，行政机关并不因执行国家行政事务就具有高于行政相对人的主体资格。这对于把握行政执法过程法律关系至关重要。最后，我们还应当考虑到行政相对人和行政相关人之间主体地位的平等。行政相关人是指参与一定的行政法律关系，与行政主体所实施的行政行为存在一定的法律上利害关系的除相对人之外的公民、法人或其他组织。例如治安处罚中的受害人；土地、房屋、专利权等确权案件中与申请人存在利益冲突或关联的人；建筑许可中的建筑区域的相邻权人；与被核发执照的商家存在竞争关系的其他商家等。[①] 一直以来，学者们大多认为每一组行政法律关系中都由行政机关和行政相对人两方主体构成，囿于简单的二维模式，行政相关人并不在重点分析之列。基于行政执法过程社会影响范围的复杂性和相关理论研究的深化，我们认为行政机关在赋予行政相对人一定权利或课以一定义务时往往会波及到其他公民、组织的权益，继而要求行政法保护的范围也随之扩大。因此，在行政执法过程中应当兼顾各方利益，全面保障公民权利，这也是行政主体回应其基本属性，即公共性的基本表现。

① 参见肖金明、张宇飞《关于行政相关人问题》，载《政治与法律》2005年第6期。

(四)正当程序原则

与平等原则不同,正当程序原则在我国并非一项宪法性原则。正当程序原则发轫于英国的自然公正(nature justice)原则,它要求对每位公民的主体地位和合法权益给予等同的尊重与保护,与自然公正原则主张的避免偏私和公平听证的理念有异曲同工之妙。英国1215年大宪章第39条规定:凡自由民,如未经其同级贵族之依法裁判,或经国法判决,皆不得被逮捕、监禁、没收财产、剥夺法律保护权、流放或加以任何其他损害。即不经过正当的法律程序,任何人的合法权益都不得被剥夺,该条款奠定了正当程序原则在英国中的宪法性地位。根源于自然法的自然公正原则主要包括两方面的含义:一是任何人的合法权益受到不利影响时,必须允许其陈述自己的意见;二是自己不能做自己的法官,亦称避免偏私原则。这两项子原则都是关乎司法程序的正当性与合理性的规定,都是从对裁决者的理性要求和个人意见的有效陈述视角来考察的。与英国的自然公正原则产生于司法性的裁判活动不一样,美国的正当法律程序从一开始就产生于宪法关于行政程序的控制领域,并且逐步向司法及其他领域扩张。[①] 美国第四任总统詹姆斯·迪逊在撰写《权利法案》时,将其命名为"正当程序",从而使该原则正式登上历史舞台。尔后,美国宪法对正当程序原则的进一步完善与发展使其扬名天下。[②] 虽然大家对该原则的具体内容存在争议,但根据美国最高法院的解释,美国正当法律程序包含以下两项:一是程序性正当法律程序,二是实质性正当法律程序。程序性正当程序要求一切权力的行使在剥夺私人的生命、自由或财产时,必须听取当事人的意见,当事人具有要求听证的权利。实质性正当程序则要求国会所制定的法律,必须符合公正与正义。"如果国会制定的法律剥夺了个人的生命、自由或财产,不符

① 参见陈驰《正当行政程序之价值基础》,载《现代法学》2005年第2期。

② 1791年《美国宪法》第5条修正案规定:"非经正当法律程序,不得剥夺任何人的生命、自由和财产。"1867年宪法修正案第14条将正当法律程序扩展到州政府以及其他地方政府的行政行为,规定:"凡在合众国出生或归化合众国并受其管辖的人,均为合众国和他们居住的州的公民。任何一州,都不得制定或实施限制合众国公民的特权或豁免权的任何法律;不经正当法律程序,不得剥夺任何人的生命、自由或财产……"

合公平与正义的标准时，法院将宣告这个法律无效。”[①]由此可见，在行政法领域正当程序原则的意义在于，它将行政相对人从行政权支配的客体转变为具有独立法律地位、与行政机关同等重要的主体，通过正当程序确保相对人对行政过程的参与，使行政权的行使既有限又有效。

正当程序原则一直风行于英美法系国家，在我国并无深远历史。长期以来，我国受“重实体、轻程序”传统观念的影响，认为只要行政权力的运行实现了既定结果，是否遵守了程序甚至是否设定了程序就均不那么重要，使法律对公权力的约束因缺乏程序性的有力规制而显得羸弱。实际上，正当法律程序在行政执法中的作用不可忽视，无论是从促进实体公正角度还是规范行政权力行使的角度，都值得我们认真对待。在行政执法过程中，无论执法结果对行政相对人是有利还是不利，只要程序本身是正当、中立、公开的，执法过程公平、形式合理，人们就会增强对执法结果的认同感。公正的执法程序是看得见的正义。如果说法治行政理念是行政权力设立时的守卫人，那么正当程序原则就是确保行政权力运作时的看护者。正当程序原则作为约束行政机关行政执法活动的根本原则，意指行政权力的行使应当遵循法律规定的程序要求。通过对英国和美国正当程序原则进行剖析，将正当程序理念引入我国行政执法过程，主要有三方面的要求：一是行政机关在作出不利于相对人的决定前应当听取相对人意见，给予相对人充分申辩的机会。这样不仅有利于更好地查明事实，还可以缓解行政相对人对不利行政决定的对立情绪，有助于行政行为的执行。二是执法人员与案件有利害关系，可能影响个案的依法处理时，应当回避。行政主体必须与行政决定所涉各方当事人没有任何利益牵连，并要确保没有任何偏见，即要保持中立性。三是行政机关在执法时应当说明理由，履行告知义务，告知相对人该行政决定的事实依据、法律依据、相对人所享有的权利及救济途径。这三项要求是正当程序原则在行政执法领域内的最低要求，应当贯彻行政

---

① 王名扬：《美国行政法》上，中国法制出版社 1995 年版，第 383 页。

执法过程始终。

近年来，正当程序原则在我国有了长足的发展，学界的研究大大推动了权力运行的程序化进程。行政复议法第 28 条和行政诉讼法第 54 条纷纷把对法定程序的遵守作为审查行政行为合法性和合理性的重要标准，法院在司法实践中也逐渐适用该条款，开始了行政执法观念从程序工具主义到程序与实体并重的转变。行政处罚法和行政许可法也在这方面可圈可点，行政处罚法第五章规定了行政处罚的简易程序、一般程序和听证程序，行政许可法第四章规定了行政许可的实施程序，这两部里程碑似的法律奠定了正当程序在行政执法过程中的重要地位。但我们也应当看到，在行政执法的其他领域，例如行政强制、行政给付、行政规划行为等，还没有得到正当程序的有效规制，行政程序完善之路任重道远。

（五）效益原则

“效益”一词具有经济学、管理学等多学科背景，通过探究其在不同领域内的意义我们总结归纳出一个基本含义：效益系指从一个给定的投入量中获得最大的产出，即以最少的资源消耗取得同样多的效果，或以同样的资源消耗取得最大的效果。在这种意义上，说一个社会是有效率的，就是说它能以同样的投入取得比别的社会更多的有用产品，能创造出更多财富和价值，是自然、社会和人文资源优化配置（价值最大化）的社会。[①] 在社会发展的每个阶段，人们的基本价值取向必然反映其所处的特定时代的经济发展水平。效益观的导入以及效益价值目标在法律中的确立，体现着社会进步的必然需求。理论法学界曾经一度认为，法学应以追求公平为其基本使命，而对效益的追求则主要是经济学的使命。因此很长一段时间以来，法学研究中要么忽视效益在法学中的价值，要么把对效益的追求放在次要的位置。当今行政全球化的发展趋势对调整社会资源分配的法学提出了新的要求，法学研究应当认识到：在今天的社会条件下，如何高效利用有限的资源，即以最少量的资源成本创造出最大的效益是重

---

① 参见张文显《法理学》，北京大学出版社 1999 年版，第 243 页。

要的法学命题。

效益原则包含两方面要求：第一个要求是高效率。行政执法活动应当关注执法过程中消耗的人力、物力、财力、时间与得到的执法效果的比率关系，要求行政执法以尽量少的劳动投入取得尽可能好的执法效果。效率是行政权的生命，若行政执法效率低下，就无法适应瞬息万变的行政需要，根本无法实现执法目的。高效的行政执法应作为每个政府追求的执法目标，行政效率应成为评价行政执法效能的重要指标。但从我国的实际情况看，目前行政执法的效率还远远达不到要求。根据零点研究咨询集团在哈佛大学肯尼迪学院亚洲部的指导下最新完成的《中国居民评价政府及政府公共服务报告》，近七成的民众认为目前政府公务员的总量应该减少。国家行政学院经济学部副主任王健介绍，按照公务员与 GDP 的比例指标来看，中国为 39 人/百万美元，大大高于发达国家。目前美国为 2.31 人/百万美元，日本为 1.38 人/百万美元，中国公务员“超标”近 20 倍。[①]在这种情况下，执法人员的薪资足以使国家及各级财政无法负担，造成了行政执法过程中消耗的社会成本过多。再加之行政机关执法程序烦琐，使执法效率，大大降低。行政许可法等法律制度的健全以及国务院和各部门“三定规定”的逐步公布，使得行政执法的低效现象有所好转，但中国行政执法的效率目标的实现还是相当艰巨的。第二个要求是高质量。所谓行政执法过程中的高质量，系指行政执法要依法展开，达到公平正义的目标，实现法的公正价值。追求效率也不能走向片面、极端，也就是要求执法主体对效率应有准确的理解，效率优先，但不能抛弃公平。有些执法主体，面对大量执法事务，片面追求执法效率，简化执法程序，使行政执法的公正性大打折扣。这些看似高效的执法行为抛弃了对公平正义的追求，严重侵犯了公民的权利，也没有达到效益原则的要求。公平、效率作为行政执法的两个价值目标，存在着背反与统一。公平与效率之争由来已久，西方学者通常认为公平与效率是一对不可调和的矛盾，所以讨论也大都围

① 参见周凯《67%的公众认为公务员多了》，载 2006 年 3 月 6 日《中国青年报》。

绕二者发生冲突时的取舍。我们认为，效益可统一于行政执法过程当中。没有行政效率的公平仅是一种低层次的公平，迟来的正义非正义，无公正之效率也不得成为行政法上之效率，二者互相促进，相生相伴。因此，在现代行政过程中，应当统筹兼顾，在"高效行政"与"慎重行政"之间寻求平衡，将公平和效率作为共同的价值目标，将效益原则作为执法的基本原则。

与前四项原则相比，行政效益原则并非是实质正义的要求，而更多的是工具理性主义的体现，因此很多学者不赞同将其列为行政法基本原则，更谈不上行政执法的基本原则。效益原本是西方经济学概念，上个世纪六七十年代才被适用到法学领域，被作为法的价值对待，我们将其列为行政执法过程的基本原则主要基于以下几方面考虑：

1. 将效益原则作为行政执法基本原则具有宪法基础。我国"宪法"第 27 条规定："一切国家机关实行精简的原则，实行工作责任制，实行工作人员的培训和考核制度，不断提高工作质量和工作效率，反对官僚主义。"这正是行政效益原则的内涵表述，可见，在行政执法领域贯彻效益原则是宪法的要求。

2. 效益原则的确立是相对人权利保护的要求。行政执法行为与相对人利益息息相关，正如正当程序原则对行政权力的运作过程给予了极大关注，行政效益原则对行政权力的运作结果也倾注了无限关怀，执法结果就是对行政相对人利益的处分，重视执法效益就是重视相对人的权利保障。

3. 确立效益原则是法治行政与时俱进的要求。现代社会是一个充满竞争与挑战的社会，提高工作效益是在竞争中制胜的关键，是各个领域的普遍要求。行政执法也应当降低执法成本，提高执法效率，获得最佳执法效果，这也是依法行政的题中应有之义。

目前，我国行政执法过程中效益原则并未得到足够的重视，原因是多方面的，有制度上的也有观念上的。我们认为执法效益促进可以从以下几方面入手：第一，促进执法人员执法观念转变，将行政效益作为执法的价值目标之一，在执法过程中重视执法成本与执法结果的正当比例。第二，全面提高行政执法人员的素质。执法人员素质低下，投入成本再多也会被损失殆尽。提高素质需要靠各种形式的宣传和教育，使执法人员具备较高的法治意识，拥有更多的法律知识和执法所需专业知识，形成良好的职业道德。第三，优化行政执法技术，加大科技投入，根据财政状况增加经费投入，提高执法效率，促进执法公平。行政执法除了服从公平原则，还要求有效率，科技含量的增加、装备的改善。这样可以大大提高行政执法效率，使公平原则得到保障。另外，近年来许多城市都设立了政务大厅，将各行政机关的服务窗口集中起来统一办理业务，不仅大大方便了行政相对人，还节约了行政成本，提高了行政效益，不失为一种高效能的行政执法方式。

以上列举的几项原则应当是贯彻行政执法过程始终的基本原则，这些原则共同影响着行政执法过程中法律关系的走向。如何在实践中有效运用各项原则是依法行政的关键。在理论界，有些学者认为法律原则间会发生冲突，如同法律规范一样，应当存在某种冲突规范，权衡原则冲突并寻求法律上的唯一正解。我们认为，行政执法过程的各项基本原则间具有内在统一性，并不存在价值目标上的背离。法律原则从本源上讲是社会价值的法律化凝结，一般来说，它们应该也可以和谐地共处于同一法律秩序下。但在某些特定情形下，适用原则的侧重点可能会有所不同，正如德沃金所言："法律在原则上永远不能完全一致。"[①]但这种冲突并不是不可调和的，即在个案中某一原则可能存在优先性，但不得排除其他原则的适用，对任一原则的违反都将是对法律的背叛。在行政执法过程中，公开原则是参与原则的前提，行政执法只有以公开的方式进行才有可能使相对人参与进来，相对人也只有在悉知规则的情况下才能有效参与。无论是行政执法过程公开还是行政相对人参与都是平等原则的内在要求，主体地位的平等是权利获得保障的基础。公开原则、参与原则、

---

① [美]罗纳德·德沃金：《法律帝国》，李常青译，中国大百科全书出版社1996年版，第196页。

平等原则及效益原则的实现均离不开正当法律程序的保障，没有程序支持的原则只能是一句空话，各项原则相互支撑，互为目的与手段，共同构成了行政执法价值的内核。

行政执法过程原则的效力贯穿行政执法过程始终，集中体现了行政执法过程追求的根本价值，是行政执法法律规范的来源和依据，对行政执法起着普遍性指导作用。首先，行政执法原则反映行政执法的客观规律，统领各种行政执法规范，适用于行政执法的一切领域，可以协调法律体系中规范之间的矛盾。其次，它可以弥补具体法律规范的不足与局限，指导具体执法行为，在规范冲突或含义不明时，指引解释方向，有时甚至能够直接作为法官裁判的法律依据。同时，在执法过程中对执法主体的自由裁量权给予指引和监督，不仅能保证个案的个别正义，而且使法律具有一定的弹性张力，在更大程度上使法律制度保持稳定。最后，行政执法原则的要求处于一般性的更高水平，需要根据特定的背景加以解释，其要求比较笼统、模糊，不预先设定明确具体的假设条件，不列举出如果符合规定条件时将发生的法律后果。它只对行为或裁决设定一些概括性的要求或标准，不试图规定使它非适合不可的条件，不直接告诉人们应当如何去实现或满足这些要求或标准，所以适用时具有较大的灵活性。在不同的执法过程中，行政执法各原则可能存在某种程度上的效力冲突，但这种冲突并不是非择一不可的，只是在一些个案情况下，各原则的重要程度有差异。分量较重的原则对行政执法过程的决定起决定性作用，而其他原则起辅助作用。但是这绝不意味着在此情形下分量较轻的原则不再是一个行政执法原则，或者说应予修改或废除。实际上在其他的执法情形中，它可能具有决定性作用。

三、行政执法过程规则

行政执法过程规则是贯彻行政执法过程原则的制度性规范，但它不是安排权利义务的具体性法律规范，而是在原则之下指导执行具体法律规范的基本规则，与行政执法过程原则存在依托关系，各项执法基本原则主要体现为以下几个规则。

(一)禁止差别对待规则

该规则主要用于规制行政自由裁量权的行使,其内涵为同等情况同等对待,不同情况差别对待,是平等原则的具体体现,其意义在于从横向上保障行政执法的公平性。所谓同等情况同等对待,系指行政执法主体在执法时,类似案件的处理结果应当相似,不能因其他非法律因素影响执法结果,即要求行政主体在同时面对多个相对人时应当一视同仁、反对歧视,不得考虑不相关因素,无论是实体上,还是程序上都不得给予差别对待。不同情况差别对待,系指行政主体在实施行政行为时应当认真区别各相对人的具体情况,根据实际情况设定相对人的权利义务。禁止差别对待规则是从结果上关注不同行政相对人之间的平等,既是对行政执法平等原则的有力补充,也是正当程序原则的具体表现。从法律适用角度看,禁止差别对待规则可以保障法律、法规的平等适用,弥补成文法的局限;从行政权运行角度看,有助于遏制行政执法过程中可能出现的权力滥用、权力寻租等现象。削弱行政执法主体由于爱好和偏见对相对人作出不利处理的企图,有助于维护行政执法主体的威信和社会公众对政府机关的信任。

禁止差别对待规则要求行政执法主体在执法过程中,不能适用多重标准,不能优待或歧视相对人,而应平等对待每个执法对象,对于相同或类似情形下的相对人施以相同或类似的行政措施。如果执法机关对同样的情况没有进行同样的对待,或对不同的情况给予了同样的对待,执法机关必须专门解释这样做的理由,否则便构成对行政自由裁量权的滥用。执法规则的特征则是其普遍适用性,“同类情形同样处理”不仅适用于行政处罚领域,对于行政许可、行政征收、行政强制等其他执法方式同样适用。适用该规则的重点首先在于“同等情况”的界定,即在行政法律关系中符合什么条件的行政相对人才会被认为是“同等情况”下的相对人。其次才是对同等情况的相对人在作出行政行为时要给予同样的对待,不应有歧视和不公平。对于“同种情况”的界定我们可以参考美国关于平等保护的法律分类理论,美国法学家图斯曼和坦布鲁克在《法律的平等保护》一文中提出:

“法律的平等保护是平等的法律保护的保证，法律是可以分类的。”①根据该文解释，所谓“合理分类”，是指相对于法律目标而言，一项法律必须能将法律目标方面处境相同的所有的人都包括在内。“法律的目标或者是排除公共危害，或者是取得某种积极的公益效应。”②一般来说，法律规范都包含假设、行为模式和制裁三部分，其中假设就是对适用条件的描述，即符合该条件者可适用该条款，那么我们也可以理解成，符合该条件者系属“同等情况”，适用同样的法律规定。对于“同等对待”的要求我们也要认真思考，判断行政机关的执法行为是否违反了同等对待不应该只考虑单一的因素，因为执法过程是一个多种元素相互作用的复杂过程，应该综合各种标准进行全面的考量。

（二）执法前后一致规则

该规则要求行政机关在执法过程中应当遵循先例，对类似案件给予同等对待，实际上是平等原则的另一要求，其意义在于从纵向上实现行政执法的公平性。该规则系指行政执法主体不得在类似情况下因人因时因地的不同而作出前后不一致甚至相互矛盾的执法行为。遵循先例原则是普通法国家实行法治的重要形式，更是判例法形成的理论基石，主要适用于司法领域，尊重其他法官的判决并在今后的审判中加以引用是普通法形成的重要条件。③ 执法前后一致规则是该原则在行政执法过程中的体现，是法治行政无可回避的一个要求。它强调行政执法应当具有稳定性、连续性和公正性，除非执法机关能够给出事实和理由表明不遵守先例是公平的和理性的，否则执法应当遵守先例，以保证法不择人，避免执法歧视。执法前后一致规则对行政相对人的保护与禁止差别对待规则有异曲同工之妙，都可以使相对人根据其他执法案例对自己的行为有预见性，并以此为

---

① 转引自曾尔恕《论美国宪法“平等保护”条款的司法检验标准》，载《比较法研究》1998 年第 2 期。

② 转引自曾尔恕《论美国宪法“平等保护”条款的司法检验标准》，载《比较法研究》1998 年第 2 期。

③ 参见何勤华主编《外国法制史》，法律出版社 1998 年版，第 193 页。

依据监督行政机关执法行为的合法性与合理性。因此,遵循先例、保持行政执法的一致性也是制约行政自由裁量权的一项重要规则。重视行政先例对行政行为的约束作用,将先例作为一种客观存在的先前行为,作为行政机关从事相似执法行为的有形标准,可以有效地防止行政恣意。通过与以往执法案例的对比,相对人也可以大致分辨出执法行为是否公正,对于公正的执法结果也易于接受。

根据我国行政执法现状,在行政处罚领域最应当加强执法前后一致规则的适用。在实践中行政机关经常搞执法运动,采取"抓典型"的执法模式,对于"严打"期间的违法相对人往往给予极重的处罚,貌似在贯彻"法治",实则大大损害了行政机关的执法权威。遵循依法行政就应当确保相似违法行为的处罚决定也具有相似性,具体要求:同一违法行为的处罚决定前后一致;同类违法行为的处罚标准、处罚依据一致;避免行政处罚结果畸轻畸重,等等。事实上,在我国行政执法领域内适用遵循先例规则还是有一定难度的。从根源上讲,我国并非判例法国家,判例在我国并无真正的法律渊源地位,而行政先例也仅仅是可被"参照"适用,不具有法律上的拘束力,不能真正起到约束自由裁量权的作用,行政先例制度尚未建立起来。首先,我们应当明确行政先例的法律地位、适用规则及适用范围,其是否具有约束力;其次,应该加强行政先例的汇编与公布,便于行政相对人的查阅和调取。只有做到这两点,执法前后一致规则才能充分地发挥作用。执法前后一致规则与禁止差别对待规则共同支撑着平等原则在行政执法领域的贯彻实施,从时间空间、纵向横向等多方面保障相对人的平等。

(三)行政回避规则

行政回避,是指"行政机关工作人员在行使职权过程中,因其与所处理的事务有利害关系,为保证实体处理结果和程序进展的公正性,根据当事人的申请或行政机关工作人员的请求,有权机关依法终止其职务的行使并由他人代理的一种法律制度"[①]。该规则是程序

① 章剑生:《论行政回避制度》,载《浙江大学学报》第32卷第6期。

行政的要求，亦是贯彻行政正当程序原则的重要规则。执法者回避与自身有利害关系的案件，这是司法领域一项早已制度化的规则，行政回避规则可视为司法领域“任何人不能作自己案件的法官”原则在行政执法领域的延伸。从行政公正性的要求看，行政机关工作人员应当与所处理的事务没有任何利害关系，否则，行政执法者可能会利用自己在行政执法关系中的优势地位，促使执法结果向有利于执法者方向发展。即使行政执法者实际上秉公执法，人们也不会认同该法律程序的执法结果是公正的。

行政回避的缘由往往是行政执法者与案件有利害关系。利害关系即指案件处理的结果影响到负责处理案件的行政执法人员的金钱、名誉、友情、亲情等的增加或减损，如涉及其本身或亲属利益要予以回避。利害关系的存在会导致行政执法人员对案件处理有偏私心理，严重时还可能会以权谋私、滋生腐败等等。回避规则适用的难点就在于相对人无从得知执法主体是否与该案件有利害关系，申请回避举证困难。在行政执法过程中，如果行政相对人认为行政执法人员与执法事项“有利害关系”，要求其回避处理本案，行政相对人必须提出证据证明这种“利害关系”的客观存在。但是，由于在现行行政法律关系中行政相对人与行政机关之间主体地位的悬殊差异，以及行政公开原则的实施不利，相对人很难获取有关证据，因此行政相对人举证不力，或者无法举证的情况时有发生，这些情况均导致行政相对人回避申请失败。而从另一角度看，如果行政机关工作人员与其处理的事务有一点利害关系就必须回避，就会影响行政效率，也是不科学的。所以，要确保回避规则的有效适用就要靠正当程序支撑，程序法中回避的理由往往是由法律明确规定的。《公务员法》第十一章明确规定了回避制度，虽然没有“自己不做自己的法官”的表述，但其精神和要求是相同的。具备回避事由的行政执法人员应当通过自行回避或被申请回避的方式不再参加行政案件的处理。长期以来，行政机关及其工作人员一直轻视回避制度，对其功能、意义没有正确认识，认为无足轻重，这也使行政相对人对行政回避制度的认识淡薄，使其难以借助行政回避来维护自身的合法权益。在中国目前行政法体系中完善行政回避之规定势在必行。

（四）法不溯及既往规则

该规则具有两层含义：第一，指行政执法机关原则上不得制定对相对人具有溯及力的抽象行政行为；第二，在行政法律规范本身没有特别规定时，行政执法主体不能适用新的法规去处理新法规实施以前发生的事件。法的溯及力是“法律溯及既往的效力，是指法律颁布后对他生效以前的行为和事件是否适用的问题”[①]。法不溯及既往规则的思想源于古罗马时期，早在公元前 74 年，西塞罗便在其所著的《立法学》中对该问题进行了一定阐述，经过了边沁、凯尔森等法学家的进一步完善，时至今日，已成为各国普遍遵循的法制基本原则。

法不溯及既往规则既是程序行政的具体体现，也是法治行政的内在要求，是一个基本的法治命题。其价值就在于：人们在社会生活中，需要根据一些公认的规则来预测自己的行为和选择的后果。这种预测性，可以给人以安全感，避免社会秩序混乱。违反法不溯及既往的执法规则，容易导致以法律名义实施专横行政，降低国家的公信力。因此，在法治国家，法不溯及既往是法的安定性的必然要求，有利于维护法律规范的尊严，为国家稳定发展提供了支持，保障了社会生活的安定与有序。

行政执法不溯及既往规则包括抽象行政执法行为不溯及既往和具体行政执法行为不溯及既往两部分。该规则对二者的具体要求有所差异。就前者而言，行政机关原则上不得实施对相对人具有溯及力的抽象行为。行政机关的抽象行为，其效力不得适用于颁布施行前已经终结的事实。抽象行为的结果是一些规范性法律文件的出台，推行法治，规范性法律文件要具有明确性、可预测性、可靠性等特征，因而其溯及力一般是被禁止的。但是，抽象行政执法行为不溯及既往也有例外情形，比如：如果以前的规则已经规定了以后相关新制度的溯及力问题，相对人对此应当预见到，或原有规则状态不明确、原有规则是无效的等情形。也就是说，我国的抽象行政执法行为不

① 李龙主编：《法理学》，武汉大学出版社 1996 年版，第 358 页。

是绝对不能溯及既往。但即使作出具有特别“溯及力”的抽象执法行为，也不得限制或损害相对人已经依法取得的利益。对具体行政执法行为而言，应坚持绝不溯及既往的规则，特别是对公民产生不利影响的，更在禁止之列。具体行政执法不溯及既往，是指在法规本身没有规定适用以前事项的前提下，行政执法机关不得适用新的规定去改变以前的处理结果。但如果新的法规基于有利于行政相对人的考虑，明确规定新法规适用以前事项，行政执法机关在执行该规定时，则不属于“执法”溯及既往，这时的执法机关不过是在执行一个“溯及既往”的规定，并没有违背法治原则。

（五）及时行政规则

行政执法的及时性规则是指在行政执法过程中，各种执法行为的方式、步骤、时限、顺序等设置都必须有助于确保基本的行政效率，并在不损害行政相对人合法权益的前提下适当提高行政效率。[①] 及时行政规则是行政效益原则衍生出来的一项规则。现代行政执法过程中事务繁杂，各种问题层出不穷，法律要求行政主体及时迅速地完成执法任务；同时也要求相对人积极配合，消除行政执法久拖不决的现象。所谓“及时”是一种快与慢的中间状态，行政执法过快，盲目地追求行政效率可能会使行政相对人来不及有效参与，不能做到理性行政；太慢了，又违背了程序正义的要求，既损害了相对人利益，又有悖于行政执法目标的实现，因此，及时行政规则是程序行政和效益原则的共同要求。

及时行政规则主要由时效制度支撑，对于法律中有明确时效要求的，应当遵循该时效；对于法律未作明文规定的，应当本着依法行政、执法为民的宗旨及时作出。时效制度是一项基本法律制度，无论是民法还是刑法中均有相关规定，它主要体现为当行政法律关系主体在法定期限内不作为时，法定期限届满后即产生不利的法律结果。行政执法过程中遵循时效规则的要求是双向的，行政主体抑或是行

---

① 参见湛中乐《现代行政过程论——法治理念、原则与制度》，北京大学出版社 2005 年版，第 153 页。

政相对人都要遵守时效。对于行政主体系指其作出有效行政行为必须受到法定时间的限制。对于损益性行政执法行为，即对行政相对人的权利、能力予以取消、限制，强制履行其应有的法定义务或科以新的、惩罚性的义务的行政活动，必须严格遵守时效规定。过了时效期限，行政主体将丧失某种行政管理权，不得再实施该行政权力，行政相对人则因此而获得某种利益。对于授益性行政执法行为，即赋予行政相对人权利、能力，确认、恢复其权利的行政活动，不可久拖不决，变相地损害相对人的权利。对于行政相对人亦是如此，行使权利、履行义务均有时限要求。当然，此外还有其他制度例如不停止执行制度、紧急处理程序制度、行政协助制度等共同保证及时行政规则的实现。

在行政执法实践中，经常会出现拖延行政、执法不作为的现象。其首要原因就是行政执法人员的责任意识、程序意识、效率意识不到位，没有认识到及时行政的重要性。其另一原因则是我国目前尚无行政程序法典，根据现有法律，很多行政执法行为尚无时效规定，对于违反时效的执法行为的法律后果也不清晰。我们认为应当完善执法时效制度，对于违反时效规则的执法行为应当予以撤销，申请执行的则不能执行，对于拖延执法的行政执法主体应规定相应的责任追究制度，以切实维护行政管理相对人的合法权益。在重视效率的同时兼顾公平，在公平和效率之间寻找一个均衡点，以求达到最佳的行政效果是及时行政规则的价值所在。行政时效制度绝不是单纯追求行政效率，也不是只在秩序行政中追求的效率，更不是仅要求行政相对人履行义务的效率。行政时效作为现代行政程序制度之重要内容，其基本价值取向应当是在公平的基础上追求行政主体与行政相对人双方的效率。[①]

（六）比例规则

比例规则，是指行政执法权的行使除了有法律依据这一前提外，行政执法者还必须在全面衡量公益与私益的基础上选择对相对人侵

---

① 参见方世荣、戚建刚《论行政时效制度》，载《中国法学》2002年第2期。

害最小的方式来进行。我们主要借鉴西方的比例原则理论内涵，将其作为实现行政执法平等原则的一项重要规则。比例原则起源于19世纪的德国警察法制度，由德国行政法学首创，在大陆法系和普通法系及我国台湾地区都受到了充分的重视。通说认为其由妥当性、必要性、狭义比例性三项亚原则构成。将其引入行政执法领域，主要适用于行政自由裁量权的控制。比例规则要求行政自由裁量权所采取的手段首先必须能够实现行政目的或至少有助于行政目的的达成；其次，在有多种能同样达成行政目的的手段可选择时，行政执法者应采取对相对人权益损害最小的手段；最后，行政手段给相对人权益的损害必须小于该行政目的所实现的社会公共利益，不能超过这一限度。从规范行政权力运行角度看，它具有实体和程序两方面的含义。就实体而言，比例规则是指执法者行政权力的行使、执法结果给相对人造成的损害，不得超过行政法设定的目的要求，否则就违背比例规则。就程序而言，比例规则指行政执法者所采取的执法手段与要达到的行政目的之间必须具有合理的对应关系。任何执法结果的达成都必须经过一定的程序，所以，执法程序合乎比例规则是执法结果合乎比例的保障，执法结果合乎比例规则是程序合乎比例规则的最终体现。比例规则具有相对客观性、易操作性等特点，能够有效地指导和控制行政自由裁量权的行使，实现公共利益与个人利益从对峙走向双赢，有利于行政相对人的权利保障。

比例规则主要强调对行政执法结果的关注，重视执法行为给相对人带来的不利后果，对于一般违法当事人动辄给予严厉处罚可能会违反比例规则。例如2002年10月15日实行的《税收征收管理法实施细则》第53条规定："司法、执法部门在采取保全或强制执行措施时，不得查封、扣押纳税人及其所抚养家属维持生活的住房和用品。"该条款明确了"税收征管中长期未能解决的公民生存权认定标准问题"，这是该实施细则的重大突破。这一实施细则更加注重征纳双方权利、义务的对称，也表明了税收立法理念的进步。长期以来国内流行着这样一种观点：对偷税漏税、假冒伪劣、贪污受贿等违法犯罪行为应当重典治理。新的实施细则所体现的观念和制度的进步，是对这一观点内含的非人本主义的否定。从行政执法规则的角度讲，《税收征收管理法实施细则》第53条的规定鲜明地体现了比例规则，也是比例规则进入行政执法领域的重要体现。[①]

（七）有利于弱者解释规则

该规则指在行政执法过程中对影响执法结果的因素出现两种以上解释时，应采用有利于行政相对人的解释，特别是当行政执法可能对行政相对人的权益产生不利影响时，该执法规则具有更为重要的意义。有利于弱者解释规则是便宜归于个人原则在行政执法领域的延伸，是公法解释的特有规则。例如在民法中，双方主体地位平等，当一项利益归属不明时，解释应当兼顾双方的利益，而不能随意倾向一方。在公法领域内，虽然也要兼顾国家、集体、个人各方利益，但已不再是以往的"集体利益优先"，应当首先考虑个人利益，除非有明确理由认为应当优先考虑国家利益和集体利益。[②] 例如，在刑法中不确定概念的解释应当有利于犯罪嫌疑人和刑事被告人，这是刑法宽容人道和刑事制度文明的重要标志。当行政执法中遇有不确定法律概念时，法律概念的解释应当有利于行政相对人，特别是当行政执法可能对行政相对人的权益产生不利影响时，该执法规则具有更为重要的意义。有利于弱者解释规则要求对于行政执法过程中经常遇到的理解方面的争议，包括对证明行政相对人情况的证据理解的争议，对应适用法律规范条款的争议，或对法律规范含义理解的争议等，只要没有足够的理由必须采用其中某一种的话，那么选择的标准是择取有利于相对人解释的观点。

有利于弱者解释规则的确立体现了对相对人权利的保护，符合现代行政运行的基本价值追求。人权保护是现代公权力行使的基本的、终极的追求。对损益性行政执法而言，法律赋予行政主体可以依法限制违反行政法规的公民或社会组织的权益。但这种限制必须证据确凿、适用法律正确，否则便违背人权保护的价值追求。对授益性

---

① 参见肖金明、马明生《关于行政执法方式与规则的思考》，载《中国行政管理》2002年第12期。

② 参见姜明安《行政执法研究》，北京大学出版社2004年版，第187～188页。

行政执法而言，行政执法亦要求尽可能地保障相对人更多权益的实现。该规则的确立还是公正执法理念的体现，是利益平衡的要求。在行政执法过程中，行政执法主体与相对人的权利义务难以对等，其中行政执法主体一方握有行政权力，处于优势地位，相对人一方处于服从命令与管理的弱势地位，但健康的行政执法关系应是双方当事人的权利义务的基本平衡。有利于相对人解释的规则便是平衡执法主体与相对人权益的制度设计之一。

（八）越权无效规则

越权无效规则指行政主体在行政执法过程中超越了其法定的权限范围，行使了其他权力主体的行政职权，导致该执法行为不产生效力的规则。该规则是司法干预行政时适用的一项明确的、有效的标准，主要体现为对日益扩大的行政权的控制，促使行政主体执法时自我约束，谨慎行政。越权无效的思想发轫于英国，是英国行政法的核心理念和主要防御手段，在现代行政过程中占有非常重要的地位。与我国不同的是，英国对“越权无效”的解释十分宽泛，凡是同议会和法律的要求不一致的行为都属于越权行为，几乎包括了所有的行政违法情形；但就我国行政法理论而言，越权是一个范围较窄的概念，仅是行政违法的一个种类。结合目前国内学者关于行政越权的解释，我们认为我国的行政执法过程中的越权行为主要包括以下几种情形：第一，无权限，即行政执法主体实施了根本不具有职权的执法行为，例如属于行政相对人自我调节的或者应由社会团体组织解决的事项。第二，级别越权，又名纵向越权，即上级行政机关实施了应当由下级行政机关完成的执法行为，或下级行政机关行使了应由上级行政机关行使的职权。第三，事务越权，又名横向越权，即无隶属关系的行政主体间互相行使了属于对方的执法权限。第四，地域越权，即执法行为的实施超越了其职权的空间范围。[①] 在越权问题中尤为要注意，越权为公不为私时，也应当是无效的。因为权限问题直接涉及行政执法的合法性问题，只有在法律规定的权限内的执法行

① 参见胡建淼主编《论公法原则》，浙江大学出版社 2005 年版，第 363～365 页。

为才是合法有效的执法行为。

根据越权无效规则，行政机关所有的越权执法行为都应当是无效的。首先，该无效行政执法行为是一种自始无效，行政相对人可在任何时候向有关国家机关，比如行为机关、行为机关的上级行政机关或人民法院申请宣布该行为无效；有关国家机关也可在任何时候主动宣布其无效。其次，确定其无效后，应当责令行政主体撤销、变更原决定，或重新作出行政执法决定，并将被越权行政执法行为改变的行政相对人的状态尽可能地恢复到执法行为未发生时的状态，造成损害的应当按照《国家赔偿法》承担责任。越权无效规则体现了对行政程序的重视，权力的运作应当遵循既定的模式，超越了设定的权力边界就应当视为无效，“这是因为，法律权力必须法律授予，如不在法律授权范围内，它在法律上站不住脚”[①]。遵循越权无效规则，确保权力边界与权利边界的和谐共处才是平衡行政权力和公民权益的最好手段。

---

① [英]威廉韦德：《行政法》，徐炳等译，中国大百科全书出版社1997年版，第44页。

第四章　行政执法过程程序论

正当程序是现代法治的基本内容，是法治政府的基本制度保障。行政权兼有决策、执行之职能，行政机关兼具一定意义上的立法者、主要执法者和准司法者的身份，对行政权与行政机关的控约有赖于立法机关立法的明确规范、司法机关的监督，而行政程序的规范则从调集各种制约因素和力量控约行政权运作过程的视角发力，具有不可替代的价值。行政执法过程中程序规范与行政执法权力时时相伴，既包括基本程序制度，又涵盖在不同执法过程中富有个性的具体程序制度。

第一节　行政执法程序基本原理

一、行政执法程序及其理论基础

行政执法程序指行政主体在执法过程中所应遵循的正当步骤、方式、方法。程序的意义至少包含两个方面：一方面，程序与实体相对应是指做成某种行为的步骤、方式、方法等技术性事项；另一方面，适格程序应当是正当程序，应当体现公正程序的基本内核。正当的程序性事项为诉求实体正义而存在，有别于实体，又与实体性内容的诉求殊途同归。诸如在我国治安管理处罚法中，关于对以营利为目的，为赌博提供条件或者参与赌博赌资较大且情节严重的行为处10日以上15日以下拘留，并处500元以上3000以下罚款的规定即属于实体规定；而关于公安机关作出处2000元以上罚款的治安管理处罚决定前，应当告知违反治安管理处罚法行为人有权要求举行听证的规定则属于程序规定，该项规定惩处赌博行为是代表了社会正义，而保障当事人听证权利这一程序性权利则可以避免给当事人造成不当侵害,因此也是实现实质正义所必需的。

行政机关既行使行政决定权,又行使行政执行权,必然会引起由于角色冲突而致的利益冲突,行政执法程序正是为规制此冲突所生。事实上,立法权、司法权同样受到类似机理的影响:在立法权那里,立法机关同样既是决策主体又是程序主体,要确保立法者不立谋自己私利之法,就应当遵循如下几项规则:其一,立法机关自身必须受自己所立之法的约束;其二,立法机关只能立法,不能执法、司法;其三,立法机关所立之法必须是一般性规定,而不能直接关涉特定的人和事。在司法权那里,法官仅仅是决策主体,独立于作为程序主体的两造当事人之外,法官必须严守中立,一方面不能作自己案件的法官,另一方面不能作与自己有利害关系的案件的法官。在行政权发展之初,行政更多的行使执行权,或执行已经生效的法律,或执行拥有效力的裁决,而且行政职能获得明确界分,因此,立法权、司法权已经足够控制行政权。但随着福利国家的兴起,行政承担了愈来愈多的职能,委任立法和行政裁决发展迅速,准立法权和准司法权的获得使得立法权和司法权难以形成对行政权的有效、强力监督,于是行政执法程序的相关规范就应运而生,从行政权运作之始即予以充分控制,保障了行政权的规范。

行政主体在行政程序中既是决策主体,又是程序主体,控制、规范行政权就成为一个问题。行政救济等程序允许相对人对行政主体的行为提出异议并寻求相应救济,这是一种事后程序;而通过控制行政主体的决策、执行来规范行政行为是一种事前程序。事前程序着眼于不生成错误的行政行为,事后程序立足于纠正错误的行政行为,从事后程序到事前程序,“在人类法制文明发展过程上乃艰辛而重要的一步”[①]。根据适用对象不同,行政程序可以分为内部程序和外部程序。内部程序主要适用于行政机关内部,是行政体系内部的行政

---

① 汤德宗:《行政程序法》,载翁岳生编《行政法》,中国法制出版社 2002 年版,第 928 页。

程序，外部程序适用于行政机关与相对人、相关人等主体之间，体现了公益与私益的博弈；内部程序主要属于行政学的研究范畴，外部程序属于行政法学的研究范畴。[①] 内部程序和外部程序在适用范围上有很大区别，但是有时也会共同涉及一些问题，诸如行政决定的作出程序，在没有正式的法律、法规作出规定时，内部程序有可能已经有了约束，此时内部程序在一定程度上发挥了外部程序的作用。

行政程序中相对人数量有多寡之分，诸如在制定规范程序中，相对人可能是不特定的多数人，而在某一个行政处罚程序中，相对人可能仅仅是一个，在相对人、相关人人数较多的情形下，相对人等可以充分利用自己的集团优势，积极诉求自己的利益，为自己争取表达意见、获取尊重的机会，在此种比较正式程序中，一般会设置听证程序，当事人意见往往可以得到顺畅表达；而在具体的行政决定程序中，相对人往往只有一人，其表达意见权利如果得不到保障，将严重影响公正，因此，尤其应当着重规制具体行政裁决、行政处罚等行政行为的实施程序。

行政执法程序上升至行政法学视阈的中心，有其基本的理论演进理路。具体说来，将行政执法程序推向行政法学前台，主要有赖如下理论的支撑：法治国家理论、民主政治理论、程序正义理论、政府法制理论。

第一，法治国家理论。法治国家的核心在于规范、规则，制定良好的规则得到有效实施是法治国家的基本标志。[②] 法治国家中，国家权力与公民权利的关系、国家权力之间的关系以及公民权利之间的关系是必须处理的重要课题。公民权利之间可能存在的冲突有赖国家制度和私力救济，国家权力之间可能存在的冲突需要制度演进和不断妥协，国家权力与公民权利之间可能存在的冲突则主要依靠

① 参见汤德宗《行政程序法》，载翁岳生编《行政法》，中国法制出版社 2002 年版，第931 页。

② 亚里士多德的法治二元论早已深入人心，制定的良好法律得到有效实施视为法治。这一论断是对法治国家的素描，也揭示了法治国家的核心要素。参见［古希腊］亚里士多德《政治学》，吴寿彭译，商务印书馆 1997 年版，第 199 页。

制度推进和两者的博弈。法治国家就应当确立起合理配置上述三组关系的规则，使得三组关系和谐有序、合理演进，通过制度、利益的冲突、妥协达至不断和谐。

第二，民主政治理论。民主政治的基本表象是权力运作由多数人意志决定。但是，多数人意志并不一定代表着公平、正义以及社会走向，而且多数人意志决定一切还会导致民主的暴政。因此，民主政治应当兼顾多数人意志和少数人权利，注重构建各种利益诉求博弈的平台，使得对话、交涉成为社会各阶层、各利益群体化解矛盾、分割利益的主流形式。在多数人意志形成的过程中，程序的意义在于保障多数人意志更加趋于理性[①]，这种理性是民主政治良善发展所必需的。

第三，程序正义理论。[②] 程序是保障实体权利的重要规范，程序具有技术性特征，在程序中实体权利被明确规范。程序正义在各国有着不同的名称，或为法律的正当程序，或为自然正义，但是程序的价值是无可磨灭的。程序正义的实质在于参与和对话，不同利益诉求得到同等对待。程序正义是一种形式理性，注重过程的规范、程式化。程序正义要真正得到实现必须满足如下几大条件：其一，程序法定。程序法定排除恣意，程序虽然必须由程序操控者执行，但是程序本身必须于执行前确定，不得由执行者变更，而且程序操控者一旦违背法定程序就要承担相应法律后果。其二，程序内核兼顾公平、效率两大价值诉求，兼具合法性、合理性与可行性。程序要通向正义，程序本身必须具有通向正义的内核。程序是一种技术理性，操作性是

---

① 有学者认为，民主是一种通过多数表决的选择方式来作出政治决策的制度安排，民主的真正价值取决于多数的理性，程序可以实现和保障理性。参见季卫东《法治秩序的建构》，中国政法大学出版社 1999 年版，第 50～51 页。

② 有学者认为公正程序包括四项基本原则：告知和听证、文书阅览、理由附记、处分基准的设定和公布（参见[日]盐野宏《行政法》，杨建顺译，法律出版社 1999 年版，第 190～193 页）。另有学者提出，程序本身蕴含着内在价值和外在价值两个序列的价值标准，法律程序在运作过程中会产生四对基本矛盾：程序目标（产出）与程序手段（成本）、大众生活逻辑与职业专门逻辑、实体思维倾向与形式思维倾向、职权主义与当事人主义。基于上述四对矛盾，如何运用程序应当根据特定的时间和空间来衡量（参见孙笑侠《两种价值序列下的程序基本矛盾》，载《法学研究》2002 年第 6 期）。

首要要素，因此，法定的程序必须适应现实需要，一方面对于权力及权力执行者进行充分控制，厘清权力的界限，另一方面要为权力及权力执行者留下应有的裁量空间，避免将其束死。其三，具有合理内核的正当程序应当使得程序主体具有对等性，程序的威力要得到有效发挥，必须赋予程序主体同等参与机会，只有程序主体具有对等的程序性权利，主体间的对话、交流才能建立在公平的平台上。其四，具有合理内核的正当程序应当拥有通畅的救济途径，程序两造虽然有对等的程序性权利，但是实体性权利却不同，处于强势的一方掌握主动权，因此必须给予弱势一方充分的救济保障，使其对强势一方违反程序所得到的惩戒拥有合理期待。

第四，政府法治理论。政府法治诉求行政权的规范，以实现行政权与立法权、司法权、公民权利的衡平为基本目标。政府法治应当达致行政权与立法权的协调，行政权力应当是立法权运作的产物，行政立法权应当严格恪守授权立法规范，行政权的行政性、执行性必须以立法机关制定规范性文件为基础，行政权运作必须恪守法律保留原则。政府法治应当达致行政权与司法权的协调，行政权力的运作过程是对相对人、相关人权益产生影响的过程，也是对公益、私益进行处置的过程。在这一过程中，行政权的各种作为、不作为均应接受司法权的监控，司法权保持对行政权力运作盖棺定论的权力。政府法治应当达致行政权力与相对人、相关人权利的协调，行政权力的运作过程最主要关涉相对人、相关人权益，行政权力正当性、合理性的增强主要应当吸收相对人、相关人对行政过程的参与，通过公开、参与制度保障相对人和相关人程序性权利来促进行政权的规范。实现政府法治的上述几大目标需要政府认真对待司法、认真对待权力、认真对待权利，而这三项要求都离不开政府对于程序的遵循，政府权力合程序运作、相对人和相关人程序性权利得到保障将共同推进政府法治发展。

二、行政执法程序基本原则

行政执法程序的有效运作一方面有赖于具体程序规则的规范，

另一方面在未明确界定具体程序的情况下，或者在需要行政执法者行使自由裁量权的时候，就有赖原则的指引。因此，确立行政执法程序中必须遵循的原则是不可或缺的。

第一，法律保留原则。[①] 法律保留原则意味着行政执法应当取得法律的授权，只有法律明确规定的情况下，行政执法程序方能启动。同时，法律保留原则还意味着行政机关的执法行为必须遵从现行法律，在法律、法规皆有规定时应当优先适用法律，行政执法程序必须严格遵从法律、不得与法律相背离，行政执法行为、行政执法程序一旦违法，就要承担相应的法律后果，接受法律的制裁。法律保留原则既关注行政执法是否违法了现行法律，又关注行政执法是否获得了法律的明确授权，违反任何一项均构成违法。法律保留原则所涉“法律”意指高位阶规范，在大部分国家都由立法机关、权力机关制定。行政执法关涉相对人、相关人权益的处分，必须由高位阶规范设定。

第二，比例原则。比例原则意味着“目的与手段之间的关系必须具有客观的对称性”[②]。就行政执法程序而言，比例原则要求行政执法权力在运作过程中应当与所欲达成的目的相适应，尤其在侵损相对人、相关人利益的情况下应当掌握行政权力的限度，不可超过必要的限度要求。比例原则要求行政机关在行政执法过程中应当讲求程序，注意在实践中不断调查研究，最终形成自身执行行政行为所必需的、可行的手段、方式、方法、步骤。比例原则排除行政恣意，行政权不应当恣意妄为，不应当仅仅以实现行政效能或达到某种利益为指标，而应当兼顾各方面效应，寻求最佳路径。在比例原则的指引下，行政主体在执法过程中应当采取对相对人、相关人造成最小损害的手段，以给相对人、相关人造成最小损失为基准。

---

① 在德国行政法学理论中，法律保留原则在一定意义上是对法律优先原则的深化：“优先原则只是(消极地)禁止违反现行法律，而保留原则是(积极地)要求行政活动具有法律依据。”参见[德]哈特穆特·毛雷尔《行政法学总论》，高家伟译，法律出版社 2000 年版，第 104 页。

② [德]哈特穆特·毛雷尔：《行政法学总论》，高家伟译，法律出版社 2000 年版，第 106 页。

第三，参与原则。现代民主政治的发展讲求参与，讲求构建各方当事人交流、交涉的平台，各方利益诉求在共同的平台上得到完全表达，在表达的过程中，各方利益诉求通过此消彼长的妥协实现制衡。行政执法程序运作过程中，体现的也是行政权力与相对人、相关人权利的博弈，通过规范的程序吸收民众参与，将相对人、相关人意见吸纳到行政执法程序运作过程中，通过两者利益诉求的博弈达成最终妥协。参与原则要求行政机关一方面切实保障相对人、相关人的参与权利，诸如知晓行政执法依据及理由的权利、为自己行为申辩的权利；另一方面履行好自身义务，诸如表明自己正当身份的义务、为行政执法说明理由的义务。加强相对人、相关人参与可以使得行政执法更具民众基础，使得行政权在相对人、相关人那里得到公正、全面评价。

第四，公开原则。[①] 阳光是最好的防腐剂，阳光也具有最强的说服力。在行政执法程序运作过程中，公开原则对各方利益诉求的博弈尤其重要。公开对应着阳光政府、开放政府的建设，也是政府透明度不断提升的基本表征。在行政执法程序中，公开原则对应着相对人、相关人知情权的保障，行政执法程序运作是对相对人、相关人权益产生损益的过程，信息对称和权利保障是基础性的。公开原则的落实还可以对行政执法进行有效制约，对行政权运作产生监督作用，有助于去除暗箱操作、权力寻租等权力腐化现象。公开原则的落实、公开制度的构建可以将政府执法过程、执法依据完整展现在相对人、相关人面前，既可以推进政府廉政，又可以提升政府行政效能。

三、行政执法程序的价值与功能

程序本身的意义是非常明显的，诸如：充分展示各种利益诉求、构筑利益博弈的平台；给予程序主体同等对待、拓展决定的民众基

① 有学者认为，行政执法领域公开原则的制度构建主要应当遵从两大逻辑：一是“公开——参与——维护和实现利益”的逻辑；二是“阳光——监督——促进和实现廉政”的逻辑。参见肖金明《法治行政的逻辑》，中国政法大学出版社 2004 年版，第 146～147 页。

础；排除决定者的恣意，控约自由裁量权；通过对程序主体分配角色，增强程序主体对决定的义务感、服从意识；构筑各种利益群体合理选择的制度体系。[①] 在行政执法过程中，程序也具有上述各项基本价值，同时对于增强行政执法的民意基础、实现合法、合理执法以及控约行政机关的自由裁量权、提升行政机关的决定效力、改善政府形象、树立政府权威均具有重要意义。结合当下中国政治话语以及中国行政领域基本发展趋势，行政执法程序的意义主要表现为如下几方面：

第一，推动依法行政，推进法治政府建设进程。[②] 行政执法程序规范统一可以促进依法行政原则的落实，有利于推进法治行政，建设法治政府。在中国，建设法治政府业已成为政治共识，衡量法治政府的指标关涉范围广泛[③]，主题在于达致行政权力的规范运作、相对人及相关人权利的保障并最终达致两者之间的制衡。依法行政的内涵在各国理论与实践中各有不同，在有些国家，法治行政主要关注实体性制度安排，主要关注行政权力的运作和相对人、相关人实体权利的维护，讲求行政行为应当有明确法律依据，不能与既有法律相背离；在有些国家，依法行政要求实体法与程序法并重，并侧重通过程序法完善达致实体法构建，从而实现依法行政。[④] 行政执法程序可以使得政府更加关注自己权力的行使，使得政府更加注重自己决策、执行，可以提高政府的“政治负责程度”[⑤]。行政执法程序以法律为基

---

① 有学者详细分析了程序对法律秩序的八大作用。参见季卫东《法治秩序的建构》，中国政法大学出版社 1999 年版，第 36 页。

② 有学者认为，发展行政程序主要是源于保护国民的权利的法治国家的要求和源于国民乃至居民参与的民主国家的要求。参见［日］盐野宏《行政法》，杨建顺译，法律出版社 1999 年版，第 190 页。

③ 有学者对法治政府的指标体系进行了专门研究，认为法治政府应当是开放政府、统一政府、人民政府、效能政府、适度政府、信用政府、责任政府、服务政府等。参见肖金明《法治行政的逻辑》，中国政法大学出版社 2004 年版，第 124 页以下。

④ 大陆法系国家侧重于实体，认为关系人民权利、义务的行政作用须有法律为依据，强调“法律保留原则”与“授权明确要求”，以此防止行政滥权，保障人民权利。参见汤德宗《行政程序法》，载翁岳生编《行政法》，中国法制出版社 2002 年版，第 940 页。

⑤ 汤德宗：《行政程序法》，载翁岳生编《行政法》，中国法制出版社 2002 年版，第 936 页。

准，将规束行政权、政府权力的标准更加具体化、技术化，从而更容易操作、更容易衡量，也就更容易取得实效。

行政执法程序规范统一对依法行政、建设法治政府的推进，着重体现在对民主行政、参与行政的推进和民主政府、开放政府的推动上。民主原则、参与原则是建设法治政府的重要基准，行政执法程序的规范将大大推动上述原则的落实。民主、参与两大原则注重民众参与，影响政府决策，现代民主政治的核心理念在于交涉，注重通过民众与政府、权力机关的交涉、意志博弈形成决策。行政执法程序的规范注重行政权权力运作的控约，同时彰显相对人、相关人的主体意识、参与意识，力图通过两者的博弈达致更具说服力的结果。行政执法程序规范对民主政治、参与政治的推进有多方面体现。其一，在规范制定程序中，将规范公开，置于公众视阈之中，接受公众的评论和批评，可以使得民众的意见得到吸纳。其二，在信息公开程序中，行政机关应当将行政机关赖以执行的法律、法规以及相关会议资料和会议过程予以公开。将上述事项公开，一方面可以普及法律知识，增进民众对相关规范的知晓程度，使得民众对自身行为拥有合理判断、合理期待；另一方面，可以使得政府执法行为置于民众监督之下，使得民众对行政执法行为可以进行有理有据的比对，一旦发现行政执法中存在与法律、法规相悖的事情，即可以据此反对、提出异议并得到合理救济。其三，在表明身份程序中，行政机关及其工作人员应当主动表明身份，表明身份可以使得行政机关工作人员注重自身形象和执法方式与步骤，也可以使得相对人、相关人得到合理尊重，使得政府形象得到完整展现。其四，在说明理由程序中，行政机关及其工作人员应当对自己的决定说明理由，说明法定依据、事实依据，说明证成其合法、合理的依据。说明理由制度可以督促行政机关及其工作人员对自身行为作出合理解释，较好地说明理由可以使得行政行为更具说服力。在这一过程中，相对人、相关人知情权得以保障，对行政行为也拥有更为明晰的认识。其五，在听取意见程序中，行政机关及执法人员应当听取当事人申辩。强制听取申辩有利于去除野蛮执法、恣意执法，是对滥用执法权的一种制约。当事人对于法律、事实的申辩有时可以给行政执法者决策提供参考，有利于其掌控事实全部，从而避免行政行为作成后对相对人、相关人产生更不利影响。其六，在表达意见程序中，相对人和相关人拥有合理的表达意见的机会，诸如举行听证会等。表达意见是行政执法趋向合法、合理的重要程序，此程序一方面可以使得行政机关掌控事实全部，另一方面可以使得相对人、相关人表达自己的意见，宣泄不满情绪。而行政机关在与相对人、相关人表达意见的过程中拥有合理的沟通、交涉，这一沟通、交涉也将有利于两者关系的良性、健康发展。行政执法程序的有效运作可以大大推进参与行政，推动法治政府构建。规范的行政执法程序必须吸纳公众参与，充分吸纳行政相对人、相关人的意见，通

过相对人、相关人与政府、行政机关的交涉形成的意志更加具有说服力，更容易为民众所接受和信服。同时，通过公开程序的运作，行政机关也会不断督促自身完善制度建设、决策过程，可以对行政自由裁量权构成一定制约，促进政府不断改善自身形象，构建法治政府。[①]

第二，提升行政效能，衡平公平与效率。行政执法程序规范统一有利于提升行政效能。[②] 行政效能是从行政执法程序所影响的行政行为的整体效益考量的，整体效益的考量应当从成本和收益两方面进行。一方面，行政执法程序越细密，行政成本也就会越高，从表面上看无疑减损行政效能；另一方面，行政执法程序越规范，民众参与程度也就越高，民众对行政主体的认同度也就越高，经由行政执法程序产生的结果也就更加趋于公正，更容易为民众所接受，这样既能减少执行过程中的阻力、缩减执行过程成本，又能减少行政争讼、在救济环节上节省资源。同时，统一、规范的执法程序对行政机关拥有明确的指向，行政机关对于执法程序的操作、运作更加明确，“行政机关

---

① 行政程序可以提高行政机关的政治负责程度。参见汤德宗《行政程序法》，载翁岳生编《行政法》，中国法制出版社 2002 年版，第 936 页。

② 有学者认为，设计得当的行政程序可以提升行政机关作出决定的正确率，并从总体上节约成本，提升行政效能。参见汤德宗《行政程序法》，载翁岳生编《行政法》，中国法制出版社 2002 年版，第 944 页。

拥有了明确的和具有拘束力的行为范式”[①]，行政机关的执法行为也会变得愈加顺畅，行政机关与相对人、相关人的关系也会在一定程度上得以理顺，从而在很大程度上提升行政机关效能。因此，综合考量行政执法程序的成本与收益，规范有序的行政执法程序将大大提升行政效能。同时，行政执法程序并不仅仅意味着对行政主体的控制，行政执法程序既要规范现有的行政执法过程，同时也要兼顾行政事务本身的高效率诉求，寻求两者之间的制衡点。因此，保持程序规范与提升行政效能是行政执法程序的两大诉求，这着重体现在行政执法程序的设计应当留足行政自由裁量的空间，给行政主体留下合理空间，赋予其必要的自由裁量权。因此，在行政执法程序设计中既要严格贯彻职权法定、职权运作程式化，又要留足自由裁量空间。[②]

第三，维护相对人、相关人的合法权益。行政执法程序的规范统一可以最大限度地保障相对人、相关人的合法权益。执法程序的规范、统一可以促使行政权严格恪守权力界限，否则要承受相应法律后果。通过完善执法程序，保障相对人、相关人知情权、参与权，赋予行政机关表明身份、说明理由、听取意见等义务，可以在最大限度上实现行政机关与相关人、相对人的交涉，更好地保障相对人、相关人合法权益。同样，行政执法程序规范、统一可以减少相对人、相关人受损害的程度。行政执法程序不规范，在相对人、相关人利益受到侵害时，只能寻求事后救济，诸如行政诉讼、行政复议等。而事后救济的缺陷是非常明显的。首先，行政过程对相对人、相关人以及相应秩序造成的侵害可能是难以恢复的；其次，事后救济增加社会运营成本、增加社会负担，额外增加行政成本，而且相对人、相关人也要付出一定的代价，既包括金钱也包括精力，于是很多人就会选择放弃，而这

---

① ［德］哈特穆特·毛雷尔：《行政法学总论》，高家伟译，法律出版社 2000 年版，第 90 页。

② 我国台湾地区行政程序法规定：“当事人或利害关系人不服行政机关于行政程序中所为之决定或处置，仅得于对实体决定声明不服时一并声明之。但行政机关之决定或处置得强制执行或本法或其他法规另有规定者，不在此限。”这一规定确立了对行政程序不得单独提出救济，从而可以遏制不当程序对行政效能的侵害。参见汤德宗《行政程序法》，载翁岳生编《行政法》，中国法制出版社 2002 年版，第 949 页。

样救济就等于零；再次，对行政过程的事后救济很多时候停留在对行政过程合法性的评判上，一旦行政行为并未达到违法程度，对行政行为就无法给予否定性评价，相对人、相关人利益也就难以维护。因此，行政执法程序恰恰可以以事前程序为相对人、相关人提供事后救济难以达至的效能。

第四，博弈行政权、立法权、司法权，维护行政权威。行政执法程序有利于行政权、立法权、司法权的合理博弈，使行政权更好地接受立法机关、司法机关的监督与审查。行政执法程序的运作必然要产生行政笔录，根据行政笔录可以在一定程度上考察行政程序的正当与否、合法与否，从而有利于判定行政机关是否严格贯彻了法律的意旨，并可以成为司法机关处理行政机关与相对人、相关人争讼的参考。行政执法程序规范统一有利于去除对行政机关的不正当干涉。行政权也可能受到立法权、司法权或者借助立法权力、司法权力的个人不正当干涉。行政执法程序愈随意，暗箱操作的可能性越大，给其他不当干涉留下的余地也就越大。行政执法程序规范、透明、统一，可以为行政机关提供拒绝不当干涉的最好依据、理由，行政机关自由裁量权的运作只要在正当程序的控制之下，就可以最大限度地保护自由裁量权，维护行政机关形象。同时，行政执法程序规范统一有利于减轻立法机关负担，节约立法资源，提升立法机关效能。在每一项具体的关涉行政机关执法的法律中都会涉及程序问题，通过统一规范规束行政执法程序，可以最大限度地节省立法成本、节约立法资源，避免重复立法甚至冲突立法。

第二节　行政执法基本程序制度

一、信息公开程序制度

行政法意义上的信息公开内涵丰富，从公开对象上讲，既包括行政主体所占有资料的公开，也包括行政决策过程、行政决策结果的公开；从主体上讲，不管是行政相对人、相关人还是其他利害关系人，均可以提出信息公开的要求。

综观世界各国行政法发展史，信息公开是必然趋势。瑞典是世界上最早确立信息公开的国家，1766 年的《关于著述与出版自由的 1766 年 12 月 2 日之宪法法律》被视为世界上信息公开立法的肇始。美国的信息公开制度最为健全，影响最为深远：1966 年的《信息自由法》明定了信息公开的范围，确立了以公开为一般、以不公开为例外的原则；《联邦行政程序法》框定了行政机关运作的范围、界限；《阳光下的政府法》确立了建设开放政府的目标。意大利 1990 年通过的《行政程序与公文查阅法》规定任何人有权查阅行政文件，并明确了具体的查阅程序、限制条款和救济程序，同时在总理府设立查阅公文权利保障委员会监督此项制度的落实。[①]

信息公开在行政法领域具有独特的功能和意义。其一，信息公开是依法行政、建设法治政府的必然要求。依法行政、建设法治政府是对行政机关的总体要求，法治政府应当是开放政府。建设开放政府会使得公开日益凸显，阳光是最好的防腐剂，信息公开是题中应用之义。其二，信息公开是保障民众知情权的必然要求。信息公开最根本上应当立足于规范政府权力、保障民众权利，信息公开的直接受益者在于民众。民众可以从公开的信息中获取自己所需的内容，也可以根据自身的需要依照法律规定申请知悉某些信息。其三，信息公开是推进民主政治的必然要求。民主政治是参与政治、交涉政治，民主政治发展的基本平台是公共资源、信息的共享，信息公开可以为公民提供充足的信息，从而为民主政治的发展提供交流、沟通的平台。

信息公开程序制度涉及诸多基本原则、技术规则和配套机制。其一，信息公开程序制度应当确立以公开为一般、以不公开为例外的原则，这也是拥有信息公开立法例的国家和地区的选择。信息公开应当有法定范围，哪些信息应当公开、哪些信息不应当公开应当由法

① 参见韩强译《意大利行政程序与公文查阅法》，载应松年主编《外国行政程序法汇编》，中国法制出版社 2004 年版，第 197 页以下。

律加以规定。法律规定具有滞后性、有限性,要对应予公开的信息作出周延的概括是不可能的,因此,采用排除法明示不予公开信息的范围就成为必要。已有信息公开立法例的国家和地区在信息公开制度中一般都确立了以公开为一般、以不公开为例外的原则,国家秘密、个人隐私和商业秘密一般都不予公开,政府掌管的其他信息则一般应予公开。[①] 我国审计法规定,审计机关可以向政府有关部门通报或者向社会公布审计结果,同时,审计机关通报或者公布审计结果,应当依法保守国家秘密和被审计单位的商业秘密,遵守国务院的有关规定;上述规定也体现了政府信息公开和不公开相结合的原则。公开为一般、不公开为例外仅仅是一项原则性规定,具体实定法规定往往要根据各国行政法制进程作出不同规定,而且在具体的操作中也可能会有不同规定,诸如有些国家规定,行政机关在某些情况下可以对法律规定的不予公开事项予以公开。[②] 此项原则对行政机关公开进行限制的同时,也应当严格落实不公开原则,主要指应当严格规范行政机关工作人员行为,对其公开不应公开的国家机密、个人隐私、商业秘密的行为进行惩处。[③] 其二,信息公开程序制度应当明确

---

① 美国情报自由法规定了九项免除公布和公开的政府文件:国防和外交政策、行政内部人员的规则和习惯、其他法律规定保密的文件、贸易秘密和商业或金融信息、机关内部和机关之间的备忘录、人事的医疗的和类似的档案、执行法律的记录和信息、关于金融机构的信息、关于油井的地质的和地球物理的信息(参见王名扬《美国行政法》,中国法制出版社 2005 年版,第 967 页以下)。意大利行政程序与公文查阅法规定,可供查阅的行政文件不包括国家机密;查阅行政文件涉及如下事项时,应当遵循特殊的限制性查阅程序:国家安全、国防及外交事务,货币政策、汇率政策的制定,公共秩序、预防和打击犯罪,个人、集体和企业的机密(参见韩强译《意大利行政程序与公文查阅法》,载应松年主编《外国行政程序法汇编》,中国法制出版社 2004 年版,第 198 页)。

② 在美国,对于法律规定免除公开的文件,行政机关具有自由裁量权:行政机关认为没有不公开的必要时,可以公开这类文件。参见王名扬《美国行政法》,中国法制出版社 2005 年版,第 968 页。

③ 此项制度与公务员的基本行为规范也息息相关,保守工作秘密是其基本操守。意大利行政程序与公文查阅法规定,公务员应当保守工作机密,不得向不具有知情权的人泄漏正在执行的或已完成的行政措施与行政行为相关的信息,或本人正在执行公务中获知的其他信息(参见韩强译《意大利行政程序与公文查阅法》,载应松年主编《外国行政程序法汇编》,中国法制出版社 2004 年版,第 201 页)。我国"治安管理处罚法"第 80 条也规定,公安机关及其人民警察在办理治安案件时,对涉及的国家秘密、商业秘密或者个人隐私,应当予以保密。

政府信息公开的内容。依据各国经验,主要包括政府文件的公开、行政会议的公开、行政会议记录的公开、行政决定的公开等。依据公开的内容不同,信息公开的标准也有所区分。诸如,对于政府档案的公开应当严格遵循法定保密要求、时限要求等;政府文件可以根据不同的秘密等级要求予以公开;行政会议的公开较为复杂,还有待发展。信息公开因客体不同公开范围也会有所不同,大部分都可以直接以公告等方式对全社会公开,有一些虽然具有秘密性,但是仍然应当对当事人公开。其三,信息公开程序制度应当明定政府信息公开的程度要求。政府公开的信息应当全面、准确、及时。政府具有先天的权威,但是权威也会因为不诚信而逐渐丧失。政府作为信息公开的主体,应当慎重对待此项权力:政府公开相关信息应当全面、准确、及时。“全面”意味着政府公开信息不能挂一漏万,应当根据自己职责、尽自己义务使得公民所获信息全面;“准确”意味着政府公开的信息应当有法定依据并且讲求规范;“及时”意味着政府公开信息应当符合时效要求,符合法定时限要求。其四,信息公开程序制度应当涵盖政府信息公开统筹、共享制度。政府权威具有整体性,政府信息应当力求全面。政府一方面要关注自己职责范围内信息的公开,另一方面要根据公民需求统筹、搜集相关信息,实现信息资源的共享,在不违背相应保密规则的情况下,尽可能使得公民便捷知晓政府全面信息。我国《银行业监督管理法》第 6 条规定,国务院银行业监督管理机构应当和中国人民银行、国务院其他金融监督管理机构建立监督管理信息共享机制,此项规定有利于政府公共信息平台的建设,可以为进一步信息公开提供基础。其五,信息公开程序制度应当涵盖政府信息公开协助制度。政府公开相关信息应当为公民提供相应便利,对公民申请信息公开提供职责范围内的便利。此项制度具有极强的技术性,要求政府在具体公开设施、公开手段上都予以明确、规范。其六,政府信息公开程序制度应当涵盖政府信息公开责任制度。亦即,如果政府机关依法应公开某些信息而未公开或者未按照规定公开的,政府及其工作人员就要承担相应法律责任。其七,政府信息公开程序制度应当涵盖提供虚假信息补偿、赔偿制度。信息公开是政府的义务，政府提供的信息具有先天的权威性、正确性，政府提供虚假或不确凿信息会导致公民遭受非常大的损失，政府先天具有的权威会使得公民更加信任其所公开的信息，其信息虚假会造成比社会一般群体散布虚假信息更大的恶果。政府有义务保障其公开信息的正确性，违反此义务则应当承担相应责任，这就是权责统一。

二、行政管辖程序制度

行政管辖是指上下级行政主体、同级行政主体之间就行政事务的首次处置所作的权限划分。行政管辖涉及行政事务在上下级行政主体之间以及同级行政主体之间的分配，通过此项制度行政主体可以明确自己的职权所在，行政相对人、相关人则可以确知与自己相关的行政事务的主管机关。因此，此项制度有利于行政机关高效地处理行政事务。行政管辖制度在很多国家都有专门规定，诸如《瑞士行政程序法》、《奥地利行政程序法》、《德国行政程序法》等，我国台湾地区行政程序法则专节规定了行政管辖权，行政管辖属于行政程序的重要组成部分，其权力明确直接关系执法的公正、有效，并有利于对执法者的监督制约和对相对人、相关人的救济。

现代社会发展专业化的趋势日益明显，社会分工不断细化。作为一种回应，行政管理的分工也愈加细密，建立明确的行政管辖制度是适应此种分工细密的必然要求。行政管辖也是行政权联结的法律关系协调发展的需要，行政权首先要与立法权、司法权相区分，从而明确哪些是行政机关可以涉足的领域，这也是行政执法的领域；行政权与公民权密不可分，明确行政管辖可以使相对人、相关人确知其对行政行为寻求救济的路径；行政权之间应当协调发展，行政管辖包含相应的移送管辖制度，可以促进行政协作的发展。行政管辖制度可以将纷繁芜杂的行政事务都不重不漏地纳入到其体系中，从而可以大大提高行政效率，促进行政机关有效行政。

行政管辖制度是一种程序性制度，有自己独特的特征：其一，行政管辖的效力范围限于行政主体系统内，不涉及相对人的实体权利。行政管辖制度是对行政系统内行政事务处理的权限分配，其一经确立即具有强制性，任何行政主体和行政相对人、相关人均不得通过协议或其他方式加以改变。其二，行政管辖制度保证对行政事务的管辖不重不漏，从而保证行政机关有效行政。行政主体依法获得对某一行政事务的管辖权后，即排除了其他任何机关对该事务的管辖权；一旦行政主体受理了不属于自己管辖的行政事务，应依法移送管辖；行政主体亦不得对同一行政事务行使两次以上的管辖权。其三，行政管辖制度只解决行政事务的分配，是一种程序制度。行政管辖制度不解决行政事务的实质问题，行政主体有时违反管辖规定也并不当然导致行政行为无效，如果出于紧急情况而作出或事后经有管辖权机关追认，该机关对行政事务的处理仍可能被认定为有效。

行政管辖制度主要包括级别管辖、地域管辖、共同管辖、移送管辖、指定管辖等。级别管辖是指在行政系统中确定上下级行政主体首次处理行政事务的分工和权限。[①] 地域管辖是指行政主体内部确定同级行政主体之间首次处理行政事务的分工和权限。行政主体都有其相对独立的管辖区域，然而在某些行政事务上则往往会存在交叉和重叠。一般情况下应确保对一项行政事务只有一个行政主体拥有管辖权，这可以提高行政主体的责任心，避免相互之间的扯皮和推诿。同时地域管辖在某些情况下应有一定的选择性，遵循方便、有效行使管辖权的原则，使得行政事务能够得以有效、及时解决，以能够较好地维护相对人、相关人权益为衡量标准。《公安机关办理行政案件程序规定》第 9 条中“行政案件由违法行为发生地的公安机关管辖”，“由违法行为人居住地公安机关管辖更为适宜的，可以由违法行为人居住地公安机关管辖”的规定，即属于地域管辖规定。地域管辖中也会涉及一定的专属管辖，诸如铁路公安机关、港航公安机关、民航公安机关、国有林区的森林公安机关都在各自管辖范围内就某些具体事项行使专属管辖权。[②] 共同管辖是指两个以上的行政主体对

---

① 有学者认为，确定级别管辖应参照如下标准：其一，相对人的法律地位或级别；其二，对公共利益的影响程度；其三，对相对人权利义务的影响程度；其四，标的物的价值；其五，涉外因素。参见章剑生《行政程序法基本理论》，法律出版社 2003 年版，第 91～92 页。

② 参见公安部《公安机关办理行政案件程序规定》第 12 条。

行政事务都具有法定管辖权。有时是不同性质的行政主体对某一行政事务都拥有管辖权；有时是相同性质的行政主体对同一行政事务都拥有管辖权，诸如国务院广播电影电视部门和文化部门共同组成音像制品内容审核机构主管全国音像制品内容的审核工作；有时是法律规定不同层级、地域行政主体对某一行政事务都拥有管辖权。共同管辖问题出现后，一般由最先受理地或者行政事务主要关涉地负责处理，诸如《公安机关办理行政案件程序规定》第10条规定："几个公安机关都有权管辖的行政案件，由最初受理的公安机关管辖。必要时，可以由主要违法行为地公安机关管辖。"移送管辖是指已经受理行政事务的行政主体因没有法定的管辖权，依法将此行政事务移送到有管辖权的行政主体处理。根据此项制度，没有管辖权的行政主体有将所受理的行政事务移送至拥有管辖权行政主体的义务，否则即应承担相应的法律责任。诸如，我国海关法规定，走私案件是由海关系统负责管辖的，行政执法部门在执法过程中发现走私案件，一般应当移送海关处理。指定管辖是指上级行政主体将某一行政事务依法指定给某一行政主体管辖。指定管辖分为两种情况：一是某一行政事务无行政主体管辖或者有管辖权的行政主体因客观原因不能行使管辖权，由上级行政主体指定某一行政主体管辖；二是两个以上的行政主体对同一行政事务都主张具有管辖权或者都主张没有管辖权，由上级行政机关指定某一行政主体管辖。在一定程度上，指定管辖和移送管辖的适当运用可以促进纠纷的解决。诸如，对于在某地有较大影响的事件，如果由当地行政机关处置往往存在较大阻力，这时，上级行政机关指定另一地行政机关管辖或者告知该行政机关将此事务移送另一行政机关处理，可能会更有利于纠纷的解决。

在行政领域，管辖权冲突是经常发生的现象。行政管辖权冲突主要有如下几种情况：其一，同级不同职能的行政主体因职能交叉而产生管辖权冲突，相关部门在行政事务上的打架，对某些"牟利"行政事务的争抢，大体出于此；其二，同级同职能的行政主体因地域问题而产生管辖权冲突；其三，不同级同职能的行政主体因分工不明确等原因而产生的管辖权冲突；其四，不同级不同职能的行政主体因行政系统自身原因而产生的管辖权冲突，比如，县级人民政府对其政府部门事务拥有复议管辖权，然而对于工商等垂直领导的县级部门则不应拥有管辖权，因此，其一旦行使该项事务复议管辖权，即构成管辖权冲突。当发生管辖权冲突时，可以先由冲突的双方协商解决，协商不成的，由其共同的上级行政机关裁决，有权行政主体应当对出现的管辖权争议及时作出裁决，并实行一裁终局原则，从而既保证行政事务处理的效率，又保证相对人权益的有效维护。《公安机关办理行政案件程序规定》第 11 条规定："对管辖权发生争议的，报请共同的上一级公安机关指定管辖。对于重大、复杂的案件，上级公安机关可以直接办理或者指定管辖。"

三、行政回避程序制度

行政回避是指行政机关工作人员在行使行政职权过程中，因其与所处理的行政事务有利害关系，足以影响行政事务处理结果或者使相对人对行政事务产生合理怀疑的，为保证实体处理结果和程序运作的公正，根据当事人的申请或行政机关工作人员的请求，有权机关依法终止其所行使职权而交由他人处理的一种程序性法律制度。

法律上的回避制度源自人类应受公平对待的自然本性。回避制度最初产生于司法程序中，英国普通法上自然公正原则的一项主要指标即是：任何人都不得在与自己有关的案件中担任法官。行政法上的回避制度在大陆法系国家渊源于诉讼法，根据现有资料可以查明古罗马时期诉讼法中有关回避制度的法律条文即有四五条之多，近现代大陆法系国家行政回避制度多借助于行政程序法的发展。行政回避制度是行政公正的基本要求。行政公正包括实质公正和程序公正。实质公正关注客观上已经发生的事实和相关情势，形式公正则注重行政事务处理的过程性和外在公平性。对于事实的查明主要依赖于证据的获得，没有证据，即使当事人各方均知道事实真相，也难以在事务处理上获得预期结果；而行政过程的公平、公正则通过一种交涉、博弈弥补事实查明的不足。在行政事务处理过程中，排除一切可能引发相对人对事务处理存在合理怀疑的情势就成为一种必需。那么,行政事务处理过程的运作者不能与处理结果有任何利害关系就是题中应有之义。根据一般推测,过程的运作者如果与处理结果存在或积极或消极的利害关系,则其可能就会利用自身优势地位,谋求使行政事务有利于与其存在积极利益关系一方的处理,从而使得行政事务处理失却其基本的公正性。因此,行政回避制度可以增强行政事务的公正性,也可以增强行政机关处理的说服力,从而也有利于行政权威的树立和行政机关形象的改善。

从各国行政程序法上看,行政回避所涉及的事项主要包括可能影响行政事务处理公正性的客观利害关系和行政机关工作人员的主观偏见。行政机关工作人员的主观偏见是指在其了解行政事务之前,即因其民族、种族、性别等非人为因素而对某些事情形成了既定看法,对于他们来说,全面、客观了解案件真实情况已不重要,他们对事物的处理早已心中有数,法律程序作为行政决定的过程变成了走过场。美国基于正当法律程序理论构建了行政程序法上的回避制度。美国《联邦行政程序法》第556条规定:“对有关人员提出的证明主持之雇员或参与之雇员具有个人偏见或其他不合资格之处的及时且充分的确实材料,机关应将其作为案件中记录和决定的一部分加以裁断。”[①]因此,在美国,“个人偏见”构成了美国《联邦行政程序法》规定的回避事由之一。然而,事实上,要求行政机关工作人员完全像法官裁判案件那样完全凭借“无知之幕”,戴上正义女神的蒙眼布并不现实,行政事务更加复杂、多变,其影响面也相对较大,只有上述偏见足以构成法律上的偏见,的确会影响事务处理结果时,才适用回避。与行政机关工作人员存在的利害关系主要涉及亲情、友情、名誉、金钱等。具体说来,可以列入与行政机关工作人员存在利害关系的当事人或情形有:工作人员的近亲属、工作人员与当事人的代理人有近亲属关系、工作人员与当事人有公开矛盾或者亲密友谊等。行政回避的事项应当有两种:一种是法定事由,另一种是酌定事由。法定事由由法律明确规定,只要在法定适用范围内即适用回避;酌定事

① 应松年主编:《外国行政程序法汇编》,中国法制出版社2004年版,第41页。

由是存在可能影响行政行为的情形，但是并非法定情形，因此需要行政机关依据自由裁量权作出决定。我国《治安管理处罚法》第 81 条规定，人民警察在办理治安案件中，被侵害人或者其法定代理人是案件当事人或者当事人的近亲属的、本人或者其近亲属与案件有利害关系的应当回避，此项规定属于回避的法定事由；人民警察与案件当事人有其他关系可能影响案件公正处理的应当回避，该规定即属于酌定事由，需要相应公安机关决定。

行政回避大体可以分为两类：一类是行政机关工作人员认为自己与本案有法律规定的回避情形时，主动提出要求回避处理本案的请求，即自行回避；另一类是当事人认为处理本案地行政机关工作人员有法律规定的回避情形时，在行证程序结束之前向有权机关提出要求该行政机关工作人员回避处理本案的请求，即申请回避。我国《治安管理处罚法》第 81 条规定，符合法律规定情形时，人民警察应当回避，同时违反治安管理行为人、被侵害人或者其法定代理人也有权要求他们回避，此处即涉及行政回避启动的两种路径。对于自行回避，有权机关应当作出准许或者不予准许的决定；对于该决定，行政机关工作人员必须服从，不得再行提出。我国公安部颁布的《公安机关办理行政案件程序规定》第 16 条还规定，公安机关负责人、办案人民警察提出回避申请的，应当说明理由。对于申请回避，有权机关经审查作出决定后，当事人可以依法申请复议一次。行政回避有其法定要求和相应的法律后果，同时基于行政事务的特殊性，该制度也存在自身的一些特点：其一，行政回避必须在法定时限内提出。当行政程序结束后，当事人再行提出回避申请的，视其情况作出处理，如果当事人事先知道回避事由而行政机关亦告知其回避权利的，当事人因对结果不满而再行提出回避申请的，应视其放弃回避申请权；如果行政机关未告知其回避申请权而回避情形其事后方得知的，当事人可以将其作为提出行政行为程序违法的事由，在提起行政复议、行政诉讼等救济程序中一并提出。其二，行政回避也涉及与其他制度的协调，比如行政回避与行政管辖制度。行政回避与行政管辖相冲突时，行政管辖优先，即如果行政机关负责人与案件的处理结果存在法定回避情形，如果没有其他机关可以替代行使职权，则当事人必须接受有偏见的行政机关工作人员的裁决。“自然正义此时不得不让位于必要性，因为否则的话，没有办法裁决，而司法或行政机关就会发生故障。”[①]这时，公共利益也就压倒了个人利益。当然，如果相对人对行政行为不服，则完全可以行使相应救济权利。

就我国而言，行政回避制度的不健全还是一个不争的事实，既没有在具体的行政法制度体系中建立起基本框架，也没有在行政执法中得到切实落实。具体说来，行政回避的程序还没有十分明确，回避在实践中推行尚未充分实施。对于回避的范围、举证责任、受理机关、时限以及在非听证程序、听证程序中的区别适用均应有立法方面的明确规定。我国行政处罚法确立了行政回避制度，但对违反回避制度的法律责任仅限于对行政机关直接负责的主管人员和其他责任人员给予行政处分，而对行政机关的行政处罚效力未作规定。因此，针对上述问题，我国行政回避制度应建立完备的程序运作机制，对行政机关工作人员自行回避，行政相对人申请回避的条件、方式、处理机关、时限等作出明确规定。同时，还应对法定回避情形作出明确界分，并明确规定违反回避制度的行政行为的效力，违反回避制度是程序违法，因此作出的行政行为应属于可撤销行政行为。

四、行政说明理由程序制度

行政行为说明理由是指行政主体在作出行政行为时应当向相对人和相关人说明作出该行为的理由。行政主体对自己所作行政行为理由的说明既包括事实性理由，也包括法律、法规等规范性依据。行政机关对自己所作行政行为所负的说明理由义务旨在支撑相对人、相关人不仅知其然也应知其所以然的知情权，同时也有利于相对人和相关人进一步采取相应权利救济措施。

在行政法理论与实践的演进过程中，行政主体对行政相对人作出行政行为时说明理由并非一直都是天经地义的，它经历了一个从

---

① [英]韦德：《行政法》，徐炳译，中国大百科全书出版社 1997 年版，第 110 页。

不说明理由到说明理由的发展历程。在英国普通法上，行政主体并没有对其作出的行政行为承担说明理由的义务，当事人也不具有法律上的强制手段要求行政主体说明作出的行政行为的理由。[①] 法国尽管存在着若干个例外情况，但传统的行政习惯也并不要求行政主体对作出的行政行为说明理由。行政说明理由制度是随着公民权利的伸张，公民知情权和行政参与权的发展而得到发展的。为了达致公民权利与行政权力的协调与制衡，一方面应维护行政机关作出行政行为的权威，另一方面应加大公民权对行政的参与和监督，既要求其提供决策的结果和依据，又要求其对具体行政行为的作出说明理由。经过一段时间的发展，各国也逐渐认识到了行政说明理由程序制度的价值。在英国，人们认识到，没有哪一个单独的因素比公共机构不负说明决定理由的义务更为严重地阻碍英国行政法的发展了。[②] 在美国，《联邦行政程序法》要求所有行政决策都应当包括“根据案卷中所记载的所有实质性的事实问题、法律问题、自由裁量权等问题作出的裁定和结论及其理由或根据”[③]。法国则制定了专门的《行政行为说明理由和改善行政机关和公民关系法》，确定在行政决定作出对当事人不利的具体行政处理和对一般原则作出例外规定的具体规定时必须说明理由。[④] 我国《行政处罚法》规定，“行政机关在作出行政处罚决定之前，应当告知当事人作出行政处罚决定的事实、理由及依据，并告知当事人依法享有的权利”，《行政许可法》规定，“行政机关依法作出不予行政许可的书面决定的，应当说明理由，并告知申请人享有依法申请行政复议或者提起行政诉讼的权利”，即是对行政主体作出行政行为应当说明理由的重要体现。

行政说明理由制度的意义是极为明显的。首先，它有利于规范行政权运作，加强公民行政参与，实现二者的制衡。传统行政的经典

① 参见王名扬《英国行政法》，中国政法大学出版社 1987 年版，第 164 页。

② 参见[英]韦德《行政法》，徐炳等译，中国大百科全书出版社 1997 年版，第 192～193 页。

③ [美]施瓦茨：《行政法》，徐炳译，群众出版社 1986 年版，第 391 页。

④ 参见王名扬《法国行政法》，中国政法大学出版社 1989 年版，第 157 页。

模式是“命令——服从”，行政相对人、相关人对于行政决定只有服从的义务，而行政主体在行政决定过程中并不负有说明理由的义务，这样就在客观上营造了行政权高高在上的形象，这与现代行政的公共行政参与行政发展趋势大相背离。行政说明理由制度事实上赋予了行政主体更多的注意义务和审查义务。行政主体的行政决定往往以自由裁量权为基础，这就意味着行政恣意难以避免。赋予其说明理由义务则可以督促其重新、认真审视自己的每一个决定，至少在理论上力争证成自我的决定，如此方可实施行政决定，否则，行政决定必然失之草率，而且也不利于其执法，并将引发相应法律责任。因此，从这种意义上讲，该制度有利于行政决策的科学化，将避免更多武断的行政决策。其次，该制度有利于相对人、相关人权利的救济。当行政相对人、相关人提起相应救济程序时，行政主体在对自己所作行为说明理由过程中提供的事实、法律、法规等依据既成为相对人、相关人寻求救济的突破口，也成为救济机关审查的入口，可以从其直接入手来确知行政行为的效力，一旦其说明的理由本身不能成立，即可以质疑该行政行为效力。

行政主体所说明的理由从内容上讲主要包括两个方面：一是支撑其行政行为合法性的理由；二是支撑其行政行为合理性的理由。支撑行政行为合法性的理由是证明行政行为合法性的事实性依据和法律性依据。事实性依据排除行政主体的主观臆断，并要求该事实和作出的行政行为之间存在必然因果关系。为了保证行政效率，行政主体一般只需说明主要事实性依据即可。法律性依据是指行政行为所依据的法律、法规等规范性文件。法律性依据和事实性依据二者密不可分，共同支撑行政行为的合法性、合理性。当行政主体说明法律性依据时，必须对该法律性依据作全面描述，而不可断章取义或回避法定义务；同时，行政主体还应对法律、法规等作出甄别，当不同效力等级的规范性文件存在冲突时，依据高位阶规范作出决定，同时应尽可能选择既具有直接拘束力又有较高位阶的规范作为依据。支撑行政行为合理性的理由是证明行政行为适当的事实性依据和法律性依据。行政行为的适当与否主要源自行政自由裁量权，而行政自由裁量权是最容易被滥用的。对行政行为作出过程中的自由裁量权加以控制的一个重要方面即是要求其说明行政自由裁量权运用的事实和法律依据。行政自由裁量权的运用主要体现在事实选择和法律选择上。就事实选择而言，行政主体应当将与案件有关事实均列入选择范围，并且对相对人、相关人提出的事实证据，只有在其能够证伪或者证明其非法的情况下方可不采用；其说明的事实依据应当能够充分论证其行政行为的成立，而且不能以非法获得的、存在疑问的事实作为依据。对于法律的选择主要出现在需要选择几种情形的场合，行政主体应选择与事实、情节相对应的法律依据作出行政行为，避免畸轻畸重。《行政许可法》第55条规定："行政机关根据检验、检测、检疫结果，作出不予行政许可决定的，应当书面说明不予行政许可所依据的技术标准、技术规范。"此处行政机关对行政行为说明理由主要是证明其自身行为的合理性，是以行使自由裁量权为基础的。多数情况下，行政机关说明的理由，既包括支撑其行为合法的理由，也包括支撑其行为合理的理由。我国《治安管理处罚法》规定："公安机关受理报案、控告、举报、投案后，认为属于违反治安管理行为的，应当立即进行调查；认为不属于违反治安管理行为的，应当告知报案人、控告人、举报人、投案人，并说明理由。"此处规定的说明理由属于对行政行为的解释，同时此项规定也存在问题，即对于报案情况应当通过调查后方可作出是否属于管辖范围的结论，而不应仅仅依据口头。

行政主体说明理由的瑕疵主要包括未说明理由和说明理由错误。未说明理由的情形可以分为两种：一种是法定不需要说明理由的。有些国家确定了法定不需说明理由的情形。对于依法不需说明理由的行政行为，未说明理由不影响行政行为的效力。另一种是法定需要说明理由而行政机关未说明的。此种情形又分为两种：一是行政主体依法应当主动说明理由的；二是依法经行政相对人申请而未说明理由的。对此两种情况，如果行政主体在行政相对人、相关人提起行政复议、行政诉讼之前一直未说明的，应导致行政行为无效；而在行政相对人提起行政复议、行政诉讼之前说明理由的，各国规定不一,有的视为一种补正,使该行政行为效力得以恢复,有的则认为这仍不能使其从无效恢复到有效。对于说明理由错误的,如果在行政复议或行政诉讼过程中相关事实和法律能证明行政行为合法的,则不影响行政行为效力;反之,如果不能说明其合法,则行政行为应归于无效。我国《行政处罚法》第 41 条规定,行政机关及其执法人员在作出行政处罚决定之前,不依照本法第 31 条的规定向当事人告知给予行政处罚的事实、理由和依据,或者拒绝听取当事人的陈述、申辩,行政处罚决定不能成立;当事人放弃陈述或者申辩权利的除外。此规定仅仅对行政机关在行政处罚中说明理由存在瑕疵的法律效果进行了笼统规定,而没有给予详细的区分。

五、行政告知程序制度

行政告知是指行政主体将相关事实与决定及时、适当地通知相对人及相关人。行政相对人及相关人作为行政执法程序的当事人和利害关系人有权知悉与其有利害关系的事实与决定。

行政告知是正当行政程序的重要一环,直接影响着行政行为的效力和行政程序的正当性。行政告知的合法、适当完成,需要遵循几大要素:其一,行政告知应当由作出行政行为、履行行政程序的行政主体完成,此行政主体是适格主体。如我国《行政处罚法》第 31 条规定:"行政机关在作出行政处罚决定之前,应当告知当事人作出行政处罚决定的事实、理由及依据,并告知当事人依法享有的权利。"其二,行政主体告知相应事实与决定的内容应当完备,此内容一般包括相关事实、理由、依据、救济途径以及程序性权利等,任何一项缺失或错误都会产生行政告知的瑕疵。如我国《行政处罚法》第 39 条规定:"行政机关依照本法第三十八条的规定给予行政处罚,应当制作行政处罚决定书。行政处罚决定书应当载明下列事项:(一)当事人的姓名或者名称、地址;(二)违反法律、法规或者规章的事实和证据;(三)行政处罚的种类和依据;(四)行政处罚的履行方式和期限;(五)不服行政处罚决定,申请行政复议或者提起行政诉讼的途径和期限;(六)作出行政处罚决定的行政机关名称和作出决定的日期。行政处罚决定书必须盖有作出行政处罚决定的行政机关的印章。”此处行政决定书所列内容事项也是完整的行政告知所需的事项。其三，行政告知应当遵循法定程序，符合法定时限要求。行政告知的程序可以视具体情况而定，可以采用口头通知、书面通知、送达、公告等形式。如我国《行政许可法》第32条规定：“行政机关对申请人提出的行政许可申请，应当根据下列情况分别作出处理：(一)申请事项依法不需要取得行政许可的，应当即时告知申请人不受理……”第45条规定：“行政机关作出行政许可决定，依法需要听证、招标、拍卖、检验、检测、检疫、鉴定和专家评审的，所需时间不计算在本节规定的期限内。行政机关应当将所需时间书面告知申请人。”行政告知必须遵循法定时限要求，如我国《行政许可法》第48条规定：“行政机关应当于举行听证的七日前将举行听证的时间、地点通知申请人、利害关系人，必要时予以公告”。

行政告知可以分为事先告知和事后告知。[①] 事先告知是指行政主体作出行政决定前的告知行为，可以提示和督促行政程序的相关主体行使自己的程序权利、采取相应行为。事先告知的期限应当合理，即行政主体作出行政告知和行政行为之间应当有合理的时间差，使得行政相对人和相关人可以行使相应权利。如我国《行政处罚法》第31条规定：“行政机关在作出行政处罚决定之前，应当告知当事人作出行政处罚决定的事实、理由及依据，并告知当事人依法享有的权利。”第32条规定：“当事人有权进行陈述和申辩。行政机关必须充分听取当事人的意见，对当事人提出的事实、理由和证据，应当进行复核；当事人提出的事实、理由或者证据成立的，行政机关应当采纳。行政机关不得因当事人申辩而加重处罚。”此处当事人的陈述申辩权即是基于事先告知而产生。事后告知是指行政主体作出行政行为之后将其决定告知行政相对人和相关人。事后告知的目的在于使得行政相对人和相关人知悉行政行为的内容，并使得该行政行为发生效

① 有学者将此分类界定为预告和决定告知。参见翁岳生编《行政法》，中国法制出版社2002年版，第1083～1084页。

力。事后告知是行政行为生效的法定程序，在上文所举的诸多条文中均有体现。

行政告知应当以适当的方式进行，具体可以分为书面告知、口头告知和公告告知。书面告知是行政告知的一般方式，在某些行政行为的作出中属于法定方式，前文提到了我国行政许可法规定行政机关将行政许可所需时间通知申请人即必须采用书面告知方式。相对口头告知，书面告知更加正式，在诉讼中也更有利于当事人举证。口头告知适用于特定的一些场合，诸如行政主体当场作出一定行政处罚的，可以口头告知事实和理由，告知其享有的诉讼权利等。书面告知和口头告知均属于告知对象特定的行政告知，而公告告知则适用于告知对象不特定之时。公告告知[①]可以将公告置于行政主体法定的公告场所或者在相关政府公报、媒体上公告。如我国《行政许可法》第 48 条规定："行政机关应当于举行听证的七日前将举行听证的时间、地点通知申请人、利害关系人，必要时予以公告"；第 24 条规定："行政机关在其法定职权范围内，依照法律、法规、规章的规定，可以委托其他行政机关实施行政许可。委托机关应当将受委托行政机关和受委托实施行政许可的内容予以公告"。

行政主体违反告知义务，即构成行政告知的瑕疵，具体而言包括没有告知、告知不完整和告知错误。行政主体没有告知的，违反了正当法律程序，其作出的行为当然不生效；行政主体告知不完整的，仅仅告知的部分对相对人和相关人生效；行政主体告知错误的，仅仅告知正确的部分对相对人和相关人生效。

六、行政听证程序制度

行政听证是指行政主体作出对相对人、相关人不利处分时，应当说明理由并听取其申辩，在两者交涉意志的基础上作出决定，听证实

---

① 有学者专门对我国行政公告问题进行了研究，并对行政公告和行政行为的告知作了相应的区分。参见叶平《行政公告研究》，载《法学》2005 年第 3 期。

质上是听取利害关系人意见的程序。[①] 行政听证融合了行政机关说明理由义务、听取相对人相关人意见义务、相对人相关人申辩权、相对人相关人知情权，是维护相对人、相关人合法权益的重要制度，也是行政程序规范化、制度化的集大成之表象。

行政听证的核心在于行政主体与相对人、相关人之间充分交涉意志，使得行政决定建立在听证过程及结论的基础之上。行政听证具有要式性，程序比较严格，而且具体操作规程由相应规范明确界定，因此，其运作必然要消耗相应行政成本及行政资源，与行政事务的效率基准存在一定价值冲突。基于行政听证要式性特征，对其适用范围应当严格限定，主要适用于对相对人、相关人权益产生较大不利影响的场景，此种不利影响既包括对相对人、相关人权益侵损的情形，也包括不给予相对人、相关人利益而给予其他利害关系人的情形。

行政听证程序的基本构造大体分为如下几部分：第一，行政听证程序的启动。行政听证程序的启动与听证程序的适用范围相近，各国对此规定也并不一致，大体可以分为法定听证程序和酌定听证程序。法定事由是法律明文规定应当履行听证程序的事项。酌定事由是指非法定事项，可依当事人申请、行政主体决定，或者行政主体认为应当适用的。日本行政程序法规定行政听证分为法定听证和任意听证[②]；英国行政公开调查制度对应其他国家的行政听证制度，分为履行强制性义务的公开调查和自由裁量的公开调查[③]；美国的行政

① 听取利害关系人意见的程序，法律术语称为听证，是公正行使权力的基本内容。参见王名扬《美国行政法》，中国法制出版社 2005 年版，第 379 页。

② 根据日本《行政程序法》，行政听证可以分为法定听证和任意听证。法定听证是日本《行政程序法》明确列举的事项，主要包括不利处分中许可、认可的撤销，相对人资格或地位的剥夺，干部的解任命令等不利处分严重的事项；任意听证由行政厅自由裁量，行政厅认为合适时即可举行听证。参见［日］盐野宏《行政法》，杨建顺译，法律出版社 1999 年版，第 216～220 页。

③ 在英国，履行强制性义务的公开调查由制定法明确规定，相关义务主体必须举行；自由裁量的公开调查则由行政机关行使某一制定法规定的自由裁量权而举行。

听证制度包括正式听证和非正式听证[①]；在德国，行政程序分为正式程序和非正式程序（一般程序）[②]。第二，行政听证的组织。组织者应当是行政主体，行政主体应当在规定时限内完成相关组织工作。这既是行政效率的要求，也是维护相对人、相关人利益的要求。并且，行政听证的组织属于行政机关职责范围内的事情，因此不应当向相对人、相关人收取费用。第三，行政听证程序的参加人。行政听证程序的参加人主要有行政主体、相关人、相对人以及其他利害关系人。听证程序是充分表达意志、博弈利益的平台，因此必须有各方利益的适格代表人，在听证过程中能够就核心问题展开积极的、建设性的对话。听证参加者的选择也是很具有技术性的环节。行政机关一方面应当选择具有适当表达力、代表性的代表；另一方面要保障各方利益的代表性，不应当将自身意志强加于人。事实上，往往会出现政府出面操控听证程序的现象，或者通过听证参加者选择程序，或者通过控制听证参加者。[③] 第四，行政听证程序的主持人。在听证程序中，各方利益往往存在较大冲突，如何协调各方代表，从而给予各方适当表达机会，将话语权合理分配就是一个问题。因此，选择一个适当的主持人最为关键。主持人应当具有中立性，不得参与具体利益

---

① 美国正式听证又称审判式听证、举证式听证、完全的听证，正式听证程序包含七大要素：由无偏见的官员作为主持人、当事人得到包含主要事项和内容的通知、当事人得提出证据和进行辩护、当事人得互相质问并驳斥不利证据、当事人得请律师陪同出席、裁决只能根据案卷记载的听证证据作出、当事人得取得全部案卷副本。非正式听证只包含上述七大要素的一项或几项，但是适用较正式听证程序更为普遍。参见王名扬《美国行政法》，中国法制出版社 2005 年版，第 381 页。

② 德国联邦程序法规定，正式程序只适用于法律规定案件，而且听证申请应当书面提出或者由行政机关记人笔录，对当事人原则上必须进行言词审理，行政决定应当以书面形式作出、说明理由并送达当事人。德国联邦行政程序法对听证作了严格限定，听证适用于对当事人产生侵害的行政行为，而且行政机关认为没有必要举行听证的，可以不举行听证。该法最鲜明之处在于规定了如果与紧迫的公共利益相冲突，行政机关不得举行听证。参见［德］哈特穆特·毛雷尔《行政法学总论》，高家伟译，法律出版社 2000 年版，第 467～468。

③ 日本政界 2006 年曝出丑闻，日本政府在市民对话中授意提问，力图操纵民意，日本首相安倍晋三为其担任内阁长官期间发生的“授意提问”丑闻承担责任，向国库返还 3 个月的工资作为罚款，并严厉处分有关人员。参见《日本市民对话事先安排闹丑闻　安倍掏工资充罚款》，载搜狐网：http://news.sohu.com/20061215/n247053659.shtml.

争论，同时能够控制局面，根据听证程序进程适当控制发言机会，使得各个利益主体都得到表达意志的机会。主持人环节最应当防止的是政府的不当干预，政府干预过多会使得代表政府利益的声音获得更多表达机会，从而以政府意志替代民意。第五，行政听证程序的运作。行政听证程序要得到良好运作，取决于多个要素：首先，各方利益都有适格代表人，适格代表人既要充分掌控自己所代表利益的全部，又要具有明确表达自身利益的能力；其次，各方利益代表人均按照规则充分表达意志，在听证过程中各方参与人既要充分表达意志，又要遵守各项规则，服从听证程序安排，避免出现混乱局面。第六，行政听证程序的成果。行政听证程序正常运作应当产生一定结果：听证各方利益诉求、各方当事人表达的事实和理由均应得到忠实记录并且由利益表达者确认。行政听证记录不完备、错误或者未经当事人确认均会影响听证的实效。第七，行政听证记录的效力。如实反映行政听证的记录应当成为行政机关决策的主要依据，行政机关应当综合对自己有利或不利、与自身利益契合或背离的意见，根据既定规则进行决策。已有立法例对行政听证记录效力的规定也各不相同，有的国家规定听证记录对决策具有强制拘束力，行政机关必须依据听证记录进行决策，有的国家则规定听证记录是行政机关决策的参考，有些则仅仅规定行政机关决策可以参考听证记录。第八，行政听证的后续反馈程序。在理想的运作状态下，行政听证将各方利益诉求汇集到听证记录中，听证记录一方面成为行政决策的依据，另一方面也成为各方利益诉求的表征。因此，行政机关作出决策时应当作出适当解释，尽说明理由义务。无论当事各方利益诉求是否为决策者吸纳，行政机关均应充分说明理由，这既可以疏导不满情绪，又可以体现行政决策过程的正当性，否则，听证的初始设计效果将大打折扣。

第三节　行政执法具体程序制度

一、制定规范程序制度

制定规范与行政立法、抽象行政行为等涵盖的领域有所重叠，但是涵盖面更加广，将行政立法、抽象行政行为等均囊括其中，属于广泛意义上的行政执法。

规范本身具有不同的位阶，规范内容本身也具有不同的指向，不同位阶的规范制定程序也应当是有所区分的。一般来讲，规范位阶越高，制定程序越严格；规范涉及民众利益越重大，制定程序越严格；规范关涉事项越重大，制定程序越严格；规范影响范围越大，制定程序越严格。制定规范程序的启动源自规范制定的必要性，即社会需要或者是现实需要。制定规范应当遵循正常的、一般的程序，具体说来，应当包括制定预算、规划，社会调研，拟订草案，征求意见，公示修正，公布等。制定规范应当遵循合法性、合理性原则。合法性意味着制定规范必须符合法律规定，遵从法律保留的要求，不与上位法相违背，符合法制统一的要求；合理性意味着制定规范必须合乎实际，使得规范具有科学性、实效性，行政规范应当具有基本的可操作性，建立在对相关领域问题充分调研的基础上，对某一领域掌控清楚，同时要注重规范的实效性，立足于解决实际问题。要使得行政规范达到合法性、合理性的要求，就必须使规范制定的程序合法化、合理化，程序对制定规范的控制是不可替代的。行政规范的制定应当符合既定的规则，行政规范根据其适用范围、影响领域不同而在适用程序上也应当有所区分，具体说来可以大致分为正式程序和非正式程序。制定规范的正式程序大致可以包括如下几项：其一，拟订规范，制定计划，即根据社会需要、工作经验拟订需要制定的规范。其二，必需的社会调研。行政规范制定立足于解决实际问题，必须全面掌握相关领域的现状，此处的调研也应当包括对于相关法律、法规的充分了解。其三，拟订规范草案。草案的拟订可以委托一部门起草，也可以委托科研机构、高等院校、专家进行，应当尽可能消除部门利益的影响，使得草案更加具有公正性，条件允许或者事关重大的情况下可以委托不同主体进行。其四，公布草案。征求意见，规范草案制定后，应当及时向社会、向利益相关人公布，征求意见，可以通过正式的听证程序，也可以通过媒体、信箱等方式征求意见，但是对于重大问题规范的制定应当采用听证方式。其五，汇总意见，修正规范。向社会征求意见后应当及时、慎重、认真加以修正，并以适当方式向社会反馈，这也是增加行政规范实效性的重要途径。其六，公布规范。规范必须经过正式公布方生效力。其七，修正程序。规范制定出来一段时间或许滞后于社会现实，因此，建立起定期的规范评价机制，使得行政规范可以不断得到修正，反映社会形势变迁的需求。

在制定规范程序中，尤其应当加以强调的是公开性、参与性。公开和参与是防止部门利益最重要的途径。行政规范一方面体现行政管理的各项要求，同时也应当体现行政主体与相对人、相关人意志的博弈，体现各种不同利益的要求。行政规范要持有其公正性，必须采用公开、参与的方式，利害关系人的眼睛是雪亮的，在利害关系人的注视下，部门利益、不正当利益诉求在制定规范过程中可以最大限度地得到制止。制定规范过程中公正信度的提升、参与要求的保障必须以一定的具体程序为基础，诸如正式的听证程序、非正式的听取意见程序。正式程序和非正式程序各有优缺点，正式程序程序严格、组织严密，拥有较为规范、成型的运作机制，但是缺乏灵活性，成本较高，操作难度较大；非正式程序形式灵活、涉及面广，但是所取得的结论往往说服力较弱。制定规范的程序实质上属于一种立法行为，行政立法必然涉及各层面群体利益的协调、各阶层利益诉求的调和，因此协商程序也是必不可少的。政府作为行政立法的主体应当充当起协调组织的角色，对各个利益群体进行协调，只有充分协商出台的规范才能具有坚实的实施基础，从而为规范的真正有效实施提供依托。规范制定的过程也是利益分配的过程，政府应当秉承公正的理念，力求实现社会资源分配的最优、最公正分配。规范制定程序中也应当包括效益分析程序，对于某项规范出台的整体社会效益、经济效益、政治效益等进行充分调研和评估，充分论证规范实施的效果，追求规范的实效性，从而避免规范出台的恣意。

在我国，行政法规和规章的制定程序拥有量化的标准，《中华人民共和国立法法》对行政法规和行政规章的制定程序作了规定，《行政法规制定程序条例》和《规章制定程序条例》是直接操作依据。依据相关法律、法规，行政法规的制定程序大体分为如下几步：第一，起草。国务院组织起草，国务院各部门有报请立项权。第二，听取意见。听取意见事实上是起草程序的一部分，听取意见可以采取座谈会、论证会、听证会等形式。第三，报送审查。起草部门应当汇总草案、对草案的说明、各种意见至国务院法制办，国务院法制办应当就报送草案提出意见。第四，决定。进入正式决定程序后，依据国务院组织法决定行政法规通过与否。第五，公布。行政法规制定后，应当在相关媒介上公布。依据《行政法规制定程序条例》，行政法规的出台应当经过立项、起草、审查、决定、公布。行政法规的立项以编制立法工作计划的方式进行，主要有两种情形：一是国务院认为应当立项的；二是国务院各部门向国务院报请立项。行政法规的起草由国务院某一部门、某几个部门或者国务院法制机构负责，起草应当充分调研、充分听取意见、充分展示不同意见。行政法规的审查由国务院政府法制机构进行，行政法规的审查程序较为严格，包括发送相关部门、组织、专家征求意见或者向社会公开征集意见，深入基层实地调研，召开有关机关、专家的论证会、座谈会，召开有关组织、公民的听证会等。行政法规的草案由国务院或者国务院常务会议审议决定。审议通过后，行政法规由国务院总理签署并以国务院令的方式公布。

二、行政决定程序制度

行政决定是指行政机关作出某项决策的过程。行政决定集中体现了行政机关的单方意志，其运作过程对相对人、相关人影响最为直接。因此，行政决定应当遵循必要的程序，只有用程序规范加以规制的行政决定才能够最大程度上合法、合理，既具有制定法的支撑，又能够具有实定法的运作基础，合科学性与现实性为一体。行政决定具有极强的执行性、操作性，对于相对人、相关人的影响也最为直接，应当综合合法、合理、科学、可行、公平、效率等各项价值。

行政决定最需要协调的是公平与效率的价值、法律与现实的矛盾。公平是一种价值指向，应当是行政决定作出依据——行政规范的合理内核；效率是行政事务的内在要求，没有效率，行政机关将失去其执行机关的本色。合法是行政决定的首要基准，法治是行政决定不可突破的禁区。现实情况是行政决定需要具体考量的环节，法律以及诸多制定规范难以对行政机关所直面的纷繁芜杂的现实情况给予一一对应的解决措施，因此，行政机关在决定程序中应当在坚持法律保留原则、与上位规范相统一的前提下恰当运用行政自由裁量权。

行政决定是行政机关自由裁量权的极大展示，如何使得自由裁量权行使兼具形式合理性和实质合理性是一重要课题。这就使得对行政决定程序进行具体规范成为必要。行政决定的程序大体可以分为如下几项：第一，行政决定调查程序。[①] 行政决定作出的前提是对待决事项有着全方位的掌握。“没有调查，就没有发言权。”行政机关应当对待决事项进行充分调查，对于事物的来龙去脉、存在问题、产生原因进行全面掌握，从而在决定时综合考量、平衡各方利益关系。行政决定领域的调查程序要求行政主体依职权进行，行政主体在此过程中起主导作用，同时也应当吸收相对人、相关人的意见。行政主体应当全面调查对自己有利、无利的事实，同时相对人、相关人也可以在行政主体调查程序开始后主动提供相关事实。为保障行政主体规范对待各种事实、利益关系，行政主体在调查阶段所搜集的事实应当遵照要式原则，将各项事实均记录在案，同时对于记录在案的情况，相对人、相关人有权查阅。第

---

① 我国台湾地区行政程序法采用职权调查主义，行政机关做成行政行为应当充分调查事实，当事人可以自行提出证据或申请调查事实与证据，同时行政机关认为无调查必要时可以不为调查，但应在做成相关行为时在理由中附记；行政机关基于调查事实之必要可以书面通知相关人员到场陈述意见、要求当事人或第三人提供必要之文书、资料或物品。参见吴庚《行政法之理论与实用》，中国人民大学出版社 2005 年版，第 354 页。

二，行政决定听取意见程序。行政机关作出行政决定前应当听取相对人、相关人的意见，吸收各方利益群体的意见。此处的听取意见与调查阶段的听取意见存在重合，但是并非多余，可以在决定过程中保障直接利害关系人的参与权利。一方面，相对人可以主动表达自身利益诉求；另一方面，行政主体可以依职权要求相对人、相关人说明相关情况。上述两种途径的听取意见程序既是对相对人、相关人参与权的保障，也是增强行政主体作出行政决定合法性、合理性的重要路径。第三，行政决定论证程序。在某些情况下，行政决定关涉事项具有一定技术性、专业性，在决定上述事务时应当引入专家论证制度，使得行政决定更多地吸收专业意见。论证专家的选择应当注意全面性，使得各种学说观点都能够参与到行政决定作出过程中。在不同观点的博弈过程中，各方利益关系也会更加明晰，行政决定才能建立在科学性的基础之上。在此程序中，论证会的组织者不能够通过控制论证专家人选来操控论证结论，应当防止将其意志冠以民意的做法。第四，行政决定公告、公示程序。行政决定作出后应当及时公开、公布，一般性事项应当公告，使得一般公众知悉，同时相对人、相关人应当得到书面通知；对于涉及国家秘密、商业秘密、个人隐私的事项则应当至少让相对人、相关人知悉，而且上述通知应当是要式的。公告的要式要求是政府履行公告义务的依据，有利于其举证自身已经履行相应告知义务。第五，行政决定运行监督程序。行政决定作出后应当及时进行有效监督，一方面监督行政决定是否有效实施，另一方面监督实施程序是否合乎规范，同时有没有越权、滥用职权现象出现。第六，行政决定漏洞补充程序。行政决定往往过度追求效率，这就可能带来决定的不严谨、不科学，需要根据具体实际予以调整。因此，通过监督行政决定的运作状况及时对行政决定存在的漏洞予以补充是必要的。

三、行政处罚程序制度

行政处罚是行政主体对行政相对人、行政相关人的负向评价，以减损行政相对人、相关人的权益为表征，必须讲求法定程序。行政处罚应当以维持社会公共秩序和衡平社会利益为基本立足点，既要严格遵循处罚法定原则，又要注重个案具体情况，尊重特殊性，实现一般性、特殊性的有机结合。行政处罚程序的有效运作首先源自处罚法定，处罚法定包含处罚权来源合法、行使合法和受法律监督。行政处罚权的设定应当严格遵循法律规定，受法律保留原则的规束。

行政处罚的具体程序指称行政处罚的方式、方法、步骤、时限等。行政处罚程序分为一般程序和简易程序。简易程序一般当场作出，主要适用于对行政处罚无任何争议而且处罚程度较轻的情形，诸如我国《行政处罚法》第 33 条规定："违法事实确凿并有法定依据，对公民处以五十元以下、对法人或者其他组织处以一千元以下罚款或者警告的行政处罚的，可以当场作出行政处罚决定。"一般程序具有完整的体系，简易程序可以对一般程序作出突破，诸如裁执分离是一项一般性原则，但是在简易程序中则不适用，裁决和执行均由处罚者一人承担。行政处罚的一般程序主要包括表明身份、说明理由、听取意见、调查、作出决定、送达等。行政处罚的实施首先对于主体有一定要求，比如处罚主体必须具有法定执法权、处罚权，行政处罚程序运作中一般应当有两名以上执法人员。行政处罚运作过程中，无论实施处罚、听取意见、进行调查，行政执法人员必须表明身份，主动出示相关身份证明，表明身份一方面可以证成其主体适格性，另一方面也可以在一定程度上去除假冒行政执法工作人员名义违法处罚的可能性，因此表明身份必须符合要式要求。说明理由意味着行政执法人员对自己实施的处罚行为应当充分说明相关法律、法规依据，说明处罚的事实、规范依据，既要说明相对人、相关人违法的原因，又要说明处罚程度的理由，对处罚行为的合法性、合理性给予充分说明。行政处罚程序中的听取意见程序至关重要，听取意见既包括听取相对人、相关人的申辩，又包括举行听证会等；既包括处罚当时的听取意见，也包括处罚作出过程中的听取意见。听取意见程序应当有一定的延伸，即对于所听取意见的回应，行政处罚中，相对人、相关人提出一定意见，行政主体应当及时给予回应，这样，听取意见才不至于流于形式。调查程序是指行政主体应当在必要的时候对作出行政处罚所必需的事实进行调查，充分掌控事实，使得行政处罚拥有充足、自足的事实依据，增强行政处罚的说服力。在行政处罚中，听证程序兼有听取意见和调查事实的作用。听证程序的启动主要基于两种缘由：其一，行政处罚程度较重，对相对人权益影响较大；其二，相对人认为行政处罚对自己影响较大或者认为行政处罚存在较大不公平状况，需要通过听证形式补正。在听证会中，当事人均可以充分表达各自意见，相对人、相关人对于行政处罚有何种意见均可以获得充分表达机会，同时意见表达可以获得有效回应，有些可以当场得到回应，有些则可以在事后获得回应。听证程序同时也是行政处罚主体获得充分事实依据的有效途径，通过组织听证会，行政主体可以充分获取事实真相，从而可以为自己行政处罚达致合法、合理获得最大筹码。作出决定应当以上述各项程序为基础，否则作出的决定会失去合法性、合理性。行政处罚决定的作出应当符合一定的要式要求，一般以行政处罚决定书为表征，行政处罚决定书承载着行政处罚的各项要素，应当充分体现行政处罚合法、合理的各项要件，诸如我国《行政处罚法》规定，行政处罚决定书应当包括：当事人的姓名或者名称、地址；违反法律、法规或者规章的事实和证据；行政处罚的种类和依据；行政处罚的履行方式和期限；不服行政处罚决定，申请行政复议或者提起行政诉讼的途径和期限；作出行政处罚决定的行政机关名称和作出决定的日期；行政处罚决定书必须盖有作出行政处罚决定的行政机关的印章。送达是行政处罚生效的前提，送达在简易程序中可以当场实现，在一般程序中则通过一般路径实现。行政处罚的执行非常关键，该问题也引起各方高度关注，相对集中行使处罚权便是这一关注的结果。

行政处罚程序的完善意味着相对人、相关人的程序性权利逐渐得到尊重和保障。在行政处罚领域，相对人、相关人的程序性权利主要包括受到公正处罚的权利、参与处罚过程的权利、监督行政处罚的权利、知悉行政处罚的权利、申请回避的权利、陈述意见的权利、申辩并不因申辩而加重处罚的权利、质证的权利和听证的权利。[①] 行政处罚程序愈加规范、愈加严格，相对人、相关人的权益愈能得以维护。在行政处罚程序中，听证程序尤其引人注目，听证程序集中展现了程序作为交流、沟通、交涉平台的价值所在。我国《行政处罚法》规定，行政机关作出责令停产停业、吊销许可证或者执照、较大数额罚款等行政处罚决定之前，应当告知当事人有要求举行听证的权利；当事人要求听证的，行政机关应当组织听证。此项规定保障了相对人、相关人在行政处罚实施过程中获取听证的权利，但是其缺陷也非常明显，即仅仅规定了行政处罚实施过程中的听证程序，而没有规定行政处罚设定过程中的听证程序，导致行政处罚在设定这一源头阶段即可能存在瑕疵。同时，行政处罚领域听证的提起权仅仅被授予相对人，而没有相关人，事实上，应当扩大行政处罚听证权的提起主体范围，使得听证的价值得以完美展现。有学者提出，要充分发挥听证程序的作用，还应当完善听证程序当事人对于案件资料的查阅权、辩论权及质证权。[②]

四、行政许可程序制度

行政许可主要是利益分配和合法垄断权的分配，行政许可应当使得申请行政许可并且具备相应资质的相对人、相关人得到许可，排除应许可者不许可和不应许可者被许可两种情形。行政许可的领域是法定和酌定并存的领域，政府一方面要遵循法律的既有规定，另一方面又持有自由裁量权，拥有判定个案是否应予许可的权力，因此，行政许可程序的法定化、规范化必不可少。行政许可关乎行政权触及民众生活的深浅，权力与权利在进行着博弈，规范行政权，合法、合理确定行政许可范围才能最大限度地保障民众权益。

行政许可程序的启动以行政许可的存在为基础，行政许可设定必须严格遵照法律规定，依据我国行政许可法，设定行政许可，应当

---

① 参见肖金明、冯威《完善行政处罚法律制度的若干要点》，载《法学论坛》2005 年第 6 期。

② 参见李海容《中日行政处罚听证程序比较》，载《法律适用》2001 年第 12 期。

遵循经济和社会发展规律，有利于发挥公民、法人或者其他组织的积极性、主动性，维护公共利益和社会秩序，促进经济、社会和生态环境的协调发展；同时，该法还具体罗列了允许行政许可出现的具体事项和可以不设定行政许可的事项，行政许可设定的地位非常重要，在实践中必将得到进一步发展。行政许可法对行政许可的设定进行了严格限定，规范位阶得到严格限制，法律、行政法规、地方性法规、规章等分别受到不同约束。

行政许可的具体实施程序主要分为如下几个步骤：其一，行政许可关涉事项的公布。行政许可的实施直接关乎阳光政府、开放政府的建设，行政许可的依据、事项、步骤方法都应当及时公布。行政机关应当将提起行政许可所需材料、周期予以公示，以便行政相对人提出申请。其二，行政许可的申请与受理。行政相对人、相关人依据法律规定，在许可要求的时间内对需要行政许可的事项可以依法提出申请并递交必备材料。行政许可受理机关应当在法定期限内对相对人资质、材料进行审核，并根据具体情形作出处理，可以当场作出的应当当场作出。行政许可受理机关对于任何决定均有说明理由的义务，并且应当告知其必要的救济途径。其三，行政许可的审查与决定。行政许可受理机关在接受申请人申请后，应当及时对提交申请作出审查，根据不同情况作出决定。其四，行政许可决定的公布与异议。行政许可受理机关作出决定后，应当将结果予以公布，以利于利害关系人掌握全面情况，并可以据此采取不同的救济途径，或者是接受结果。行政许可决定公布后，行政许可受理机关应当在法定时限里接受来自利害关系人及其他人的异议请求并根据不同情况作出处理。其五，行政许可的补正。行政许可在经过公布、异议后，往往需要进行修正，因此，行政许可受理机关应当及时进行修正，使得行政许可生效。其六，行政许可的变更与延续。行政许可的变更与延续在一定意义上属于再申请，因此必须符合相应条件，并在法定期限内办理。

在行政许可审查决定阶段，行政机关一般实行书面审查，但是“对于法律、法规、规章规定实施行政许可应当听证的事项，或者行政机关认为需要听证的其他涉及公共利益的重大行政许可事项，行政机关应当向社会公告，并举行听证”。听证程序之于行政许可的意义之所在是通过公开促进公正。在行政许可程序中，听证为当事人提供了充足的交涉平台，各方利益、各方意见均可以得到充分展示，一方面利害关系人的意见得到充分表达，另一方面行政机关的理由也会得到阐发，政府权威和民众权利有效博弈，其综合效益不可小觑。我国《行政许可法》在听证程序上实现了两大制度创新：其一，确立了行政机关应当根据听证笔录作出行政许可决定，案卷排他性原则在行政实体法领域得到遵从。其二，该程序实质上赋予了行政相对人、相关人在行政许可法律关系中的必备的程序性权利。[①]

在行政许可程序中，现有制度框架仍然拥有较大的发展空间，世界上其他国家也为我们制度演进提供了智识参考。有些国家在行政许可领域建立了许可证拍卖制度和项目招标制度。1993 年前，美国的无线频谱资源主要靠 FCC 免费分配，1993 年后，美国政府开始利用著名的 PCS 拍卖机制分配许可证。英国也利用拍卖方法发放第三代移动通信经营许可证。在新加坡，凡价值在 3 万新元以上的服务或工程项目都需要公开招标，1000 万新元以上的工程项目还应根据政府采购协议的规定实行国际招标。[②] 上述制度在某种意义上将听证程序又往前推进了一大步，使得行政许可更加公开、公正。

行政许可程序的渐行完备也可以通过一些技术手段得以实现，诸如推行电子政府，实行网上许可等。政府推行电子政务，可以通过网络这一信息平台及时、迅捷地传递相关信息，就行政许可而言，通过网络公布行政许可事项、明确行政许可资质、递交许可申请、审查许可申请、查询许可申请、公布许可决定，可以大大增强政府行政许可的透明度，使得行政许可更为民众关注，在更大程度上维护民众利益。

---

① 参见肖金明《法治行政的逻辑》，中国政法大学出版社 2004 年版，第 195 页。

② 参见肖金明《法治行政的逻辑》，中国政法大学出版社 2004 年版，第 185 页。

五、行政征收程序制度

行政征收是指一国基于公共利益需要无偿取得相对人财产及财产性权利的行为，其制度化表现为一国税收制度和行政收费制度。[①]行政征收体现一国汲取能力，政府从社会、民众中的汲取能力可以体现政府的权威以及社会运作状况。行政征收越顺畅，政府展现的权威越强，但是此项顺畅运作以政府制度建设为前提，民主机制健全，信息公开，社会透明度高，政府公共职能充分发挥，政府税收对民众的反馈和权益维护充分，行政征收也就顺畅。

行政征收以削夺相对人财产权来维持公共利益，涉及公益、私益的交涉，必须遵循一些基本原则。其一，行政征收应当遵循法律主义原则，行政征收权的产生必须直接源自法律，行政征收权的行使和程序必须严格依法运作，无法律无征收、无法律无征收行为，法律在这里是公共利益的代表。其二，行政征收应当遵循平等主义原则，同等情况同等对待，不同等情况区别对待。其三，行政征收应当遵循人权主义原则，行政征收必须关照财产权与生存权的协调，保障民众的最低生活。[②] 同时，行政征收应当随着社会情形的变迁而变化，诸如，经济水平提升，税收基点也应当随之提升。行政征收的有效运作离不开相对人的参与和支持，行政机关和相对人交涉机制在行政征收中尤其重要，随着人权意识的发展，相对人对于税收的去向问题也愈加关注。

行政征收程序的有效运作有赖于各方面制度建设的完备，行政征收的设定应当合乎法律、合乎科学，税费设定应当法定。设定合法还应当包括一般的规范制定程序，诸如经过听证程序、充分的调研、论证，并且保持相对人的充分参与。行政征收系根据公共利益需要而对相对人财产权的削夺，一般以取得所有权为表征，因此必须给予适当补偿。我国《宪法》修正案中规定，国家根据公共利益的需要，可

① 参见肖金明《行政征收的理念、原则与制度》，载《中国行政管理》2002年第6期。

② 参见肖金明《行政征收的理念、原则与制度》，载《中国行政管理》2002年第6期。

以对土地给予征收或者征用，并给予补偿。行政征收的主体是行政机关、政府，行政征收的标的则是土地及其他财产性质的权益。行政征收操作程序大体可以分为：第一，明确法律依据，行政征收关涉相对人财产权，必须有法律直接依据方可施行。第二，明确行政征收的原因系因公共利益[①]需要，并通过正当途径由法定机关进行审批、核准。第三，对相对人财产权予以评估，作为补偿的标准，同时积极落实好补偿工作。第四，确定行政征收确实无法避免，具有必需性，并做好相应说明理由工作。第五，告知相对人行政征收的原因、内容，并告知其异议权、申辩权。第六，告知相对人救济途径。

在我国，征收关涉范围很广，消费税征收、排污费征收、教育费征收、公路费征收、垃圾处理费征收、个人所得税征收、土地征收等。我国宪法规定，国家为了公共利益的需要，可以依法对土地实行征收或者征用并给予补偿。在行政征收领域，土地征收关涉巨大利润空间、各种利益冲突，是征收的重中之重，必须予以严格规范。征收土地，首先应当明晰土地征收权的决定主体，应当由法律明确规定；其次应当明晰土地征用的基本程序，明确基本的论证、调研步骤，确保相对人的参与权、知情权、申辩权；再次应当明晰土地征用的补偿标准和方法，并明晰土地征用的救济路径。根据我国土地管理法，土地征收批准权属于国务院、省、自治区、直辖市人民政府，国务院负责批准征收基本农田、35 公顷以上非基本农田及 70 公顷以上其他土地；省、自治区、直辖市人民政府负责批准其他土地的征收；县级以上人民政府具体组织实施，并将征收情况予以公告；各种类型征收土地依据不同用途分别给予补偿；有关地方人民政府应当将补偿安置方案予以公告并听取农村集体经济组织和相关农民的意见；被征收土地的集体经济组织应当向该组织成员公布土地征收的基本情况。当然，土地征收有时也会涉及一些

① 当下对公共利益的讨论日益白热化，一方面公共利益与个人私权利的关系引起关注，有观点认为公共利益并不必然大于个人私权利；另一方面最为重要的是如何确定公共利益，这是一个游离在法定范围和自由裁量权之间的问题，如何合理分配公共利益讨论的话语权并最终恰当界分公共利益范围就是一个最为核心的话题。

紧急情况，从而使得法定审批程序难以正常开展，诸如在防洪、抗涝工程中征收土地就要先行使用土地，然后补办用地手续。我国土地管理法是 2004 年宪法修订后修正的，转述了宪法关于国家征用土地予以补偿的规定，可以视为行政征收的进步，但是现有土地征收制度的缺失仍是非常明显的，最主要的是缺少相对人参与的相关制度设计。在参与行政日盛、建设法治政府日益迫切的背景下，土地征收尤其应当注重相对人权益的保护。其一，应当构建行政征收程序中的听取意见制度，构建听证程序。对于重大征收行为或者影响面较广的征收行为，应当召开听证会，相对人要求召开听证会的，也应当予以召开；对于一般征收行为，应当召开公告会，听取相对人意见。听取意见程序也是行政机关论证行政征收必要性的重要环节，行政机关应当将在听证会等听取意见程序中获取的信息充分运用到行政征收必要性的论证中去。其二，应当更加规范行政征收中的信息公开制度，尤其对于农村集体经济组织所有土地征收，应当通过公告会形式进行，将补偿相关事宜公开，既有利于保障农民的合法权益，也有利于行政征收工作的顺利开展。

在行政征收领域，涉及诸多利益的博弈，很多技术性问题都关乎相对人、相关人利益，其中最为重要的莫过于行政征收法定性的确定、必要性的论证和征收补偿标准的确定。对征收法定最大的侵损往往来自政府职权的滥用、利益集团的非法诉求。在利益驱动下，政府往往不从各地区经济实际出发综合考量长远和整体经济效益，只求眼前和片面利益，导致大量违法、违规征收土地现象屡禁不止。在当下中国，地方政府承担了繁重的招商任务，地方政府行政首长也存在片面追求经济效益的政绩观，这种影响也波及行政征收，我国很多地方出现违规操作土地征收的案例，在这些案例中政府是最主要的推动力。[①] 在确定征收补偿标准上，我国现行法律、行政法规通常将土地产值、当地生活水平纳入考量范围，同时对于树木、青苗、建筑物

① 在我国，有些地方政府为了自身利益，亲自出面为有关公司违法征地进行违规、越权操作，使得相对人、相关人难以抵抗。参见杨小君编《重大行政案件选编》，中国政法大学出版社 2006 年版，第 391～392 页。

等给予特殊关照。但是，征地补偿标准的确定不应仅仅考虑上述因素，还应当根据具体情况衡平相应的生活转业费用、机具设备迁移费用、坟墓及其他纪念物迁移费用等[①]，将标准确定更多建立在对相对人、相关人权益保障之上。

六、行政强制程序制度

行政强制是行政主体对于不履行行政法上义务的相对人作出的强制执行行为。行政强制的特殊性在于行政机关直接以自我权力强制相对人履行法定义务或者达到与法履行义务相同的状态。赋予行政机关强制执行权，一方面可以保障行政机关对效能的要求，另一方面也可以减轻司法机关的负担。[②] 行政强制分为直接强制和间接强制，执行标的涉及金钱、作为和不作为，执行方式可以分为即时强制、执行罚、代履行。[③] 行政强制以依法剥夺相对人人身、财产利益为表征，对相对人会产生最直接的影响，必须遵循权力法定原则、比例原则、必要性原则、人道主义原则。权力法定原则意味着行政强制的权力必须源自法律直接规定，行政机关不能在法律规定之外任意行使此项权力。比例原则要求行政机关在选择强制执行方式时，应当根

---

① 我国台湾地区“土地征收条例”设计了土地征收补偿的框架，涵盖了地价补偿、佃农补偿、土地改良物补偿、迁移费补偿、营业损失补偿、接连地损失补偿和生活转业补助金。具体论述参见李建良《损失补偿》，载翁岳生编《行政法》，中国法制出版社 2002 年版。

② 参见[日]盐野宏《行政法》，杨建顺译，法律出版社 1999 年版，第 161～162 页。

③ 代履行和代执行具有不同含义：代履行指第三人、其他人员代义务人履行，代执行还包括行政机关替代义务人履行。（参见吴庚《行政法之理论与实用》，中国人民大学出版社 2005 年版，第 314 页）在日本，确保当事人履行法定义务的制度还包括拒绝给付、公布违法事实、课征金和加算税。（参见[日]盐野宏《行政法》，杨建顺译，法律出版社 1999 年版，第 171～176 页）

据具体情况选择给相对人造成最轻微损害的手段[①]，不应当仅仅从行政效率的视角出发，片面追求迅速达到行政目标。必要性原则意味着行政强制的启动必须以确实需要为前提，行政机关必须在行政强制前履行完毕告知、督促等义务。人道主义原则行政强制执行过程中应当为相对人留足必要的生活、生存条件，不能使其失却必要的生存依托。

行政强制要想实现目的与手段的和谐统一，要达至既保障行政效能的实现，又遵循各项基本原则，必须从具体程序运作过程上进行控制。第一，行政强制的启动必须出于情势需要。行政强制启动源自行政行为作出后义务人不履行相应义务，但是此处的不履行必须以义务人明确表明不履行为准。亦即，行政主体必须明确告知义务人相应义务，同时告知不履行义务的后果，在某些情况下还应当对相对人进行催告、劝诫。在经过催告、劝诫后，有些相对人就会履行义务，从而可以不必启动行政强制程序。因此，行政主体不能仅仅依据义务人未履行义务即实施行政强制。第二，不同标的的行政强制应当采用不同执行形式。行政强制的各种形式对相对人的影响也非常不同，行政主体应当慎重选择，一方面要严格遵守法律规定，另一方面要适应不同情势。在执行过程中，行政主体也可以相机采用不同强制执行方式。金钱的执行是一种特殊形式，应当坚持由特定机构实施，直接将执行金钱纳入正当程序。第三，行政强制执行过程中应当向相对人、相关人表明身份，同时应当确认相对人身份，一方面可以维护行政强制行为的正当性，另一方面可以确认执行对象，避免执行对象错误。第四，行政强制的实施应当遵守法律对时间、地点的要求。行政主体应当遵从法定期限、时限要求实施行政强制，同时还应

① 在我国台湾地区行政法学理论中，行政强制领域的比例原则应当包括如下含义：一方面，行政机关在有多种手段可以选择时应当选择对义务人造成最轻微损害之手段；另一方面，在只有一种手段可供选择时并非必然选择，如果此项手段对相对人造成侵害严重超过必要限度，也不应当采用。例如，违反交通法规者为避免警察处罚驾车逃走，警察行使行政强制权的唯一方式是开枪射击，但开枪射击的侵害性与交通违规行为之间明显不合比例，所以不能采用。参见吴庚《行政法之理论与实用》，中国人民大学出版社 2005 年版，第 317～318 页。

当照顾民情民意和社会风俗。[①] 第五，行政强制过程中应当尽可能降低危害。行政强制过程中有时不可避免要对相对人、相关人造成损害，行政主体应当将危害降到最小。同时，行政主体应当尽可能避免对相对人、相关人造成不可恢复的损害。第六，行政主体在行政强制运作中应当听取当事人异议。行政强制执行过程中，应当听取当事人申辩和异议。相对人、相关人可以就行政强制的执行依据、执行方式、执行标的等提出异议。根据异议类型，行政机关可以分别作出如下处理：异议成立的，停止执行或者撤销已经实施的执行行为；异议不成立的，继续执行；异议成立与否不能确定的，执行机关应当先报上级机关决定，暂时停止执行行为，但是已执行部分不再撤销或者停止。第七，应当对行政强制设置时效要求，亦即行政强制应当遵循法定时效，时效已过行政强制不再实施。第八，行政强制执行结束后，应当给予当事人一定的救济空间。行政强制造成不同损害的，行政主体应当进行相应的赔偿或者补偿，赋予相对人、相关人损害赔偿请求权。[②]

在强制执行程序上，除了上述共有规则外，金钱给付义务、作为或不作为义务在具体执行程序上也有所区别。金钱给付义务的执行需要依照如下程序[③]：第一，义务人财产调查，应当确定义务人有可供执行的财产方能启动执行程序；第二，对义务人财产采取适当措

① 我国台湾地区《行政执行法》规定，行政执行一般不得在夜间、星期日或其他休息日进行。（参见吴庚《行政法之理论与实用》，中国人民大学出版社 2005 年版，第 318 页）我国《行政强制法（草案）》也作了类似设计，规定：行政强制执行不得在夜间和法定节假日实施；同时规定，行政机关不得采取停止供水、供电、供热、供燃气等方式迫使当事人履行行政义务。

② 我国台湾地区《行政执行法》即设立了即时强制损失补偿的规定。参见翁岳生主编《行政法》，中国法制出版社 2002 年版，第 1144 页。

③ 我国台湾地区行政执行法规定，义务人有下列情形之一，行政强制执行实施机关应当命其提供担保，限期履行，并得限制其住所；义务人逾法定期限而仍不履行者，行政强制实施机关可以根据法院裁定实施拘提管收：(1)显有履行义务之可能，故不履行者；(2)显有逃匿之虞者；(3)就应供强制执行之财产有隐匿或处分之情势者；(4)于调查执行标的物时，对于执行人员拒绝陈述者；(5)经命其报告财产状况，不为报告或为虚伪之报告者；(6)经合法通知，无正当理由而不到场者。参见吴庚《行政法之理论与实用》，中国人民大学出版社 2005 年版，第 325 页。

施，依从金钱给付的目的，可以对义务人财产进行查封、拍卖或者变卖。金钱给付行政强制执行程序可能与法院强制执行程序以及破产程序竞合，在此种情况下，行政机关可以作为共同债权人或者允许其他债权人作为同等主体参与义务人财产分配。[①] 作为或者不作为义务的强制执行应当坚持间接强制优于直接强制的原则，在间接强制不能达到目的或者情况确属紧急的情况下方可进行直接强制。[②]

① 参见吴庚《行政法之理论与实用》，中国人民大学出版社 2005 年版，第 324～325 页。

② 我国台湾地区《行政执行法》规定：对违规营业之处所先给予歇业处理，仍然营业且怠金处罚不起作用的可以实施收缴营业执照这一直接强制，依旧无效的方可封闭营业处所。上述规定即体现了行政强制应当循序渐进的理念，先使用对相对人影响较小的强制措施，在上述措施未达到相应效果的情形下方可使用对相对人影响较大的措施。参见吴庚《行政法之理论与实用》，中国人民大学出版社 2005 年版，第 329～330 页。

第五章　行政执法过程责任论

行政执法过程与相应责任相伴相生，这是回应公共行政、法治行政的基本保障和体现。行政执法过程责任涵盖执法过程中各主体的法定职责以及违背预设职责后的惩戒。法定、动态、合理、全面以及参与是行政执法过程责任制度建设中的关键词汇和基本准则。目前，我国行政执法过程重职权、轻职责，重规则、轻落实，重结果、轻过程的系列倾向有待随行政执法过程责任观念及制度的跟进而改观。行政执法过程责任制度也逐渐生长为由责任主体、归责原则、责任方式以及责任追究等要素融合而成的完整规则体系。

第一节　行政执法过程责任基本理论

一、基本概念的界定

法律责任是法学基本范畴之一，也是现实法律运行中必须予以充分把握和高度重视的概念。而在法律责任理论中，在法律责任"是什么"的问题上，长期以来法学界并没有取得充分共识，因此，法律责任的概念就成为法律责任理论所要研究的首要问题。

1. 关于责任的一般含义

从语义学的角度研究责任概念的含义，可以发现一般人们的责任意识和对责任的看法，从而揭示责任制度所应包含的内容。在古代汉语中，"责"同"责任"，其意义大致有五种：(1)求，索取[①]；(2)诘

① 许慎：《说文解字》，中华书局 1963 年版，第 130 页。

斥，非难；(3)义务；(4)处罚，处理；(5)债[①]。在现代汉语中，有学者认为“责任”一词有两种基本含义：一是“分内应做的事”；二是“没有做好应做的事而应承担的过失”[②]。为了明确责任的现代含义，冯军博士收集了《法制日报》1993年4月1日至30日76个有关“责任”的用语例，对所收集的用语例进行分析结果表明，“‘责任’一词是在三种意义上被使用的，即‘义务’、‘过错·谴责’、‘处罚·后果’”[③]。

常译成中文“责任”一词的英语单词有duty，responsibility，culpability，liability。其中duty译为“义务，职责，责任”[④]；responsibility译成“责任；责任感；负担；职务；任务；能力；可靠性”[⑤]；culpability译为“应受处罚；有罪(行为)”[⑥]；liability译为“责任；义务；负担；不

利；缺点；(复数)债务；负债；赔偿责任”[⑦]。

从以上由语义学的角度对责任概念所作的分析中，可以看出“责任”跟随语境变幻出不同的内涵，具有多义性。在一般日常生活中，“责任”一词被广泛使用，含义丰富，但一般均由客观意义上的义务、职责和主观意义上的归责等部分构成。

论及“责任”的内涵，应当由客观、主观和形式三要素组成。它是评价对象与对象评价的有机统一体。因此，责任是基于一定义务而产生的合理负担。这种负担可能是肉体上的，也可能是精神上的，还可能是财产上的。根据义务的性质、归责的要求和约束力的形式不同，人们通常所说的“责任”大致分为三类：其一，以角色、道德义务之不履行或违反形式存在的道德(角色)责任；其二，以法定义务、职责之规定和强调为表现形式的法定责任；其三，以法定义务、职责之违反为表现形式的法律责任。

---

① 《辞海》(缩印本)，上海辞书出版社1980年版，第1220页；《辞源》(四)，商务印书馆1983年版，第2951页。

② 周永坤：《法律责任论》，载《法学研究》1991第3期。

③ 冯军：《刑事责任论》，法律出版社1996年版，第12页。

④ 《英汉法律词典》，法律出版社1985年版，第276页。

⑤ 《英汉法律词典》，法律出版社1985年版，第274页。

⑥ 《英汉法律词典》，法律出版社1985年版，第221页。

⑦ 《英汉法律词典》，法律出版社1985年版，第490页。

2.关于法律责任

基于对"责任"的不同理解和相异的考察视角,人们似乎也很难对行政执法过程责任作一个统一的概念表述。然而行政执法责任说到底是一种法律责任,我们不妨从学界对法律责任这一概念的多维度阐释中寻求对行政执法责任的相对稳定的理解。

(1)义务说。它把法律责任定义为"义务"、"第二性义务"。例如,《布莱克法律词典》解释说,法律责任是"因某种行为而产生的受惩罚的义务及对引起的损害予以赔偿或用别的方法予以补偿的义务"。再如,张文显教授在吸收义务说的合理因素的基础上,把法律责任界定为由于侵犯法定权利或违反法定义务而引起的、由专门国家机关认定并归结于法律关系的有责主体的、带有直接强制性的义务,亦即由于违反第一性法定义务而招致的第二性义务。这个定义可称作"第二性义务"说或"新义务说"。[①]

(2)处罚说。它把法律责任定义为"处罚"、"惩罚"、"制裁"。如哈特指出:"当法律规则要求人们作出一定的行为或抑制一定的行为时,(根据另一些规则)违法者因其行为应受到惩罚,或强迫对受害人赔偿。"[②]再如,凯尔森认为:"法律责任的概念是与法律义务相关联的概念,一个人在法律上对一定行为负责,或者他在此承担法律责任,意思就是,如果作相反的行为,他应受制裁。"[③]"处罚说"如果被理解为违法行为必然导致公权力的强制则是科学的,但其不足表现为忽略了法律义务的"当为性",而且有将法律责任仅仅定位于惩罚、制裁之嫌。

(3)后果说。它把法律责任定义为某种不利后果。如林仁栋教授指出:"法律责任是指一切违法者,因其违法行为,必须对国家和其他受到危害者承担相应的后果。"[④]再如有些定义以"必为状态"为中

① 参见张文显《法学基本范畴研究》,中国政法大学1993年版,第187页。

② 转引自刘作翔、龚向和《法律责任的概念分析》,载《法学》1997年第10期。

③ [奥地利]凯尔森:《法与国家的一般理论》,沈宗灵译,中国大百科全书出版社1996年版,第73页。

④ 林仁栋:《马克思主义法学的一般理论》,南京大学出版社1990年版,第186页。

心词。如，“法律责任是法制规定的，义务之不履行所处之必为状态”[①]。所谓法律责任，是指由于某些违法行为或法律事实的出现而使责任主体所处的特定的法律不利状态。该学说揭示了瑕疵行为与法律责任之间的因果关系，强调了责任的强制性。法律责任无疑是一种法律后果，但不能仅视其为一种法律后果，有时候，法律后果仅仅是法律责任的部分含义。

(4)责任能力说。它将法律责任视为一种主观责任，强调责任主体对个人行为能力、承担责任状况的认识和能力。这种学说的科学性在于强化了法律责任的道义内容，使法律责任更加文明化和人性化。然而不可否认的是，各种法律责任均是主观因素与客观因素的统一体。

关于“责任”的学说在理论界精彩纷呈，不一而足。在借鉴上述概念合理性和科学性基础上，我们认为，法律责任应当是一定主体因违反(或不履行)强制性法定义务、职责而要承受的来自专门国家机关依法确认和追究的不利后果和合理负担。

3.关于行政执法过程责任

对行政执法过程责任的丰富内涵作进一步的分析我们不难发现，人们习惯从不同的层面和侧面运用同一个词汇来表达对政府权力过程的要求。从最宽泛的意义上来看，行政机关的责任可以指政府能够积极地对社会民众的需求作出回应，并采取积极的措施，或者主动涉入社会生活，公正、有效率地实现公众的需求和利益。从这个意义上讲，行政执法过程的责任意味着政府对社会需求的回应和满足，相当于“价值”。事实上，政府被划分为不同的级别、部门和组织，正是来源于对不同社会声音进行充分回应、对不同社会需求予以充分满足的要求。正如企业要对消费者的需求作出反应一样，政府必须对民众的需求作出反应。[②] 这可视为政府的本分。比如进入20世纪70年代以后的香港社会，鉴于社会问题的恶化，加之来自西方

① 杜飞进:《试论法律责任的若干问题》，载《中国法学》1990年第6期。

② 张成福:《责任政府论》，载《中国人民大学学报》2000年第2期。

的慈善资源日益枯竭，一些社会团体在经费方面日现短缺，而港人对基本生活保障与服务需求的不断增长，迫切需要政府承担起相应的责任，香港当局不得不仔细考量政府介入社会保障领域，并开始承担起保障市民最低生活和提供相关社会服务的重要责任。此后，香港政府陆续制定相关政策，大幅增加用于社会福利方面的财政拨款，完成了由70年代以前"消极的不干预"到70年代以后"积极的不干预"政策的转变[①]，可视为政府积极履行自身责任的典范事件。

从广义的层面来看，行政执法过程责任意味着政府组织及其公职人员履行其在整个社会中的职能和义务，即法律和社会所要求的义务。在这里，行政的责任意味着政府的社会义务——政府基于法律的授权正确地做事，以及政府基于法律职责做促使社会变得更美好的正确的事。从这个意义上讲，当一个政府组织在履行自己的法定义务时，我们可以说政府是有责任的。无论是社会的宏观管理、经济的市场监管，还是社会公共服务与和谐发展，政府必须在法律框架内有效地履行其职能。法律意义上的责任是一个动态的概念，应遵循法律运行规律。法律运行机制是一个从立法、守法、执法、司法到法律监督的有序的循环往复的动态过程——立法和守法为有责主体设定了法律义务，而在法律义务范围内的行为是正当的，即法律义务是行为正当化的依据；至于执法、司法更是以法律责任的确认、归结和执行为其全部职能，这就须由国家专门机关依法定职权合法又合理地确认并强制有责主体承受合理的负担；法律监督通过对有责主体义务违反事实的真实性和专门国家机关确认、执行法律责任的合法性进行全方位的监察与督导，保障有责主体的法律责任正确、合法、合理地实现。其实，法律责任作为法律运行的保障机制，融入了法律运行的各个阶段，因此法律责任的概念也必须从其运行的各个过程中高度概括才具有客观性与合理性。

从狭义的角度来看，行政执法过程责任意味着政府机关及其工

---

① 转引自许飞琼《香港：政府、社团与市场三结合》，载《社会保障制度》2002年第7期。

作人员违反法律规定的义务，违法行使职权时，所承担的否定性的法律后果。作为法学术语出现的民事责任、刑事责任、行政责任等一系列相关联的词多建立在此种含义基础之上。这种政府执法责任与权力行使过程中出现的瑕疵相联系，意味着国家对政府机关及其工作人员违法行为的否定性反应和谴责，这是一种消极责任。从这个意义上讲，当政府机关对其违法行为承担法律后果时，行政执法责任便得以最低限度的保证。值得指出的是，包括行政法制在内的法制建设语境下的法律责任，多在此种意义下勾勒政府的底线义务和职责。近几年来，我国在行政领域不断推进的行政执法责任制建设也应从这个具有操作性和现实意义的角度来理解和把握。

二、行政执法过程责任的法律特征

由上述关于行政执法过程责任的理解引申开来，我们认为它至少具备以下几项法律特征：

行政执法过程责任是法律责任的一种形式。法律责任是体现法律制度强制性、严肃性，使法律得以遵从和实施的预设性规则，行政执法责任在多重意义上重申和发展着法律责任的内涵。行政执法责任破解着行政主体法定职责的孤立性，即它使行政执法主体的法定职责不独立存在于其他规则之外，仅仅体现为苍白的表述，而是将其置于“(行政主体)应当……否则……”或“(行政主体)应当……如果……则……”的逻辑结构中，预设法律后果并借助法的指引和警示功能传达相应的责任信号。上述的逻辑结构实质上蕴含了法律责任的双重和双层内容：行政执法主体的法定职责(第一性义务)，以及违反或不恰当履行该项职责的法律后果(第二性义务)。

行政执法过程责任主要是行政法律责任。[①] 行政法律责任是人类社会政治法律思想和制度发展过程中的产物，又是近代国家责任政治的产物，是"主权在民"及"权力分立"原则的必然要求。确立和确保行政责任的精义在于：宪法以及宪法范畴内其他法律是政府及其公务人员执法的准绳；公民的权利与义务受法律的规定与保障；以执法为主体的行政行为须依法而行，并负违法失职等责任；一切行政行为均须依法定权限规范；受到政府及其执法人员公务行为侵害的公民有权提出诉讼并获得赔偿，等等。如今世界范围的行政实践中，行政法律责任已经成为民主政治体制国家的重要标志。

行政执法过程责任存在多种表现形态，具有很强的包容性。行政执法通常是行政行为的简约化理解和通俗化表达。行政的广泛性和持续性决定着执法方式的纷呈性、执法监督的多样性和执法责任的不一而足。为促进行政目标的实现，监督行政执法行为的实施，从不同的侧面观察，行政执法责任可以分为行政主体的责任和行政执法人员的责任；可以理解为伴随行政执法多个环节的动态过程；可以视为涵盖法律义务、可归责性和法律负担于一体的综合体；可以进行多种制度化的设计和责任追究方式的探索；可以看成自律性与他律性共存的行政执法控约机制等等。

行政执法过程责任制度既是法律监督制度，又是行政常规工作制度。随着对行政执法过程责任制度的探索和实践的深入，已经不能简单地将其视为行政执法过程的延伸或备用环节。事实上，它渗

---

① 关于"行政法律责任"的含义，学界向来有多种理解，其分歧焦点在于责任的主体应为行政主体还是行政主体和国家公务人员抑或指包括行政相对人在内的行政法律关系的主体。前者如"行政责任系指行政机关包括得到行政授权的其他组织，由于违反行政法律义务而应当依法承担的否定性法律后果"（参见刘瀚等《依法行政论》，社会科学文献出版社 1993 年版，第 301 页）。中者如"行政法律关系是行政机关及公务员因违反行政法律规范而依法必须承担的责任，是行政违法引起的法律后果"（参见魏赛娟编著《行政法与行政诉讼法》，中山大学出版社 1996 年版，第 204 页）。后者如"行政法律责任是指行政法律关系的主体由于违反行政法的规定而应承担的法律后果。行政法律责任并不仅指行政主体因其行政活动违法而承担的法律责任……"（参见方世荣主编《行政法与行政诉讼法》，中国政法大学出版社 1999 年版，第 139 页）然而行政法律责任主体的分歧界定并非我们关注的关键问题，也不影响行政执法责任应属行政法律责任的一般逻辑。

透于执法过程的每一环节，这既与行政执法责任的丰富内涵相对应，又与行政权力的职权职责二位一体不无关联，是一项具有行政执法制度、工作管理制度、责任追究制度等特征的综合制度体系。在此意义上，行政执法过程责任制度通过重申行政职权行使和责任承担的一体化，强化行政执法监督，体现着对行政执法过程的监督和管理；行政执法过程责任制度通过根据法律、法规分解职权职责，强调着行政执法过程中的实体要件和程序要件；行政执法过程责任制度通过其在各执法部门及执法人员中的全面推行，结合着行政内部工作程序和外部监督的双重意义。“行政执法责任制度是对监督行政管理制度、行政执法制度和行政工作制度进行的综合性的制度创新，形成了由人治行政向法治行政的社会转型时期以行政法律责任制为主体的制度体系，同时也走出了监督制度和工作制度的误区。”①

三、行政执法过程责任基本原则

法律责任的设定不只是一个具体的技术问题，更重要的，它还是一个直接关涉到法律体系的正义性、合理性的原则性问题。所谓行政执法责任的原则，是指设定、确认和承担行政执法责任以及构建行政执法责任制度要遵循的基本准则，它贯穿行政执法过程和整项法律责任制度。

1. 责任法定原则

某一行为之所以被称为法学意义上的法律行为就在于它具有法律性质（意义），而法律性质（意义）则意味着与权利、义务有关，即与可以做什么、应当做什么、不得做什么有关。法律责任是由于违反法定义务而引起的、由专门国家机关认定并归结于有责主体的、带有强制性的义务，即由于违反第一性法定义务而招致的第二性义务。法律责任的实质不在于或不仅在于制裁，而是国家对违反法定义务的行为所作出的否定性评价，是国家强制违法者履行应为而未为的义务。权利和自由推定合乎逻辑地包含责任法定的精神。法律责任的

① 王良钧：《中国行政法律制度问题研究》，中国检察出版社 2003 年版，第 266 页。

制度核心是对责任主体行为的否定性评价和法律谴责，但其精神实质却兼具惩罚、教育与防范的社会功能的预期。责任法定的原则首先在刑事领域引人注目，自贝卡利亚以来，伴随“法无明文规定不处罚”、“法无明文规定不为罪”等格言，罪刑法定原则逐渐被确立并且被视为刑罚规范化、文明化、法治化的典型表现。事实上，任何法律责任的法定均既是现代法治的一般要求也是法律责任社会功能实现的需要。这是因为一方面法律多是通过法律规范的表达传达给法律适用者以信息，而法律责任的表达则稳定而准确地传达着威慑和警示性的信息，这本身在社会生活中就能发挥防患于未然的效果，提示着行为者谨慎行为；另一方面，事先的责任预设在实践中更有确定性、说服力和社会认同感，避免责任追究的随意性和擅断；再者责任的法定给责任监督者预留了较大的制度空间，并使得监督主体呈开放态势，有据可依。

行政执法过程责任法定原则的实践形态包括：行政执法过程责任主体法定，即行政执法过程中哪些主体的行为会引起责任，谁是责任承担者应该由法律规范来确定；行政执法过程责任构成法定，即行政执法过程中的行为具备哪些条件便应当确认其法律责任，追究责任的基础和基本规则是什么应该有法律的明示；行政执法过程责任方式法定，即不同的主体、不同的瑕疵行为应当以何种方式承担责任，以及建立相应的责任体系应当由法律明确规定；行政执法过程责任追究和落实法定，即责任的现实实现，追究和落实责任的程序、规则、保障等应有法律的制度供应；等等。更需要提出的是，责任法定的原则既强调确定和追究行政执法过程中的责任时应以明确的法律规定为依据，同时也强调摒弃法外归责。实践中时常出现为适应现实需要或严肃纪律，运动式、突击整顿执法的现象，甚至为配合行动出现“严打”等法外处理，这种现象即使短时间内收到相应的治理效果，但也是以一定程度上破坏法治的权威为代价的。

2. 动态责任原则

动态责任原则又可以称为权责统一原则。从法治角度而言，行使什么样的权力就应承担与其相应的责任。权力无法脱离责任而单独存在，否则，这种权力就是非法的、不合理的。法治的目的之一就是要确保责任与权力随时相伴、不可分割，因为责任与权力共存的规则，能使权力的范围有正当的界限，从而使权力规范化、明晰化和合法化。如果权力一旦越出合法的范围，相应的责任就是权力越界的必然代价。因而，没有界限的权力是非法的权力，或者说，没有责任的权力必然导致放任和腐败。责任与权力共存的规则包含两方面的内容：一方面，在权力行使的每一过程中，必须有责任的具体规定为边界，只要越规，就会被责任所制约，从而有效地抵制权力缺少法律支持的扩张；另一方面，通过对执法权力的经常化的制约与保护，确保权力更加合法、正当，从而降低权力合法行使的成本。所以说责任与权力的相关共存原则，是法治的根本原则。

近些年来，无论是依法行政实施纲要的深入，还是行政执法责任制的推进，都从一定的角度强调着行政执法过程中的权责统一。权力需要受到约束，权力与责任相伴而生的观念和理论在现代国家已经不证自明。但是过程论的方法和思维促使我们对行政执法过程责任的权责统一进行更深入的思考，并应澄清两种模糊观点：其一，传统的行政（政府）责任观关注行政首长的政纪责任。一提及行政责任，人们往往联想到行政首长的基于纪律的违反而引致的责任，即政治责任，忽略具体执法责任人乃至行政组织本身的责任承担。[①] 其二，传统的行政责任观着意点在于行政执法的结果，即追究责任的基本规则是确认行政执法未能实现预设的执法效果，这一点无疑是正确的，但是由此往往因对结果的单一关注而忽视了行政执法过程本身。政府履行责任的行政执法过程是一个具有内在关联的动态、完整流程，界定和设定行政执法过程的责任尤其不能忽视这一点，并应将责任也建立起相应的制度链条。程序正义的观念充分提示着我们，单纯考察执法结果的正义性远远不能实现法治行政的全面要求。权力的行使渗透在社会生活的方方面面，其责任也如影随形，建立和

① 如“非典”时期对于北京市、卫生部等某些行政首长的处理，更多是依据政府的组织纪律而非法制进行的，这与我国长期以来的行政首长负责制有深刻的关联。

实现动态意义上的权责统一。

权责统一和动态责任原则在实践中应注意以下两个关键环节：一是执法过程可以视作在事物普遍联系的背景下截取的片段以及片段的延展，我们应将执法权力的正当获得作为责任的起点；二是应当建立执法过程与责任的对应关系，近年来行政执法责任制的基本思路是将行政执法职权与职责尽量分解细化落实，这为我们树立宽泛意义上的行政执法责任观念提供了很好的思路。

3. 责任合理原则

执法责任设定和承担的正当性取决于行政目标实现、公民权益保障的必要性和可能性。法律责任的外在界限和内在界限都取决于社会关系的自身性质。行政执法责任的合理性原则是一个总括性的基本原则，也是社会正义的基本体现之一。这一原则体现在责任设定的各个层次，它是一条抽象的原则，正如正义的抽象性一样，因而需以种种标准来具体化。法律对执法行为进行法律控制的最基本理由可以分为两个方面：一是社会秩序的需要，或者说是社会秩序的自我防卫；二是为了社会主体自由和权利的保障与扩展。对行政执法责任设定的合理性根据也在于此。[①] 执法责任的合理性意味着执法责任的设置是必需的、适度的。哪些社会关系和行为必须纳入法律调整范围并设定相应的责任呢？穆勒提出了一个著名的原则，即伤害原则。他认为，凡属社会以强制和控制方法对付个人之事，不论所用手段是法律惩罚方式的物质力量或者公众意见下的道德压力，都要绝对以如下原则为准绳：人类之所以有理由对任何分子的行为自由进行干涉，唯一的目的只是自我防卫。也就是说，对于文明群体中的任一成员所以能施用一种权力反其意志而不失为正当唯一的目的

① 当然制度设计者以及学者们对社会主体权利与社会自我防卫的价值顺序安排有着不同的意见。有人把社会的良好秩序看得更为根本，认为如果没有必要的社会防卫手段，个体自由必会归于任性而受到损害，所以社会安全与秩序的存在与健康发展是个体权利拓展的基本前提。另有一些人则把个体自由看得更为根本，认为社会良好秩序及其存在的唯一合理根据便是个体的更自由发展。社会拥有自我防卫的手段是必要的，但必须有限度，设定限度的依据便是如何使个体得到最大限度的自由发展，即如何最大限度地发挥个体的主动性、创造性。而且也只有在这种情形中，社会本身才是最具活力、生命力的。

只是要防止对他人的危害。[①]

行政执法过程责任的合理性原则在制度实践中往往直观地表现为责任设定、追究的适度和谦抑。

责任适度要求行政执法过程责任应当与行政主体违法的程度、行为损害的具体度量相适应，应当与执法权力的大小相适应。[②] 不仅要对不同的违反法定职责的行为按其性质和程度分别设定不同的责任措施，而且对同等损害性的行为应设立价值相当的责任量，即行为的瑕疵程度与其相应的差别性责任安排应当是合比例的。而且这种比例是建立在节制原则的基础之上的，比例的失调使责任出现畸轻畸重的不合理情况，而就畸重一方面而言，也是背离节制原则的。

实践中行政执法过程责任的比例直接由立法者来安排，但责任比例的合理性却最终由社会关系自身的性质来决定，要求在责任负担与所损害的利益（秩序）之间求得一个均衡和适度，在制度设计中一般都是设定一个幅度，由责任确定者运用自由裁量权，决定实际执行的责任分量，因而适度性也体现着法律责任实施中的原则性与灵活性的结合与统一。原则性是指立法者应当对执法责任的性质、种类、幅度、上限和下限、有责和无责、有责与免责等界限作出明确具体的规定。而灵活性则表示立法者预留一定的、适度的自由裁量权，在此幅度、区域之间，由责任确定者自由决定法律责任的量。有学者指出，目前我国行政执法责任规定的特点之一便是，规定过于宽泛，执法者的自由裁量权过大，这就使法律适用者评价其自己行为的精确度降低。[③]

行政执法过程责任的谦抑要求在行政执法责任体系安排中，适当设定法律责任，在可能和允许的范围内贯彻节约、成本效益经济考量等原则。它反对对于法律责任尤其是惩罚性责任的迷信，这种迷信的典型表现是，认为设定更严厉的责任措施总是好的，总是有利于预防和制止违法的。行政执法责任的节制性可以从两个方面分析：

---

① 参见[英]J. S. 穆勒《论自由》，程宗华译，商务印书馆 1959 年版，第 13 页。

② 在公权力领域，权责的一致和一体性从来都是区别于公民权利的重要因素。

③ 参见孙潮《立法技术学》，浙江人民出版社 1993 年版，第 145 页。

在法律责任与非法律责任之间，并非总是法律责任优于或更有效于非法律责任；在有可能运用其他社会调整方式有效地调控社会关系时，可以试用其他的调整方式，法律调整可视作在其他手段和方式不自足时才出现的。在此问题上必须充分注意立法或制度泛滥所可能带来的负面影响。与此相适应，执法过程责任也并非总是解决行政执法中遇到的冲突与纠纷的最佳方式。社会是个自组织系统，它本身需要的是多种调节手段的配合，它对法律的需求也是有限度的。法律责任与其他责任形式相比是更严厉的，因为它以国家强制力为保障，这便要求它的运用必须是谨慎的。不能企图以它取代道德责任、纪律责任等，后者的存在在一定意义上显然也会有利于法律责任的实现。谦抑性要求立法者应当力求以最小的支出获取最大的社会效益。

4. 全面责任原则

全面责任原则是权责统一原则的补充，与之相对应的是责任的片面与断裂。现行的不少法律规范及其实践中常常见到这样的现象：执法权力授予规范明确，执法行为要求严格，执法方式规定具体，甚至大量出现“禁止”等词，但却缺乏相应的违反法律责任的规定，导致责任有名无实；多主体参与行政执法过程，只有其中部分主体负有相关责任；法律规定的责任形式与责任力度同执法瑕疵行为的程度不合比例；等等。这些现象的大量存在说明在责任的设定方面不够全面具体和严密，其社会效果也必然大打折扣。

行政执法过程的全面责任原则涵盖责任主体的全面、责任类型的多样、责任追究方式的多元等内容。行政执法责任主体应当形成一个完整的体系，由拥有行政执法权力的行政主体、享有行政权力的受委托组织、履行行政权力的公务人员、负有领导责任的行政首长等组成，即所有参与到行政执法过程中的主体都潜在地负有责任。行政执法过程责任依据责任原因的不同而会有性质上的差别，如行政执法过程中的行为单纯违反行政法律规范则构成行政法律责任；执法过程中的行为触犯刑事法律规范构成犯罪，则导致刑事法律责任的产生；理论上讲，执法过程中的行为侵犯公民以宪法为有依据的基本权利时则可能构成违宪，产生违宪责任。在学界，对行政执法行为是否会产生民事责任的问题有着争论。有学者认为，行政执法过程中建立起来的法律关系是行政法律关系，因此不会产生平等主体因人身或财产的纷争而带来的民事责任。我们认为，行政执法过程中的行为应视为两类：一类是行政法律行为，一类是行政事实行为，在事实行为中存在产生民事责任的可能性。行政执法过程责任的追究与落实同样面临着多元化建设的课题，不同的追究方式有着不同的制度侧重，有的侧重于行政系统内部的监督如行政复议，有的侧重于实现公民的诉权核对执法行为合法性的考察如行政诉讼，有的侧重于以经济利益和补救为主要指向的责任追究如行政赔偿等等，近年来新的信访条例、公务员法、问责制度的出台事实上也拓展着责任追究的途径，追究方式的多元本身就是监督和制约全方位性的表现。

5.公开与参与原则

这是行政执法过程责任设定和运行中的程序性原则。长期以来，在发展中国家的公共权力生活中，行政执法的依据以及过程在很长时间里被塑造和烘托为与社会和公民有隔阂的事物，拒公民于外并缺少必要的监督和了解，内部文件盛行，暗箱操作频繁，私下接触禁而不止。由此而来的权力专横和公共腐败，引发了发展中国家声势浩大的阳光运动，所谓“阳光是最好的防腐剂”。近些年来公开和参与作为现代行政民主化的趋势和表现，应当并逐渐渗透在行政乃至公共生活领域的方方面面。人们期望公共权力运作公开、公正、公平，社会公共生活廉洁、正义。阳光、公开、开放、透明度、参与、听证等已经成为互为关联的术语。行政执法过程责任同样并尤其应注重公开及参与的价值和重视公开及参与的制度设计。公开和参与既是相互关联的手段与目的，同时是民主的另类表达，均与监督和制约紧密联系，防范着执法责任由于设计的隐秘而弱化其功能，由于追究过程的封闭而空置；公开和参与使执法责任从设定到追究再到落实形成一个透明的链条，展现在公共领域，成为执法主体不得不充分考量的因素；公开和参与原则不仅是严密落实行政执法过程责任的途径，其更深刻的意义在于，相关制度的建立使得行政执法过程责任由传统意义上的内部责任和内部追究逐渐转化为由社会及公民启动、追究和落实的外部责任，这是行政权力服务于、负责于人民的典型表现，更是行政执法法律关系主体结构渐趋丰满的延伸之义和当然逻辑。

行政执法过程中责任的公开包括几个方面：责任的设定公开，即何种行政执法行为会引起和承担何种法律责任，以及责任的依据、程度、方式、期限等公开；责任的追究公开，对行政执法主体追究责任兼具两种意义，即对执法主体的惩前毖后和对公民权益的保障和维护，因此追究并非仅仅涉及行政主体内部的行为，追究的过程应纳入利益相关人甚至是社会公众的参与；责任的落实要公开，责任的真正落实是责任制度的生命力所在，得不到真正落实的责任不仅没有说服力，还容易损害法制的权威，要防止实践中“雷声大，雨点小”的运动式的追究责任。行政执法过程重责任的参与原则则要求行政权利享有人或其他利害关系人在行政执法过程责任各环节中有权发表意见并使这种意见得到充分重视的原则。“参与原则在行政执法责任制中的价值在于使行政权利享有人在行政执法过程中成为有独立人格的主体，而不致成为行政执法权随意支配的、附属性的客体。”①实践中主要表现为：行政相对人的听证请求权、陈述申辩权、申诉控告权、阅览案卷权、复议申请权等。

第二节　行政执法过程责任理论基础

一、国家权力配置之需

现代行政担负着诸多职能和任务，但执法是其基本要素。从理论上讲，行政执行主要应该是执行法律，然而除了法律以外，行政还要执行中央政府和上级政府制定的政策，执行本级行政机关所作的

① 郑传坤、青维富：《行政执法责任制理论与实践及对策研究》，中国法制出版社2003年版，第42页。

决议、决定，执行行政首长的命令、指示等等。法律在行政执行的实质内容中的比重越来越成为行政法治的重要衡量指标。我国的行政实践经历了和正在经历着20世纪80年代中期开始的从“管理”到“执法”的深刻变革。1984年，全国人大常委会委员长彭真同志在一次与新闻界人士的座谈会上明确提出我国要开始一个历史性的转变：“要从依靠政策办事逐步过渡到不仅依靠政策，还要建立、健全法制，依法办事。”此后，国家立法步伐明显加快，1984年至1990年制定的法律和重要行政法规达几百件之多。行政法的立法步伐相应提速，不仅部门行政法逐步趋于完善，而且开始逐步制定和健全作为行政法基本体系架构支柱的基本法，如《行政诉讼法》、《行政复议法》、《行政处罚法》、《行政许可法》、《国家赔偿法》、《行政监察法》、《立法法》、《国务院组织法》、《地方各级人民代表大会和地方各级人民政府组织法》以及正在酝酿的《行政强制法》、《行政程序法》等。我国的行政在整体上应被认为已初步实现了由传统的“管理”到“执法”的转型。[①] 这一转型的实质在于行政权的重新定位，以及行政权与法律规范之间的逻辑关系的重新构设：权力由法而设，权力依法而行。

为充分保障行政权在法律面前的低姿态，近现代以来的各国纷纷从制度设计层面对行政执法行为予以关注。比如在权限授予方面给予严紧的防范，又如在执法程序上加以严密的设定，再如对行政执法行为进行严格的司法审查，等等。更重要的是，各国将履行国家职能的三种权力的整体结构作了所见略同的配置和基本排序：立法、行政和司法。其目的之一便是将生性桀骜不驯的行政权规束在立法的委任和司法的看管之下，恪尽职守且忠于法律。即便如此，行政权的运作实践仍是一个非常复杂的过程，涉及社会生活的方方面面，并拥有富有弹性的自由裁量空间，因此，行政执法过程也变得更加为人瞩目并经常受到合理怀疑。一段时间以来，执法过程中的权力滥用成为为社会所共同关注的问题，非但如此，政府机关的官僚作风、效率低下、机构膨胀、违法行为、怠于行使职责等问题都成为政府机构改

① 参见姜明安《论行政执法》，载《行政法学研究》2003年第4期。

革的压力和推动力量。而如上所述实际上是作为执法过程中责任缺位的重要表现，由此“责任”也越来越成为行政领域乃至公共权力领域为人们所深切关注的一个关键词。上述状况源于至少两个方面：一是传统意义和传统观念下的政府将自己定位于“恩赐者”的角色，将提供公共物品的行为视为对公众的赐予而非职责或义务；二是政府喜欢和习惯将自己扮演成“全能”形象，但是从客观上说，政府的能力和其理性程度总是有限的，加之作为公共权力机关的政府以及实际运行政府权力的公务人员都不可避免地存在着自身的利益，因此政府组织的利益和公务人员的利益等，使政府在执法时都有可能背离理性的轨道。“有限能力和无限职权的客观矛盾，形成长期以来政府责任意识淡漠、责任制度缺位、责任落实不力的客观状况。”[①]

行政执法过程责任的缺失不仅表现在观念层面，更深切地体现在许多多年以来在社会生活领域形成和固守的制度。行政行为的公定力作为行政行为效力之首要展现，意味着对政府权力所预先设置的“无罪推定”的假设，屏蔽了行政相对人以及公众对政府行为的合理质疑；长期以来政府建立起首长负责的组织、决策机制却缺乏决策失职、失误等情况下的常规问责机制；行政复议、行政诉讼乃至国家赔偿制度建立十余年但仍保有相当的受案范围的真空地带和模糊区域，致使不少的行政行为缺乏来自上级行政机关或司法权的有效监督审查；等等。

事实上，世界范围内的行政法制建设无一不重视行政执法过程中的监督和责任配置。在美国，行政领域的调查监督制度是国会通过行使调查权对行政机关进行的一种监督制度。这种调查是国会除立法调查之外，为行政而专门进行的调查。尽管美国宪法没有明确规定国会对行政活动的调查权力，但美国国会从第一届开始就已经行使对行政的调查权，并且这种调查权也已为最高法院的判例所肯定。1946 年制定的《立法改组法》就明确规定，国会下议院（众议院）常设委员会必须就其主管的法律事项对有关的行政机关进行持续不

① 王运生：《公共行政的责任与民主》，载《中州学刊》2000 年第 3 期。

断的监督，其主要方式是听证会、要求提出报告等。除日常监督性的调查以外，国会议员还可以根据其选区选民的要求实施个案调查，由此成为对行政机关活动监督的重要方式之一。在作为行政法母国的法国，亦建立起一整套监督行政行为合法性的严密制度。监督来自多个方面：总理、议会、参事院和行政法院的监督以及“协调员”的监督。政府的部长是责任内阁的成员，对总理负责，并负责主持和监督本部门的行政活动；议会可通过对总理和部长的监督而实现对公务员整体的间接监控。“协调员”制度富有法国特色，“协调员”由总统任命，任期六年，并非作为一个独立的机构从外部进行审查或监督行政机构的行为，而是作为一个特殊的顾问或协调者，帮助行政机构改善其工作绩效并维护行政机构的正当性。①

二、行政权力运行之道

“政府责任”、“执法责任”等词在不一样的语境中各有侧重地传递着社会和社会主体对政府行为的期待、要求和约束。从建设法治政府的高度考察政府责任，应当将其视作一个整体概念加以考量。责任政府、权力运行责任制同时在不同的视角下与民主行政、公共行政、公共利益、有限政府、服务政府以及公开行政等逐渐和已经被人们深深接受的观念发生着紧密的关联。

行政执法过程的民主特质明示着责任价值。具体的语境可以使抽象的民主原则变得直观并且易于把握，这里的民主至少包含这样两层含义：其一，行政执法过程贴近“民意”和“民益”。近代以来的政府及其以执法为基本特征的权力产生于人民的直接或间接授权，这种授权是政府及其行动合法性的唯一来源。政府制定和执行公共政策，理所当然必须表达人民的意志，以公共利益为出发点和最高目的。近些年的行政实践及其相关理论的发展也不断论证、修正和完

---

① 参见应松年、袁曙宏主编《走向法治行政——依法行政理论研究与实证调查》，法律出版社2001年版，第91页。

善着行政执法与公民权益之间的关系。[①] 其二，行政执法渗透公民参与。公民行使民主权利一方面指在代议制政治中参与投票选举的活动，另一方面也指参与包括所有关于公民的公共利益、公共事务管理等方面的活动。在代议制只能提供有限的参与之时，公民在行政执法活动中直接参与公共政策的执行，正成为公民民主权利的主要内容。[②] 民主行政有助于完善民主制度下的政治责任链条。在欧文·休斯那里，公民与政府的关系可以看成是一种委托——代理关系，公民同意推举某人以其名义进行治理，但是行政必须满足公民的利益并且为公民服务。[③] 在关注自身权益实现的公民那里，行政变得越来越手段化，审视行政执法的目光也愈发犀利——民主行政在行政执法与公民之间架起直接的桥梁。民主行政不容许执法过程背离民意和民益，并以设置相应的责任作为维护民主的重要机制。在近年来的行政法制实践中，我们可以明显觉察出行政执法民主化的明朗走向，例如从行政诉讼法到行政处罚法再到行政许可法，无一例

① 长期以来的行政实践和相关理论发展促使人们达成如此的共识：公民权利和国家权力越来越紧密地在社会生活中"捆绑式"出现。这种捆绑表现有二：一是权利在一定语境下区别于通常在国家权力界限的意义上出现的公民自由，它更多依赖国家的主动、积极行为创造条件方能实现，是一种具有依赖性的、不能完全自足的权利，如受教育权和劳动权。因此，权利的实现在很大程度上有赖权力，尤其是行政权力的积极作为。国家权力为公民权利的主张排除障碍和设置保障，为公民权利的主张、实现、丰富和发展提供资源和条件。在这种意义上，权力是作为权利的促成和保障机制出现的。二是社会主体的利益需求会导致权利自我扩张的趋势和倾向，权利的盲目或不节制的膨胀会扰乱已形成的社会关系或秩序，需要由权力加以规范或防范，如特定领域行政许可制度的设置。在这种意义上，权力是作为权利的控约因素存在的。而控约的价值在于，实现社会主体权利行使的秩序化和保障社会主体在秩序中行使权利。

② 近些年来我国行政法民主化发展的制度表现丰富多彩，可以视为行政民主性逐步增强的成果，例如：被授权组织、受委托组织、特邀监察员等主体制度的发展；行政契约、行政指导等行为制度的发展；告知、听证、证据、公民参与等程序制度的发展；代表评议、行政申诉、行政复议、行政诉讼、国家赔偿等监督与救济制度的发展。这些制度或者直接赋予和保护公民的民主权利与其他合法权利，或者通过制约行政权力从而保护公民的民主权利与其他合法权利。这些行政法民主化进程的成果均为行政法制提供了具体的制度支撑。

③ 参见[澳]欧文·休斯《公共管理导论》，彭和平译，中国人民大学出版社 2001 年版，第 217 页。

外地规定了公民在行政行为过程中的直接参与权[①]，以及规定了该种权利得不到有效实现的法律后果[②]。

行政执法的公共性质隐含着责任要求。政府权力来源于人民的授予，权力的产生和运行均围绕公共权益、公共利益进行，向人民负责、向人大负责、违法必究的技术要求实际反映了行政权力的公共性能和公共性质。公共行政意味着行政的公共职能、公共需求以及公共支出。包括执法行为的政府活动由纳税人给养，政府为公共服务便是一种责任而绝非恩赐。承诺制是政府体现"顾客至上"责任意识的一种普遍形式。为了强化政府责任意识，提高公共服务的质量，近年来，承诺制在我国也开始出现。由于承诺制内含了现代公共行政的价值观念，所以，一度成为人们关注的亮点。伴随公共行政的理念被越来越多的国家认同，其内涵也获致极大的丰富。于是 20 世纪 80 年代以来，在西方各国被称为"新公共管理运动"的行政改革大潮的基本思路即是实现由"政府中心"的重管制模式向"公众中心"的公共服务模式的转变。然而"公共利益"这一长期被神圣光环环绕的字眼却因其内涵的模糊和宽泛而受到合理怀疑，为克服实践中扯"公共利益"大旗行侵犯公民、法人或者其他组织合法权益之实的现象，学界格外重视对"公共利益"特定内涵的界定。这些努力的直接目的，即是在行政执法过程中更多地注入民主参与和民主监督的成分。

权利与权力适当距离的保持是宪政维度下的亘远话题。法治时刻在警惕权力和权利的双向滥用。但是二者之间的天然的能力反差

---

① 这种直接参与权体现为行政执法过程中相对人的陈述、申辩、质辩、要求听证等具体的程序性权利。主张"平衡论"的行政法学者更是从这样一个角度论证公民民主参与的深刻意义：行政法律关系中主体双方天然的不对等性决定了行政主体在行政行为中居于优势地位，其实体权有着优先实现并为其他社会主体所尊重的权力；正是由于行政相对方的程序权利的充分行使，方可形成一种要求行政主体谨慎行使权力的外在约束力量，而对于行政主体而言，程序更多是一种义务和职责。由此，在实体和程序两种意义上的行政法律关系双方主体权利义务的不对等状态呈现倒置的局面，从而达至权利义务总量和总体的平衡状态。

② 如《行政处罚法》第 2 条规定：公民、法人或者其他组织违反行政管理秩序的行为，应当给予行政处罚的，依照本法由法律、法规或者规章规定，并由行政机关依照本法规定的程序实施。没有法定依据或者不遵守法定程序的，行政处罚无效。

致使权力的伸手过长现象更加惯常和难以防范。确立权力的合理界限，使其与权利保持适度的张力，意义不仅在于消除公民权利和自由实现中的权力障碍，还权利以更大的自由度，是“人权是国家权力的界限”的实践表现，还在于完善权力本身的设置和运作，节制的、谦抑的、有限的权力设置可以减少包括行政执法过程中的人财物力和社会主体对权力的信任度等在内的多重制度成本，增加权力的严肃性和权威等效益，分析和重视权力成本，是对社会、对公众负责的一种体现。尤其是发展市场经济以来，部分权力逐渐在公民权利领域弱化、淡化、转化甚至蜷身而出的趋势日益明显。不适当的权力设置和介入损伤着公民权利体系的完整性、独立性。教育部门“禁租令”、在家中浏览色情网站的公民被拘留均体现出国家对公民父爱式的强制关怀，却在实践中要么被泼冷水，要么备受争议。究其根本，喧闹过后人们的冷思考关注的还是执法权力的“度”和责任的确定。早在梁启超先生那里，问题早有阐释：“然则其政府之权限当如何？曰：凡人民之行事，有侵他人之自由权者，则政府干涉之，苟非尔者，则一任民之自由，政府宜勿过问也。所谓侵人自由者有两种：一曰侵一人之自由者，二曰侵公众之自由者。侵一人自由者，以私法制裁之；侵公众自由者，以公法制裁之。”[①]这意味着公民的自觉行为与“公众自由”即通常所称的“公共利益”之间存在着偏差，执法过程中需要权力作出价值选择。因此权力通常需要“纠缠”于个体权利（行为）与公共利益之间[②]，“然则政府之正鹄何在乎？曰：在公益。公益之道不一，要以能发达于内界而竞争于外界为归。故事有一人之力所不能为者，则政府任之；有一人之举动妨及他人者，则政府弹压之。政府之义务虽千端万绪，要可括以两言：一曰助人民自营力所不逮，二曰防人民自由权之被侵而已”[③]。但是长期以来实践中的公共利益界定的宽

---

① 梁启超：《论政府与人民之权限》，载《梁启超作品精选》，长江文艺出版社 2005 年版，第 67 页。

② 2004 年的宪法修正案中关于国家为了公共利益的需要，可以依照法律对土地实行征用的规定是典型的说明。

③ 梁启超：《论政府与人民之权限》，载《梁启超作品精选》，长江文艺出版社 2005 年版，第 68～69 页。

泛和不明确，致使作为公共利益垄断维护者的权力主体出现了有意无意滥用“公益”的现象，“铁本事件”、“嘉禾事件”中政府的征地行为等均暴露出由于公共利益内涵的模糊而导致的个体权利和公益之间关系的紧张。一方面，我们需要强大的“利维坦”维持社会的安全安定和公共领域的秩序，创造社会的福利；另一方面，执法权力的无所不在，又要防止公共利益外延无限扩张“对生活世界的殖民化”（哈贝马斯语）。我们向来有高度重视国家利益、社会利益和集体利益的道德传统和制度传统，在公共利益以及假以“公共利益”之名的视角下个体权利深度萎缩，权力在其间的价值选择也显得扑朔迷离。重构二者之间合理关系的前提是公共利益概念和标准的重新厘清。

行政执法权的有限性折射出责任需要。世界范围内，近代的政府职能经历过“夜警”政府到福利国家的发展转变，然而实践打破了政府全能的神话，无所不能的政府必然对应着权力的无限扩张和权力行使的肆无忌惮，认识政府权力的有限性，使权力与社会以及权利保持适当的张力，并设置其对等、对话甚至对抗的通道是塑造责任政府的前提。① 权力有限观念时刻警示着执法者谨慎行使权力，至少包括以下几个方面的含义：包括执法权在内的行政权力范围不是全能更非无限的。民主国家的国家权力体系无论做何种安排和设计，相对共通的一点表现在将立法、行政和司法的权力作一或繁或简的权限划分，并基于对行政权扩张特性的考虑和防范，往往将其运行置于另两种权力的监控之间，以求体系的和谐平稳，由此说来，行政/执法权力至少要对作为权源的立法权/机关负责，并接受来自司法权/机关的有效监督，实践简约表现为行政执法要在法律框架下进行，接受法治主义的约束，是“法治行政”之一义。有限政府的主要意义即在于政府权力的受限性。也就是说，“有限政府”是一种宪政意义上

① 行政权力的有限性主要存在于市场失效的领域，比如提供市场不愿意或不便于提供的公共产品，又如熨平市场自身难以克服的波动，再如保护市场竞争中的弱势等等；有限政府还取决于社会的自治能力，确立有限政府的一个重要方面就是扩大社会自身的自治能力，其方式主要有：社会主体要在经济上成为独立自主的实体，大力培育社会中介组织，从系统论的角度看，社会组织能够以“1＋1＞2”的结构性力量扩大公众在行政决策中的影响力等等。参见王运生《公共行政的责任与民主》，载《中州学刊》2000 年第 3 期。

的理念，强调的是建立和发展一种多元化、制度化的权力制约或制衡机制。置换一个参照系，在公民权利和自由面前，执法权力也应适当收敛和低调，不仅因为两权之间存在源与流的根源关系，更由于两者从功能和价值层面无法同日而语，民主的执法从来不应是为执法而执法，为权力而权力。有限的权力或曰权力的有限行使在生性不羁的行政执法权那里无法自给自足，需要外力的作用加以配合，行政执法过程责任制度演绎着执法权力行使过程中责任和制约的亦步亦趋，实现权力与责任的时时相伴。

行政执法的服务性能传递着责任信息。责任政府与服务政府一脉相承，服务人民和社会从来都是民主国家中政府的首要责任，追求法治的国家无一例外将服务责任转化为政府的法定义务，并附以不能履行法定义务时的消极措施。执法服务性能的提升有赖于这样的一个前提：转变传统的政府（国家）、社会混为一谈的思维定式，对二者作适当的厘清，建立政府社会二元主体分析框架。唯此才可能将政府定位于社会服务者的角色，而非混为一谈时的简约化的政府对社会的父爱主义。服务行政重新构设执法过程中行政方与相对人的关系模式，更使行政活动显得任重道远。如果执法过程不能有效地吸纳、代表和反映社会对它的要求，甚至不能及时提升对社会需求的回应能力，那么，政府的能力就应当受到质疑。因此，在这种意义上，政府的生命力取决于其社会服务性能。1980 年代以来的西方新公共管理运动强调以公众需求为政府生存导向，取代政府中心主义，其目的就是寻找不断提升政府适应社会、服务社会能力的路径，把政府从低效率、高成本中解放出来。

责任政府与行政公开殊途同归，“阳光是最好的防腐剂”已经成为公共权力运行领域中的普遍共识，阳光政府中的制度支持诸如行政信息公开制度、听证制度、告知制度、咨询制度等等无一不对应着政府的程序责任，以及由程序所折射出的对公民知情权的尊重和保障，也只有在公众的监督之下，政府责任才能名至实归。

行政执法过程多以执法主体对特定相对人作出的直接影响其权益的具体行政行为表现，相对一方在执法过程中少有实体权利抗辩、抗衡执法权，如若附以暗箱操作，如以内部文件为依据执法，以工作机密为由拒绝公开执法或作出执法决定的过程和理由，借内部事务之名遮掩对相应执法主体和人员的处理和处分等等，实践中见怪不怪的现象实际在阴影中发展着行政腐败。执法过程依据、资讯、责任认定、决定等环节的公开可以赋予"责任制"以鲜活的生命力，并作为"任何人作出不利于他人权益的决定时须听取他人意见"这一权力规则的前提，照应着自然正义原则。

第三节　行政执法责任制度要素

依法治国、依法行政等基本概念和观念在社会生活中的确立和不断深化一方面为权力提出了规范性的要求，另一方面也不断强化着人们权力规制、权益保障的意识，促使人们越来越关注制度的理性价值，寻求社会问题的制度化解决路径。制度借助于其自身具有的以强制性为底蕴的约束功能、信息功能和激励功能，调节社会主体之间的关系、规范人的行为。行政执法过程责任制度着眼于行政执法过程中的权力规制，是近些年来为理论界和实务部门普遍关注的一个课题。它最初源于20世纪90年代初我国一些地方政府和实务部门的法制工作实践，是对行政执法活动进行监督的一种方式。1993年国务院法制办召开行政执法监督工作研讨会，专门总结各地执法监督工作的经验，其中浙江省湖州市和辽宁省辽阳市实行执法责任制的经验得到了国务院法制办的肯定。[①] 1996年《行政处罚法》出台之后，各地纷纷采用"行政执法责任制"作为贯彻《行政处罚法》的配套措施。多数省份相继制定和颁布了有关推行行政执法责任制的规

① 参见郑传坤、青维富《行政执法责任制理论与实践及对策研究》，中国法制出版社2003年版，第93页。

章或其他规范性文件。[①] 2000 年以来，行政问责制、行政复议制、行政诉讼制度的建立或完善逐渐丰满着执法责任内容及其追究制度，这使得行政执法责任制经历了由点到面、由局部到全局、由制度初建到逐步发展完善的渐进过程，对行政执法责任的深入探讨最终应以制度建设为皈依。

一、行政执法过程责任制度要素含义

行政执法过程责任的实现最终依赖相关制度的建立和运行。在行政执法过程责任问题的研究中，制度是一个应当引起特别重视的问题，它是一种社会力量的生存方式。实践中，制度是有形的组织架构与无形的观念体系的结合，从而形成人们在政治、社会和经济等各领域的规范、限制或激励等机制。剖析制度的内在构成，对于深刻理解制度、理性建设制度有着重要的意义。包括行政执法过程制度在内的社会制度均是由若干必不可少并有机排列的因素组成的相对完整独立的链条，这些或规范性或事实性的因素因其之于制度的重要性而被称为“要素”。在行政执法过程责任制度中，相关要素主要包括：行政执法过程责任主体、归责原则、责任原因行为、责任方式以及责任追究。

如此确定的依据主要在于，该上述各因素均是构成行政执法过程责任制度的必需，缺一不可；各因素之间并非彼此孤立，而是存在着严密的逻辑；这些要素以责任的构成为基础，但又不局限于责任的构成要素，它还包含责任的动态落实。然而在此问题上尚存在学理上的不同认识，关于行政执法过程中的损害后果是否应界定为责任构成的要素，一种实用主义的观点认为，对于责任的追究目的在于惩罚与防范违法行为的产生，促使行政执法合法、合理，而防范的目的

---

① 至 2001 年 3 月，全国有 16 个省级政府在其辖区内全面推行行政执法责任制，有 26 个省级政府制定了有关推行行政执法责任制的规范性文件。（参见郑传坤、青维富《行政执法责任制理论与实践及对策研究》，中国法制出版社 2003 年版，第 93 页）2005 年 7 月国务院办公厅发布了《关于推行行政执法责任制的若干意见》。意见要求，在 2006 年 4 月 30 日前，完成推行行政执法责任制的相关工作。

又在于维护相对人或者其他社会主体的权益，因此，责任的根本目的应定位于对损害的补救和避免。如此看来，执法过程中损害后果的产生应当确定为承担责任的前提条件。但是我们愿意，并且应该从另外一个更加宽广的角度理解责任，理解损害。我们知道，法律的直接作用对象是社会主体的行为以及法律关系，行政执法过程中执法主体对规范的违反有不同的形态，包括实体上的违反与程序上的违反等，它们必然会带来相应的社会后果，但这些后果未必是以相对人权益的现实损害表现出来的，有时则在短时间内并未产生显而易见的损害结果，却可能以行政执法队伍的形象或者政府的公信力的降低为代价，破坏和谐的社会关系。因此，可以说，行政执法过程中的违法行为都会造成损害，只是这些损害有些是针对相对人或其他主体的权益的，有些是针对法律关系、法律维护的社会秩序的，以这一逻辑为背景，将损害后果列为责任要素并无实际意义。

二、行政执法过程责任主体

法律责任是国家对责任人违反法定义务，超越权力或者滥用权利的行为所作的否定性评价，是国家强制责任人作出一定行为或者不作出一定行为，以恢复被破坏的法律关系和法律秩序的手段。行政执法过程责任主体则是指在行政执法过程中产生的法律责任的承担者，包括组织和个人。责任主体是责任制度中的第一要素，也是最直观的要素。在规范意义上确定责任主体的目的在于落实责任的具体承担者，警示相关主体谨慎行为，并明示有权追究责任的主体明确责任人。

1. 责任主体的界定

法律责任、行政法律责任、行政执法过程法律责任三个概念有着相通又相异的内涵。在不少西方学者那里，行政法律责任指的就是国家责任，甚至就是指国家赔偿（行政赔偿）责任。[①] 国家赔偿制度

---

① 参见战宁《论西方的国家行政法律责任》，载《北京大学硕士研究生毕业论文选》。转引自胡建淼《行政法学》，法律出版社2003年版，第461页。

是国家责任制度体系的重要组成和展现，在世界范围内的发展通常被认为经历过三个阶段，即 1870 年代之前在“主权豁免论”以及“国王不能为非”等观念指引下的全面否定国家赔偿责任阶段，1870 年代至一战的相对肯定国家赔偿责任阶段以及一战以来的肯定赔偿责任和完善制度阶段。在上述三个时段里，行政赔偿责任主体也相应地经历了一个否定之否定的演变过程。一是否认行政组织赔偿责任，而由个人承担的阶段，如英国在“光荣革命”之后不久，一些银行家曾对皇家就其借贷不还不负担责任的行为提起诉讼，1765 年英国的一则判例表明，国王的属下以命令闯入原告家里，搜走文稿，被法院判定“非法侵害”行为，并由搜查官自负其责。[①] 二是行政组织负完全责任的阶段，该阶段并不存在于所有国家，但在法国、美国较为突出。法国自 19 世纪 70 年代“勃朗戈诉翻斗车”案件开创国家赔偿先河至二战，基本上完全由行政主体（法国的行政主体包括国家、地方团体和公务法人，其中以国家为最主要）赔偿，公务人员不承担或很少承担责任。三是行政组织与公务人员合理分担责任的“双轨赔偿主体”阶段。这是现代国家普遍采用的一种责任形式，即由国家和致害的公务人员都承担一定的赔偿责任，但又有不同的模式选择：(1)英国式，国家同公务人员承担连带责任，具体的分担由法官决定。(2)法国式，由行政主体和公务人员分别承担责任，法国在二战以后严格区分公务过错和公务人员本人的过错，继而分担。当二者均有过错时则承担连带责任，受害人可以向其中任一方提起。(3)日本式，即由国家赔偿，致害的公务人员不直接对受害人负责。但国家在赔偿受害人后可以向有过错的公务人员行使追偿权。相比之下，第三种模式中致害公务人员赔偿责任最轻。

在我国，行政法律责任一直以来都是一个存在不同理解的概念，相异思维下的行政法律责任恰恰在主体方面有着不同的界定。单纯

---

① 参见朱新力主编《行政法律责任研究》，法律出版社 2004 年版，第 10 页。而事实上，在不少国家那里，公务人员法律上的赔偿责任很少实现，如 1799 年法国《宪法》第 75 条规定，对公务员的追诉必须事先得到国家参事院的同意，其目的是为了保护公务员的权力不受干扰，同时防止司法机关侵犯行政机关的权力，因此公务员很少受到追诉。

将行政法律责任看作是行政相对人的行政违法行为所引起的法律责任的观点，已在全面法治观念指引下被大多数的学者所摒弃，而为大家普遍接受的行政法律责任的含义又在主体意义上有广义和狭义之别。广义的观点认为，行政法律责任是指行政法律关系主体由于违反行政法律规范的规定，所应承担的一种强制性行政法律后果，既包括行政主体的责任，也包括行政相对人的责任；狭义的观点则认为，行政法律责任是指行政主体因违反行政法律规范应承担的法律后果。在本文旨在行政法领域确立与行政执法权力相呼应的执法责任体系的语境下，意将责任主体界定为后者，考察行政主体及公务人员的责任。①

2. 责任主体的特征与认定

行政执法过程责任主体在实践中予以认定需要考察以下几个方面，它们既是责任主体的基本特征，又是认定的基本指标。

行政执法过程责任主体必然享有行政执法权力。这种"享有"基于以下几种情形：一是基于法律的直接规定而享有行政执法权，如《水法》第 42 条规定："县级以上地方人民政府应当采取措施，保障本行政区域内水工程，特别是水坝和堤防的安全，限期消除险情。水行政主管部门应当加强对水工程安全的监督管理。"其中便规定了县级以上地方人民政府与水行政主管部门的相关执法权力，明示执法权力的同时也暗示执法过程中权力实施不力时应承担相应的法律责任。二是基于法律法规的授权而享有的行政执法权。如《行政处罚法》第 17 条规定："法律、法规授权的具有管理公共事务职能的组织可以在法定授权范围内实施行政处罚。"三是基于接受委托而享有的执法权。如《行政处罚法》第 18 条规定："受委托组织在委托范围内，以委托行政机关的名义实施行政处罚。"关于此类行政执法权需要说

---

① 全面理解行政执法过程，并结合行政法治领域几近常识的认识——行政执法过程是由行政主体与行政相对方共同演绎的过程，行政执法过程中的责任主体当然应当包括行政相对人的责任。然而行政相对人在行政过程中的责任往往消化在行政领域中，更多以行政处罚、行政强制的形式完成对其的处理，从这种意义上说，便形成了追究和实现行政相对人的责任的过程依然是行政过程这样一个循环往复的逻辑，这里只从技术层面探讨行政执法过程中行政方的责任。

明的是，根据行政法意义上的委托原理，受委托主体的行政执法权并不属于自身，并不是行政主体，但却享有在委托范围内执法的资格，由此承担的执法过程责任应当被认为是内部的，即对委托组织负责，并非外部即对行政相对人负责。四是基于公务人员的身份享有执法权。公共行政理念的含义之一是行政权力具有公共性，不属于任何私人，因此，公务人员也不是严格意义上的行政权力的拥有者，而是其具体实施者，在实施过程中的行为瑕疵也要受到法治主义的约束，作为公务人员的行政执法责任主体又分两种：直接责任人员和负领导责任者。前者的确定依据主要是权责一致，而后者则主要体现行政领域中的首长负责制。近年来的行政执法责任制、行政问责制等直接指向公务人员实施法律规范的行为。

行政执法过程责任主体必然参与行政执法过程。“过程性”是行政执法过程责任建设中的关键词汇，强调责任制的建设应该是连续的、一贯的和无缝隙的，更体现行政执法过程中的权责一致。这种“参与”既包括直接参与，即直接实施执法行为，也包括间接参与，即监督、指导或领导执法主体及行为；既包括积极参与，即以积极主动作为的形式参与，也包括消极参与，即以不作为的方式对待行政执法权力。如《湘潭市行政问责暂行办法》第 2 条规定：“本办法所称行政问责是指公民、法人或其他组织，上级行政机关及其负责人依照本办法规定对行政机关、法律法规授权组织或者受行政机关委托履行行政管理职责的组织及其公务员（包括参照公务员管理的人员）在行政管理和行政执法过程中，由于故意或者过失不履行或者不正确履行法定职责，以致影响行政秩序和行政效率，贻误行政管理工作，或者损害行政管理相对人合法权益，给行政机关造成不良影响和后果的行为，进行监督和责任追究。”

行政执法过程责任主体必然有责任能力。责任制的建设要建立在可行性的基础之上，这种可行性主要来源于责任主体的责任能力。责任能力更多出现在民事和刑事法律体系中，德国著名刑法学家李斯特认为：“对特定行为人的行为进行罪责非难，认为其行为是有责的先决条件是他具备正确认识社会要求并以该认识而行为之一般能力。立法和刑法科学中将该能力表述为'责任能力'。可将其简称为社会行为能力,也即符合人类共同生活需要的能力。只有当行为人在行为时具备该能力,才能认定该行为是有责的反社会的行为。"①日本学者西原春夫说:"有责性的第一要件,是行为人有责任能力,换言之,是行为人有足以负担法律责任的能力。……所谓责任能力,归根到底可以解释为辨别是非,根据这种辨别而行动的能力。在行为人有这样的能力而实施违法行为时,行为人就要负担责任,科处作为规范的报应的刑罚。在行为人没有这样的能力时,即使实施了违法行为,对这种违法行为也不能给以规范的非难,不过着眼于行为人犯罪反复的危险性,可以给予与刑罚不同的保安处分或改善处分。"②

法治实践中,民事、刑事法律责任主体主要针对法人和自然人,对其责任能力的考察主要着眼于主体的年龄、认知水平、主观意志等因素,并将主体大致分为无责任能力、限制责任能力与完全责任能力等,但行政法律责任能力与前二者有所区别,如上所述,行政执法过程责任主体主要涵盖行政机关、法律法规授权组织、受委托组织以及行政执法人员,其中行政机关和法律法规授权组织具备行政主体资格,即具备当然的法律责任能力,因为行政主体资格享有的前提需要满足享有行政权力、能以自己名义行使行政权力、可以承担相应的法律责任等三项条件,并且,行政主体的设置本身需要以宪法或法律为依据,以满足实践需要为目标;关于受委托组织,其本身不具有行政主体资格,但根据法律规定和行政法的基本原理,委托过程须依法进行,并且受委托组织需要具备一定条件,如《行政处罚法》第 19 条规定,受委托组织必须符合以下条件:(1)依法成立的管理公共事务的事业组织;(2)具有熟悉有关法律、法规、规章和业务的工作人员;(3)对违法行为需要进行技术检查或者技术鉴定的,应当有条件组织进行相应的技术检查或者技术鉴定。受委托组织的谨慎选择加之委托机关对受委托组织的监督制约,我们有理由相信,受委托组织具备

---

① [德]李斯特:《德国刑法教科书》,徐久生译,法律出版社 2000 年版,第 270 页。

② 转引自马克昌《责任能力比较研究》,载《现代法学》2001 年第 3 期。

承担与委托组织间内部责任的内容能力；关于行政执法人员，众所周知，行政执法人员是社会生活中的一类特殊群体，其特别之处在于具备一般社会成员与行政执法权力载体双重身份，其中前者因其自然人身份的形成(即出生)而产生，后者则有严格的程序方能实现，这种程序一般是通过公务员的录用、执法资格的获取等考试、考察、考核等依法完成的，因此有执法资格的人员首先是年龄适当，社会认知水平较高，具备相应专业执法能力的人。因此，在通常确认执法过程责任主体时，我们往往将主体的责任能力考察环节省略，并默认为其是完全责任能力者。

三、行政执法过程归责原则

1. 归责原则简述

归责原则是法学中探讨法律责任时的一个重要概念，对于其中的核心概念"归责"学者观念不一。奥地利著名纯粹法学派法学家凯尔森认为："归责的概念指的是不法行为与制裁之间的特种关系。"[①]德国学者拉伦茨认为，归责是负担行为之结果，对受害人而言，即填补其所受之损害。我国民法学家王利明先生则认为，归责的含义是指行为人因其行为和物件致他人损害的事实发生以后，应以何种根据使其负责。此种根据体现了法律的价值判断，即法律应以行为人的过错还是应以发生的损害结果为价值判断标准，抑或以公平考虑等作为价值判断标准，而使行为人承担侵权责任。[②] 上述观点从不同的角度揭示了归责原则的内涵。我们认为，行政执法过程责任的归责原则是指责任主体因为行使行政权的行为瑕疵或由于其管理的公有财产之人损害后，应以何种根据使其承担法律责任的根本规则。目前看来，它仍是一个学理概念而非实定法意义上的术语，但它是反映在行政法中用以指导和规范具体行政执法过程责任制度的制定和

---

① [奥]凯尔森:《法与国家的一般理论》,沈宗灵译,中国大百科全书出版社 1996 年版,第 103 页。

② 参见王利明《侵权行为法归责原则研究》,中国政法大学出版社 2003 年版,第 15～16 页。

落实的最基本的原则，它来源于具体的行政法律的责任规范又高于这些规范。准确把握行政执法过程责任的归责原则，对于深刻领会和贯彻行政责任立法的根本精神，保障行政责任规范的有效实施，特别是构建完整和合理的责任构成要件制度，有着重要指导意义。

2.行政执法过程归责原则的基本类型

我国公法学界对于行政责任归责原则的系统研究尚不多见，学者们较多关注行政赔偿(国家赔偿)领域中的归责原则，尤其是在国家赔偿制度的完善过程中，更是将这个问题引向深入。然而行政执法责任的归责原则与行政(损害)赔偿的原则是两个不同的概念。行政赔偿建立在损害的前提之下，其基本原则是指处理行政侵权损害赔偿纠纷是确定赔偿范围所依据的准则。二者的区别在于：第一，执法责任的归责原则是解决行政责任的最终依据，也就是解决法律价值判断上的根本标准问题或是责任的根本要素问题，而损害赔偿的原则是要解决行政责任确定后的损害赔偿的依据问题。因此，损害赔偿关注“损害”的事实，而行政执法责任则是关注执法行为本身。第二，行政执法过程责任不仅包括赔偿责任，还包括其他的责任形式，而前者的归责原则也必然应当多样一些。

学者对于行政执法责任的归责历来有不同的认识，大致梳理包括：

(1)过错责任原则。一般是指致害行为人存在着主观上的故意或过失，或者致害行为本身存在某种欠缺，从而成为追究责任的依据。它是民事责任的主要归责原则，但在行政领域中却鲜具可操作性，这是因为，行政主体作为组织本身无从考察其主观状态，理论上能够考察的只能是其工作人员，但是由于行政执法人员具有自然人、执法人员双重身份，并且行政结果往往与执法人员的自身利益没有直接的关联性，这导致在实践中其真正的主观意志并不易考察，因此极少有国家采完全的过错责任原则，一些国家则将纯粹意义上的过错原则加以改良，发展为“客观过错原则”，即指执法过程不符合一定的模式和标准，具有应受非难性。如果说与此相对应的主观过错侧重关注行为人的心理状态，则客观过错着眼于执法行为本身，从行为上来判断是否有过错。例如在法国，客观过错具体表现为公务过错，即公务活动不符合正常的标准，可表现为公务活动的组织不良和管理不善，也可表现为国家工作人员的疏忽、懈怠、自私等。

（2）无过错责任原则。是指只要损害结果发生，致害人就要承担责任，而无需考虑致害人以及受害人的过错的归责原则。法治实践中，无过错责任是为了弥补过错责任的不足而设立的制度，其目的在于补偿受害人所受的损失，以达到“分配正义”。在性质上，无过错责任一般不以过错为基础，不以制裁教育为目的，而格外关注损害的补救，一开始多出现于高度危险的行业和领域，因为这种环境下即使不存在过错也可能致人损害，过错原则对此无能为力，无从救济，而无过错原则则可弥补这一缺陷。二战以后该原则在各国的法治领域普遍建立，但其适用范围却相当谨慎。

（3）违法责任原则。是指在行政主体及其工作人员执法过程中，违反法律规定而导致的法律责任产生和追究，即以行为违法为归责的标准，而不问有无过错。然而关于违法的界定，学界又有不同的理解：一种为狭义，指行政执法行为违反了法律、法规的规定；二是广义的解释，指出违反严格意义上的法律规定以外，还包括违反诚信原则、公序良俗原则、人权保障原则、尽合理注意原则等。[①] 违法原则与过错原则都反映了执法责任的价值取向，尤其是广义上的违法原则更是与客观过错原则极为相似，但二者确实存在着差别，比如违法原则最重要的判断标准仍是法律、法规的规定，而客观过错的标准则比较灵活，主要由审判人员等来掌握。相比之下，违法归责原则是上述三种原则中可操作性最强的。

3.行政执法过程责任归责原则之重构

在我国的行政法学的理论中，关于行政执法责任的确定依据何种标准的探讨为数不多，以往的立法多将其界定为违法归责。这是因为，违法原则与宪法、行政诉讼法的相关规定相协调，与法治原则、依法行政原则相呼应；违法原则简单明了，可操作性强；违法原则避

---

① 参见马怀德《国家赔偿法的理论与实务》，中国法制出版社 1994 年版，第 98 页。

免了主观过错原则对主观认定的困难以及过错违法原则的双重标准，有利于保护相对人的合法权益。这一观念的制度化体现是：有关行政的法律规范性文件多愿意采用“行政执法具体要求＋违反该规定的法律责任”这样的逻辑结构。

然而接下来的当然逻辑便是，违法的确认机制对于行政执法过程责任承担而言至关重要。这对于确定权力主体的积极行为的责任来讲一般没有问题，但却忽略了“违法权力行为”和“侵犯公民权利”两个概念在外延上的差异。笼统地讲，二者的范围互有交叉，违法的权力行为既包括侵犯公民权利的行为，也包括一些尽管违法但并未产生实际损害的行为；而侵犯公民权利的不仅包括违法权力行为，还

包括一些（严重）不当的行为，不仅包括法律行为还应包括法律意义上的事实状态；等等。事实上，近些年来国内学界对于权力行为瑕疵理论的反思的基本思路也恰是自觉或者不自觉地围绕着权利受到损害的情形展开讨论的，比如公共营造物设置不当致人损害的问题等。这些社会需求提示着制度应该有更强的涵盖性，确定和追究责任的基础也应由单一的违法置换为多元的归责原则，并对具体的执法行为作类型化的处理。如对于属于传统意义上“公权力行使”的行为，应首先考察其合法性①；对属于宽泛意义上的“公权力行使”的公共营造物以及公立公益事业而言，因其自身特点很难将其界定为“行为”，一般不宜作违法性和过错的两阶段审查，而应判断公务人员是否违反了合理注意义务；对于“公权力行使”之不作为的责任追究，则可采综合把握违法性与过错的处理。② 我们认为，我国的行政法体

---

① 理论上讲，行政行为被要求符合法律以及法治的原则，并且，只要满足了该要求，便不承担法律责任。对于公务员主观状态的考察的理论依据，在学界存在着相异的观点。我们更倾向于认为，问题的本质在于，对于权力主体责任是代位责任还是自己责任的界定恰能论证过错考察的必要性问题。

② 在该问题上，日本的做法值得借鉴，如日本《国家赔偿法》第 1 条第 1 项规定：“行使国家或公共团体权力之公务员，就其执行职务，因故意或过失不法加害于他人者，国家或公共团体对此应负赔偿责任。”根据该规定，可以认为宏观上来讲，在日本的国家赔偿制度中，行为的违法这一客观性要件与故意、过失这种主观性要件同时并存。但是无论从国家赔偿制度的理论研究还是已生成的判例考察，在归责原则问题上日本一直有着类型化的处理。

系应适应防范权力行为违法、维护公民权益实现的现实需要逐渐建立多元化的归责体系结构，以违法归责为主，以无过错责任为辅助，多元归责原则及其富有弹性的类型化掌握应当成为行政执法过程责任制度在完善中的新的生命力增长点，很大程度上避免了因归责原则的限制束缚责任追究的情况。

四、行政执法过程责任原因行为

根据众所周知的法学理论，法律主要以规范的形式发挥其警示、预测、指引、强制等社会功能，而法律规范的作用对象是社会主体的行为以及社会主体间的关系，而非社会主体本身。因此在行政执法过程责任追究问题上，法律责任作为“第二性的义务”，其承担一定是有原因和前提的，一般是对相关法律规范的违反，即违反了“第一性义务”，而这种违反往往表现为某种行为（当然，有时也表现为某种状态，比如对公共设施的管理不善而使相关事物处于社会危险状态等）。行政执法过程责任原因行为的含义也在于阐明责任主体在承担执法过程责任之前究竟实施过什么样的瑕疵行为，或者说，导致责任的行为是什么。事实上，这个问题的回答与上述的归责原则息息相关，有多少种判断标准，就会得出多少种的罗列方式。按照行政责任的理论和实践，依据行政诉讼法等法律规定，行政执法过程责任原因行为与责任之间存在必然的因果关系，并且表现为一系列的瑕疵状态。

（一）行政执法过程责任原因行为的认定

行政执法过程责任是对行政执法过程中权力行为的否定性、谴责性甚至惩罚性评价，会带来行政主体及其工作人员声誉上的不利后果，责任认定不当甚至影响政府的形象和威信，因此，执法责任的认定需要谨慎和准确。行政执法过程责任原因行为认定的过程同时也是梳理、剖析和透视执法过程的环节，其关键在于确认行政执法过程违法或者确认其与损害结果之间的因果关系。

相对而言，确认行政执法过程的违法因为存在实定法上规定的客观标准而较为简便，考察侧重点在于行政执法过程中的行为是否符合法律规范的要求。但是从一个更为宏大的法治视角观察的时候我们会发现，由于对“违法”一词的不同解读将一定程度上加大认定的难度。比如违法是否包括违反不为法律条文直观表述的立法目的或者公序良俗？是否涉及行政自由裁量权的领域包括严重的行为不当？是否涵盖违反法律规定但是并未侵害相对人合法权益的情形等等。我们认为，行政执法过程责任制度建设的目的在于肃清执法环节中的背离法治和行政伦理的问题行为，应当将对行政违法的理解和把握加以拓展，并为上述广泛意义上的违法行为构建相应的责任形态。

行政执法过程对公民的合法权益产生损害，二者之间存在直接的和必然的因果关系是责任认定中的第二种重要情形。因果关系是指实行行为同危害结果之间的引起与被引起的关系，是哲学意义上因果关系的特殊形式。此种语境下的因果关系具有法律性。具体地说，法制对不同情况下承担法律责任的因果关系提出不同程度的要求，标准一旦确定，它的存在与否就不以人们(包括行为人、司法者和其他人)主观方面是否认识以及能否认识为转移；另一方面，损害(危害)一旦发生，即是客观的，加害行为(危害行为)与加害后果(危害后果)之间的因果关系就是客观的。以上两方面正体现了因果关系的客观性。换言之，在法律上，因果关系的客观性包含两层意思：因果关系的法律标准是客观的，事实上的因果关系也是客观的。实际上，这正是哲学上因果关系的客观性的表现。[①]

在传统的学理研究中，学界发展着因果关系理论中的条件说、原

① 参见许江伟《论法律上的因果关系》，载《研究与探索》2005年第6期。

因说、相当因果关系说等，其中后者呈主流之势。[①] 在行政执法责任制度体系建设中，一方面要承袭民事侵权、刑事等领域中关于因果关系理论的深入探讨，另一方面应当发掘其自身的特殊需要，应对现代国家行政管理事务范围不断延伸，执法过程复杂性、专业性、技术性渐强的现状，采用多元化的认定标准。比如对于相对人有证据证明行政主体故意违法侵权，并且明知其行为可能为其他因素致害受害人提供条件而仍然实施该行为的，应适用严格的"条件说"，没有证据证明行政主体的违法是故意的，也没有证据证明行政主体已认识到执法行为可能造成相对人的损害结果的，如果因果联系是一般社会常识问题，应适用"相当因果关系说"；对行政指导、行政合同等非权力性的行政行为造成的损害事实，亦应当适用相当因果关系来认定；等等。

（二）行政执法过程责任原因行为的类型

类型化的方法研究和梳理行政执法过程导致责任产生的原因行为的类型或许更易于识别和防范。这些类型包括：

1. 行政执法过程违法。宽泛意义上行政违法的具体表现方式多样，至少有行政错误、行政越权、滥用职权、程序违法、内容违法等几种，当然每一形态中还可包括若干具体情形。如行政错误又可划分为行政行为在事实认定上的错误、法律适用上的错误、文书记录上的错误（意思表示方面的错误）、意思形成方面的错误等；行政越权又可以具体化为无权限、层级越权、事务越权、地域越权、内容越权以及

---

① 一直以来，学界在该问题上形成了以下观点：(1)条件说，又称为条件即原因说。认为凡是导致某种结果发生的条件都是结果的原因，并将所有条件视为具有同等价值。比如依此说，市民甲经相应部门批准从事某种经营，后被市政部门将门面违法强行拆除，甲的妻子受刺激心脏病发作，按照条件说，此处的批准部门、市政部门、甲妻自身都应该算作责任人。这种观点的不足在于对条件不加限制，其结果往往是扩大法律责任的范围。(2)原因说。认为在造成损害结果的诸多条件中，只有一项或者几项重要的条件可作为损害结果的原因，这种学说从导致损害结果发生的因素中区分出重要程度，但紧接着的问题便是，重要的标准与依据依然是个判断难点。(3)相当因果关系说。认为某种原因仅在现实特定情形中发生某种结果的，尚不能断定二者之间有因果关系，只有在一般情形中，依照相应的社会观念，普遍认为也能发上同样结果的，才能认定有因果关系。参见张尚鷟《走出低谷的中国行政法学》，中国政法大学出版社 1991 年版，第 617 页。

内部越权等；滥用职权又可以分解为违背法律目的、考虑不当、随意裁量、明显违背常理等；程序违法又可以细化为方式违法、步骤违法、期限违法等；内容违法还可以包括行为与法律依据不符合、不履行法律职责、事实和法律上不可能、违反行政合理性公正性原则等。

2. 行政执法过程造成相对人损失。这是一个在学理上尚有争议的话题。一直以来，法学理论上将“损害”和“损失”加以区分，前者强调的是因为违法的原因行为导致的其他人合法权益的受损，而后者强调合法状态下的行为导致权益的受损。这种区分一度被作为行政领域对行政相对人进行赔偿还是补偿的主要判断标准。[①] 所谓的争议在于，合法的行政执法行为是否会产生法律责任？甚至，行政补偿是否是一种法律责任。一种观点认为，法律责任是针对法律的违反而产生的，因此不存在合法责任的问题，由此，补偿也不是一种严格意义上的法律责任；另说则认为，应当对当事人的损失进行弥补，而这是法治的应有之义，因此补偿属于法律责任也顺理成章。在该问题上我们认为，首先现代行政事务的纷繁性决定了其造成损失的不可完全避免性，人权与法治的共同旨意都要求予以充分的关注，从公平的角度出发，对当事人的额外负担进行补偿是必然的选择。其次，“法律责任”是法学中一个有着特定和稳定含义的术语，以对法律的违反作为前提，将行政补偿生硬纳入法律责任的范畴进行论证既无必要也使概念本身不周延，但是，基于语义角度对“责任”的深刻解读，不属于“法律责任”不等于不需要承担责任。它是在执法过程中产生的，基于政府责任实施的对公民权益的补救，理应归入行政执法过程责任的范畴。

特别指出，在行政法意义上，行政执法过程不同于行政行为，后者是有特定含义与特定用法的术语，一般来讲表示行政主体依照行政职权作出的具有法律意义的行为，因此又称为行政法律行为。而

① 然而这种几成通说的学理研究并未在现有的法律规范中体现，最直观的，我国现行《宪法》第 41 条规定，由于国家机关和国家工作人员侵犯公民权利而受到损失的人，有依照法律规定取得赔偿的权利。事实上我们一直将该规定视为我国行政赔偿制度和行政补偿制度共同的宪法依据。

行政执法过程是一个以行政权力的行使为主线、多主体参与、多行为组合而成的具有时间、空间意义的过程，它的外延较之行政行为要宽泛得多。在行政执法过程中，与行政权相关的两类行为不容忽视：一类是行政法律行为，一类是行政事实行为。所谓行政事实行为，是指国家行政机关作出的非以设定、变更或消灭相对人的权利义务为内容的行为。事实行为特征相对明显：一是其内容不以实现行政法上的权利义务改变为目的，没有行政法律上的确定力和拘束力。这是行政事实行为的根本特征。如政府对公民的宣传教育、加强某领域的科学研究等。二是其程序一般不具有法律性。其发生、发展和消除都没有严格的程序规定。三是从客观上讲，事实行为也是一种公共管理和公共服务行为。这种管理主要是面向社会的教育、计划、协调和服务等活动。依法行政意义上的法律保留原则、法律优先以及比例原则等当然应当涵盖行政事实行为，这并不以行政事实行为不以改变行政法意义上的行政法律关系为旨而改变。进一步讲，不以影响相对人的权利义务为目标并不等于事实行为不会给公民带来损害，而救济方案与损害相伴随是行政法上的又一基本原则。现有的法律法规以及行政法的理论研究多关注行政行为的实施和责任，而对后者探讨不多。最典型的，我国的行政复议法、行政诉讼法无不把事实行政行为排除在制度关注视野之外，因此，也无从通过该两种制度追究相关责任。相对应的，国家赔偿制度中涉及了违法的行政事实行为，“行政机关及其工作人员在行使行政职权时有下列侵犯人身权情形之一的，受害人有取得赔偿的权利：违法拘留或者违法采取限制公民人身自由的行政强制措施的；非法拘禁或者以其他方法非法剥夺公民人身自由的；以殴打等暴力行为或者唆使他人以殴打等暴力行为造成公民身体伤害或者死亡的；违法使用武器、警械造成公民身体伤害或者死亡的；造成公民身体伤害或者死亡的其他违法行为”。王名扬先生在《法国行政法》一书中也提到，行政机关的暴力行为已经丧失了行政行为（法律行为）的性质，是严重违法的行为。[①]

① 参见王名扬《法国行政法》，中国政法大学出版社 1988 年版，第 585 页。

因此，违法（没有法律依据）的行政事实行为也应当归入行政执法过程责任的原因行为。

五、行政执法过程责任方式

（一）行政执法过程责任方式简述

行政执法过程责任方式是指责任主体承担执法责任的具体方式，也是执法责任的实现形式。责任方式的设计对于责任制度的价值实现具有相当重要的意义，恰当的行政执法过程责任形式能够及时、充分地促使行政主体及其工作人员依法行政，并充分关照公民权益，能够为公民提供充分的救济权益的途径，能够发挥防范、威慑和矫正执法瑕疵的发生，能够促进行政法律秩序的建立与维持。法治意义上责任形式的确定与设计应考虑诸多相关因素，如首先要区分行政执法过程是否违法，执法过程是否产生了现实的损害（损失）以及损害的形态（程序权利还是实体权利、物质性利益还是精神性权利、损害已经结束还是正在进行、作为的损害还是不作为的损害等等），行政执法过程责任主体承担责任的可能性与可行性，行政相对人的主观诉求等等。

（二）行政执法过程责任方式的演变

在制度革新和进步的过程中，行政执法过程责任方式经历过以行政权力之与社会力量对比关系为宏大背景的嬗变，主要表现为行政的无责任、行政主体责任以及法治行政下的执法责任制度化。历史上，行政作为社会的强势力量影响社会生活，却不承担任何责任的状态一度属于社会常态，法制不仅对行政没有制约功能，反而呈现对行政（权力享有者）的亦步亦趋之势，即行政权力的形成、归属、界限以及行使等不依赖法律的授权，而行政的内容即产生对社会成员的规范作用和对社会关系的调整作用，法律自然无法反向规定和落实行政的责任，更无所谓“法律责任”。民主时代的到来对旧有的社会力量格局以及对比关系进行了不同程度的颠覆，法制以及法治渐趋成为现代国家的普遍选择，随之而来的权力分化、制约、平衡机制也引人注目，告别不受法制约束的权力形态、告别行政无责成为历史的必然。对于相异又相关的几种公权力而言，其运行机理和规律的不同决定了其承担责任的方式也各不相同，在行政领域内，对应行政执法活动本身的效率要求和组织特点，除了行政主体本身需要承担行政执法责任以外，我们还建立了行政首长负责制，指国家特定的行政机关首长在所属行政机关中处于核心地位，在本机关依法行使行政职权时享有最高决定权，并对该职权行使后果向代表机关负个人责任的行政领导制度。它是我国 1982 年宪法确立的一项重要制度。《宪法》第 86 条规定："国务院实行总理负责制。各部、各委员会实行部长、主任负责制。"第 105 条规定："地方各级人民政府实行省长、市长、县长、区长、乡长、镇长负责制。"行政首长所负之责应当包括政治责任与法律责任，应当意指行政首长既是重要决策者，又是"敢做敢当"的责任指向。行政首长负责制具有事权集中、权责明确、指挥灵敏、行动迅速的优点。这一制度实施十多年来，对克服行政机关中责任不明、人浮于事、互相扯皮和效率低下的状况起到了积极作用，但在操作层面以及与监督等其他制度相互衔接的问题上尚存诸多问题，形成了首长一言堂、只决策不负责的情形发生。为克服这一矛盾，进一步促进依法行政，近年来我国又开展行政执法责任制的建设，将行政执法过程中的责任进一步分解和细化，落实到执法的个人和部门，一定程度上收效良好。因此，至今我们已经逐渐建立起一套相对完善的由行政主体、行政首长以及执法人员的责任链接起来的体系，我们探讨的责任的承担方式与这一变化过程密切相关。

(三)行政执法过程责任方式的类型

行政执法过程责任在不同的观察角度可梳理出不同的类型。以责任的社会功能与目的为依据，可将其分为补救性的责任和惩罚性的责任。前者是指"以法律的道义性为基础，通过国家强制力对责任主体的人身、精神以及财产实施惩罚性的责任方式"；后者则指"以法律上的功利性要求为基础，通过当事人要求或者国家强制力保证要求责任主体以作为或不作为形式承担弥补或补偿的责任方式"[①]。

① 孙笑侠主编：《法理学》，中国政法大学出版社 1996 年版，第 200 页。

但两种责任的主要指向和运用在实践中有所区别，其发生的主要依据除均为行政执法过程瑕疵以外另有不同，补救性责任发生的依据主要是客观损害后果，即行政执法对正常的行政法律关系与秩序造成了破坏，对有关当事人合法权益造成了损害；惩罚性责任的发生则特别关注责任人的主观过错，责任的有无及大小取决于责任人主观是否有过错及主观恶性程度，不以实际的损害后果为要件。因此，这也就延伸出来二者在责任主体、责任载体与归责上的进一步区别：补救性的责任主体主要是行政组织，惩罚性责任主体主要是公务人员；补救性责任的主要载体是财产和行为，惩罚性责任主要是基于道义和职业伦理的责任，其载体往往是人身与精神；补救性责任并不以执法行为人的主观过错为必然的归责原则，惩罚性责任更加着眼于防止行政权力异化，避免瑕疵再次发生，强调行为人主观上的可非难性，因而以过错为归责原则。

补救性责任的具体实践方式主要有以下几种：

(1)对财产的补救。主要表现为停止侵害、行政赔偿(补偿)、返还财产、恢复原状等。大部分的财产损害都是如此落实责任的，如对乱收费、乱摊派的限期返还等。[①] 在该问题上需要注意的是，对财产的补救目的在于尽可能恢复到瑕疵行政执法行为作出之前的社会状态，因此又可以细分为物质性补救和功能性补救，分别对应于财产仍然客观存在，只是脱离了相对人的控制可以“完璧归赵”的情形和财物的使用价值已经被破坏的情形。毫无疑问，对财产补救的客观效果应该为恢复原有的相对人占有使用状态，是实质意义上的责任承担。

(2)对资格的补救。主要表现为撤销行政行为、授予资格、恢复资格等。往往与社会生活中大量存在的行政许可执法行为有关，要

---

① 如行政许可法对行政许可的收费问题作了专门规定：除法律、行政法规另有规定的情况外，行政机关实施行政许可不得收取任何费用；行政机关提供实施行政许可申请书格式文本，不得收费；行政机关实施行政许可，依照法律、行政法规收取费用的，应当按照法定的项目和标准收费；所收的费用必须全部上缴国库，任何机关或个人不得以任何形式截留、挪用、私分或变相私分。对违反上述规定的行政许可实施主体，其上级行政机关或者监察机关可以责令其退还非法收取的费用。

么表现为行政主体违法拒绝向符合相关条件的相对人作出许可决定，要么表现为没有适当依据地限制或剥夺行政相对人已经得到的某种许可。[①] 对该种执法行为的补救便是重新恢复相对人的相应资格，但一般应以恢复这种资格有实际意义为前提。[②]

(3)对声誉的补救。主要表现为停止侵害、赔礼道歉、恢复名誉、消除影响等。值得一提的是，目前来讲，行政执法过程中对相对人精神造成的损伤尚不能获得赔偿。在民事领域引入精神损害赔偿之后多年，该话题在行政领域重新引起广泛关注，以国家赔偿法修正为契机，建立精神损害赔偿制度越来越值得期待。

关于惩罚性责任，有学者认为行政组织不可能成为惩罚性责任的主体，理由在于行政主体不是有生命体，因此不会产生主观恶意；对行政组织进行惩罚，它缺乏痛苦感受能力，作用不易发挥；对行政组织进行惩罚会影响其社会威信；行政组织不具有营利性，不能使用财产罚；等等。社会生活中行政执法的形式林林总总，执法过程中的瑕疵表现也不一而具，单纯补救性的责任有时难以起到警示作用，因此，我们认为对于恶性较大而违法行政的主体，并不宜完全排除惩罚性责任的适用，另外惩罚性责任也不必然以金钱或物质为标的，比如通报批评即是一种以声誉为指向的责任形式。

惩罚性责任包括以下几种：

(1)以身份为标的的惩罚。这是惩罚性责任中最常见的，主要表现为行政处分、行政问责等，针对公务人员与负领导责任的行政首长。行政处分是由于公务员违反其法定的约束而引起的法律后果，依照我国公务员法的相关规定，公务员有法定的违纪行为、尚未构成犯罪或者已经构成犯罪但依法不追究刑事责任的，应当给予行政处分。在一项具体的行政行为中，参与行政行为的公务员可能有多个，但依照公务员制度中的领导体制和我国现行法律的规定，只对在行

① 如近年来引起较大社会反响的交通管理中的“禁摩令”、“限小令”等，在遭遇行政许可法的质疑之后进行深刻反思，不少城市和地区纷纷解禁。

② 如公民甲被行政机关违法扣留了参加某一年一度资格考试的准考证，在考试结束后返还准考证已没有实际意义。

政行为中直接负责的主管人员和其他直接责任人员依法给予行政处分，即对在行政行为中进行辅助性工作或具体执行性工作的人员并不进行行政处分。我国现行的公务员制度将行政处分分为六种：警告、记过、记大过、降级、撤职、开除。对行政工作人员在实施行政许可的过程中的违法行为，情节严重的，检察机关或上级行政机关可以对直接负责的主管人员和其他直接责任人员依法根据不同的情况作出行政处分。自 2003 年“非典”时期两位政府高官因未能恪尽职责而去职以来，问责制度开始在中国露出一角，问责理论走向健全成熟并能在制度上加以配套，该项制度将继党内民主、村民选举等举措而成为中国政治体制改革的最新看点。问责制度是民主政治的一个组成部分，宪政民主政体下有限政府和责任政府的一个重要实现途径。在民主政治下，由选举和任命产生的权力载体必须对人民负责，须为其言论和行为承担责任。问责制度的理论基础和实践依据均为“权为民所授”。所以公务人员有责任首先向公众报告他们的行为，公民有权利要求追究违法官员的责任。在民主政治下，问责制度是一套制度体系，不仅限于行政部门内部的上下级之间，更重要的是解决问责的“方向”性问题，即只有建立“下对上”的问责，才能实践问责制的本源意义，才能确保责任体系中没有缺失的环节。在行政领域，问责制主要针对的是行政首长，也包括直接责任人员，制度的发展已经突破了人们将问责视为“引咎辞职”的通俗理解，而具体化为一系列细致的指标和责任方式。[①] 与之相近，对于特定的行政体系中的高级公务人员，不少国家的宪法规定了议会或权力机关可以对其进行弹

---

① 如《重庆市政府部门行政首长问责暂行办法》中，被追究责任的 18 种情形包括：凡市政府部门行政首长出现了因效能低下，无正当理由未完成工作任务，执行不力致使政令不畅或影响市政府整体工作部署的；责任意识淡薄，在重大灾害时刻拖延懈怠、瞒报、虚报、迟报数据，致使公共利益或管理相对人合法权益遭受损失或造成不良社会影响的；盲目决策，造成严重不良政治影响或重大经济损失的；不依法行政或治政不严、监督不力造成严重不良政治影响或其他严重后果的；在商务活动中损害政府形象或造成重大经济损失的，以及其本人在公开场合发表有损党和政府形象的言论或行为不检造成社会不良影响的；等等。参见 2004 年 5 月 13 日《中国青年报》。

劾、罢免和撤职。[①] 我国现行宪法未设立弹劾制度，对于罢免和撤职，学者们往往将其认定为宪法责任形式，少有学者将其作为行政法律责任的形式加以系统研究，进而认为权力机关不能直接追究公务员的法律责任。但是我们认为，根据宪法“对一切违反宪法和法律的行为，必须予以追究”的原则，罢免和撤职不仅是而且更应当视为对公务员追究责任的有效方式，二者的适用不是空穴来风，而是基于相关公务员严重的失职、渎职等行为，探讨责任的形式应关注多元性质下的责任。

2006 年开始实施的公务员法在原来公务员条例的基础上加以发展，其中关于公务员执法过程中的独立判断与上级指示之间关系的协调问题成为普遍关注的焦点。《公务员法》第 54 条规定：“公务员执行公务时，认为上级的决定或者命令有错误的，可以向上级提出改正或者撤销该决定或者命令的意见；上级不改变该决定或者命令，或者要求立即执行的，公务员应当执行该决定或者命令，执行的后果由上级负责，公务员不承担责任；但是，公务员执行明显违法的决定或者命令的，应当依法承担相应的责任。”规定从两个方面明确了公务员的责任：一是没有被上级接受的“纠错”建议，公务员应当立即执行；二是执行了上级明显违法的决定或命令，公务员也要承担相应的法律责任。全国人大法律委员会副主任李飞在公务员法通过后的新闻发布会上讲，“公务员有一个特性，就是要服从上级的决定和命令，这是为了保证政令畅通，令行禁止，发挥公务员高效的要求”。其实在公务员如何对待上级违法的决定与命令的问题上，争议频发。有意思的是，公务员法一定程度上回避了对该问题的解答，而规定“公务员执行明显违法的决定与命令要依法承担相应的责任”，委婉地肯定了公务员可以不执行违法的决定与命令。

---

① 例如《德国》宪法规定，对于总统等官吏，当其行为违反宪法或者法律时，议会得以提出弹劾。我国《宪法》第 63 条也规定，全国人民代表大会有权罢免下列人员：国务院总理、副总理、国务委员、各部部长、各委员会主任、审计长、秘书长。地方人大组织法也规定：县以上的地方各级人大常委会在本级人大闭会期间，有权决定撤销个别副省长、自治区副主席、副市长、副州长、副县长、副区长的职务，决定撤销由它任命的本级人民政府其他组成人员的职务。

(2)以财产为标的的惩罚。主要表现为对公务员的追偿责任、追缴违法所得等等。公务员的赔偿(追偿)责任是指公务员因故意或重大过失、违法或不当地执行职务行为给行政相对方带来不必要的财产损失时所应当承担的赔偿责任。但是这种赔偿的实现在我国是通过先由行政机关直接向受害人赔偿,然后再由行政机关依照公务员是否存在故意以及过错的程度行使求偿权,即向公务员进行追偿来实现的。对于受害人获得的赔偿数额而言,我国采"补救说",也就是行政主体的赔偿数额以补救损害为限,但是对于行政执法人员的追偿而言,却是对个人的惩罚,这是两种参照下的不同界定。从理论上说,行政机关工作人员以行政主体名义代表国家实施行政权,其行为效果由行政主体承受。行政主体对行政机关工作人员的行为(即使有过错行为)承担外部责任,即先由行政主体对相对人承担责任,然后行政主体根据行政机关工作人员的过错程度追究其责任,可向其行使求偿权。这就是当今世界各国行政法普遍确立的行政连带与求偿制度。我国行政诉讼法和国家赔偿法关于行政侵权赔偿责任的规定也充分体现了这一原则。根据求偿制度确立的原则,行政机关工作人员行为引起的行政责任有两种情况:一是在行政机关工作人员本人有故意或重大过失的情况下,行政责任最终由行政机关工作人员承担或由行政主体与行政机关工作人员分担;二是在行政机关工作人员本人无过错或仅有一般过失的情况下,行政责任最终由行政主体承担。

(3)以声誉为标的的惩罚。主要表现为通报批评、警告等,既可以针对行政组织,又可以针对公务人员个人。同商家一样,存在于社会中的行政组织和公务人员尤其在意社会评价,并且这影响政府的社会形象和公信度。从客观效果上看,降低声誉的责任力度并不低于财产罚。

需要澄清的是,行政执法过程中产生的责任性质并不一定是行政责任,根据责任的法律性质,行政执法过程中一定情况下还可能产生刑事责任,针对的是公务人员。公务人员的刑事责任是公务人员法律责任的一种特别表现形式,也是公务人员法律责任体系中最为严厉的，适用于公务人员依职权的行为违反刑事法律规范的情形。刑事法律责任在责任性质、责任构成、追究主体、承担方式、适用依据等方面区别于行政法律责任。公务人员承担刑事责任的总前提是其行为触犯刑事法律规范，构成犯罪，因此对责任的认定适用刑罚的归责原则，要符合相应的主体、主观、客观、客体要件，即符合相应的犯罪构成。追究责任时也不再以行政法律规范为依据，而应当依据刑法的相关规定。[①]

六、行政执法过程责任追究

（一）行政执法过程责任追究简述

尽管上文中较为详细地介绍了行政执法过程责任的主体、形式、确认等问题，但是这些略显零散的静态的因素需要一条主线加以贯穿，方能使行政执法过程责任落到实处，也就是说，责任从生成、确认到得以有效地落实是一个动态的过程。我们不妨将这一过程称为行政执法过程责任的追究。行政执法过程责任的确认和追究可以通过行政诉讼、行政复议、行政赔偿、行政问责等多种形式或者途径进行。[②] 责任的追究是一个使责任从应然状态转化为实然状态的过程，一般需要借助行政执法主体与相对人之外的力量来完成。

---

① 以行政处罚为例，行政处罚机关公务人员，尤其是直接负责的主管人员和其他直接责任人员，和受行政机关委托从事行政处罚的人员需要承担刑事责任的情形主要有：(1)行政机关将罚款、没收的违法所得或者财物截留、私分或者变相私分，情节严重构成犯罪的；执法人员利用职务上的便利，索取或者收受他人财物、收缴罚款据为己有，构成犯罪的。(2)行政机关违法实行检查措施或者执行措施，给公民人身或者财产造成损害、给法人或者其他组织造成损失，情节严重构成犯罪的。(3)行政机关为牟取本单位私利，对应当依法移交司法机关追究刑事责任的不移交，以行政处罚代替刑罚，徇私舞弊、包庇纵容违法行为的。(4)执法人员玩忽职守，对应当予以制止和处罚的违法行为不予制止、处罚，致使公民、法人或者其他组织的合法权益、公共利益和社会秩序遭受损害，情节严重构成犯罪的。

② 我们认为法治政府的一个重要指标便是政府应当是有责任和负责任的，责任政府对应着两种基本的社会价值：一是责任规束着权力不致滥用和腐败；二是责任的承担对应着公民权利得到相应保障，这是相辅相成的两个方面，因此，本节里所称的责任追究机制与通常所讲的权利救济机制在一定角度上看是一个问题的两个方面。

（二）行政执法过程责任追究制度

行政诉讼是典型的追究行政执法过程责任的制度和途径。就某一个具体的行政执法行为而言，公民、法人或者其他组织认为行政执法行为侵犯了自己的合法权益，可以就行政行为向相应的法院提起审查请求。法院基于当事人的请求，以法律、法规或者与法律法规相协调的规章为依据，就行政执法行为的合法性作出判断和处理意见，或维持原执法行为，或撤销原执法决定，或在特别条件下变更之。对于违法的执法行为，被撤销应视为国家追究和执法者承担法律责任的前提。它以行政诉讼法为制度依托，其基本逻辑是通过司法机关以及司法权对行政执法的监督权的行使实现对公民、法人或者其他组织合法权益的救济，并同时实现对行政执法机关及工作人员行为的监督和责任追究。行政诉讼制度建立和运行十几年来，已经成为法治行政和打造责任政府的有力注脚，以及公民、法人或者其他组织权益保障的坚强支持。而行政诉讼实践却也对关于行政诉讼的传统认识和既定制度形成严峻的挑战，并促使着行政诉讼制度的重大修正和变革。

行政复议是重要的追究行政执法过程责任的制度和途径。就某一个具体的行政执法行为而言，公民、法人或者其他组织认为行政执法行为侵犯了自己的合法权益，可以就执法行为向相应的有复议权的机关提起审查请求。复议机关基于当事人的请求，以法律、法规、规章等规范性法律文件为依据，就行政执法行为的合法性、合理性以及行为所依据的法律、法规、规章以外的其他规范性文件作出判断和处理意见，或维持原执法行为，或责令限期履行原执法决定，或撤销、变更原执法行为。对于违法或者严重不合理的执法行为，被撤销、责令限期履行等可看作国家追究和执法者承担法律责任的前提。它以行政复议法为制度依托，其基本逻辑是通过行政机关以及行政权内部监督权的行使实现对公民、法人或者其他组织合法权益的救济，并同时实现对行政执法机关及工作人员行为的监督和责任追究。行政复议的长期实践既出现了这样那样的问题，损伤着复议制度的价值和政府的权威，不可避免地使维护公民、法人或者其他组织合法权益的各种努力大打折扣，又发生着不容我们忽略的不断萌发的新制度迹象，并成为促使复议制度公正、合理的增长点。

行政赔偿是常见的追究行政执法过程责任的制度和途径。就某一个具体的行政执法行为而言，公民、法人或者其他组织认为行政执法行为侵犯了自己的人身权或财产权，可以就执法行为向相应的机关提起赔偿请求。行政赔偿的提起有向赔偿义务机关提起、向人民法院提起和向复议机关提起等多种途径。相关机关行政赔偿决定的作出是违法的行政主体承担赔偿责任的前提。此外，行政追偿是补充性地追究行政执法责任的制度和途径，它确认和追究的是实施行政执法行为的，有故意或者重大过失的执法者的经济责任。它以国家赔偿法为制度依托，其基本逻辑是通过对行政执法机关及其工作人员违法行为的追究，要求其承担以金钱赔偿为主的行政赔偿责任，实现对受损害的公民、法人或者其他组织人身权、财产权等权利的救济和保障，并同时实现对行政执法机关及工作人员行为的监督和规范。国家赔偿法实施十余年来，行政赔偿制度运行的社会环境发生了重大变化，部分规则已受到实践的挑战和质疑，不足以对应人权保障的立法宗旨和权利保障的现实需要。行政处罚是引发行政赔偿最多的行政领域之一，重新关注行政赔偿制度在行政处罚领域中的运用，梳理并加强对行政处罚赔偿制度的理论研究，无疑会对行政处罚救济的实践及其制度完善起到有益作用。

此外，质询也是追究行政处罚责任的制度和途径之一种。质询权是指议会成员按照法定程序就特定问题质问有关国家机关及其公职人员，要求其作出解释、说明和答辩并可据此采取进一步措施的权力。[①] 近年来，一些地区人大代表积极履行宪法和法律赋予的监督权，就有关问题向政府及其工作部门提出质询，引起社会的广泛关注。人大代表广泛行使质询权，预示着其角色意识、权利意识的觉醒，对于重塑国家权力机关的形象，督促政府依法行政具有重大而深远的意义。在我国，质询一般围绕公共政策、社会事件、公共执法以

① 参见章志远《质询权初论》，载 2000 年 2 月 25 日《南方周末》第 2 版。

及官员行为进行，中央及地方各级行政机关、司法机关都属于质询对象范围之内。我们认为，质询是一种特别的权力监督方式，应成为责任追究的一条通道，然而长期的实践中并没有很好地建立对质询结果的刚性责任追究机制，致使质询的作用无法充分发挥。完善质询制度也是依法追究行政执法责任的途径之一。

第六章　行政执法过程环境论

行政执法过程环境研究，所要阐明的基本结论就是环境和方法实际上构成行政执法的真正出路。从行政执法过程所必须面对的环境系统出发，一个处于动态发展与变迁的开放性环境系统必然深刻影响行政执法的构建以及运行水平，行政执法的法治化也只有在包含诸多影响因素的环境优化与合力影响中逐渐生成，尽管我们反对环境决定论的观点。本章阐明了环境研究的原理与意义，归纳并实证分析行政执法过程中三类外部环境类型。全球化、知识化、信息化、市场化、民主化、法治化的宏观背景作为第一类环境因素，没有这些现实背景，行政执法的法治观念也就没有生成的土壤。权力形态的政治因素作为第二类环境因素，通过考察与比较来研究如何建立行政执法权与其他政治权力形态之间的法治关系，尽可能减少和消除其他权力形态对行政执法的非法治影响，改善其他权力形态发生作用的方式。社会因素作为第三类环境，意义在于权利时代的行政执法过程必然包含社会团体、公共舆论与公民的积极参与，改变传统的行政观念与功能，重构行政各主体间的关系。与此同时，本章试图建立环境影响的反馈与评估体系。依据实证分析建立一个科学与系统化的行政执法环境评估体系也是促进行政执法过程法治化的方法与对策。

第一节　环境论及其意义

一、“环境”概念解析

（一）“环境”：人类生存与发展的客观系统

环境，是存在于某一事物周围的一切情况和条件。任何事物都受制于它周围的诸多因素，而绝不可能孤立存在。外部世界的诸多因素总是对某一事物的生存与发展起着重大影响。“环境”在此解释为一个相对概念，其含义就是，环境总是要有一个中心参照物，中心事物不同，环境的含义也就随之不同。人类将自己作为万物的尺度时，环境的总参照也就确定下来，从这个意义上讲，按照《辞海》的解释，“环境就是围绕着人类的外部世界，是人类赖以生存和发展的社会和物质条件的综合体，包括着自然与社会”①。

环境作为人类的生存和发展的客观系统，强调人与自然环境的互依性、互动性、良性平衡，同样也表现在人类社会环境中，人类文明的发展走向必然受到人类社会发展变迁过程中的政治制度、社会结构、经济形态、文化传统、民族、人口等诸多社会环境要素的影响。在这些环境因素中，保持社会主体与社会关系的互依性、互动性以及维护相互之间的和谐关系，同样是人类生存和发展的意义所在。

（二）“环境”：作为研究工具

20世纪50年代以来，经济和科技飞速发展的同时，也带来了环境、人口、资源和全球变化等关系到人类自身生存和发展的重大问题。在解决问题过程中，生态学与其他学科相互渗透，相互促进。动植物生态学由分别单独发展走向统一。生态学不仅与生理学、遗传学、行为学、进化论等生物学各个分支领域相结合形成了新的领域，并与数学、地学、化学、物理学等自然科学相交叉，产生边缘学科；甚至超越自然科学界限，与经济学、社会学、城市科学相结合，生态学成

① 《辞海》，上海辞书出版社1999年版，第3417页。

了自然科学和社会科学相接的真正桥梁之一。

“环境”概念作为分析工具由此运用到社会科学领域研究社会生活环境，并主要在公共行政和行政管理领域。二战前，主要侧重研究行政组织内部因素，如行政体制、权限划分、人员素质、领导方式等，很少研究外部环境对行政的影响。哈佛大学教授约翰·高斯 1936 年发表《美国社会与公共行政》、1947 年发表《政府的生态学》，强调行政组织外部因素对行政管理的影响，开始用生态学的观念和方法来研究行政问题。美国人利格斯 1957 年发表《比较公共行政模式》，并出版《公共行政生态学》(1961 年)，创立了行政生态学。利格斯认为，行政生态学就是研究自然及人类文化与公共政策运行之间的相互影响情形的科学，可以借用生态学研究生命主体与其环境相互作用关系的基本理论和方法来研究行政系统与其环境的关系。通过划分融合型、衍射型、棱柱型三类行政形态，研究经济社会环境与行政管理的关系；同时从经济要素、社会要素、沟通网、符号系统、政治构架等方面考察公共行政与外部环境的关系。而另一位美国人诺顿·朗以其政治学家的独到眼光，在《权力和行政管理》中认为：“行政管理的生命线就是权力。权力的获得、保持、增强及丧失是实际工作者及研究人员不能忽视的问题。”但“在理论上，人们最容易忽视这个问题；而在实践中忽视这个问题，则是极其危险的”。诺顿·朗从政治环境视角开拓了行政环境研究的新视野。[①]

行政法学研究行政法治、行政执法等问题引入“环境”概念，是否能取得其在公共行政与管理学科运用中的影响，并打开行政法学研究视野？我们注意到，西方学者研究法治也往往并非从法治本身出发，比如可能是经济实践和经济学引起。经济分析方法，如经济学上的公共选择理论、博弈论以及比较研究等已经成为研究法治行政问题的新思维方式。我们之所以始终强调制度的生长性本质，就是认为，在一个有着深厚历史沉积、民族心理中缺乏法治传统的国家，选

---

① 参见金国坤《依法行政环境研究》，北京大学出版社 2003 年版，第 1～10 页。另参见[美]利格斯《行政生态学》，金耀基译，台湾商务印书馆 1978 年版；[美]R. J. 斯蒂尔曼《公共行政学》(上)，李方、潘世强等译，中国社会科学出版社 1988 年版。

择法治，也更加应该特别在实践层面自觉地将其作为一个系统工程来对待，模式应当与具体历史的情境相融合，把握现代化转型的契机，考虑吸纳可以改造的资源来推进制度在这个新土壤的重新生成，侧重考察与建立起中国语境中的社会结构与法治走向的基本关联。国内法治研究也已经注意到这个研究工具的重要意义，也已经开始尝试用这个工具来分析法治问题。

二、环境考察的分类

（一）一般意义上的环境分类

就人类生存与可持续发展的大主题而言，人类所面对的环境极其复杂，概括起来大体上可以这样分类：从环境内容上看，可以分为自然环境和社会环境。自然环境也就是与人类活动发生密切联系和相互作用的自然条件，包括生物、非生物因素，也包括宇宙因素；社会环境就是通过人的社会实践而形成的对人类生存与发展起到影响的社会条件。人类通过生产实践、社会斗争以及科学实验等手段形成的社会环境由于人作为其中的主导性因素而不像自然环境具有相对稳定性，总是要比自然环境变化快速。构成人类社会环境的，主要有以下几个方面：(1)政治环境，主要指的是国家政治制度和权力分布、政党制度、阶级阶层状况、法律制度等情况。(2)经济环境，主要指的是经济发展水平、经济制度、经济秩序、经济形式等情况，也就是说社会生产力和生产关系状况构成的社会生产方式。(3)文化环境，主要指的是价值观念、社会伦理道德、社会心理、教育科学、文学艺术、宗教、文化等情况，也就是说构成社会精神文明的状况。(4)人口环境和民族环境，主要指的是人口的数量、质量、分布、结构，民族的成分、分布、关系。从区域和范围上看，可以分为国际环境和国内环境。国际环境，着眼于一个国家与世界上其他国家、地区或者国际组织间的政治、经济、文化、军事、地理位置的关系，以及其他国家、地区间的相互关系以及与国际组织的关系等条件。国内环境，着眼于本国内部的社会经济、政治、文化、人口、民族和自然条件等情况。从不同结果程度上看，可分为良性结果、恶性结果以及良性与恶性结果兼有的环境要素。良性结果环境要素就是指能够对人类某一中心事物产生积极影响和作用的条件；可以是国内的，也可以是国际的积极环境要素；可以是自然的，也可以是社会的积极环境要素。恶性结果环境要素就是指对人类某一中心事物产生不利的消极的条件；可以是国内的，也可以是国际的消极环境要素；可以是自然的，也可以是社会的消极环境要素。良性与恶性结果兼有的环境要素也就是积极和消极并存的条件。从与某中心事物距离不同的观察点看，可以分为大环境、中环境和小环境。大环境，通常讲的是国际或国内的宏观环境，通常意义上讲的国情、区情等。中环境，通常讲的是中心事物系统的各个方面。小环境，通常讲的是中心事物内部的各种结构与关系。

（二）行政执法过程环境研究的分类

行政执法过程的环境要素，根据内容可以分为政治、经济、社会、历史文化环境等；根据对执法的影响、作用分为促进行政执法的环境和阻却行政执法的环境；根据范围分为国内环境和国际环境，或者中央行政执法环境和地方执法环境，也可以分为综合行政执法环境和部门执法环境；等等。

综合这些基本分类，行政执法过程环境研究的环境分类正如前言交代的：第一类大环境就是全球化、知识化、信息化、市场化、民主化、法治化的宏观背景，这是行政执法的观念革新与执法的新思维生成的土壤；第二类环境就是将政治（权力）作为环境因素，通过考察与比较来研究如何建立行政执法权与执政党执政权、国家立法权、国家司法权以及其他权力的法治关系，尽可能减少和消除其他权力形态的非法治影响，改善其他权力形态对其发生作用的方式；第三类环境就是社会因素，包括社会团体、公共舆论、公民权利，在行政执法过程中，这些因素的作用，实际上正在改变传统的行政观念与功能，重构行政各主体之间的关系。

三、环境论研究的意义

1. 行政执法过程相关制度建设需要系统而全面地研究其环境要素，也只有通过环境论视角的研究，其相关制度才能得到更加有效的实施。制度的自然生成以及活力的体现是制度内外综合因素的合力而为，而决非制度本身就能产生，这是对法治政府建设的最大贡献。

2004年3月17日国务院发布《全面推进依法行政实施纲要》（简称《法治政府纲要》）正是总结自1999年11月8日《关于全面推进依法行政的决定》（简称《依法行政决定》）实施以来的行政实践经验，这个发展也正是国内外各种综合因素影响的结果。《法治政府纲要》的意义是“从法治到民主的里程碑”，引用季卫东的话就是：“从这幅刷新国家形象、转变权力运作机制的蓝图中，我们看到的不止是‘政治之隆，皓若阳春’的希冀，还有未来十年中国政治结构演进的具体途径以及通过法律程序实现个人权利的各种可操作性装置。”如果说1999年正式导入了“依法行政的原理”，那么不妨认为2004年的重大成果就是完全承认了“法律优越的原理”——这两大原理正是建构现代民主法治制度的两块基石。如果说《依法行政决定》侧重于通过政府立法以及行政执法等方式的“作茧自缚”，那么不妨认为《法治政府纲要》侧重于行政活动的法律根据以及外部监督，明确认识到依法行政原理的兑现必须以来自政府外部的司法救济作为担保，并试图让“以人为本”这样的现代政治的彩蝶在十年之后破茧而出。当然，这样的变化绝不是政府部门一时的心血来潮，而是2000年制定《中华人民共和国立法法》和2001年加入世界贸易组织之后社会进一步发展的合乎逻辑的结果。①

综观《法治政府纲要》，可以看到行政执法相关制度建设是法治政府建设实施体系中的重要组成部分，根据实践经验总结出来的行政执法相关制度建设要求就更加需要人们进行自觉的实践，并加以理论研究、论证和设计。对这些相关制度能否真正建立起来并发挥实际效果，根据不断发展的环境特点，进行环境论研究，意义重大。

2.通过环境论研究，有利于分清行政执法的有利环境和不利环境因素，通过发扬和培育行政执法过程的积极因素，改造那些不利于

---

① 参见季卫东《从法治到民主的里程碑——解读〈全面推进依法行政实施纲要〉的内涵和体制改革的契机》，载2004年3月20日《财经》。

行政执法的消极因素，为行政执法奠定良性基础。良性的执法环境不仅影响执法本身，同时由于执法过程中人的主导性作用的发挥、执法制度的不断完善，这些将逐渐影响其环境因素发生积极变化，形成新的更加良好的执法环境以及与此间接关联的环境状况，展现出环境论意义上的互依、互动性效果。

3. 环境论作为行政执法过程研究分析工具的意义主要在于，环境论作为研究行政执法过程的分析工具，必然要求这个研究过程带有很强的实证性和实践性，同时也必须借助多学科的知识和分析模式进行。环境论研究有利于倡导良好的研究风气。

在波斯纳的作品中，比如《法理学问题》、《超越法律》、《法律的经济学分析》等，反映出西方研究法治和法学问题的量化研究、个案分析、生动描述的风气。苏力也说，我们“既缺少量化的研究，也缺少细致精密的个案研究，甚至常常没有一个不带个人意气的如实生动的描述”，“也许法学由于其实践性、世俗性，其知识贡献就注定不是宏大理论，而是微观的制度性理解和处置；就是要把事办妥（而不是好）”[①]。在我国司法制度研究时，苏力也表明了同样的态度：“我们在司法制度上总是在瞄准他人，我们似乎忘记了，法律是实践的，是要解决问题的，是要解决我们的问题的，是要解决我们眼下的问题的。而且不论中国法治的未来将如何，我们先要解决的是当代的中国的问题。即使要移植法律，我们也必须了解我们需要什么，即使拿来主义也要有眼光。”[②]

上述关于研究作风和研究方式的态度，同样的对行政执法研究具有指导意义。环境论对行政执法过程做研究，需要实证考察的工作，对问题的判断和把握依赖于对客观环境因素的准确、全面把握；需要运用社会调查的方法，了解民众对行政执法有关问题的真实看法；需要运用历史的研究方法考察行政执法环境的历史演变过程，发

---

① 参见［美］波斯纳《法理学问题》，苏力译，中国政法大学出版社 2002 年版，波斯纳文丛总译序。

② 苏力：《送法下乡——中国基层司法制度研究》，中国政法大学出版社 2002 年版，第 12 页。

现其承接、转型、契机等等多方面特点；需要运用比较研究的方法比较中外国家行政执法环境因素的异同，并总结和吸取经验。

第二节 行政执法过程的环境构成

行政执法过程中的环境要素众多，相互之间的关系也十分复杂。在这些环境要素中选取典型的几类环境作为研究行政执法过程环境的构成，以便于更加清晰地研究这些最重要的环境要素在优化行政执法观念、原则和制度中的影响与作用。

一、行政执法过程环境（Ⅰ）：宏观背景

（一）全球化和中国入世

全球化是一种世界潮流。经济全球化，各国政治、法律、文化相互融合与影响成为不可逆转的潮流。即便本文主要描述经济全球化的背景，也毫无疑问与民主政治、法律、政府行政有着不可分割的关系。

世界贸易组织是最具全球化含义的组织，致力于维护和促进经济全球化和贸易的自由秩序。世界贸易组织是在《关税和贸易总协定》基础上发展而来的。1930 年代经济危机使各国意识到加强国际贸易协调与合作的必要性。美国于 1943 年倡议成立国际贸易组织，主张在多边基础上相互削减关税，促进贸易自由化。[①] 1948 年由美国等 22 国签订的《关贸总协定》生效。《关贸总协定》在促进世界贸易自由的同时，也暴露出其临时文件的弱点，许多规则缺乏法律约束力和必要的监督措施，“一般性例外”、“安全例外”、“边境贸易、关税同盟和自由贸易区例外”等种种例外，也助长了对文件宗旨的背离，

① 1947 年 10 月，各国在哈瓦那制定《国际贸易组织宪章》。历史发生转折的是，美国国会议员认为多边贸易体制“侵犯”(infringe)美国主权，该宪章与其国内法相抵触，从而拖延审议表决过程，这个组织和宪章最后流产。但各国将在关税减让谈判中取得的协定和哈瓦那宪章中的有关贸易政策合在一起，形成并通过《关税与贸易总协定》，这个文件就“临时”适用了近半个世纪。

削弱了文件原则和法律严肃性。随着新科技革命和跨国公司的发展，国际货物贸易带动了与此有关的银行业、运输业、保险业等服务贸易的发展，知识产权领域亦是如此，这是文件制定时没有也不可能估计到的。1986 年“乌拉圭回合”谈判启动，历时 7 年的艰难谈判，最终将服务贸易、知识产权纳入世界贸易范围，支持建立专门的贸易争端解决机构，在组织化、全面化和法律化等方面实现了对《关贸总协定》的超越。1994 年，109 个国家签订并发表《马拉喀什宣言》，世界贸易组织（WTO）宣告成立。①

世界贸易组织在目标上指向贸易自由化和经济全球化，但要求成员国政府建立法制的普遍立场说明，自由与开放的市场经济是需要成员国政府法制保障的经济形态，转换成学术命题就是“市场经济就是法制经济”。入世首先是政府入世，就意味着政府建立法制是维持和发展自由的市场经济的基础保障。由此不难理解，WTO 重视成员国政府法制建设要超过其对贸易本身的关注。中国 15 年的谈判过程实际上就是谈判对方求证我们是不是实行开放的市场经济。实行市场经济，就意味着在政府管理形态和管理职能上应当与此相适应，建设法治。

中国入世是积极参与全球化的重要准备。进入世界经济主流、建立和维护国际经济新秩序，这是一个超越经济和贸易含义的战略选择。作为世界贸易组织的成员，遵守世界贸易组织的原则与规则是中国政府的法定义务。第一，政府立法必须切实贯彻平等、公开和统一原则。立法的出发点要建立在非歧视、无差别、公开化的原则上，这就要求规范政府共同行为的法律、法规、规章及其他规范性文件应当保持统一性。第二，政府管理与执法应当适应贸易自由化，放松以配额、许可证实现的经济管制，确保政府的适当干预目的在于建

---

① WTO 规则产生、有效性及“例外”减少等方面明显增强了 WTO 法律性，也改变了 GATT 时代大多通过外交手段解决纠纷的模式，确立起贸易政策审查和贸易争端解决机制。贸易争端解决机制（DBS）以专家组（panel）断案方式的裁决机制，体现了准司法化趋势。在贸易问题与各国主权和政治关系紧密的时代，这种巧妙转化，实际上是建立起一种普遍得到遵守的国际法规则，任何一个成员国家如果不想被世界淘汰出局，决然不会贸然或者肆意违背和践踏这个规则，这在现时代是一个基本事实。

立和维护自由竞争的权利秩序。第三，行政执法必须遵守政府透明化的要求。透明化和公开化意味着：在多边贸易体制中，WTO成员同样享受信息提供方面的平等待遇和利益，信息提供必须是公开的、持续的和具有约束性的。比如《技术性贸易壁垒协议》，为了使各国出口商都能获得关于技术规章和标准以及合格评定程序的必要信息，要求所有成员国政府都要建立国家信息咨询点；还意味着遵守WTO非歧视原则和国民待遇原则，促进政府在法律的制定和实施、行政方式的公平性。第四，行政执法应当适应世界贸易组织关于"统一、公正、合理"实施法律的要求。中国政府已经在入世的相关文件中承诺了中国政府在法律实施上的这一原则并改革政府执法方式以切实落实。第五，世界贸易组织要求成员国政府规范行政程序。比如在《进口许可程序协议》总则中明确要求简化国际贸易的各项行政管理程序和惯例，透明、公平、公正地适用和实施，要求成员国政府按照行政程序法等法律规范实施行政执法行为。①

（二）市场化与市场经济

经济环境的变化是一个基础背景。经济环境包括着经济形态变化及其程度、经济发展水平等要素，同时也包括社会环境的若干内容，如社会阶层、社会主体及其意识等要素。

第一，中国的市场化和市场经济的形态确立首先来自政治家的气魄与理论突破。导致经济形态逐渐改变的原因在于历次政治运动，特别是"文革"，破坏了新中国成立初期通过计划手段积累的经济实力，社会经济水平低下和百姓贫穷使得邓小平在拨乱反正后，开始以经济建设为中心，但这并不逻辑地意味着经济形态的转变，只是在寻求加快经济发展的改革开放等方式后，逐渐得到了理论上的突破，最后才露出市场经济的冰山一角。1980年邓小平提出"计划调节和市场调节相结合"；1985年他强调"把计划经济和市场经济结合起来，就更能解放生产力，加速经济发展"；1992年他讲"计划多一点还是市场多一点，不是社会主义与资本主义的本质区别。计划和市场

① 参见肖金明《法治行政的逻辑》，中国政法大学出版社2004年版，第24～29页。

都是经济手段”。经济实践和理论突破发展到此，社会主义市场经济才正式提出，包括经济体制改革的目标、所有制改革、企业制度改革、分配制度改革、农村改革、市场体系建设、宏观管理体制改革等。中国历经 15 年艰苦的世贸谈判解决的问题只是“市场经济”和“对外开放”。而 1992 年之前的谈判艰苦在于我们不承认发展市场经济，而且要证明我们能够履行世贸组织成员建立在市场经济的那一套规则。正是邓小平 1992 年打破“计划经济是社会主义经济的基本特征”的理论，在解放了思想的同时使得我们与对手和伙伴有了谈判的共同语言。而入世以后我们所要遵循的原则和规则——虽然并不是全部——又构成市场经济深度发展并建立起真正的市场经济形态的新的环境要素。

中国经济体制改革和市场化过程实质上是权力经济向权利经济转型的过程。计划经济时代，政府对经济严格管制，权力配置社会资源，政府通过计划、审批、指标和配额安排经济生活所呈现的权力经济化和经济权力化不仅抑制着市场的自由与社会主体的主动性和创造力，消耗着政府行政效率和社会进步，也使权力崇拜得到无限膨胀。即使在经济体制改革和市场经济确立的过程中，政府专断、“设阻”和“设租”的形成依然是行政改革久去不掉的顽疾。成熟的市场经济，其一是市场的自由；其二是市场主体自由的竞争；其三是政府行政，特别在行政执法领域，为建立和维护市场自由、自由竞争秩序和资源配置中的权利秩序进行适当干预，防止市场本身的不足，更重要的是防止权利的滥用。而要完成上述目标，转变政府职能，防止政府权力滥用，规范政府共同行为便是唯一可行的道路选择。

第二，改革开放 20 多年来，在市场化和市场经济建设过程中，正如谢晖教授所说，社会已开始从“桑之麻、种之果、树之花、万事不求人”的简单社会向主体自主的复杂社会转变；也正如梅因在《古代法》中描述由身份到契约的运动；社会变化呈现由封闭到开放、由道义到利益、由政治到市民的特点。而这种变化，主要还是来自于社会阶层的分化和重组，主体性获得发展，意味着国家与社会在经济领域对“财富”概念的深入理解。

市场经济能够孕育的观念对于政府行政执法的健全是一种具有进步意义的力量。其一，权利观念和主体性表达的逐渐充分。市场经济条件下，社会主体和市场主体均有独立的经济利益，维护自身的合法权益已经成为自觉行动。其二，契约观念的逐渐生成。市场经济的特征也就决定了社会不仅是市民社会的，而且在国家和社会的关系中，国家的许多行为，比如行政合同、行政指导和行政承诺也体现着与社会主体的契约关系。其三，平等和自由观念的形成。在社会和市场中的主体平等性、竞争的自由性不言而喻，关键在于比如行政执法中的种种行政行为在建立权利秩序和分配资源的过程中，其内核精神在于所有秩序和规范是为了防止权力和权利的滥用而保障利益和竞争主体的平等性和自由性。行政执法过程的执法平等和自由保障将会是深刻的观念要素。

（三）民主化与依法治国

从20世纪90年代初提出依法治国到世纪末宪法修正案通过并启动实施，法治作为我国人民民主共和政制的重要内容，总是在民主化的政制改革系统内进行，始终在政治的全局和宪政的高度上坚持党的领导、人民代表大会的民主制度和依法治国的有机统一，需要在稳健的政党制度中实现党的领导，确保公民民主参与和监督，推进宪政建设与法治国家，实现人权保障。行政执法的法治化推进同样基于这样一个深刻的大背景和大环境。

“民主时代的政治是政党政治，政党政治的核心是执政问题，民主政治同时又是法治政治，法治政治与政党政治的统一必然是执政党依法执政。”[①]中国共产党作为我国执政党，坚持党的领导作为一项根本原则符合我国政治理论和实践。坚持党的领导是政府法治的政治保障，关键在于党如何体现其领导，如何提高执政水平以引导政治民主与法治。现代法治国家政党政权下，权力界分清晰堪称重要。1980年邓小平同志就曾经指出要“着手解决党政不分，以党代政问题”，1986年他更加集中地提出党政职能分开，党领导政府并非代替

① 肖金明：《法治行政的逻辑》，中国政法大学出版社2004年版，第4页。

政府行使行政职能。党的十六大提出了改革和完善党的领导方式和执政方式。中国共产党自诞生起，就宣告代表和实现最广大人民的根本利益，并在党章上宣告“全心全意为人民服务”，在宪法中明确宣告“党必须在宪法和法律的范围内活动”。党的执政必须安排在宪政体制内并通过具体的执政方式改变和执政水平提高以实现人民民主。

在我国人民民主的宪政制度内，人民代表大会制度依据人民民主和主权原则建立，它的发展对民主化进程和依法治国起着根本性的作用。改革开放以来，人民代表大会制度不仅得到坚持，其理论和制度也有长足进步。在民主和宪政作为国家权力正当性的根据的一般共识中，人们不仅对人民代表大会制度的民主属性有深刻体认，对其宪政品格也有深入研究。人民代表大会制度的理论与实践证明，这项国家根本制度不仅保证着国家权力的正当性以体现人民主权原则，“也通过执政党领导人民制度化地参与和监督国家政府，以符合宪政精神和风格的方式为国家政权运作导向，建设和发展国家权力间制度化的监督和制约关系，在国家政治生活中热情倡导和充分实践对民主和法制的追求和信仰”[①]。

法治所呈现的社会状态是一种“在法律规束住了国家权力和政府后而使权利在人与人之间得到合理配置的社会状态”[②]。在这个意义上，法治的所有问题实质上是权利问题。行政执法是法治继立法后的第二个环节。执法过程，就是落实权利的过程，就是细化以法律形式出现的权利配置，建立权利秩序的可操作装置，协调权力和权利的关系，协调资源在不同主体间的有效配置，协调不同主体利益追求的有序和规范。所有的国家机关、社会组织和公民守法，则是为了保证权利的获取以及保证既得权利的安全性与稳定性。司法是解决权利间冲突的裁判，或者说是一种权利救济和补偿手段。立法在执法之先，是权利资源配置的过程。就权力运行目的而言，行政执法是

---

① 肖金明：《法治行政的逻辑》，中国政法大学出版社 2004 年版，第 4～5 页。

② 徐显明：《论法治的构成要件》，载《法学研究》1996 年第 3 期。

法治所有环节中最具目的性的一环，也是权利落实最可靠、最普遍的方式。行政执法状况最直接地来自于法治状况，两者关系最为直接与紧密。

从新中国成立开始，第一代领导人在治国方略上侧重政策，以思想建设指导行政，法律虚无主义弥漫。历经“文革”，民主法制建设在第二代领导人那里得到重新审思。1978 年邓小平就指出：“为了保障人民民主，必须加强法制。必须使民主法制化，法律化，使这种制度和法律不因领导人的改变而改变，不因领导人的看法和注意力的改变而改变。”[①]1999 年“依法治国，建设社会主义法治国家”以宪法修正案的形式宣告，无疑表明承载改革开放以来民主法制建设成果的“法治”从此真正作为国家走向而展开。法治实践将深入引导人们理解法治在治国方略上的工具价值和在更高意义上的目标价值。法治需要建立善法与恶法的价值标准、认同法律至上性和最高权威性、权利是法律的核心问题等观念；法治也意味着实践性地实现控权制度、权力制衡原则被遵守、责任政府与有限政府相统一、人权原理被遵守与人权制度化；法治还意味着政府行政法制应当具有统一性、法律调整具有一般性与有效性、司法应当保持中立裁判角色、法律工作具有职业性等制度化与实践性要求。[②] 行政执法过程要求实现法治化是法治建设制度化的必然要求。

（四）信息化与政府法治

当今世界正在进入一个知识和信息时代，这是不争的事实。以知识和信息的传播和应用为基础的知识经济将主导世界经济发展，综合国力与国际竞争力也越来越取决于教育发展、科学技术和知识创新的水平。知识高度密集，信息就成为一种比能源更有意义的资源，乃至我们可以说，信息就是力量，一如培根所言“知识就是力量”。

就行政的传统而言，保密能够为行政的自由裁量提供更多方便，正如美国经济学家斯蒂格利茨的洞见：“应当为公众服务的所谓公仆

---

① 《邓小平文选》第 2 卷，人民出版社 1994 年，第 146 页。

② 参见徐显明《论法治的构成要件》，载《法学研究》1996 年第 3 期。

却更愿意保守信息秘密。”“这样的保密观念不仅与民主的价值背道而驰，也损害了民主过程；这样的保密观念的预设前提是管理者与被管理者之间彼此不信任，同时又进一步加剧了彼此的不信任。”[①]但毫无疑问，信息时代与民主社会，全能主义政府的行将终结必然破解保密。政府信息公开，以此保障权利秩序中的公平竞争的主体有权获得信息，使用信息；政府信息公开法律制度的建立和完善就是法治政府的标志。政府信息公开已经成为世界性潮流，1766 年瑞典制定出版自由法，确立文书公开制度，这被学界普遍认为是以获得政府信息权为基础的信息公开法律制度的源头和开端。二战以后，世界各国纷纷制定信息公开法，打造阳光政府。1996 年美国信息公开法影响最大。近几年来，日本、韩国和南非也制定了信息公开法，即使是西方国家最保守的英国在 20 世纪末也制定了信息公开法。全球化之下，全球或者区域性的公约或者协定加速着各国政府信息公开法制的建立与发展。

在市场经济发展与政府体制改革中，中国政府也采取了一系列信息公开措施，推行政务公开。2001 年 12 月 10 日，中国加入世界贸易组织，WTO 规则对透明度的要求，使得中国政府建立政府信息法制成为诺践 WTO 规则的法定义务。在此背景下，《中华人民共和国政府信息公开条例》于 2007 年 1 月 17 日国务院第 165 次常务会议通过并于 2008 年 5 月 1 日起施行。

政府信息公开法制通过法律确立来保障公众获得政府信息权。首先，以权利为基础，也就意味着政府是否应当向公众提供政府信息不是以行政权力为基础，而是由公众的权利决定。其次，以政府为对象和以现实信息为内容。前者强调以政府信息为对象，后者强调政府信息的现实性、确定性和可提供性。再次，以法律为形式和以载体为依托。前者强调法律的形式而不是政府的政策在于说明信息公开的法律义务性。信息公开法、数据保护法、隐私保护法和行政程序法

---

① ［美］斯蒂格利茨：《自由、知情权与公共话语——透明化在公共生活中的作用》，载《环球法律评论》2002 年秋季号。

是构成政府信息公开法制的主要法律，但立法目的各有侧重，信息公开法强调保障公众获得政府信息权，增加政府透明度；隐私保护法强调保护个人隐私，防止侵害个人权利；行政程序法强调保障行政相对人的程序权利和参与程序的权利。后者强调政府公开的信息必须有一定载体固定的信息，制度的实质就是公开相关信息的内容。[①]

可以看出，知识化、信息化的要求必然要求中国的政府法制建设包括信息公开法制的内容，也必然要求政府行为在如上意义上革新观念和革新体制与方式。

二、行政执法过程环境（Ⅱ）：政治（权力）因素

构成行政执法的第二类环境是政治（权力）因素。在国家政治与权力体系中，主要以行政执法权形态体现的行政权与政党的政治领导权、国家立法权和国家司法权相互发生作用与影响。就行政权自身体系而言，行政执法权作为行政权的主要形式，包括制定规范性文件、行政征收、行政许可、行政监督、行政处罚、行政强制、行政给付、行政奖励以及行政指导、行政合同等形式，但也与根据法律授权或者委托制定法规、规章的行政立法和以行政裁决、行政复议等形式出现的行政司法相互发生作用与影响。行政执法之外的其他国家权力作用与影响的观念与方式是行政权最直接和重要的一类环境因素。

（一）政治领导权

根据现代国家政党政治与人民主权的民主政治的一般原理，人民主权转化为国家政权并进行良好运行，如果没有政党力量的政治驾驭就很难实现，如果没有强有力的政治领导权，就无法保证国家政权真正体现人民主权。在这里，我们对西方资产阶级“人民主权”的含义不作深入探讨，只是描述作为无产阶级政党的中国共产党的政治领导权。党的政治领导权在人民主权之下，领导着国家立法权、行政权和司法权的运作。党的执政主要通过政治、思想和组织领导，制

① 参见张明杰《开放的政府——政府信息公开法律制度研究》，中国政法大学出版社 2003 年版，第 11～19 页。

定路线、方针、政策，提出立法建议，推荐考察重要干部，进行思想宣传等。

党的政治领导权与国家行政权力是一种领导与被领导的关系。如何实现这种领导，同时又体现行政法治，是当代中国法治建设的重要议题。按照美国行政学家古德诺的政治、行政二分观点和现代政制度构建，行政作为国家意志的执行机构，而议会则是国家意志的表达机构，执政党领导体现在议会的表达之前。

在我国，人民代表大会是国家权力机关，政府是执行机关，理论上权力划分以及相互关系非常明确，实践中主要是防止党组织直接向行政机关发号施令，从而避免行政机关在一定程度上演变成了同级党委的执行机关。

作为政治领导权实现对行政权的领导需要特别关注两组关系：第一，党组织与行政主体是两类不同性质的主体，权力运行有各自规律。从法律上讲，行政机关是行政主体，党的组织不是行政主体。按照权力的职权划分，党组织不应当代替行政机关处理行政事务，这是党在宪法和法律内活动的一个重要表现。由于党的执政地位所在，如果处理不当会严重造成党的各级组织国家化和行政化，导致国家政制结构混乱。如果以党委或者其部门名义对属于行政机关执法的项目实施管理，会架空行政主体的法定职权，或者基层党组织直接作出行政决定，导致诉讼程序中法院无法确定被告主体；党委部门与行政机关联合执法也可能导致司法权不能健康运作，如果发生因执法引起的行政诉讼，需要承担法律责任，执法参与者之一（实际上更多是决策者）的党组织却不能作为被告。入世后，涉及国际贸易与服务领域的行政执法如出现上述现象，处理将十分棘手。第二，党的政策与法律的关系。党的政策作为政权领导过程中路线、方针的体现和对某一阶段国内外形势的把握，因其灵活性而具有重要作用。党在领导国家建设中，党的政策不断调整对于经济建设以及社会发展作出了重大贡献。虽然它的合理性很难落入一般的法治理论视野中，但实践逻辑已经充分证明了它的作用所在，关键在法律和政策处理上应当实践性地建立起政策不得与法律相抵触的关系模式，使其很好地统一在执政党与人大、政府的关系模式中，防止政策失误导致“党委作报告、政府做被告，书记出点子、乡长挨板子”[1]。进一步讲，政策往往是法律制定的前提，在实践中试验和总结有效的政策往往通过正当程序变成国家意志的法律。这个意义上，法律至上是处理党的政策和国家法律关系的根本原则。

（二）国家立法权

根据西方国家政权体系构建，立法权与行政权的关系无非两种。以美国为例，按照法国思想家孟德斯鸠分权理论建立的国家立法权、行政权、司法权处于平行地位，相互制衡。国家立法权对行政权的影响格局不像英国议会至上的权力格局，以英国为例的议会内阁政体中，由于议会掌握立法权，内阁控制行政，而内阁由议会产生，也就表明其国家立法权高于行政权，但由于内阁控制实权，立法对行政的影响方式并没有太多变化。[2]

根据马克思主义权力分工原理，在我国政权体系中，人大作为国家权力机关和立法机关，行政机关由其产生、对其负责、受其监督。在权力机关高于政府机关与司法机关的权力格局中，立法权无疑高于行政权，立法权与行政权构成监督与被监督的关系。监督以及监督方式构成国家立法机关对政府行政立法、行政执法与行政司法具有重大影响的环境要素。

行政权，特别是行政执法权作为执行法律与实施法律以体现国家意志的权力形态，其运作是否良好，最基本的条件是有法可依，而法律要为善法，从古希腊开始就已经有这种思想。这就取决于国家立法权的运作是否有先进的立法观念、建立立法体系的开阔视野和专业的立法技术水准，也取决于目前的立法状况与立法质量。

（三）国家司法权

在中国古代，司法是行政的附属，行政官员兼理司法。这种政治文化传统尽管从理论上已被我国行政与司法的关系所摒弃，但在司

---

① 周叶中：《宪法至上：中国法治之路的灵魂》，载《法学评论》1995 年第 6 期。

② 参见肖金明《法治行政的逻辑》，中国政法大学出版社 2004 年版，第 33～34 页。

法权作为行政执法权的环境要素考量上看，在实践中还是具有生动的生活意义。

在我国权力格局中，行政权与司法权分工而并行，首先意味着司法权不能以权力干预的方式影响和作用行政权，但无权干预并不等于无权制约。其次，权力制约意味着司法权只在行政权力越界、滥用和行政权力腐败或者受到司法争议时才可以进行权力制约。再次，司法权对行政权的制约限定在法律范围内，以司法审查的方式进行。

将国家司法权作为行政执法的环境要素就是要考察中国司法权状况以及如何强化法治意义上的司法权特征实现对行政权的制约。在与行政的关系中，司法权首先应体现独立性，即只服从法律，司法权只能受监督而不能领导；其次体现审查性，唯有实现司法权对行政的合宪性合法性审查才能有效制约；再次体现终极性，司法作为法治的最后一道防线，对于在行政和行政执法过程中受到侵害的公民权利应该得到司法的保障与救济。[①]

（四）行政立法与行政司法权

尽管行政执法与行政立法、行政司法同属行政行为，但各自的权力表达形式还是有所差别。在政权的所有权力要素中，对行政执法权力来说，应当重视这两个环境要素的影响力。

行政立法是指国家行政机关依照法律规定的权限和程序制定行政法规和行政规章的行政行为。[②] 一般来讲是法律授权立法或者委任立法的行政活动，并且不同于行政机关制定其他规范性文件、具有普遍约束力的决定和命令，本文将后一类抽象行政行为纳入行政执法的范畴。对于行政执法而言，行政立法作为一种环境要素，其积极性在于随着经济发展与社会进步，新的社会关系不断出现使得国家立法滞后，而可以调整的法律规范出现空白不可避免。要体现行政执法的法治化，强调依法行政，国家立法权通过法律授权和委任立法的方式进行部分转移，符合现代行政权发展的基本规律。但需要指

① 参见谢晖《价值重建与规范选择》序言，山东人民出版社 1998 年版。
② 参见罗豪才主编《行政法学》，北京大学出版社 1996 年版，第 142 页。

出的是，行政立法毕竟是行政行为，行政执法与行政立法具有权力上的同属性，在政府体制改革还没彻底完成的转型中，行政立法容易出现部门利益化与地方保护，必然导致法律法规、规章之间的法律冲突，消减法制统一政府的建设，这种影响必然阻却执法过程法治化。

行政司法是行政机关裁决争议与纠纷的行为。在行政司法中，行政复议是最主要的表现形式。1999 年我国行政复议法制定，大幅度扩大行政复议争议标的，除了行政法规、规章，几乎所有的行政行为，都被纳入了可申请复议的范围。从某种意义上讲，它强化了行政主体在行政行为中的责任意识和监督观念。行政司法行为对行政执法的影响因子首先主要表现为，在行政权力系统内，一种行政的权力形态对另一种行政的权力形态的监督。监督有力必然促进行政执法主体在执法过程中能够按照法定职权和程序执法，强化行政主体在行使行政执法权时不肆意而为、率性而为，权力越界无效，对相对人进行监督检查时不能随意对其合法活动进行干涉，而相反，当相对人合法权利受外来侵犯时，应负保护义务和职责，对侵犯行为加以及时制止、排除和查处。其二就是强化行政执法主体的责任意识。权责相适应，就是“每一种行政行为均与责任相连，根据行政行为的性质、种类的不同，需要确立相应的责任，政府的每一个成员都必须对自己的行为负责。责任主体必须在法律中明确，为判明责任奠定基础”①。

三、行政执法过程环境(Ⅲ)：社会因素

在现代社会权力(权利)体系中，社会团体、公共舆论与公民的权利与国家权力形态同构。在实现人民主权的过程中，这类主体的权利对权力控制、制约、监督的影响力越来越大。行政执法观念、制度、方式的变革实际上就是要修正政府执法过程中各个参与主体的公法关系，强调社会团体、公共舆论与公民主体在政府执法中的影响与

---

① 孙笑侠：《法律对行政的控制——现代行政法的法理解释》，山东人民出版社 1999 年版，第 187 页。

作用。

（一）社会团体

法治的社会基础是市民社会，社会成员的组织结构、社会各阶层的利益要求构成对政府行政与政府执法的制约。在比较发达的市民社会中，不同的社会团体往往是不同的权利主体意志与利益的集中表达。对于行政执法而言，在中国自主性、开放性和契约性社会的逐渐生成过程中，这个民间力量将越发显示它的重要影响力。

社会团体的状况取决于社会阶层结构的变化。社会阶层主体多元化，促进着人们对权利及其秩序的认识、国家管理模式的变革、国家与社会关系的重构、文化观念的变化。同时，利益和权利追求的多元化在转型和不规范的社会阶段，涉及贫富分化、社会稳定和社会公正等重大问题。政府执法所要建立的权利秩序和所要解决的这些社会问题，置于一个有主体主动性的社会团体和社会组织的权利监督的环境中，是有重大意义的。在这个背景中，社会团体和社会组织除了传统的工会、共青团、妇联等社会团体，各行业协会、群众的其他自治组织应当丰富起来，构成对行政执法机关非常有力量的监督。通过参与政府决策、政府行政与执法，借助社会舆论施加监督影响、利用组织团体对该组织成员利益受到非常侵害时以团体名义寻求救济途径。当然，最关键的是引导和培育新兴团体的权利制度以有效起到监督作用，对传统的团体应当通过制度建设防止其行政化和官僚化的倾向。比如，新形势下由于企业形态的多样化，工人利益受到侵害来自各个方面，工会组织应当成为工人利益的保护者，为其民主和经济权利的实现而工作；关注社会公益，特别是环境保护的社会团体应当强调作为权利主体的独立性，构成对政府执法可能损害社会公益和环境保护的执法行为构成有效监督与制约。

（二）公共舆论

公共舆论作为一种民意，是社会主体主体性表达的载体，当然社会主体和利益要求不同，表达的内容也会有所不同，甚至是相对立的。现代社会传媒的发达也为公共舆论的作用发挥提供了条件。一个主体性表达逐渐充分，主体性主张异彩纷呈的社会是一个成熟的公共舆论形成的基础，政府执法感受公共舆论施加的压力也在于此，即便是官方媒体作为政府喉舌也在完成反映民意的角色定位。公共舆论一方面通过社会团体、社会组织的权利行使方式影响国家政治生活和政府执法，另一方面也通过公民权的行使方式得以体现。但在现代社会，新闻媒介监督构成对政府执法最大的公共舆论。

新闻舆论监督的力量是巨大的。在西方国家，人们往往将新闻舆论与立法、行政与司法并列并被赋予“第四种权力”，新闻工作者由此也成为“无冕之王”。新闻舆论监督尽管没有任何强制力，但其形成的威慑力确实是任何机关与个人无法抵挡的。

新闻媒介在监督政府行为和政府执法方面有重要作用。电视、

电台、报纸等新闻媒介通过报道国家行政机关及其公务人员违法或者不当行政的案件能够加强监督和纠错的力度。随着新闻媒介的规范和新闻自由制度的建立与完善，“第四种权力”将有效地成为中国民主监督制度的重要组成部分。

（三）公民权

公民权与行政权是构成人民主权的最主要形式，公民权的实现使行政权在公共属性意义上更具有了目的性。公民权与行政权在宪法、法律规定的范围内主张与运转，在实现人民主权的过程中，形成和谐的权力（权利）运行统一体。两者目标相同，方向一致。政府行政为维护权利秩序，提供公共服务和纠正公民权利滥用为己任；公民权利不仅抵抗政府的非法侵害，同时主张合法的个人利益，但公民权与行政权也不可避免发生矛盾。解决的关键在于加强权力与权利的相互监督，按照合法性和合理性原则来处置法定范围内外的权力（权利）矛盾。

但生活事实却无可争议地告诉我们，在公民权利与行政权力的实践关系中，行政权力处于一种普遍的强势地位。在行政管理的权力形态时代，这一点最为明显。行政法制理论发展中的平衡理论为公民权利的兴起提供了思想基础。公民权利也越来越实践地发生作用于政府执法行为。政府执法改革在权利保障的核心思想引导下，重新调整和修正着行政执法者与行政相对人、行政相关人以及公众

在行政执法过程中的关系模式。

首先，公民权是促进行政执法民主化的重要因子。强调公民在行政执法中的作用，建立公民、法人和其他组织主张权利、参与与监督的政府法制平台，也就意味着政府执法过程的公开化，封闭的甚至暗箱操作的执法过程无疑与民主行政背道而驰。从制度建设看，建立健全公民陈述权、申辩权、听证权、知情权等公民程序权利体系最为关键，这也是行政执法方式从封闭走向开放的基础。

其次，公民权是重构行政执法主体与行政相对人、行政相关人甚至公众的关系的重要因子。随着现代行政法律关系的复杂化，行政执法主体与行政相对人、相关人之间已经改变行政管理过程中形成的单边主义关系，而走向平衡上的双边主义和多边主义的关系模式。这种关系模式首先体现为政府执法主体与行政相对人关系的革新，政府执法出现从“行政主体⟶行政相对人”到“行政主体⟷行政相对人”关系模型；其次，体现为政府执法主体与行政相对人及行政相关人关系的革新，政府执法出现“行政主体⟷行政相对人＋行政相关人”的关系模型。在这些关系中，公民权在行政执法过程获得了与行政权构建互动与合作为主导的新型关系的主体地位，这种地位的形成也必然加速行政执法的人性化与文明化程度。

再次，公民权作为公民民主监督的一种权利，对行政执法过程中的违法侵权问题可通过行政复议和行政诉讼得以实现，但同时在我国监督制度建设中，信访是作为党和政府联系群众的一个桥梁。通过信访制度，人民群众的民主监督权利得以落实。那么，如何增强公民权在信访制度中的监督含量，改变其“中转站”的角色，建立督办和回访制度，是需要考量的政府执法的重要影响要素。以信访制度为主要方式的人民监督制度的完善将促进行政执法法治化程度的提高。

第三节　行政执法过程环境的实证分析

实证是环境研究的要义。毫无疑问，当下中国与社会的宏观环境构成行政执法新观念生成与发展的基础背景，不仅如此，宏观背景本身也含有构成现代政治文明视野下的权力与权力关系、权力与权利关系的制度建设成分。行政执法过程是处于这个环境体系中我们研究的中心事物。实证强调的是这些主要环境要素如何促进行政执法观念的深化，如何优化作用影响行政执法的制度与作用方式，如何消减复杂环境系统中传统文化、制度与权力本身等方面阻却行政执法法治化的因素。

一、宏观背景实证分析

（一）全球化、中国入世与行政执法

中国加入 WTO 意味着真正融入世界经济的全球化洪流和国际经济新秩序，意味着有资格作为 WTO 成员享受应有权利和利用国际市场有效地配置资源。但 WTO 之后的中国面临机遇也迎接挑战。“中国入世首先是政府入世”成为具体命题。在 WTO 规则的 23 项协议中，只有两个条款涉及企业行为，其他条款都是关于行政行为。WTO 所调整的是各成员国政府之间以及政府与贸易商之间的关系，WTO 争端解决机制的参与主体也是成员国政府。这就意味着中国入世实际上各级政府在管理观念、体制、过程、监督等方面不断接受 WTO 原则与规则的洗练与挑战，最为关键是行政执法观念的不断改变与更新。“观念是所有制度的唯一基础。”①

1. 行政执法必须具有国际化观念

政府执法人员必须树立国际规则意识、国际平等意识和国际接轨意识。

首先，行政主体及执法人员是 WTO 规则支配和约束对象，其行政行为有的将直接援引 WTO 相关规则，有的将 WTO 规则转化为国内行政法律规范。学习、了解 WTO 原则和规则，学习与掌握国际语言，自觉参与 WTO 规则运作的实践，成为中国各级地方政府积极实践的内容。仅学习国际语言一项，据报道，2001 年北京市两万余

---

① 姜明安主编：《行政执法研究》，北京大学出版社 2004 年版，第 271 页。

名国家公务员是按照市政府要求走进课堂，开始了讲英语活动的培训，公务员一般掌握英语对话100句以上，大学本科以上学历的要掌握300句以上，并选拔600名国家公务员进行脱产集中强化培训。[①]

其次，国际平等观念就是要求行政执法遵守最惠国待遇和国民待遇原则，强调执法行为的非歧视性。就这一要求，实证考察中发现，尽管中国第四次宪法修改已经明确私有财产受国家平等保护，但国有、集体等公有制企业和私营、个体等非公有制经济在国家的发展政策上仍然有区别。长期以来非公有制经济主体在市场准入、贷款、税负、进出口、人才使用、享受公共服务、司法保护以及政治待遇和社会地位方面都难以与公有经济相提并论。[②] 由此，破除公有经济的优越性，实现国内经济的国民待遇，然后才可能实现国内与国外经济的国民待遇，这样才能树立国际平等观念。从立法而言，权力机关需要公平地设定各种所有制形式的权利与义务。行政执法过程中，各级行政主体需严格依法执法，不能设定法律规定之外的任何义务。

再次，国际接轨观念的树立主要体现在行政执法机关的设置上。设立专门履行通知义务的行政机构。如《关贸总协定》NO. 70、《服务贸易总协定》NO. 3和《与贸易有关的知识产权协定》NO. 63都规定法律、规章、政策、司法判决以及行政决定都应公布于众。信息提供也必须是公开、持续和具有约束性的。如《技术性贸易壁垒协议》为使各国出口商都能获得关于技术规章和标准以及合格评定程序的必要信息，要求所有成员政府都要建立国家信息咨询点。据悉，上海市已经成立WTO事务中心。《建立世界贸易组织协定》第16条规定："每一成员应保证其法律、规章和行政程序与附加于本协定的各项协定的义务相一致。"同时WTO还设置了对成员国政府贸易政策的审查机制。无论是协定文件还是审查机制实际上是在监督、规范和促进成员国政府的贸易政策、行政立法和政府行政方式和职能履行的制度化和法制化，定期审议和定期评估，提高透明度和公众理

---

① 参见《北京两万公务员开始培训英语》，载2001年8月1日《人民日报》。

② 参见姜明安主编《行政执法研究》，北京大学出版社2004年版，第275页。

解，促进 WTO 规则的有效性执行。与此相对应，我国也必须设立负责履行贸易政策评审职能的行政机构。

2. 行政执法必须具有统一性和程序性观念

统一性表现为成员国中央政府保证国内各级政府包括非政府机构的法律制度与政策与中央政府的规则相一致；成员国国内法与 WTO 规则相一致；成员国中央和各级政府要统一、客观和公正地执行与货物、贸易、投资等有关的行政性法律规范与决定措施；政府执法过程中的不统一与歧视性对待要有提供客观、公正救济的机构。这也就要求中国各级政府执法应树立执法权配置、执行与救济的统一性与全局性的观念，废除“各自立法”、“诸侯割据”、“地区垄断”、“地方保护主义”等观念。

根据实际考察我们发现，行政执法统一性的观念仍然没有适应中国具体的政府执法环境。首先，在行政执法权配置方面，长期以来，各自立法成为执法权配置的主要方式，法出多门，相互冲突、重叠和行业垄断现象严重，有的地方或部门越权制定法规、规章和“土政策”以谋求地方或者部门利益，执法规范之间相互打架。《立法法》第 65 条、第 81 条就不符合 WTO 要求[①]，无论是经济特区还是自治区地方的权力机关或者行政机关，都不宜变通国家的法律、行政法规来行使立法权，对一些重要的经济领域的立法权的行使也必须与法律和行政法规相一致。执法立法权配置的这种状况也就直接体现在中央政府、各部门和地方政府之间的行政执法事项的划分上，经济和贸易领域原本需要法律保留的立法大量以行政法规、规章的形式出现。地方保护主义是导致行政执法区域封锁和歧视性执法的根源。执法的救济方面由于司法审查的有限性存在很多问题。[②] 行政执法权集

---

① 《立法法》第 65 条规定：“经济特区所在的省、市的人民代表大会及其常务委员会根据全国人民代表大会的授权决定，制定法规，在经济特区范围内实施。”第 81 条规定：“自治条例和单行条例依法对法律、行政法规、地方性法规作变通规定的，在本自治区地方适用自治条例和单行条例的规定。经济特区法规根据授权对法律、行政法规、地方性法规作变通规定的，在本经济特区适用经济特区法规的规定。”

② WTO 下的抽象行政行为必然纳入司法审查的范围，将在司法权作为环境要素的实证考察中详细阐明。

中行使与综合执行已经成为中国各级政府积极实践的亮点，对于行政执法统一性观念的发展应当说是积极的。《法治政府纲要》提出相对集中行政处罚权，积极探索相对集中行政许可权，推进综合执法试点，减少执法层次，适当下移执法重心，对与人民群众日常生活、生产直接相关的行政执法活动，主要由市、县两级行政执法机关实施。[①]

程序性表现为 WTO 要求各成员国政府应尽可能为贸易商提供服务，减少对贸易企业正常交易的无端干预，提供平等、自由和公开的竞争机会，必然要求行政执法按照行政程序严格进行。考察 WTO 规则体系，涉及政府行政的程序涵盖海关、卫生、产业、金融、证券、价格、司法、保险、医疗等领域，包括行政确认程序（对学历及资格的承认、对损害的确认等）、行政调查程序（如反倾销的行政调查）、行政处罚程序（如海关、卫生行政处罚）、行政许可程序（如进出口许可）、行政征收程序（如关税、国内税及其他税费的征收）、行政给付程序（关于补贴、政府的经济援助）、行政救济程序（如对行政决定的审查）、争端解决程序（如磋商程序）、行政评定程序（如中央与地方政府确定技术法规的评定）、行政合同程序（如政府采购）等。[②]

经过实证考察我们发现，尽管政府程序行政建设取得了重大进展，WTO 规则的程序要求也将进一步推进行政执法的程序法治，但就目前而言，行政执法程序的观念存在不利的环境因素。规范政府共同行为的行政程序法没有正式出台，实践中，行政执法程序应当明确的步骤、方式与标准也各尽不同，缺少基本的、统一的执法程序；具有传统历史的程序实体主义思想仍然存在，即使讲究程序，也往往将程序视为提高行政效率的一种方式，将行政程序从行政法治的高度上认识其独立价值，这种观念的养成，尽管有 WTO 规则的硬性促进，但也需要改革与实践的时间。

3.行政执法必须具有正确的监督观、干预观与服务观

行政执法的监督观体现了中国政府对 WTO 规则的承诺，就是

---

① 参见姜明安主编《行政执法研究》，北京大学出版社 2004 年版，第 277～284 页。

② 参见姜明安主编《行政执法研究》，北京大学出版社 2004 年版，第 284 页。

要求行政执法行为及其依据必须全面公开并且纳入到司法审查的范围，也就意味着抽象行政行为受到司法审查。这对防止行政执法制定规范性文件和具有普遍约束力的命令和决定、具体的行政执法行为的随意性有着重大意义。目前面临的问题是，这种司法审查存在不彻底性，特别是我国行政诉讼法并没有将抽象行政行为纳入诉讼范围；司法权的行使从制度和实践上依然缺少独立性保障，监督与审查的力度在 WTO 规则制约的环境中应当得到切实提高。

WTO 规则对成员国政府行政权力干预经济职能的程度、作用范围有明确要求，树立优化干预的观念意味着无所不管的全能政府行将终结。WTO 对成员国政府的要求是放松以配额、许可证实现的经济管制。行政审批过多、过滥，对经济社会发展和人民利益产生了巨大的负面作用。20 世纪 90 年代初，各级政府对行政审批进行了大幅度改革。当中国加入 WTO 后，由于行政许可法的颁布实施，又掀起了一场立法清理和审批项目清理的运动。应松年教授说："行政许可法（规范政府行政审批权限的法律）将是迄今为止对老百姓影响最为广泛的法律，它的出台将会从体制上影响政府机关和老百姓的关系。"行政许可法的出台与行政许可法制是行政法治的最新进步。[①]

服务性观念也是政府执法的必要观念。考察现代行政和我国政府转型的现实，行政已经融入深厚的"服务"观念。行政机关的角色悄然发生转变，从过去的管理者向服务者转变，行政职能也由过去的社会管理逐渐向提供公共服务转型。服务行政意味着应尽量方便相

① 据资料，安徽省政府 15 个部门 670 个审批项目被取消，合并为 265 项；青海省对包括部门管理机构在内的 49 个省政府部门和部分中央驻青单位的 1040 项行政审批事项进行清理，保留 576 项，其他的或被取消、下放，或被划转。相比较，省级行政审批事项精简了 45.8%。在加入 WTO 前的一段时间内，地方政府清点行政审批力度前所未有，清理事项以数千计，如上海 2027 项，重庆 1106 项，郑州 2308 项。大规模的行政审批清理，主要来自于我们加入 WTO 的外在压力，削减程度在半数左右。如 2000 年 10 月，秦皇岛市政府全面清理市级审批事项，第一批精简 345 项，精简比例为 43.4%；2001 年 4 月和 7 月，江西省两次精简审批事项 711 项，取消率达到 63%；福建省先取消 455 项，后展开精简，目标为 50%；郑州市原有 2308 项行政审批事项减少到 626 项，减幅达 72.9%。参见肖金明主编《行政许可要论》，山东大学出版社 2003 年版，第 5 页。

对人，提高办事效率，而不能以居高临下的管理思维来运行行政权，为相对人设置不必要的负担。《行政许可法》明确规定："实施行政许可应当遵循便民的原则，提高办事效率，提供优质服务。"树立"管理就是服务"的理念，创新服务方式，充分利用现代技术手段来为社会公众提供便捷服务，大力发展电子政务，提高服务水平，公开政府重大决策、执法权限、依据、程序、内容，增强透明度，自觉接受各方面的监督。服务性除了上述方面，还表现在如何降低企业的政府服务成本，如何做好打破一些行业垄断的工作，如何把一部分政府职能转变到中介机构甚至企业当中去。[①]

（二）市场化、市场经济与行政执法

市场经济作为市场配置资源的经济方式，一只"看不见的手"起着市场自由的自发秩序的生成和维持，一只"看得见的手"调控着宏观领域，起着经济杠杆的作用。政府依法行政着眼建立和规范利益分配和权利秩序，防止权力和权利的滥用。入世以来政府行政观念、职能、角色、监督机制的革新与调整：全能政府向有限、责任政府的转变，服务、法制统一、诚信、阳光政府建设的展开等，都在中国向市场化努力。

① 龙永图认为，降低政府服务成本关键在于，政府制定规则和监督规则实施的职能必须要加强，过去制定的规则职能虽仍在施行，但政府制定规则职能的功能还不强，特别是强化规则实施的职能还不强；需要强化如何帮助在市场经济当中，特别是竞争中的弱者。市场经济的竞争结果必然有胜有败，有强有弱，过去政府更多地关心胜者。当某些企业赢利、红火时，一些政府官员、考察团等都纷至沓来，但对那些很困难的企业却很少关注，政府必须帮助那些竞争中的弱者。如何加强社会保障工作，加强处理失业、待业人员，已成为政府职能必须加强的方面。第三方面就是为企业运作提供更好的环境，包括体制、政策、人文，也包括一般的生态环境。入世后，大减行政审批，减少企业所谓的政府服务成本(我看到国外的一份材料说中国政府的服务成本是全世界最高成本之一)。政府成本昂贵是很难平等地和其他国家的企业竞争的。服务性还表现在政府要做好打破一些行业垄断的工作。龙永图认为，一个行业垄断取得的利益是全球社会付出代价所得的。过去很长一段时间，我们电信成本昂贵，全社会为之付出代价，这就是所谓企业的社会服务成本，由于行业垄断，形成了不正当竞争。服务性更表现在把部分政府职能转变到中介机构甚至企业当中去。过去我们的政府做了很多中介机构或国外市场经济条件下中介机构和企业做的事情。龙永图认为，中国商会会长、协会会长都必须由最优秀的企业家来担任，由最重量级的企业家来担任，唯有如此，这样的商会、企业协会才会有真正的意义。入世后，这都是中国政策必须考虑的，也必将成为一个重要的发展趋势。参见龙永图《入世后政府如何服务企业》，载《中国经济快讯周刊》2002 年第 37 期。

在这个转型期中，政府行为和行政执法因行政区分割而形成的行政壁垒仍然是一个事实问题，有学者称为“行政区经济”[①]，反映着当前经济发展和转型程度，受到经济全球化和区域经济一体化背景的严峻挑战。“行政区经济”表现为：(1)GDP增长作为政绩指标，甚至为唯一指标，使得政府直接干预企业强化，地方政府明显企业化。虽然近来中央已经在发展观上有新的进展，强调科学发展、全面发展、协调发展、可持续发展，统筹城乡发展，统筹区域发展，统筹经济社会发展，统筹人与自然和谐发展，统筹国内发展和对外开放，讲求经济增长速度和效益并重。经济增长虽不是唯一指标，但仍然重要。如何真正做到“政企分开”仍是一个大课题。(2)由于竞争性市场的不成熟和地方政府企业化，企业寻求政府特权获得竞争性市场无法获得的超额利润和地方政府给予保护企业特权实现地方财政收入最大化，这两种倾向使得企业和政府构成了利益共同体，造成企业竞争寻租化和政府权力寻租化。(3)在上述环境中，地方政府往往通过各种手段阻碍生产要素的跨行政区自由流动，人为分割要素市场，区域性有序竞争的统一市场不能形成，对内开放滞后。地方官员也往往忽视各地比较优势差异和产业结构升级，竞相发展价高利大的产业，造成重复建设和产业结构不合理。(4)按照我国行政中心配置资源份额，资源配置等级化使得并非行政中心的一些经济中心的经济辐射面难以迅速扩展。地方政府的属地经济观念导致行政边界成为“经济边界”，有意识限制地方财政在这些地方的投入，学者称为“邻域效应内部化”[②]。化解中国区域经济发展和行政区划之间的冲突，消除“行政区经济”的诸多弊端是行政以及执法迟早要面临挑战。它不仅规定着行政资源的重组、行政执法方式的变革，也充满了对行政

---

① “行政区经济”概念，首先由华东师范大学中国行政区划研究中心主任刘君德提出(参见刘君德、舒庆《中国区域经济的新视角》，载《改革与战略》1996年第5期；另参见刘君德、舒庆《中国行政区经济运行机制剖析》，载《战略与管理》1994年第6期)。另外王健、鲍静、刘小康、王佃利在《“复合行政”的提出——解决当代中国区域经济一体化与行政区划冲突的新思路》中也有新的论证，载《中国行政管理》2004年第3期。

② 参见王健、鲍静、刘小康、王佃利《“复合行政”的提出——解决当代中国区域经济一体化与行政区划冲突的新思路》，载《中国行政管理》2004年第3期。

过程新理念确立的期待。

（三）民主化、依法治国与行政执法

民主化的发展与依法治国的启动密不可分，民主化过程中政党的政治领导权对行政执法观念与体制作用的实证考察放在政治领导权这个环境要素中分析，此处不再论述。这个大背景的实证分析的主要内容是，应民主化而来的依法治国观念的成熟对行政执法的观念以及制度影响作用重大。实证分析的意义在于对法治认识的深化。

1.作为治国方略的法治观发展与不足的实证分析

“依法治国，建设社会主义法治国家”以宪法修正案的形式宣告，无疑表明承载改革开放以来的民主法制建设成果的法治从此真正作为国家走向而开始展开。在一个实践的法治历史背景下，行政执法过程实现法治化有着直接动力。但现阶段，我们也应清醒地认识到，法治虽然具有目标价值，主要还是理论研究上的。法治实践中，法的工具论认识还是一个普遍存在的问题。

首先，从邓小平选择制度建设作为治国方略到第三代领导集体提出法治方略并通过宪法宣告，是法治与人治之间的一种选择，作为治国方略，主要出于工具论意义上的认识，即“人治法治皆为治”。“依法治国”的表述也并不明显具有“法治国”概念中法统治的含义。因此，“依法治国”口号在全国铺天盖地响起的时候，依法治省、市、县、乡、村，依法治水、路、税、电、林等提法也纷纷出笼，名义上贯彻依法治国，而实质上可能危险地落实到依法治人，渐渐远离法治的本来面目。这种工具论认识对法治的重要环节——行政执法将带来非常严重的影响。而事实上，行政执法众多问题与此相关，比如以人际关系为基础开展的人情执法、权钱交易执法，依法作为幌子狠治乱罚，以大量越权或者违法制定的红头文件为“法”开展执法活动等等。这些行为与法治观念在现阶段的不足有密切联系，进而缺少有制约性的制度建设。工具论最大的危险在于权力仍然是这个“法治”之上的“国王”，且不受有效制约。行政执法之处正是这个“国王”所到之处。

其次，法治的“法”至少在现阶段的生活实践中没有目标价值的认识，自宪法开始，法并没真正树立最高权威性。这个现实要素的不足直接导致行政执法者对所执之法的歪曲。在工具论中，法不过是与政策等同的手段，只是更具稳定性而已，那么对付的手段也完全可以依照“上有政策，下有对策”的方式。实践中，行政执法权往往被当作部门或者地区利益的源头，大量的规范性文件要么越权制定，要么违法制定，并且在“规范性文件”合法外衣下“严格执法”和“执法必严”，导致“恶法”横行，行政权与公民权常处于紧张甚至对抗的状态，行政执法所要建立和维持的权利秩序失范，完全背离行政执法的目标。执法部门为了使本部门执法利益最大化，各自为政制定大量地方法规、规章和其他规范性文件，使得执法权冲突严重，有利可图的执法领域争着行使执法权，重复执法、多头执法；无利可图的执法领域呈现执法空白状态。

再次，工具论认识的法治不足还在于行政行为的程序制度以及监督体系的不足，至少在现阶段还是一个突出问题。行政许可法的颁布实施让人们看到行政程序规范和监督规范已经受到重视，但总体而言，主要以程序法特征出现的行政法律还远远没有完备，专门的行政程序法也迟迟没有出台，行政监督规范也只是零星散见而不成体系。这是法治认识不足的现实，也必然影响着行政执法过程轻视或者无视行政执法程序，注重实体的行政执法没有严格的程序安排容易导致实体目标被违法、枉法执行，法治行政就被重重打了折扣。因此，在法治建设中通过行政法律制度建设，完善行政程序制度和行政监督体系将大大改善行政执法现状，使其受到法治化约束，更加有效地体现行政执法的目的。

2. 守法与守法平等、公民参与等制度建设的法治环境要素考察

从整个法治环境的营造来看，守法是法治的第三个环节，针对所有的国家机关、政党、社会组织与公民，不仅仅是道德要求，更是一项法律义务，更重要的在于守法主体的守法平等性。守法是获得权利的过程，且只有在法律被普遍遵守的状态下，权利的获得和保护才最可靠和最稳定。对拥有权力的国家机关、政党特别是执政党，守法义务的履行是最为关键和重要，遵守法律就是获得权力行使合法性证

明的过程。

从法治现实看，作为执政党的中国共产党在宪法文本中明确“党必须在宪法和法律的范围内活动”，其他民主党派也同样有守法义务。近年来，党的执政方式改进和执政水平提高越来越多的制度性安排体现了这个守法要求。发展趋势就是党需要自觉地通过宪政秩序来实现党的领导。执政党“立党为公、执政为民”理念的提出，反映出执政党对执政合法性的反思，反映在宪政秩序和法治建设中，必然要体现为一种自觉的守法行为。

国家权力机关及其工作人员的守法意识和在行使权力时遵守法律尤为重要。现实中，法治的一大困境就是官员不守法。政府建设项目拖欠工程款就是典型例子。[①] 官员不守法的危害在于，对法律没有信仰，没有认可法律的权威；行为上不守法，甚至违法行政；轻视司法部门，认为法院没有能力甚至也没有胆量对政府实施法律制裁。作为权力者，不守法足以损害法律制度本身。行政执法过程中执法违法，引起社会违法连锁反应，可能会使公众对法律的公信力和权威性产生怀疑，直接而深刻地破坏法治建设。

在自主性、开放性和契约性社会的逐渐生成与市场经济的深度发展，一方面为法治建设提供了社会条件和经济基础，但另一方面也说明，权利秩序中的自由与竞争，同样是公民、法人和其他社会组织在守法过程中进行的。各类社会主体的守法所认同的法律的权威性既来自社会变革中的深刻的生活体验，即法律意识的提高和法律知识的增加，也来自国家权力对法律尊重和遵守的示范效应。

---

① 《华商报》报道：陕西省府谷县政府拖欠一施工公司工程款而造成拖欠农民工工资累计达到 380 多万元。2003 年 12 月 12 日这家施工公司找到了主管野大公路项目的杨副县长讨要工资，当施工方表示不给钱只好起诉时，杨副县长竟蛮横地说：“起诉你的，那是你的事嘛，到头来有屁用，谁还能把县政府的门关了！”该文分析说，官员不守法，必然导致政府不守法。这种情况不仅体现在清欠农民工工资中，在政府日常行为中也大量涌现，这正是当下法治建设的困境。政府官员对待法律的态度对基层有着广泛的影响。政府官员都不信仰法律和不遵守法律，当地的企业单位、普通民众必然会纷纷仿效。参见《法治的困境：一些官员不守法》，载人民网：http://www.people.com.cn/GB/guandian/1036/2257175.html.

(四)知识化、信息革命与行政执法

知识化、信息化背景要素与政府法制具有紧密关联性,也影响行政执法部门机关工作作风、执法人员素质、执法绩效。行政执法系统内部的权力观、工作作风、绩效机制等方面的重理必然从内而外地反映行政执法过程呈现法治的风貌。

行政执法讲究知识化与行政执法人员的素质提高有着紧密联系。就当前行政执法人员素质现状而言:第一,执法领域用人问题缺少完善的机制,公务员制度还需加强。在有些地方,执法领域聘用临时工作人员参与执法的现象相当普遍。第二,行政执法人员的文化素质整体偏低,业务素质偏低,主要体现在学历层次整体不高,知识结构不尽合理,尤其缺少适应现代行政管理的知识。第三,行政执法人员的法律意识和依法行政能力有待进一步提高,尤其是执法人员法律程序意识淡薄,程序违法现象普遍。[①] 那么知识化背景的发展与要求通过健全国家公务员制度,从行政执法者素质提高的层面上来优化行政执法的环境。第一,公民要成为行政执法人员,必须通过法定程序进入国家公务员系统后才可以获得基本资格,完全获得资格还需要不同执法领域的专业化要求,以便排除临时人员参与执法的现象以及文化程度不高、专业、法律素质不高的人充斥执法领域的现象。第二,执法人员作为国家公务员的身份,也就意味着执法人员与国家之间构成奥托·梅耶所讲的"特别权力关系"[②]。其行为既受来自义务的内在约束,也受来自社会的外在约束。[③] 但就我国目前情况看,无论是公务员的自我义务约束还是社会监控都明显不足。因此解决公务员管理的制度化问题成为重大问题。《中华人民共和

---

① 我国行政执法人员或者说公务员素质现状实证研究为数不少,但缺少整体性研究和把握。参见金国坤《依法行政环境研究》,北京大学出版社 2003 年版,第 143～150 页。

② 德国行政法鼻祖奥托·梅耶(Otto Mayer)在"特别权力关系理论"中认为,普通公民与政府之间的关系是一般权力关系,可以通过司法救济等途径主张个人权利。公务员与政府之间的关系则是特别权力关系,加入特别权力关系的人,对国家或者政府的附属性增强,个人权利的余地变小而社会义务的余地变大。转引自郎佩娟《论我国执法制度的重理》,载《北京行政学院学报》2003 年第 6 期。

③ 参见郎佩娟《论我国执法制度的重理》,载《北京行政学院学报》2003 年第 6 期。

国公务员法》由中华人民共和国第十届全国人民代表大会常务委员会第十五次会议于2005年4月27日通过，并且已经于2006年1月1日起开始施行，初步建立了公务员管理的法制基础，但是与之相匹配的各单项法规或者实施细则仍有待完善。

信息化强调政府法制公开，需要以权利为基础、以政府为对象、以现实信息为内容、以法律为形式和以载体为依托。尽管我国政府信息化运动也多有进展，但就政府信息公开法制所存在的问题考察而言，依然存在以权力为基础、没有确定范围、没有明确程序、没有有效的监督机制和救济的普遍问题。[①] 信息化所带来的行政执法作风的改善，但目前尚未完善的政府信息公开法制也构成一个尚需优化的重要环境，就发展趋势而言，随着政府信息公开法制的实践与进步，能够给予行政执法观念、机制与方式带来改变。

第一，信息化对执法权力观和执法方式的影响。众所周知，中国历来具有行政权力支配一切的传统，行政"衙门意识"和"官本位"意识以及特权思想都根深蒂固。计划经济体制直接强化行政手段包揽社会和经济事务的功能。在当前转型阶段，行政手段已退出许多领域，法律规范作用也逐渐增强，但传统权力观的存在还是普遍的，权力作为管制的含义依然深刻存在于生活之中，权力成为垄断资源的功能一方面成就特权市场的事实，另一方面垄断性权力在轻视法律规制的前提下，唯"长官意志"而行使，为"金钱利益"而运转，被"人情关系"而左右。信息化和公开必然要求垄断性的管制权转向开放性和服务性的执法权，从权力类型的转向反映出权力的法治性质。历史实践证明，行政不按照客观规律性和法定程序严格进行会导致重大失误和事件的出现，市场经济也需要以法治下的这种执法权力来形成维护市场主体行为的秩序环境。执法权力观念促进执法形式注重理性，体现开放性和服务性的职能和功能。根据政府和社会之间的关系，这个开放性的执法形式体系应当包括管理和强制性执法、保

① 参见张明杰《开放的政府——政府信息公开法律制度研究》，中国政法大学出版社2003年版，第196～205页。

护性执法、服务性执法和契约性执法。(1)当国家和社会的关系处于必须管理和被管理的关系，例如行政命令、行政指令性计划、行政检查、行政处罚、行政强制、行政征收等，其核心特点就是强制。应当指出的是，当这一类强制性执法发生时，也必须严格依照法定程序公开进行，在内容上也是必须要做的事项，同时应当考虑相对人以及相关人的合法利益保护以及其诉求等主张。从一定意义上，管制性执法是作为一种比较严重的手段来达到维护社会公共利益的目的。(2)当政府和社会的关系处于保护和被保护的状态时，例如行政救助、社会保险、社会保障等，这个时候保护性执法的核心就是救助或者照顾。(3)当政府和社会的关系处于服务和被服务的状态时，例如公共信息发布、行政指导、行政建议等，服务性执法核心就是信息公开和提供以及指导。(4)当政府和社会处于平等协商的关系中，比如行政委托、行政合同等，契约性执法的核心就是双方的合意。这四种关系基本概括着现代法治政府要求下的执法形式，也体现着执法的法律理念。

第二，信息化对行政执法效率和绩效评估的影响。长期以来政府机关存在文山会海、公文旅行、办事拖沓、长官意志等行政憋端。信息化深刻影响行政领域立法并发挥实际作用。比如，行政许可法通过法定行政许可设定主体、实施主体、许可项目、许可程序、许可监督和责任等解决了随意设置许可、项目过多，权限集中、程序烦琐，缺少监督等问题。许可制度通过许可法得到重理，为社会的自主发展提供了宽松环境，使政府专注于宏观调控和公共事务，并减少因过多许可等原因导致的政府腐败，也改变着传统执法方式服务意识差和办事效率低、执法不公开透明、缺少监督的问题，公民满意原则已经成为执法评价原则。如《行政许可法》第 26 条规定："行政许可需要行政机关内多个内设机构审查的，应当确定一个机构统一受理行政许可申请，统一送达行政许可决定；行政许可依法由地方人民政府两个以上部门分别实施的，本级政府可以确定一个部门受理行政许可申请并转告有关部门分别提出意见后统一办理，当地政府也可以组织有关部门联合办理，集中办理。""一站式服务"、"并联窗口"、"政府超市”等做法正改变着政府形象和执法作风，提升着政府效率和政府公信度。随着现代科技进步，电子政务可能引起政府行政组织结构的变化、政府权力结构的变化、政府主体的变化等等，通过政府信息共享和为相对人提供便捷服务，提高政府执法效率，制度性地解决信息不对称，使得相对人便捷甚至足不出户就能完成与政府的交往过程，改变着政府执法人员利用信息垄断所导致的种种弊端。

20 世纪 80 年代中期，西方发达国家新公共运动的一个核心管理工具就是政府绩效评估。政府绩效评估是一个技术性手段，但贯穿了公共责任和公众至上的执法观念，意味着政府公共部门与社会公众之间信息的交流与沟通，因而具有法治政府建设的实质精神。二十多年来，不少地方政府也采用西方政府管理的绩效评估，但实际上是越来越流于形式，甚至被扭曲。首要的来自于我们各级政府和领导干部的发展观和政绩观。2004 年，中央提出科学的发展观，要求统筹城乡发展，统筹区域发展，统筹经济社会发展，统筹人与自然和谐发展，统筹国内发展和对外开放，实现以人为本，强调全面发展、协调发展、可持续发展。与政绩观相联系，长期存在的突出问题在于：片面追求 GDP、产值、政绩，热衷搞“短平快”政绩、“形象工程”、肆意破坏资源和环境保护的工程，结果是“一时的政绩”成为了“长期的包袱”。我们可以认为这是政府官员的急功近利和好大喜功，但根源在于没有信息公开法制所导致政绩考核标准和指标体系的不合理。如果以民众的满意程度为标准来设计政绩考核指标，那么政绩出官也不会导致弄虚作假、虚报浮夸，搞“数字政绩”和“虚假政绩”，高指标和瞎指挥造成政府决策严重失误和资源、财力严重浪费。

西方政府绩效评估被借壳到我国，存在重大缺陷，是因为遇到了中国的政治生态。绩效评估已经不是一个简单的技术过程，而很可能是一个政治过程，而这又跟权力配置的基本制度相关。权力集中、政府绩效评估往往是行政化操作过程，其效用往往取决于上级长官的意志，其考察结果往往与人事上的奖惩联系起来。行政领导者不是将其束之高阁，就是严格使用。前者势必引起监管和督促不力，后者势必引起各种争议。政府绩效评估力图倡导的“结果导向”在中国政府工作人员“过程导向”中消失得无影无踪。[①] 由此，是否需要绩效考核都可能成为一个问题。传统的政府绩效评估体系在评估方式的自上而下和评估内容偏重 GDP 等局限性也就不难理解。科学的政府绩效评估根据行政效率、能力、服务质量、公共责任和社会公众满意程度等方面的判断，对政府公共部门管理或者将行政执法过程中投入、产出、中期成果和最终成果所反映的绩效进行评定和划分等级。[②] 可以说，政府绩效评估反映出公共责任和公众至上为政府管理或者执法的普遍理念。

第三，信息化对行政执法利益机制的影响。部门利益化严重影响行政执法的公正。在西方政府理念中，基本原理就是国家机关不得从事营业性活动，部门自身利益必须与具体的行政执法行为相分离。在我国，部门利益化却成为普遍现象，其具体表现形态有：(1)尽管国务院明文规定收支两条线，行政事业性收费不能成为部门的自有资金。但由于地方财政往往无力拨足行政经费，不得不允许政府部门通过收费来解决问题。口子打开，行政事业性收费绝大部分被部门利益分割，行政部门也遵循经济学利益最大化原理追求收费最大化，使得费挤税现象严重。(2)在具体执法过程中，以集中执法和管理为名，要求在指定企业购买有关产品现象严重。这种垄断性经营主要是部门利益与企业的合谋，深究的话，企业往往缺少竞争力而产品质次价高。(3)政府执法部门举办中介机构，比如代理、审计、检测、评估、咨询。(4)政府部门强行要求企业给予赞助、资助、主办培训班和进行资格审定考试时强行兜售相关资料。(5)由于我国当前立法草案大多由相应的政府部门提出，政府部门在利益驱动下，经常提出以本部门利益最大化为标准的法律草案，影响立法活动。在具

---

① 结果导向是政府绩效评估力图倡导的，它不仅要求政府能办事，更要求把事情办好。过程导向则是长期以来中国政府工作人员遵守的潜规则，即只要遵照上级领导的意图，按照例行程序做事，即便出现了不良后果，也与个人关系不大。参见《如何考核政府？建立政府绩效评估体系尚有三难点》，载中新网：http://www.southcn.com/news/china/zgkx/80200407240439.htm.

② 参见蔡立辉《政府绩效评估的理念与方法分析》，载《中国人民大学学报》2002 年第 5 期。

体的执法领域，“争权夺利”更是普遍，如收费权、处罚权、许可权等。在没有利益可得且需要投入执法力量的地方则是无人问津。(6)违法执法现象严重。违反法定执法目的，以执法为创收，定指标、定任务，乱收费、乱罚款，甚至以钱代法、以罚代刑，该移交司法部门或者其他部门处理的案件不移交，一罚了之。违法执法和越权执法已经成为一种普遍性的现象。[①] 信息不公开，公开无法制这些问题就很难解决。着眼于信息公开法制的进步，行政执法的利益机制优化需要改革以下制度：首先，改革自费行政单位。在政府行政机构编制法定和精简以及行政社会化的趋势中，行政授权组织和委托组织处理部分带有行政执法职能的事项。但由于这类事业性单位，国家财政制度涉及不到位，不得不通过收费和罚款来弥补经费不足，成为自费行政单位。这个问题需要在政府行政体制和国家财政体制全盘中得到考虑和解决。其次，改革国家机构精简和国家公务员制度。政府机构改革和人员精简一直是难点，多年以来进行的几次改革，总是出现“精简——膨胀——精简”的恶性循环，主要原因在于，计划经济模式到市场经济模式没有完全转型，政府职能转变上的阻力和困难很大。加强公务员的利益激励制度，完善公务员待遇和福利保障制度，显得十分重要和迫切。应当借鉴西方发达国家的公务员制度，如法国和日本，加快公务员法的制定，改革公务员管理制度。最后，改革我国财政体制。利益分配机制最直接关联的制度就是财政体制。一般而言，政府部门经济利益来源于财政预算拨款，收支管理统一于政府，政府执法部门并不能独立构成经济利益主体，这是政府执法部门的原则要求。规范的市场经济国家都是如此。而反观我国目前，特别是地方政府，预算外收入远远大于财政拨款，不受政府财政管理。改革财政体制就应当从这个地方入手。改革的基本原则是政府执法部门不能成为独立的经济利益主体，与此同时需要解决的是建立执法人员的经济保障和利益激励机制。当然与这个问题相连的是保证国家国库充盈，这就涉及一个更为重大或者说影响国家宪政制度的

① 参见金国坤《依法行政环境研究》，北京大学出版社 2003 年版，第 128～131 页。

问题，就是国家税收制度以及改革。在此不再展开。

二、政治环境因素实证分析

（一）政治领导与行政执法

政治领导权用何种方式领导政府对行政执法发生影响，是本文的实证内容。党的执政地位决定党必须对政府实现政治领导权，主要围绕人事与财权。但需要指出的是，执政领导并非代替政府行使行政管理职能。人民主权的人大与政府关系，是执政党实现党政分开同时确保政治领导权的考虑起点。

党的领导与人民代表大会的关系问题成为首要问题。在人民主权国家，政治的逻辑应当是：一切政治权力集中于人民代议机关，政党在人民代议机关中获得统治地位，通过人民代议机关在宪法的范围内贯彻政治主张。从广泛的意义上讲，议会政治、政党政治是民主政治的不同侧面，民主政治包括政党执政是在议会制度的框架内展开的。我们应当敏锐地看到，执政党与人大关系模式中出现一些新的制度建设尤其显得具有法治和宪政意义，同样构成行政执法良好的政治环境要素。自 1992 年开始，一些地方试行党委书记兼任人大常委会主任的做法。1997 年换届保持了 1992 年的做法。十年之后的新一届省级领导干部配备和换届工作确立的一个原则就是，省级人大常委会主任，除中央政治局委员兼任省委书记的省、直辖市外，其他省、直辖市宜提名党委书记作为同一级人大常委会主任人选。同时规定，民族自治区是否提名党委书记为自治区人大常委会主任人选，根据有关法律和实际情况确定。新的制度安排不仅超出了人大作为“二线”的一般组织人事安排，而且涉及实现促进党委书记的工作思维的转变、执政方式的宪政化与促进国家权力体系的民主和法治。这种新的关系模式重点通过构建执政党与人大的关系来实现党政分开，从而改善人大与政府的实际关系。在这个模式中，就有可能重组国家权力机关对行政机关的监督体系，真正行使国家权力机关的监督权，同时也将促进国家监督法的制定。“对行政行为和行政执法中的违宪行为进行审查也将能够在制度实践层面逐渐展开。”[①]从这个意义上，政治领导权对政府和行政执法的影响实际上就转变为人大对政府行为与行政执法的监督。

人大听取政府工作报告是落实政治领导权的一项重要制度。人大代表对政府工作报告的审议、表决时的赞成、弃权和反对票数都是政府所格外关注的。如果政府工作报告未获通过会导致什么结果呢？按照民主政治是责任政治，“议会是专门批评政府的场所”的原理，罢免政府首长甚或解散和重组政府是必然要求，这也就说明政府工作报告制度在实际中产生着监督效能。从实践中看，如果政府工作报告得不到人大代表的支持而没有通过，最大的问题可能就出在行政执法领域。

审计监督是落实政治领导权的一项重要制度。审计监督是西方国家议会监督政府预算执行情况和对政府编制的决算进行审核，考察政府执行预算和政府决算是否经济及有无违法的主要形式。英国议会的下院政府会计委员会和审计长、美国国会的审计署，都是西方议会专设的监督机构。审计地位独立性很强，英国的审计长由英王任命，对下院负责，非经两院同意不得撤职；美国审计署署长对国会负责，任期15年。审计权力广泛和有力度，英国的审计长审查政府所有的收支和账目是否合法、正确和经济，并向下院定期提交审查报告；美国审计署负责稽核财务行为和法律根据、行政措施的经济性和有效性，以及计划的执行结果，可就发现的舞弊、渎职等问题向国会报告，可依法展开特定的调查，也可根据国会委员会和议员的要求与建议，进行特别的调查、稽核和复查。

近年来，“审计风暴”在监督政府财政方面发挥着积极作用。但审计机构处于行政部门的地位，审计监督的作用在很大程度上取决于政府首长的态度，审计结果表现出不彻底性。公共财政是政治生活的有机组成，政府财政应当建立在人民代表大会制度的基础上，实

① 肖金明：《关于司法体制改革的若干思考——一些有关司法体制改革的相对“保守”的看法》，载《山东大学学报》2003年第5期。

现民主财政和法治财政的目标。但实际上人大缺乏审计等必要的监督机制,无法进行有效监督。在制度建设上将审计监督纳入人大监督范畴,审计机关直接对人大负责,意义重大。就如何构建这项制度,国家审计署原副审计长项俊波曾撰文建议建立与国务院、最高人民法院、最高人民检察院相平行的审计院,形成人民大会制度基础上的"一府三院",使审计机关直接隶属于全国人民代表大会,审计功能从行政功能中分离,相对独立地专司公共财政监督。[①]

此外,人民代表视察、人大常委会以及人大各专门委员会对行政执法的执法情况进行定期或者不定期的监督检查、人大以及常委会对政府工作提出质询案、组织关于特定问题的调查委员会、监督政府

对人大代表提出的批评、建议和意见的处理情况、接受公民申诉与控告都是我国宪法和法律规定的方式,需要切实落实实施机制。

另外需要指出的是,人民政协尽管已经不具有政治领导的权力,但仍然作为与中国共产党领导下的多党合作的政党制度紧密关联的一个参政议政的组织,带有强烈的政治性,构成对行政执法过程有效监督的政治环境。政协制度曾经在新中国的政权建立中发挥了重大作用,在历史的发展中,也必将更加深入地发挥政治协商、民主监督、参政议政职能。政协通过围绕我国经济发展、政治改革等方面重大问题进行专题调研、视察考察,对法律的执行情况以及各种行政执法中存在的问题提出意见、建议、提案;对政府工作报告征求意见稿提出意见、建议等方式履行职能。通过强化政协在我国政制结构中的地位和影响应当能够很好地起到民主监督等各项职能。

(二)国家立法、行政立法与行政执法

行政执法的法治化,首先在于"法"的立法与质量。"法治",最基本的条件是"有法可依"。而法律要成为善法并能够普遍地被遵守,从古希腊开始就已有这种思想。

考察我国法治实践,近三十年来,中国进行了良好的造法运动:

---

① 参见《审计署官员:应设最高审计院与国务院平行》,载 2004 年 7 月 9 日《新京报》。

第一，1982 年制定新宪法，并有了 1988 年、1993 年、1999 年和 2004 年的四次修宪，1999 年宪法修正案确立“依法治国”、2004 年宪法修正案确立“国家尊重和保障人权”以及“保护私有财产”。1982 年宪法并通过修宪的活动，不断为法治建设所必需的经济形态与基础、政治体制改革、行政职能更新、人权保障制度提供着观念的更新、理论的突破和实践的发展，这些活动从宪法层面搭建着法治所需的宪政背景和宪政框架。第二，刑事、民事、诉讼法律不断完善。1996 年刑事诉讼法修改、1997 年刑法修订、1999 年制定统一合同法、2001 年婚姻法修改以及着手物权法和民法典的立法工作，这些立法进展很大程度上体现了法治的立法原则。第三，行政领域的立法不断取得进展，立法水平得到很大提高。1989 年行政诉讼法制定，被普遍认为是中国行政法制的重大事件，开启了公民与政府平等对话的法律通道。从一定意义上讲，它建立了具有中国特色的司法审查制度；1994 年国家赔偿法制定，责任行政得到很大体现。1996 年行政处罚法制定，从某种意义上讲，是行政执法的程序约束法。1999 年行政复议法制定，大幅度扩大行政复议争议标的，除了国务院制定的行政法规以外的几乎所有行政行为，都被纳入了可申请复议的范围。从某种意义上讲，它强化了行政主体在行政行为中的监督观念和责任意识。2000 年立法法制定，意味着立法行为开始了专门法规范的阶段。2003 年行政许可法制定是继 20 世纪 90 年代行政领域立法以来的又一部规范政府行为的重要法律，体现了行政法制的新进步，具有里程碑意义。行政许可法中的程序制度、监督制度、信赖保护制度等都体现着行政法治观念和原则，有力地推动着有限政府、统一政府、阳光政府、诚信政府、服务政府、责任政府建设。2006 年始实施的公务员法与 2008 年颁行的政府信息公开条例更可视为以立法方式促动政府自身革命的典范。行政强制法、行政程序法等也正积极酝酿，可以看到，行政领域的立法从观念、原则到制度都不断地体现着法治的要求，行政水平不断得到提升。

中国入世后，立法进程进一步加快，立法水平和质量进一步提升。政府行为必须接受与世界贸易组织规则相协调的法律规则，涉及政府职能转变、行政管理和执法方式改革、政府权力式微、政府权力与权利关系等将加快立法。目前，在货物、服务贸易以及与贸易有关的知识产权领域，应当加快制定《反倾销法》、《反补贴法》、《反垄断法》、《电子商务法》、《农业税法》等货物贸易法律，应当加快制定《金融机构退出法》、《存款保险法》、《信托投资管理法》、《投资基金法》、《旅游法》等服务贸易法律，应当加快制定《集成电路布图设计保护法》、《商业秘密保护法》等与贸易有关的知识产权法律。需要指出的是在立法安排上应当考虑有关的行政法规的位阶层次，比如将《外汇管理法》、《电信法》以及有关税收方面的法规提升为法律。另外，应当与世界贸易组织原则和规则相协调，展开减少贸易壁垒、消除贸易歧视的立法清理。国务院及其部门的法规、规章清理基本完成，最高人民法院司法解释的清理工作也卓有成效，大量地方性法规、规范性文件和一般内部文件也正根据“法制统一、非歧视、公开透明”的原则逐渐展开。[①]

三十年来的立法进步所形成的法律体系，为法治建设搭建了宪政背景和制度体系。特别是行政领域的立法活动无论是填补空白，还是立法升级或者立法清理，都将极大地影响行政执法过程。

需要说明的是，在法治的规则维度上，我们应当有更加开阔的法律视野，法律体系的开放性值得研究，总而言之是“国家主义的淡化和规则主义的拓展”。淡化国家主义，给各种非正式规范留下一定空间，消除立法迷信，关注日常司法和其他法律关系的作用；消除国内自足的立场，国际法和国内法要有序整合；反省法律规则逻辑自足的规则主义视野，正视法律概念、法律原则、法律政策、立法材料、法律教义等作用，肯定政策立法、框架立法的积极意义，增强法律体系的弹性和弥散能力。从法治建设的长期性与历史性看，这也应当成为行政执法过程中一个重大的法律环境要素。

（三）国家司法、行政十司法、行政司法与行政执法

行政执法在一定意义上作为中国行政法治化进程的行政管理的

① 参见肖金明主编《WTO与政府法制》，山东大学出版社2002年版，第9页。

代名词，几乎所有的行政管理均依法展开，循法而行，政府及其部门依法行政，已经和正在习惯地与司法建立关系，司法审视成为行政执法过程的重要组成部分。司法不仅体现了解决纠纷、实现公平和效率的价值，而且越来越显示出对行政权力的制约力量。不仅如此，行政执法方式变革试图在尝试——至少已开始在理论上引起学者关注——"行政＋司法"的新型执法模式。①

司法制度在改革中已经明晰了法治基调。1995年《法官法》、《检察官法》的制定，是对长期以来高度集中的司法体制的一个突破。1998年，中国司法改革的方向是：推进司法改革，从制度上保证司法机关依法独立地行使审判权和检察权，建立冤案、错案责任追究制度；改善外部环境，保证司法机关依法独立行使职权；改革内部管理、调整权力机制，合理配置审判资源，建立和完善监督和约束机制。2001年，《法官法》、《检察官法》修订。司法改革从审判方式改革到法官制度作为改革重点。"公正与效率"成为司法制度改革和实践主题。

入世对中国的司法审查制度影响最大。中国政府在入世的相关文件中承诺，中国在法律实施上将采用统一、公正、合理的方式。对于法律的实施，实际上包括政府及其部门的执法活动和法院的司法审查活动。毫无疑问，WTO规则要求的政府法治建设必然要求司法审查制度作为保障和制约屏障。司法审查不仅要审查具体性行政执法，而且要审查抽象性行政执法，这是当前还没到位的司法制度建设的事实。1989年行政诉讼法制定对确立司法审查制度打破了国家和政府免责的陈规，建立起权力制约机制，但总体看来还是比较初步和有限的，表现为一些立法维护行政终局裁决制度将某些行政行为排除在司法管辖之外，更表现在行政诉讼法准许政府及其部门制定的法规、规章、地方性法规和其他规范性文件等抽象行为免受司法审查。因行政诉讼法关于受理条款的限制，使得公民在面对行政执法所造成的侵权事实时无法获得法律诉求。

---

① 参见肖金明主编《WTO与政府法制》，山东大学出版社2002年版，第22页。

根据 WTO 原则和规则要求，成员方应当审查其国内或其管辖区内现行的行政终局裁决制度，必须清理和取消与国际贸易有关的不适当的行政终局裁决制度，进言之，在反倾销和知识产权等领域，世界贸易组织的有关规则对行政终局裁决制度基本上持否定态度。[①] 这个外力对我国司法审查制度进步将起到加速器的作用。全国人大常委会已经先后修改《专利法》、《商标法》，取消了专利复审委员会、商标评审委员会的终局决定或者裁定的权力，从而在知识产权领域确立起司法终审的原则。不仅如此，按照法治逻辑，在公安机关针对外国人的行政处罚、政府有关土地资源的确权等领域也应当取消行政终局裁决制度，配置法院的终审权。而政府及其部门制定的法规、规章、地方性法规和其他规范性文件等抽象行为纳入司法审查已经是非常现实的事情。根据世界贸易组织《服务贸易总协定》第 6 条规定，行政机关的具有普遍约束力的决定和命令，依据申请者的请求，可以提起司法审查，如果申请人的请求合理，成员方还应当提供相应的救济。如果政府抽象行为特别是与国际贸易相关的行政决定和命令仍然排除在司法审查之外，就无法避免当事人因中国欠缺对有关服务贸易的政府性规范文件的有效审查机制而诉诸世界贸易组织的争端解决机制。[②]

现实生活中作为“相对弱势”的司法权将重构与强势行政权的关系。在政治文明的视野中，坚持党的领导、人民代表大会的民主制度和法治国家相统一的政治文明体系，也应当将这三者作为司法体制改革的出发点，使得司法体制改革在政治的全局和宪政的高度上进行审视与推进。在政党政治意义上分析司法与执政党关系，在我国

---

① 如《反倾销协议》第 13 条对反倾销案件的司法复审作出强制性规定。根据司法审查制度，倾销案件的有关当事人如对处理该案的成员方主管机构所作的终局裁决或者行政复审结果不服，有权向司法机关提起诉讼，请求对该案重新作出裁决。该项规定就使得成员方法院取得了对最终行政决定予以司法审查的权力。再如《与贸易有关的知识产权协议》第 41 条第 4 款规定，对于初审的司法裁决，在符合一定条件下，应使当事人有上诉提请复审的机会。而对于行政部门的终局决定或裁决，在任何情况下，都应使当事人有机会要求司法审查。

② 参见肖金明主编《WTO 与政府法制》，山东大学出版社 2002 年版，第 28 页。

的政治生活中，已经出现新的气象，执政党已经更加注重在宪政和民主框架中实现党的领导，无疑促进党在实现对司法工作的领导时实际上要促进和坚持司法独立性，促进司法独立并不意味着司法摆脱执政党的领导和法官保持政治中立。在人大制度背景中看待司法制度改革，多数人主张建立独立的司法区划，目的在于回避地方主义，维护司法独立和法制统一。比如 2003 年“两会”期间，民革中央和致公党中央提出《建立跨区域民商事法院的提案》。但在坚持和完善人大这一民主制度的理论与实践中，防止和抑制地方主义对司法独立和司法公正的阻挠，设立高级法院和最高法院的巡回法庭是一个在现行宪法制度下更为切实可行的选择。在司法独立制度的现实审视中，法官独立过程中的法官职业化与精英化、法庭装饰与法官服饰、司法制度的财政保障制度、人民陪审等问题不仅落入理论视野，在实践层面也已经开始或相当程度地展开。

除了司法制度整体性构建上的考察，中国基层司法的现实考察也非常必要。行政执法所要影响的主要部分还是广大的普通百姓，或者说在广大农村的百姓，三农问题之所以成为棘手问题，一个关键原因就是作为行政执法的法律实施问题。中国基层的司法运作应当为——也许从全局上来说并不起眼——广大普通百姓建立起防范行政的抽象和具体执法侵权的审查和救济机制。如卡多佐所言，“法律的最终目的是社会福利”，任何法律都要在社会生活面前表明其存在的理由。[1] 司法的基层运作所处的环境是人民，特别是广大农民安居的最现实和复杂的环境，所受到的传统与文化和地方的政治经济特征制约最多，可能比司法制度的整体性安排还来得复杂。田野性调查和审视试图发现这个环境要素的正反方面，对法治环境建设具有重大意义。学者，如苏力，已经敏锐地关注这个——从某种意义上讲——更加显得意义重大的领域，并就掌握的大量实证资料作出了一定的分析和研究。[2]

---

① 参见卡多佐《司法过程的性质》，苏力译，商务印书馆 1998 年版，第 39 页。

② 参见苏力《送法下乡——中国基层司法制度研究》，中国政法大学出版社 2000 年版。

整个司法环境要素中，探讨行政权和司法权的关系互动还能够从行政执法方式改革角度进行。在英美法系国家，一些重大的执法权力，比如对违法活动的制裁、对义务人实施强制的权力并不完全赋予行政机关，而是由政府管理机关和司法机关共同行使。行政执法机关认为公民或者法人违反法律，应当向法院起诉，请求法院对违法行为决定处罚而不直接实施。国内也有学者主张压缩行政处罚权，将大部分处罚权移交司法机关。近来一些地方，乡镇政府对违反义务教育法的家长不再直接处罚，而尝试着向法院提起诉讼，由法院作出责令义务人履行教育法规定的义务。这种“行政＋司法”的新型执法模式究竟能否成为我国行政执法的一种可行方式，有待论证和实践。但无论如何，这种“官告民”的执法方式可以通过建立“多边关系”缓解执法者与相对人的对立，减少“民告官”案件从而减低执法成本，并有利于保护相对人合法权益。①

行政司法实际上是一种行政行为，解决行政执法过程中所产生的纠纷，主要通过行政复议等形式体现，行政复议监督是指由作出具体行政行为的行政机关的上级行政机关或者法定的行政机关依法解决行政争议，加强对行政内部自身的监督，既具有救济行政相对人的属性，也具有监督行政的属性。《行政复议法》是我国目前对行政执法进行行政复议监督的基本依据，应当说这种监督的环境还比较良好，行政复议监督的范围是行政机关作出的具体行政行为，在启动方式上遵行“不告不理”的原则。行政司法作为行政系统内部的一类监督环境，只有与行政系统内上级行政机关对下级行政机关依职权进行的层级监督、行政系统内专司监督的行政监察等一道才能构成完整的制度监督的环境。

三、社会环境因素实证分析

(一)社会团体、公共舆论与行政执法

社会团体和社会组织构成对行政执法过程的监督环境。随着新

① 参见肖金明主编《WTO与政府法制》，山东大学出版社2002年版，第22页。

的社会阶层出现,社会主体利益追求和权利主张日益增多。如何协调改革开放政策的合理性与文明市场进展之间的现实性矛盾,社会团体将发挥重要作用。社会团体和社会组织除了传统的工会、共青团、妇联等社会团体,各行业协会、群众的其他自治组织也丰富起来,构成对行政执法机关非常有力量的监督,通过参与政府决策和抽象行政活动,借助社会舆论施加监督影响,利用组织团体对该组织成员利益受到非常侵害时以团体名义寻求救济途径。在这个环境要素中,最关键的是引导和培育新兴团体的权利制度以起到有效监督作用,对传统的团体应当通过制度建设防止其行政化和官僚化的倾向。比如,在新形势下,由于企业形态的多样化,工人利益受到侵害来自于各个方面,工会组织应当成为工人利益的保护者,为其民主和经济权利的实现而工作,同时在监督行政和行政执法中起到更大的作用。

现代社会非政府组织的兴起也表明对政府行政执法方式改变的作用力。在不同的历史阶段,政府的职能往往有所不同,比如在中国计划经济时代,政府职能无所不包。WTO 背景下中国政府职能转变的一个方面就是要将那些属于社会的"政府职能"重新转移到非政府组织或者社会组织和团体管理(比如行会、协会的管理),这种趋势和现象在中国的非政府组织的兴起和社会组织的逐渐成熟的事实中可以得到印证,这也就说明,由于某些领域的政府职能的退出意味着行政执法的范围与方式的改变。

20 世纪 90 年代以来,以新闻媒介为公共舆论主要渠道在监督政府行为等方面起到了越来越大的影响。电视、电台、报纸等新闻媒介通过报道国家行政机关及其公务人员违法或者不当行政的案件加强了监督和纠错的力度。以"焦点访谈"为代表的新闻节目在社会上起到了"白天不做违法事,晚上不怕'焦'点名"的效果。

(二)公民权与行政执法

行政公开反映了公民权与行政执法的关系。1980 年以来的政务公开,到 90 年代中期行政处罚确立听证制度,随后听证制度在价格执法和地方立法等领域广泛运用,行政公开与公民参与作为一种法治理念被逐渐认同,并发展为一项重要的法治原则,形成了公布、告知、说明理由、听证、咨询、监督等相关制度。《行政处罚法》、《行政许可法》等法律都明确详细地规定了行政公开和公民参与的相关制度。听证程序是行政处罚法实现的重大制度突破,同样也在行政许可法中作了规定,并得到了制度创新。听证笔录是行政许可决定的根据而不是参考。听证笔录效力的提高意味着行政相对人参与地位和作用的提升。行政机关越来越重视行政法律关系的全面把握和调整,充分考虑行政相对人和相关人的利益。现代行政法律关系由单边主义到双边主义进而形成行政主体、行政相对人、相关人等主体的多边关系使得“参与”成为法律上严格的程序概念。在实践中,听证会、论证会甚至还有公益诉讼的出现实际上构成着行政执法非常重要的环境制约体系。

公民参与,实际上在重塑政府与行政相对人、行政相关人甚至公众的行政执法过程中参与主体间的关系。作为政府执法权力表达形态的政府执法方式也得到了调整与修正,淡化了政府执法权力色彩,以行政指导、行政合同等新的方式实现政府执法由强制性到弱强制性再到说服性的转变,政府执法过程中注重关注公民权利保障,注重政府执法过程的文明化等构建行政权与公民权在行政执法中以合作为主导的新型关系有了稳健的方向。①

第四节　行政执法过程环境评价的指标与体系

一、环境评价基本指标简析

行政执法的环境因素优化,使行政执法过程呈现从规范文本到人们实际的行为规范的转变,呈现执法秩序从静态设计到动态建构的转化,从而使得权利秩序由“应然”变成“实然”,有必要引入对现实行政执法环境的评价问题,而评价自然离不开指标,描述和评价的事

① 参见肖金明《法治行政的逻辑》,中国政法大学出版社 2004 年版,第 323～338 页。

实很多，选取影响行政执法过程的若干具代表性的指标作一简析，以便为行政执法过程环境评价体系的构建提供基础。

(一)评估指标(Ⅰ)：法律体系

法律体系作为行政执法过程环境评估的第一个指标，主要包含着国家立法与行政立法水平与质量、法律的统一性状况以及国内法律对国际规则的接轨程度等具体内容。

中国作为世界贸易组织成员，在享有权利的同时也必须遵守世界贸易组织具有普遍效力的协议原则与规则。从某种意义上讲，运用规则也是重要的政府行为，国家和政府的立法能否与国际规则相适应是关键性问题，这首先成为我们考量行政执法过程的基本视野。国家和政府在行政领域的立法，特别是行政立法的立法质量将直接影响行政执法的水平与效果，如果行政执法所依据的行政法律、法规体系不完善、立法不良善、设计不科学、法制不统一，那将直接影响执法，这构成我们考量行政执法过程的第二个基本思路。

首先，对国际通行规则的接受与接轨程度也反映着我国立法的法律质量的水平与法律统一性的状况。经济全球化之下的世界贸易组织最为重要的就是致力于建立世界统一的市场规则，是一种法制化规则，需要努力推动各成员国适应法律全球化的趋势，积极参与国际法制统一活动，需要国内法律的创制和运作中越来越多地涵纳国际社会的普遍实践和国际惯例。我国近年来进行众多立法，对国际通行规则进行了一定程度的接纳——直接适用或转化为国内法或兼而有之。这种努力在合同法、国际贸易法、对外贸易法等有很大体现。这些法律为行政执法(比如对外贸易经营权的审批与许可、进出口限制和对外贸易秩序执法)提供了前提。

其次，我国行政立法的质量与统一性的评估意义也十分重大。执法的前一个环节为立法环节。行政立法除了与国家宪法、行政法律等上位法不得抵触外，还得讲究行政立法所创制的行政规范之间的统一与协调。

综上，在我国法律特别是行政法律对国际通行规则的接受程度基础上设定立法质量与法律统一等指标应该具体为以下要点：

• 立法填补空白程度；

• 立法升级程度；

• 立法清理程度；

• 行政法律体系健全程度；

• 行政立法依据上位法律是否得当；

• 行政法规、规章之间法律冲突情况；

• 行政立法利益化程度；

• 行政法规、规章无法调整的领域是否存在以及程度；

• 行政法规、规章对行政相对人、相关人地位规定、参与、听证等程序制度健全程度；

• 立法、行政立法的法律可行性、操作性状况。

（二）评估指标（Ⅱ）：权力监督制约机制

权力的监督制约环境是否优化和有力对行政执法过程影响重大，没有监督与制约，行政执法权力容易导致腐败，这是不言而喻的道理。除了行政执法系统内的监督制度，比如以职权行为为监督方式的监督、对相对人的检查监督、监察工作都属于行政执法行为本身，不在环境论的要素里讨论。监督制约机制作为行政执法过程环境的第二个指标，主要包括内容是政治与行政的互动机制、立法与行政的制约机制、司法与行政的制约机制。权力的监督制约机制作为指标化内容，有如下要点：

• 党政分开程度，执政党对行政的领导与监督的法治形式；

• 政协、各民主党派对行政执法状况提出意见、建议、提案的状况，监督的实际效果；

• 人大立法对行政的控制程度，对法律施行与行政依法状况监督制约的实际效果，对行政执法违法的责任机制落实的健全程度；

• 行政诉讼案件不立案、立案、撤诉（非正常撤诉）、胜诉方、执行率等量化数据指标；

• 行政审判过程中来自行政不当因素干扰状况，行政机关作为被告举证责任履行状况，被告出庭状况。

（三）评估指标（Ⅲ）：行政执法体制及行政执法保障水平

1.行政执法体制作为指标，主要包括行政管理传统体制中多头执法、多层执法体制的改革状况，也应当包括政府执法信息公开与电子政府建设状况、行政执法违法救济机制的建设程度以及行政执法消解部门利益而进行利益机制建设状况。按照市场经济与法治化要求建立起分工明确、办事高效、运转协调、行为规范的行政执法体制是行政执法体制改革的目标，直接关系着行政执法法治水平。传统行政管理体制包括着同一级政府之下多个部门管同一件事的多头执法、同属一个系统的各级执法部门职权大体相同的多层执法。这种体制正处于改革过程中，逐渐消解着各自为政、权责分离、地方保护、部门利益、缺乏效率与协调配合的弊端。作为行政执法过程的评估指标，具体要点为：

•执法职权、机构重复与膨胀的多头执法状况，相对集中行政执法改革的实际效果，集中执法方式的科学化与制度化程度；

•多层执法的状况，中央与地方、地方各级执法权配置与重心下移状况；

•政府执法信息公开法律制度建设状况，应当公开的信息公开程度；

•行政执法救济制度建设状况：

(1)行政复议制度执行状况，行政复议中停止执行制度等救济措施的有效性；

(2)信赖保护原则在行政补偿中的贯彻状况，涉及行政违法的信访状况量化数据指标；

•行政执法消解部门利益状况：

(1)行政事业性收费被执法部门分割状况，收支两条线实施状况；

(2)指定性购买产品（执法部门与企业合谋垄断性经营）状况；

(3)举办中介机构状况；

(4)强行企业赞助、资助状况；

(5)违法收费、罚款程度；

(6)行政执法机构法定编制以及自费行政单位存在的数量。

2.按照系统论观点,在系统的所有要素中,人是最关键的系统要素,那么在行政执法的环境系统中,人被赋予其物质、科技、安全等手段后,执法保障也就建立了基本的平台。正如日本著名行政法学者盐野宏指出的:“行政要作为现实的行动体现出来,需要有具体的人和物的手段。”①因此将行政执法保障水平作为行政执法过程环境评价的重要指标,有以下具体要点:

· 作为国家公务员的行政执法人员思想道德素质、法律知识、业务技术水平状况;

· 作为国家公务员的行政执法人员待遇、利益激励机制保障状况;

· 作为国家公务员的行政执法人员执法的人身安全保障状况;

· 公务员法律制度的完善健全程度;

· 公共财政投入状况与行政执法支出状况:合法性规范程度、效益表现、监管力度、政府采购状况;

· 行政执法过程中科技手段运用程度。

(四)评估指标(Ⅳ):社会法律文化意识

法律制度的构建并不必然产生法律信仰与法律意识。法治传统的缺乏、全社会法律意识缺少、公民守法程度低等将成为行政执法的阻却因素,当然当下社会权利意识和法律意识也已经萌生和发展,将社会法治意识、公民权利意识、公民守法意识、公民参与意识程度设为行政执法过程环境评价的指标,意图在于在社会转型和发展的动态过程中将社会法律意识增长和公民守法程度的动态变化与行政执法的法治化程度提高之间建立起一定的关联性。具体设计如下:

· 权大还是法大的观念水平(基于“权力观”与“官本位”的现象的调查与分析);

· 公民对法律的认知水平:对现行宪法、法律、法规等法律规范的了解程度;

---

① [日]盐野宏:《行政法》,杨建顺译,法律出版社1999年版,第525页。

• 公民对权利义务的认知和运用程度，司法救济意识与救济渠道掌握的现实水平；

• 公民规避法律，知法违法状况；

• 公民的行政生活参与意识与参与积极性程度。

（五）评估指标（Ⅴ）：社会与行政互动机制

行政执法体制和行政执法方式的改革，实际上是在社会与行政的互动机制建设中进行的，由于社会各主体的积极参与，行政听证等众多行政程序性制度也逐渐建设起来，行政执法方式也从封闭走向开放性、服务性、说理性与人性化执法增强、强制性执法减弱。因此将社会与行政互动机制作为一项指标来设定，包括社会团体与行政的互动、公共舆论与行政的互动、公民与行政的互动，具体要点如下：

• 社会团体和社会组织的发展与成熟的程度；

• 对行政生活的新闻与言论自由程度、公共舆论表达途径与方式的发展水平；

• 公民参与行政生活的方式与效果；

• 政府行政对社会团体、公民与公共舆论的回应与纠错程度；

• 政府对发展社会与行政互动机制的程序制度与平台的建立健全状况。

（六）评估指标（Ⅵ）：社会经济状况

此项指标主要从比较宏观的环境角度纳入到评价系统中，原因在于，西方稳定的经济秩序、社会分化状态、完善的社会信用体系、社会保障制度、治安与安全秩序在目前呈现出来的景象，也曾经过了漫长的混乱、紧张、无序的年代，而中国在接受政治文明和政府法治的系统性话语时，我们或许正在经历西方的那个漫长阶段。那么关注与重视社会经济发展状况应当说对正确评价行政执法过程的环境是不可缺少的要素。具体指标的要点如下：

• 区域性有序竞争的统一市场形成程度：

（1）生产要素的跨行政区流动状况；

（2）地方政府比较地区优势差异水平；

（3）地方政府指导产业结构升级水平；

(4)地方政企分开程度、政府企业化状况;

(5)按照行政中心配置资源份额以及资源配置等级化状况;

(6)行政边界成为经济边界以及限制地方财政投入状况。

• GDP增长率、人均GDP劳动生产率、外来投资占GDP比重、产业结构状况;

• 社会阶层分化程度、社会阶层重组程度;

• 人均预期寿命,恩格尔系数与基尼系数[①],平均受教育程度;

• 环境和生态,非农业人口比重,人口自然增长率;

• 城镇登记失业率,贫困人口占总人口比例;

• 生产和交通事故死亡率;

• 市场体系信用建设水平;

• 犯罪率与公民自身安全感:刑事案件发案率、社会治安状况。

二、行政执法过程环境评估体系构建的基本思路

(一)政府绩效评估体系的技术借鉴

1. 西方政府改革中兴起的政府绩效评估

一般意义上讲,西方国家政府管理所兴起的绩效评估正是通过对政府公共管理活动或者说执法活动的花费、运作及其社会效果等方面的测定来划分绩效等级,从而反映政府管理水平。西方政府改

---

① 恩格尔系数衡量一个国家和地区人民生活水平状况,只是从总体上反映国民生活水准提高程度,不能反映国民内部收入分配状况。而基尼系数自意大利经济学家基尼于1922年提出以来,作为定量测定收入分配差异程度的指标,代表着国民收入差距的大小。联合国还就此系数测定作出具体规定:基尼系数若低于0.2,表示收入高度平均;0.2～0.3表示比较平均;0.3～0.4表示相对合理;0.4～0.5表示收入差距较大;0.6以上表示收入差距悬殊。有专家认为,目前我国的基尼系数已接近0.5。在采用恩格尔系数反映总体水平时,加入基尼系数测定,能够更加科学地反映出科学发展观指导下的社会和经济发展的全面、协调、可持续的程度。考察中国社会经济发展,几个突出问题不可忽视。第一,保障社会公平,防止两极分化,是各级政府工作的应有之义。以效率优先同时以牺牲公平为代价的经济发展虽然取得成果,但也造成了贫富差距悬殊、国土资源和国有资产流失、社会资源过多地集中于强势群体手中等,社会阶层矛盾问题日益突出。第二,维护弱势群体权益,建立有效社会保障体系,维护社会稳定和公正,是政府的重要职责。这些关系社会民生的重大问题在现阶段不像GDP增长和招商引资等更好量化,往往被严重忽视,基尼系数加入考核指标能有效地改变政府官员的政绩观。基尼系数具体而直观,能测量,能排序,完全适合评估指标使用。

革中兴起的政府绩效评估的一个基本条件就是这些国家具有规范的完全市场经济和完整的宪政体制。因此，这些国家政府管理或者说行政执法具有比较良好的宏观环境，而这些环境要素一般就不用作为政府绩效评估的指标予以测定。“来自于社会公众和媒介对民选官员在公共项目管理中的责任提出了更高的要求。克林顿政府的《国家绩效评论》和国会通过的《1993 年政府绩效和结果法案》都反映了政党中的政治家们和联邦政府各部门对公共项目执行情况的关心；需要使社会公众确信政府所开展的各种公共项目。”[①]

因此，政府绩效评估按照公共责任逻辑和效率逻辑涉及两个方面的内容：第一就是作为政府公共部门内部管理的改革与完善，体现了放松规制和市场化的改革取向，以结果为本进行控制。放松具体规制，寻求的是一种新的公共责任机制：放松规制和谋求结果并存；提高公务员自主性和保证公务员对社会公众负责并存；提高政府效率和管理能力与保证管理质量并存。在政府管理中引入竞争和市场机制，把原先政府对公共事务和公共服务供给的垄断变成合同出租和非国有化；将部分职能市场化，由企业主体通过竞争来提供，或者通过合同或者政府采购等形式以竞争招标方式交社会承担。第二就是作为改善政府公共部门与社会关系，加强社会公众对政府信任的措施，体现服务性。

2. 中国的政府绩效评估指标体系的研究与构建

不具备规范的完全市场经济和完整的宪政体制的条件，这是中国不能直接采用西方意义上的政府绩效评估体系的基本原因，兼顾考虑中国长期以来的政治生态，采用以西方政府绩效评估的基本精神为核心的中国式绩效评估体系在现时期可能更为有效。国家人事部《中国政府绩效评估研究》课题组正是在这个意义上提出一套方案。在方案基本原则里面明确讲到“注重效果为本，按照政府所履行的经济、政治、社会三大职能所建立的相应的政府机构，其绩效应当

① 转引自蔡立辉《政府绩效评估的理念与方法分析》，载《中国人民大学学报》2002 年第 5 期。

而且必须在社会实践中表现出来”。在这个方案中，政府绩效评估体系核心是评估政府自身建设，如政府职能转变、政府行为法制化、决策民主化、政府权力多中心化运作、政务信息公开等方面的水平测定等，然后是测定经济、社会、文化发展水平，以及与政府绩效之间的关系。

人事部课题组公布的《中国政府绩效评估指标体系》(见表1)共分三层，由职能指标、影响指标和潜力指标3个一级指标，11个二级指标以及33个三级指标构成，适用于全面系统地评估中国地方各级政府，特别是市县级政府的绩效和业绩状况。

这份报告指出六项原则：第一，立足中国正在推行的目标管理责任制的现实状况和发展前景。中国的政府绩效评估体系应当而且可能在目标管理的基础上建立起来，不必另辟蹊径、另起炉灶。第二，注重效果为本。按照政府所履行的经济、政治、社会三大职能所建立的相应的政府机构，其绩效应当而且必须在社会实践中表现出来。第三，侧重服务。在设计新的政府绩效评估体系时，其指导思想和原则、指标体系、操作方法和运行程序等都需要着重考虑加大服务功能的分量。第四，强化客观评价。政府决策是否正确，不能由决策者自身判定，而要由实际需要和社会效果判定；政府管理的最终绩效如何，也不能由政府自身判定，而是要由服务对象和人民大众判定。政府的自我评价要依循科学合理的评价标准和制度。第五，操作性强。评估体系可操作性的过简、过繁两种都会造成评估流于形式，达不到评估的目的。第六，先易后难。指标体系的设置不求尽善尽美，只求可行有效。

表 1　　　　政府绩效评估指标体系

	一级指标	二级指标	三级指标
政府绩效	影响指标	经济	人均 GDP、劳动生产率、外来投资占 GDP 比重
		社会	人均预期寿命、恩格尔系数、平均受教育程度
		人口与环境	环境和生态、非农业人口比重、人口自然增长率
	职能指标	经济调节	GDP 增长率、城镇登记失业率、财政收支状况
		市场监管	法规的完善程度、执法状况、企业满意程度
		社会管理	贫困人口占总人口比例、刑事案件发案率、生产和交通事故死亡率
		公共服务	基础设施建设、信息公开程度、公民满意度
		国有资产管理	国有企业资产保值增值率、其他国有资产占 GDP 的比重、国有企业实现利润增长率
	潜力指标	人力资源状况	行政人员本科以上学历者所占比例，领导班子团队建设、人力资源开发战略规划
		廉洁状况	腐败案件涉案人数占行政人员比率，机关工作作风、公民评议状况
		行政效率	行政经费占财政指出的比重、行政人员占总人口的比重、信息管理水平

从课题组指出的原则中，我们看到既有政府绩效评估体系设计的价值意义和具体技术性操作的总原则，整个体系将西方意义上的绩效评估作为核心内容，即职能指标所检验的是政府管理的基本职能，它是绩效指标体系的主体，是主体评价工具；具有一定的西方意义，考虑内部管理水平，即潜力指标，测量政府在自身建设和内部管理方面的工作效果，反映政府内部管理水平，体现政府绩效持续发展的保证，也体现政府管理廉洁公正高效的政治要求，在整个体系中占有相当地位；同时也考虑到中国当前长期存在的现实情况，而且在这种实际中，政府职能还需要承担推动社会经济发展的整体水平的任务，通过影响指标来测量政府管理活动对整个社会经济发展成效的影响和贡献，体现是否以效果为本。这项设定围绕着绩效评估指标体系设计的第二条指导思想和原则。

（二）行政执法过程环境评估体系构建的基本思路

政府绩效评估的设计以及技术给予行政执法过程环境评估体系构建提供了很多可资借鉴和启发的地方。行政执法过程环境评估体系构建的基本思路将表达如下：

1. 关于行政执法环境的整体性评估体系与部门行政执法领域的评估体系设计思路

第一，根据本章第一节对行政执法过程环境基本指标的设定，参照政府绩效评估体系的设计技术，将基本指标设为一级指标，以每一基本指标下的具体指标为二级指标，并将二级指标分解为三级指标，在三级指标下设定观测点，并设定评估等级，按照科学有效的等级测定方法作出整体性评估与判断。

具体而言，一级指标共 6 项，分别为：法律体系、权力监督制约机制、行政执法体制及行政执法保障、社会法律文化意识、社会与行政互动机制、社会经济状况。

法律体系指标下的二级指标共两项，分别为：国家立法与行政立法水平与质量、法律的统一性状况（这两项中包含国内法律对国际规则的接轨程度）。

权力监督制约机制指标下的二级指标共 3 项，分别为：政治与行政的互动机制、立法与行政的制约机制、司法与行政的制约机制。

行政执法体制与行政执法保障水平指标下的二级指标共两项，分别为：行政执法体制、行政执法保障水平。

社会法律文化意识指标下的二级指标共3项，分别为：法治与权利观念、守法意识、参与意识。

社会与行政互动机制指标下的二级指标共3项，分别为：社会团体与行政的互动、公共舆论与行政的互动、公民与行政的互动。

社会经济状况指标下的二级指标共5项，分别为：经济秩序、社会分化状态、完善的社会信用体系、社会保障制度、治安与安全秩序。

各二级指标下的三级指标设定在本章第一节指标简析的要点设定中已经指出，可以根据二级指标的指向通过分解与归类而纳入二级指标之下，在此不作展开。

第二，行政执法环境评价制度不仅可以综合评价国家和地方行政执法环境的情况，同时也可以细化指标进行不同领域的单项评价，比如在海关、金融、税收、工商、公安、财政、环保、规划、资源等行政执法领域中的评价，其思路基本一致。

2.关于评价主体与评价组织

遵循何种原则并明确评价主体与评价组织是建立评价机制需要回答的首要问题。比如我国政府绩效评估设计阐明满意原则是政府绩效评估的最终原则，体现这个原则就必须做到评估测定尽可能客观化，并且不能单单由政府决策者和执法者自身判定，而需要由实际需要和社会效果来判定。政府工作如何，感受最深切、看得最清楚、最有评判权的，是人民群众。这就要求在评估中广泛吸引社会公众的参与，但应加大“民考官”的分量。可见按照满意原则的主体意志的一般要求确立多元化的评估主体与评估组织就非常重要，这决非仅仅是技术性安排。多元化主体安排是关键，也就是要突破现有行政执法评估模式，引入社会考评力量，需要培育特别是独立的民间评估机构，包括大学、研究机构或媒体的参与。因为不同的评估主体从不同的角度出发，对同一被评估对象的诸多方面进行评估，避免了因从单一思维模式出发而导致的评估片面的情况。

首先，政府自身。信息取得与实际操作，政府的自身评估都具有针对性。政府对自己执法的规划与任务、资源需求、进展情况与困难最为清楚。让政府自身作为评估主体，不仅体现了政府作为行政执法的主体地位，同时也可以激励改善执法方式。

其次，行政执法的上级行政机关。从行政执法机关上下级领导关系以及首长负责制角度来看，行政执法机关的行使必然受到上级行政执法机关的监督与制约，行政权威在更好地保证执法顺利进行，上级机关对下级的评估即构成这一权威的组成部分。

再次，公众。政府自身评估往往带有自我“偏见”，如果政府作为评估自我的唯一主体势必影响到评估的公正性和有效性。让公众参与到绩效评估的过程中来不仅符合行政民主化、法治化的基本要求，也是对政执法作进行监督的有效方法。

最后，要培育独立的民间评估机构，需要大学、研究机构和媒体的参与。

在多元的评估主体中，上级机关、民间评估机构的专家、政府自身与外部公众代表应当结合起来建立一个评估委员会。各主体的评估委员所占比例，可由法律作出具有一定弹性的规定。评估委员会作为一个政府常设性机构应相对独立于其他政府部门，实行垂直领导。①

3. 关于行政执法环境评价的实施

进行行政执法环境评价活动，需要考虑其实施中可能遇到的困难，需要有步骤地灵活进行、分步实施，就全国范围来看，要大体区分东、中、西部地区在实施中不同水平和进度的要求。就一个地区来说，其各个地方在实施中也要允许差别，体现差别。从全国行政层次上来说，中央、省、市（地）、县、乡五级政府机构，要选择比较贴近实际、贴近社会、工作比较具体的地方，先行开展政府绩效评估工作。地方一级政府机构，要选择易于进行量化评估的部门或单位（如卫生、环保部门或单位等），以便从中取得经验，带动一般。

---

① 参见杨寅、黄萍《政府绩效评估的法律制度构建》，载《现代法学》2004 年第 3 期。

除了从地区、部门和单位上作选择外，第一要在时段上选择，将行政执法环境评价看成是一个由不同时段组成的、时段与时段相连接、分阶段递进的整体，然后根据不同阶段的任务、目标和要求，集中评价具有时段特点的执法环境情况，使整个评价具有清晰的阶段性和进展性。第二要在问题上作选择，根据评估体系的指标标准并将每项进行具体问题的转化和细化选择难点、热点和突出问题进行测定。

4. 关于行政执法环境评价的制度化和法制化

形成评估系统和测定方法的定型，其中最关键的是评估所需要使用的信息资料的收集、目标的确定和评估项目的划分[①]，需要制度化。需要着力建设好评价程序制度、评价公开制度和评价跟踪或者说是评价效果反馈制度。另外，行政执法环境评价需要科研和讨论探索，作为新兴事物，做好实践准备，需要强化人才培训，使一大批干部通过培训掌握评估的理论知识、设计和操作技能，同时加大宣传力度，推动多元主体参与，增强主体意识。

---

① 参见蔡立辉《政府绩效评估的理念与方法分析》，载《中国人民大学学报》2002 年第 5 期。

后　记

改革开放三十年来，中国行政法学理论处在不断完善和发展过程中。中国行政法学理论在逐步摆脱前苏联国家与法的理论束缚的过程里，深受大陆法系公法理论和英美法系行政法理论的交叉、重叠影响，以行政权力为基点或者以规范行政权力为主线建构了复杂的行政法学理论体系，综合、吸纳、改造了大陆法系国家行政组织法、行政行为法、行政救济法和英美法系国家委任立法、行政程序、司法审查等理论内容、价值倾向、框架结构，并逐渐显现中国行政法学理论的特色和风格。尤其是20世纪90年代初始的具有相对中国意义的管理论、控权论和平衡论的理论论证和论争，为行政法学理论预设并铺就了发展道路，由此引发的颠覆"官本位"思想、倡导有限政府理念、确立尊重和保障人权的价值观，以及相应的行政法制度实践，显示了行政法学理论的功能和价值。行政法学的其他理论，如过程论、治理论，在行政法学理论体系中同样具有重要的地位和作用，并日益显示出越来越强烈的实践意义。过程论、治理论等行政法学理论不仅体现了行政法学的理论创新，更显示了行政法学研究思维方法的拓展，这样的理论创新不仅能够更好地顺应民主化、法治化、全球化的趋势，更加有效地满足政治、经济和社会发展的需求，更有说服力地解读和塑造法治政府理念、原则、体制和机制以及行为方式与发展模式，还将使中国行政法学理论体系更加开放和更富生命力。

"行政执法过程研究"并不在于渲染过程论的意义，但在一定意义上反映了对行政法现象观察、思考和研究方法上的些许变化。在本课题研究中，行政执法被视为在一定的政治、经济、社会、文化和制度环境中，以规范为基础、以责任为保障、以环境为制约、以程序和方式为载体的权力与权利对话、沟通、对抗、合作的动态过程。在诸多变量相互作用下的行政执法过程中，行政权力与公民权利的相互作用构成了基本轴线，权力、权利、规范、程序、责任、环境等各项要素共同作用于这一轴线，形成一个动态的、多项因素综合作用的系统过程。对行政执法过程诸变量的分析研究，目的就在于建立各变量对权力权利互动关系的积极作用机制，从而保障在各个因素综合作用之下的行政执法过程达成法律的良善目的，促成行政与社会的良性状态。行政过程是公共治理过程，政府、市场力量、公民组织将形成互动、合作、共治机制。弱强制性权力、程序性权利、软法、协商性程序与合作性方式、积极性责任、良性环境等，在社会共治体制中已经成为越来越重要的因素，以治理论反思和重构行政法学基本理论，是21世纪中国行政法学理论多元发展的一个重要方向。

“行政执法过程研究”是教育部人文社科项目（项目号：01JA820009）。项目研究经历了一个在学术上不断争论而且一直无法结束争论并且至今没有结束争论的过程，尽管项目已经结题，但相关研究还在持续中。像以往的项目研究一样，学术争论伴随着学术合作，该项目研究的参与者一如既往地展现学术创新能力并珍视团队精神，在课题论证、框架设计、难题研讨、分工写作等方面尽心合力，张宇飞、李卫华、陈艳美、陈一远、冯威、刘奇耀分别负责撰写各章，赵琳琳、崔天飞、万颖、侯华楠、贺柯、于文豪、贾辰浩、刘林、陈伟等研究生同学对有关章节的补充、修改以及本书的润色也贡献了智识和辛劳。山东大学社会科学研究处对本项目始终给予关注，特别感谢李红、盖玉强等同志对本项目申报和研究的关心和帮助；感谢山东大学研究生院对“学习＋研究”型培养模式的肯定和支持，使公法学研究生培养实践这一模式稳定而有成效，并深受研究生同学欢迎。

编　者

2008年10月